Phänomen-Verlag

Enjoy your Evolution!

Martin Ucik

# Integrale Beziehungen

## Ein Ratgeber für Männer

Aus dem Amerikanischen übersetzt von
Tom Amarque

Phänomen-Verlag

Bibliografische Information Der Deutschen Bibliothek:

Die Deutsche Bibliothek verzeichnet diese Publikation in der Deutschen Nationalbibliografie; detaillierte bibliografische Daten sind im Internet über http://dnb.ddb.de abrufbar.

Martin Ucik
Integrale Beziehungen - Ein Ratgeber für Männer
EAN 978-3973194-16-6

Übersetzt von Tom Amarque



Phänomen-Verlag
Web: www.phaenomen-verlag.de
E-Mail: kontakt@phaenomen-verlag.de


Satz & Gestaltung: Phänomen-Verlag

# Widmung

Allen Frauen, besonders aber meiner Mutter Renate und meinen Töchtern Sarah Julia, Laura, Lisa und Anna Lea gewidmet. Ich liebe Euch sehr.

# Inhalt

# Danksagung

Meine Dankbarkeit gilt den Frauen, durch die ich aus erster Hand erfahren durfte wie wunderbar, herausfordernd, belohnend und auch schmerzhaft Beziehungen sein können, und die mich inspiriert haben, mein Bewusstsein zu erweitern, um ein besserer Mann zu sein. Du wirst wissen, wer Du bist, wenn Du zufällig ein Exemplar dieses Buches bekommen haben solltest. Ich danke Liza Braude-Glidden für ihre liebevolle Freundschaft und dafür, mich mit Ken Wilbers Arbeit bekannt gemacht sowie mich ganz früh zu diesem Buch ermutigt zu haben; Christel Rene und Kim Hansen dafür, zahllose Stunden mit mir gewandert zu sein und dabei die Ideen dieses sich langsam formenden Handbuchs diskutiert zu haben; John McCoy, Bill Henderson und Frederick Ernst für das Korrekturlesen der ersten Entwürfe; meinen Freunden des *Integralen Salons* Santa Rosa für ihre Weisheit, Unterstützung, Ermutigung und ihr Feedback; den zahllosen Männern und Frauen, die in Gruppen- und auch in Einzelsitzungen ihre Beziehungserfahrungen mit mir geteilt haben; Ken Wilber für das Integrale Modell, auf dem dieses Handbuch basiert; den vielen Autoren, deren Schriften die Grundlage und das Wissen zur Verfügung stellten, die es mir ermöglichten, die Lücken zu füllen (siehe Appendix I und die Bibliografie); Mark Johnson, Bruce Kunkel, Professor Allan Combs, Steve Blackmer und Gore Yaswen für Kollegen-Begutachtung; Rebecca Davenport für das Korrekturlesen des fertigen Manuskriptes; Annette Berlin für das Cover-Design und die Illustrationen im Buch; Renate Elhardt für das Layout und zusätzliche Illustrationen, und vor allem Harriett Hardmann für ihre Führung und ihr ausgezeichnetes Lektorat.

# Vorwort

*Der Beweis für die Tiefe und die Verkörperung deiner Erlangung ist an deiner Liebesbeziehung erkennbar. Genau hieran kann man es erkennen. Wenn alles in deiner Beziehung zusammenbricht, dann hast Du einiges zu tun. Und die Menschen haben große Schwierigkeiten in ihren Beziehungen.* – Adyashanti

Am 15. Juli 2006 verließ mich eine Frau, die ich liebte und mit der ich sehr glücklich war. Bevor sie mich sitzen ließ, war ich der Meinung, dass bei uns alles stimmen würde. Wir schienen in einer fast unheimlichen Weise zusammenzupassen, sie liebte mich (sagte sie zumindest), wir lebten zusammen, hatten gute Jobs und – was ziemlich ironisch ist – betrieben zusammen singles2couples.org, eine Organisation für gesunde Beziehungen. Eine Woche vor ihrem Weggang waren wir von einem romantischen Ausflug nach Paris und Urlaub mit unseren Kindern aus Deutschland mit romantischem Abstecher nach Pariszurückgekehrt, wo ich sie meiner Familie vorgestellt hatte, die sie sofort in ihr Herz geschlossen hatten. Über Bücher, Gruppen, Workshops, Therapie, eine spirituelle Praxis und frühere Beziehungen (darunter eine 14-jährige Ehe mit drei Kindern) hatte ich daran gearbeitet, meine Bindungsängste zu überwinden, bedingungslos zu lieben, mitfühlend zu kommunizieren, gefühlsmäßig erreichbar zu sein, Tantra zu praktizieren, Konflikte zu lösen, meinen Teil der Hausarbeit zu erledigen und den Toilettensitz runterzuklappen.

Trotzdem hatte sie mich verlassen. Was zum Teufel …

Ich fühlte mich abwechselnd fassungslos, beschämt, wütend, frustriert und traurig. Sechs Wochen nach der Trennung saß ich auf dem Boden meines Schlafzimmers und dachte immer noch darüber nach, was mit uns geschehen war.

Etwas früher im selben Jahr war ich ein begeisterter Schüler von Ken Wilbers integralem Modell des menschlichen Wachstums geworden. Und ganz plötzlich hatte ich die Erkenntnis, dass seine Einsichten nicht nur die Antworten auf meine brennende Frage bereithielten, warum es in diesem Land so viele Singles und unglückliche Paare gab (ich war in einer glücklichen Familie in Deutschland aufgewachsen und kam 1995 mit meiner damaligen Frau und meinen Kindern in die Vereinigten Staaten), sondern auch, warum meine Freundin ausgezogen war. Ich begriff, **dass ihr Weggang weder ihre noch meine Schuld, sondern eine unvermeidbare Konsequenz unserer unterschiedlichen Perspektiven und Entwicklungsstufen war.**

Ich dachte mir, dass sicher schon andere Wilbers Modell auf Liebesbeziehungen angewandt hatten. Doch zu meiner Überraschung gab es diesbezüglich keine Bücher oder sonstige Schriften. Auch keiner meiner Freunde – einige von ihnen Autoren von Beziehungsratgebern, integrale Pioniere, Therapeuten, spirituelle Lehrer und Workshop-Veranstalter – hatte von einer solchen Anwendung gehört; doch alle waren daran interessiert und regten mich dazu an, meine Gedanken dazu niederzuschreiben.

Während der Arbeit an diesem Handbuch versuchte ich, Wilbers faszinierende Einsichten in einer zugänglicheren Weise für Neueinsteiger zu verfassen, und nahm dabei einige Erweiterungen seines Modells vor, die auch für die Leser interessant sein mögen, die mit seiner Arbeit vertraut sind.

Wenn ich allerdings meine Ideen mit den Frauen, mit denen ich ausging, teilte, so erkannte ich, dass die meisten von ihnen mehr daran interessiert waren, dass die zwischenmenschliche Chemie mit einem erfolgreichen Mann stimmt als daran, die vielfältigen Dimensionen, die für eine gesunde Liebesbeziehung vonnöten sind, zu erwägen und zu integrieren. Ich lernte schnell, dass es förderlicher war, meinen Worten Taten folgen zu lassen – indem ich aufrichtig an ihnen interessiert war und den Frauen mit Verständnis und Mitgefühl entgegentrat – wenn ich mit ihnen eine intime Verbindung herstellen wollte, als einfach nur mein integrales Wissen mit ihnen zu teilen. Während ich erkundete, wie das integrale Modell auf Beziehungen angewendet werden könnte, verbesserte sich mein Liebesleben erheblich und viele der Frauen, die ich ausführte, wurden enge Freunde und brachen mir nicht das Herz. Dies führte mich zu der Entscheidung, dieses Handbuch für Männer zu schreiben.

Ich nenne es ein Handbuch, denn es dreht sich hier viel mehr um das *wie-genau?*, als dass es sich um mich dreht. Nach diesem Vorwort werde ich dich nicht mit irgendwelchen ‚Ich'-Aussagen, mit Details aus meinem Leben oder Geschichten von anderen langweilen. Stattdessen wird dich dieses Handbuch mit einer praktischen Landkarte und einer umfangreichen Analyse von Männer-Frauen-Beziehungen im Kontext von Ken Wilbers integralem Modell versorgen.

Der Zweck dieses Handbuchs ist einfach und klar: Dich vertraut zu machen mit dem integralen Beziehungsmodell und dich darin zu unterstützen, all deine Beziehungen zu verbessern, besonders aber die Liebesbeziehungen mit Frauen, unabhängig davon, ob du gegenwärtig Single bist oder eine Partnerin hast.

# Einführung

*Es ist kein Maß für Gesundheit, gut an eine grundlegend kranke Gesellschaft angepasst zu sein.* – Jiddu Krishnamurti

Männer profitieren im Allgemeinen mehr davon, sich in einer verbindlichen Liebesbeziehung und Ehe zu befinden als Frauen, sind gleichzeitig jedoch wesentlich weniger darüber informiert, durch was Liebe und Liebesbeziehungen eigentlich funktionieren.[1]

Eine Konsequenz dessen ist, dass viele emotional und finanziell unabhängige moderne und postmoderne Frauen es leid sind, den Löwenanteil der Verantwortung dafür zu tragen, ihre Beziehung mit Männern am Laufen zu halten. **Solche Frauen wollen nicht länger unglücklich sein; sie machen Männer für die Beziehungsprobleme verantwortlich, verlassen sie frustriert und sind lieber Single,** als weiter mit Beziehungsidioten zusammenzuleben.[2] Daher wenden sich Frauen häufig an Selbsthilfebücher, um Rat zu finden.

Ein Resultat dessen ist, dass der Markt von Tausenden von politisch-korrekten und vereinfachenden[3] Beziehungsratgebern überflutet ist, die auf Frauen und ihre Interessen abzielen. **Diese Bücher haben meist einen eng gefassten Fokus und diskutieren Männer und Liebesbeziehungen aus einer weiblichen Perspektive.** Würden die Ratschläge dieser Bücher aber tatsächlich funktionieren, könnten wir eine ansteigende Zahl von gesunden Beziehungen verzeichnen, und nicht eine abnehmende.

Gleichzeitig tendieren Frauen dazu, überwältigt, unbehaglich, defensiv und manchmal sogar offen feindselig zu sein, wenn ihnen Ansichten zu Beziehungen angeboten werden, die eine maskuline Perspektive darstellen und die evolutionären Unterschiede zwischen den Geschlechtern, weibliche und männliche Gegensätze und sogar Entwicklungsstufen integriert. Es ist NICHT die Intention dieses Handbuches, diese Knöpfe zu drücken, die die Frauen weiter von den Männern entfremden. Daher ist dieses Handbuch **nur für Männer** – und will eine empfindsame Lösung für Männer bieten, die sich eine gesunde, lang anhaltende Liebesbeziehung mit einer Frau erarbeiten möchten.

## Ein paar Tatsachen und Zahlen

Eine Vielzahl von Studien haben den Status von Beziehungen Erwachsener untersucht, woraus eine umfangreiche Statistik hervorgegangen ist. Die wichtigsten Ergebnisse sind:

84 Millionen Amerikaner (44% der erwachsenen Bevölkerung) leben allein.[4, 5]

Über 30 Million Erwachsene versuchen, online oder über Single-Organisationen einen Partner zu finden.[6]

Die Anzahl der Singles steigt konstant an, was negative Auswirkungen auf ihre physische und emotionale Gesundheit, ihren sozio-ökonomischen Status und die Größe ihres *ökologischen Fußabdruckes* hat.[7]

Zwischen 40% und 50% der Ehen in Amerika enden in der Scheidung,[8] wobei nur 7% der Erst-Ehen und 15% aller Paare über eine längere Zeit glücklich sind.[9]

Über zwei Drittel aller Scheidungen werden von Frauen eingeleitet.[10]

Das emotionale und finanzielle Leid von Männern tendiert nach einer Scheidung oder einer Trennung dazu, länger zu währen als bei einer Frau.[11]

Die Selbstmordrate von geschiedenen Vätern ist zehnmal höher als von geschiedenen Müttern,[12] sowie viermal höher von Männern im Allgemeinen.[13]

Die Aussichten auf physische und emotionale Gesundheit, Einkommen, Jobsicherheit, Beförderungen, sexuelle Befriedigung und Lebenserwartung steigen allgemein für Männer, die sich in einer Partnerschaft oder Ehe befinden. Dasselbe gilt für Frauen nur, wenn sie mit einem sie unterstützenden Partner zusammen sind, ansonsten werden die Aussichten eher geringer.

Männer finden einen Großteil der Frauen sexuell attraktiv, während moderne und postmoderne Frauen weniger als 5% der verfügbaren Männer als geeignete Partner betrachten.[14] Da Männer natürlicherweise um attraktive Frauen wetteifern, werden sie wiederholt ignoriert, abgelehnt und abserviert,[15] während sich viele Singlefrauen gleichzeitig darüber beklagen, dass es da draußen keine guten verfügbaren Männer mehr gibt.

Einige Frauen glauben sogar an den Großstadtmythos, dass in unserer erwachsenen Bevölkerung auf jeden Mann zwei Frauen kommen, während tatsächlich die US-Gesamtbevölkerung in Bezug auf die Geschlechterverteilung ziemlich ausgeglichen ist.[16]

Beziehungsratgeber dominieren die Selbsthilfeabteilungen im Buchhandel und schätzungsweise 90% dieser Bücher werden von Frauen gekauft und gelesen.[17] Frauen sind auch die hauptsächlichen Konsumenten von beziehungsausgerichteten Medien wie Zeitungen, Zeitschriften sowie Radio- und TV-Programmen. Typischerweise übertreffen Frauen Männer zahlenmäßig auch in Kirchen, Selbsthilfegruppen, Single-Events, Dating Websites und Beziehungsseminaren und Workshops (es sei denn, die Veranstaltung hat das Wort ‚Sex' in der Ankündigung).[18]

Diese Quellen scheinen die Frauen sogar noch kritischer, unbefriedigter und anspruchsvoller in Bezug auf ihre Beziehungen zu Männern zu machen, während sie häufig argwöhnisch sind und sich manipuliert fühlen, wenn Männer versuchen, ihre Beziehungsfähigkeiten durch dieselben Mittel zu verbessern.[19]

Das Fazit ist, dass sich eine stets zunehmende Menge von Männern (die versuchen, eine neue Partnerin zu finden oder ihre gegenwärtige Liebesbeziehung zu verbessern) in einem verwirrenden, schmerzhaften, frustrierenden und anstrengenden Durcheinander befinden, wobei keiner der gegenwärtig verfügbaren Ansätze ihnen dabei zu helfen scheint, die Probleme zu lösen.

## Der integrale Ansatz

Albert Einstein sagte: „Die bedeutenden Probleme, denen wir heute gegenüberstehen, können nicht auf der Ebene des Denkens gelöst werden, die sie hervorgerufen hat". Diese neue Ebene des Denkens über Liebe muss von Männern kommen, die integral informiert und motiviert sind, ihren Anteil für die Ko-Kreation von Mann-Frau-Beziehungen zu übernehmen.

**Integral** meint ganz, vollständig oder umfassend. Der Begriff wurde von dem amerikanischen Philosophen, Psychologen und Autor Ken Wilber (geb. 1949) übernommen, der über vier Jahrzehnte seines Lebens damit beschäftigt war, eine kohärente Landkarte des menschlichen Wachstums und seiner Potenziale zu erschaffen.[20]

Er untersuchte die sich wiederholenden Muster der menschlichen Weisheit und des Wissens aus Ost und West und integrierte ein großes Maß an Forschung aus zahlreichen Wissenszweigen – einschließlich Naturwissenschaft (Physik, Chemie, Biologie, Neurologie und Ökologie), Kunst, Ethik, Religion, Psychologie, Politik, Wirtschaft, Soziologie und Spiritualität – die die Zeit überdauert haben. Das Resultat war ein **integrales Modell**, das heute in solchen Bereichen wie Politik,[21] Ökologie,[22] Medizin, Recht, Kunst,[23] Management, Pädagogik und Spiritualität angewendet wird.

Dieses Handbuch beschreibt ein **integrales Beziehungsmodell** und ist die erste Anwendung von Ken Wilbers integralem Modell auf das ‚Dating' und zum gemeinsamen Erschaffen von gesunden Liebesbeziehungen.[24]

# Das integrale Beziehungsmodell

In diesem Handbuch werden die vielfältigen Dimensionen und Potenziale unserer Menschlichkeit integriert, um zu erklären, wie Männer und Frauen gemeinsam unterschiedliche Formen von Liebesbeziehungen erschaffen. Unten folgt ein Überblick, wie dieses Handbuch strukturiert und wie das integrale Beziehungsmodell aufgebaut ist.

In Kapitel 1 werden wir erkunden, wie unsere evolutionäre Vergangenheit die spirituellen, physischen und psychologischen Dimensionen unserer heutigen Liebesbeziehungen formte. Besondere Beachtung gilt dabei dem größeren spirituellen Kontext, der im Diagramm durch den äußeren Kreis angezeigt wird.

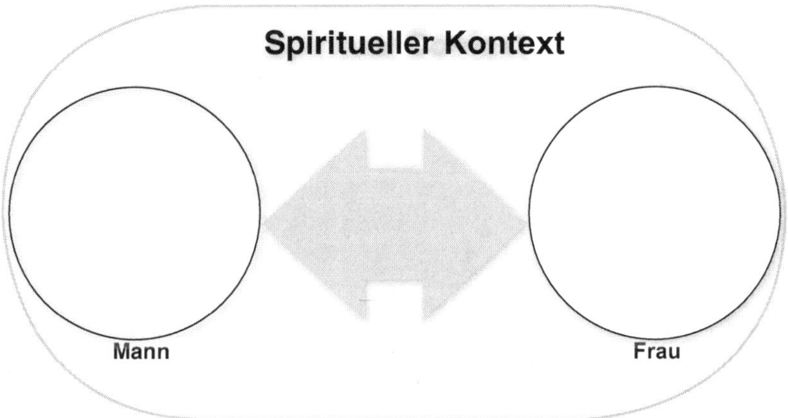


**Grafik 1: Das Modell von Mann und Frau im spirituellen Kontext.**

**Teil I** dieses Handbuches konzentriert sich auf Individuen – wonach wir suchen, wie wir uns entwickeln und wie wir uns unterscheiden. Wir beginnen damit, indem wir zwischen dem Körper und dem Geist von Männern und Frauen unterscheiden, wie im Diagramm weiter unten durch die unterschiedlichen Rechtecke innerhalb der männlichen und weiblichen Kreise gezeigt.

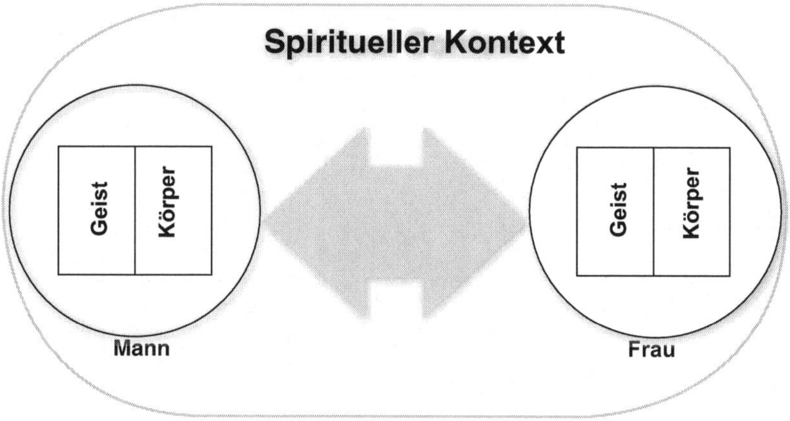


**Grafik 2: Das Modell von Körper und Geist**

Dem folgt eine Beschreibung von den zwei gegenüberstehenden weiblichen und männlichen Polaritäten, die beide Geschlechter gleichermaßen verkörpern können. Diese Polaritäten werden durch vier Pfeile angedeutet, die vom Rechteck innerhalb der männlichen und der weiblichen Kreise wegzeigen.

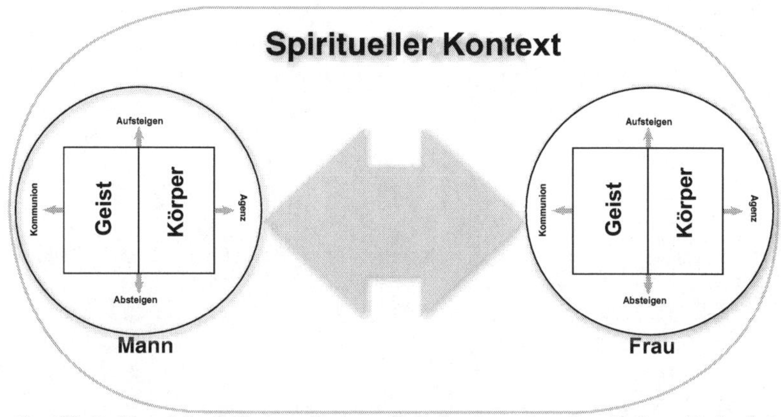


**Grafik 3: Das Modell von den weiblichen und männlichen Polaritäten**

Die letzten Kapitel des ersten Teils werden die vielfältigen Intelligenzen (Linien) und Wachstumspotenziale (Ebenen) untersuchen, angedeutet durch die vier Pfeile innerhalb der Rechtecke unten, ebenso wie die Zustände der Bewusstseins und Persönlichkeitstypen.

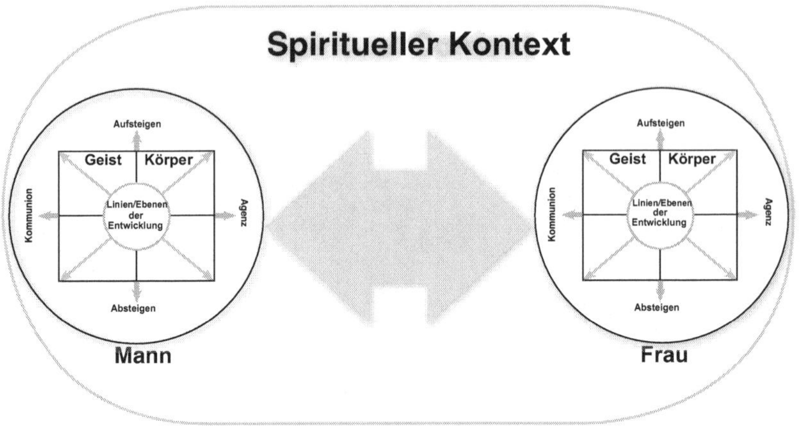


**Grafik 4. Das Modell von den Linien und Entwicklungsebenen**

**Teil II** dieses Handbuches beschäftigt sich mit der Beziehungsdynamik zwischen Männern und Frauen, einschließlich unterschiedlicher Formen der Liebe. Diese Formen der Liebe werden in dem Diagramm unten angezeigt, und zwar durch Dreiecke, die die primäre Fantasie und die Persönlichkeitseigenschaften integrieren, die im ersten Teil dieses Handbuchs besprochen wurden.

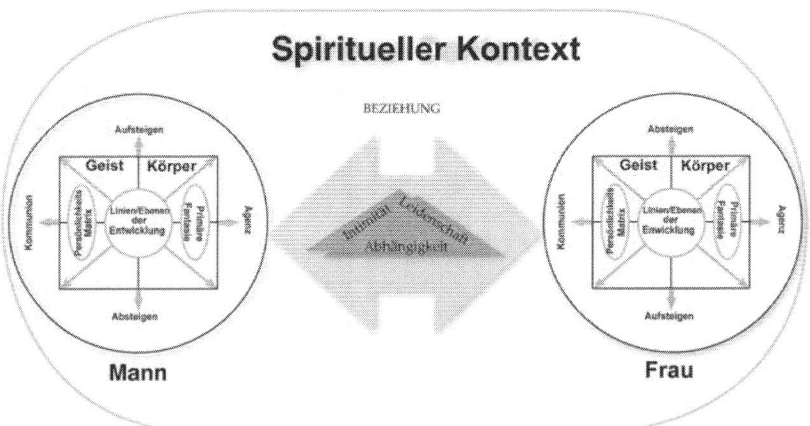


**Grafik 5: Das Modell von der primären Fantasie, Persönlichkeitsmatrix und Dreiecken der Liebe**

In **Teil III** dieses Handbuches untersuchen wir, wie man dieses Modell im wirklichen Leben anwenden kann, indem man die *kosmische Adresse* der Frau über Fragen und Beobachtungen herausfindet. Dies wird es dir ermöglichen, deine und ihre kosmische Adresse in eine Kompatibilitäts-Matrix zu stellen, was dich mit Einsichten über die Qualität und Zukunftsfähigkeit deiner Liebesbeziehung versorgen wird.

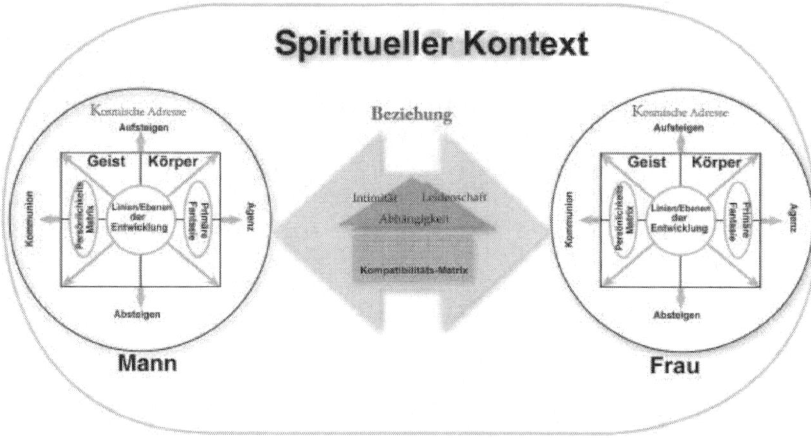


**Grafik 6: Das vollständige Modell von der kosmischen Adresse und Kompatibilitäts-Matrix**

# Einige Bemerkungen zu diesem Handbuch

Im Laufe dieses Handbuches wirst du lernen, dass jeder (du eingeschlossen) stets von seiner eigenen Perspektive aus Recht hat, was genau Perspektiven sind, wie sie sich über die Zeit entwickeln und wie Männer und Frauen mit unterschiedlichen Perspektiven sich aufeinander beziehen. Wenn man eine steigende Anzahl von Perspektiven annehmen kann, sowie das, was im eigenen Sein präsent ist, ausbalanciert und harmonisiert, so kann man anderen mit einer sich stets steigernden Integrität,[25] mit Mitgefühl, Liebe und Verständnis entgegentreten. Dies vermindert nicht nur das eigene Leid, sondern auch das von anderen, und wird dramatisch deine Beziehungen, besonders deine Liebesbeziehung , verbessern. Du kannst dich dann eventuell weiteren Wachstumsmöglichkeiten öffnen und daran arbeiten, sie zu erreichen, wenn du dich dafür entschieden hast.

Dieses Buch basiert auf vier allgemeinen Prämissen:

1) Wir sind nur selbstbewusst durch unsere Beziehungen.
2) Wir sind hier, um uns fortzupflanzen.
3) Der Sinn des Lebens liegt darin, das Bewusstsein zu entwickeln, damit wir uns unseres authentischen Lebenszwecks bewusst werden und unserer Kapazität, bedingungslos zu lieben, gerecht werden.[26]
4) Liebe mag bedingungslos sein, aber Beziehungen sind es nicht.[27]

Wenn diese Prämissen wahr sein sollten, dann definieren Mann-Frau Beziehungen unsere Vergangenheit (wir wären nicht hier ohne unsere Ahnen), unsere Gegenwart (wir wären uns unserer männlichen Existenz nicht bewusst ohne weibliche Reflexion) und unsere Zukunft (Männer und Frauen können nur gemeinsam erwachen und die menschliche Rasse gemeinsam erhalten).[28] Wenn wir auch nur ein wenig an unserer Gesundheit und unserem Glück interessiert sind, an der Zukunft unserer Kinder, dem Wohlbefinden von anderen, der Zukunftsfähigkeit unseres Ökosystems und der weiteren Evolution der Menschheit, dann benötigen wir eine neue, vollständige, exakte, multidimensionale und umfassende integrale Landkarte des gesamten Gebietes von Männer-Frauen Beziehungen. Dies bietet dieses Handbuch.

Bleibe dir dessen bewusst, dass **die Karte nicht das Gebiet ist**, ebenso wie ein Kochbuch nicht das Gericht ist. Landkarten und Wörter zeigen nur auf die Wirklichkeit. Die Kluft zwischen der Karte (deiner Vision einer gesunden, glücklichen Liebesbeziehung) und dem Gebiet (der Realität dessen, dass du Single bist oder in einer nicht erfüllenden Beziehung lebst) nennt man die Wirklichkeits-Lücke. Hier bist du gefragt, um diese Lücke zu überbrükken. Nur wenn du das integrale Beziehungsmodell auf deine tatsächlichen Strategien der Partnersuche und Beziehungen anwendest, dann kann dieses Modell für dich funktionieren.

Bleibe dir auch dessen bewusst, dass es immer Grenzen der empirischen Erkenntnisse gibt, auf denen dieses Handbuch basiert, besonders jenen, die aus den Sozial- und Geschlechterstudien stammen. Diese Studien können uns einiges über diese zufällig ausgesuchten Gruppen von Männern und Frauen sagen, wie etwa ‚im Durchschnitt sind Männer größer als Frauen', oder ‚Frauen sind emotionaler als Männer', doch sie sagen wenig über die Individuen aus. Während dieses Handbuch auf den neuesten wissenschaftlichen Erkenntnissen aus dem Westen und den alten Weisheitstraditionen des Ostens basiert, so kann sein Inhalt nur als eine verallgemeinernde Orientierung dienen, die eine sorgfältige Verifikation auf der persönlichen Ebene verlangt, wie etwa: „Bin ich wirklich größer als sie?" In keiner Weise solltest du das, was du auf den kommenden Seiten erfährst, nutzen, um Frauen zu etikettieren, zu diskriminieren oder zu übervorteilen.

Um den Text prägnant und flüssig zu halten, findest du zusätzliche Gedanken, Details, Verweise und Quellenangaben im Überfluss in den Endnoten. Du kannst auch zu den Zusammenfassungen am Ende der jeweiligen Kapitel springen, wenn du schon mit dem Inhalt des Kapitels vertraut bist. Überall in diesem Handbuch werden wir Frauen, auf die wir uns in romantischer Weise beziehen, einfach Partnerin nennen und Liebesbeziehung einfach Partnerschaft. Dies deshalb, um sie von den Menschen zu unterscheiden, mit denen man keine romantische Beziehung führt.

## Eine letzte Anregung

Teile die Inhalte dieses Handbuches nicht mit deinem Rendezvous oder deiner Partnerin, so enthusiastisch du auch sein magst. Überrasche sie vielmehr mit deiner Aufmerksamkeit, Güte, deinem Verständnis, deiner Wärme, deinem Selbstvertrauen, deiner Neugier, Empathie und Integrität. Wenn es zur Partnersuche und Liebesbeziehung kommt, wollen Frauen wissen, wer du bist, indem sie dein wahres und authentisches Selbst erfahren, sodass sie lernen können, dir zu vertrauen. Wenn man mit ihnen ein theoretisches Buchwissen teilt, wird man *immer* dieselbe Antwort bekommen: „Du hast all die Ideen und Konzepte im Kopf, doch ich fühle nicht, dass sie aus Deinem Herzen kommen. Ich will Dich wirklich kennenlernen, jemanden, dem ich vertrauen und auf den ich mich einlassen kann.“ Mit anderen Worten: „Ich fühle keine Intimität, Verbindung und Attraktion, wenn Du über dein Buchzeugs redest.“

Im Endeffekt sagt sie: „Erkläre mir nicht die Landkarte; fahr mich einfach zum Ozean.“

# Kapitel 1: Die Dimensionen der Liebe verstehen

*Man muss die Vergangenheit kennen, um die Gegenwart zu verstehen.* – Carl Sagan

In diesem Kapitel werden wir auf die zwei Dimensionen der Liebesbeziehungen zwischen Männern und Frauen eingehen: Erstens die physische Dimension, die durch unseren beharrlichen Drang motiviert wird, sich fortzupflanzen und gesunden Nachwuchs hervorzubringen. Ohne diesen Drang wären wir heute nicht hier und hätten auch keine Zukunft als Spezies. Wir können diese Dimension selbstlose Liebe oder *Agape* nennen, und sie bedarf des Mitgefühls und der Aufopferungsbereitschaft. Zweitens die psychologische Dimension der Liebe, die durch unsere Sehnsucht angetrieben wird, ganz zu werden und die illusionäre Annahme zu transzendieren, dass wir allein und getrennt vom Universum sind. Diese Dimension können wir die Kunst der Liebe oder *Eros* nennen, denn sie erfordert Kreativität und Geschick, eine gesunde Liebesbeziehung zu erschaffen. Beide dieser Dimensionen stehen im Kontext der all-gegenwärtigen, bedingungslosen Dimension der Liebe, die der Grund allen Seins ist.

## Die spirituelle Dimension der Liebe

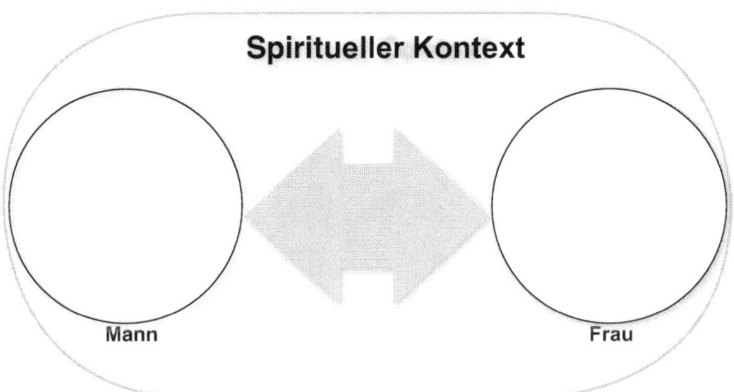


**Grafik 7: Mann und Frau im spirituellen Kontext**

Moderne Physik, Philosophie und Mystizismus verweisen uns alle auf die grenzenlose und ewige/zeitlose Einheit oder Verbundenheit. Alles, einschließlich deiner selbst, ist Teil dieser Einheit, der im Laufe der Zeit viele Namen gegeben wurden wie etwa Gott, Geist, das Absolute, das Ewige/Zeitlose, reine Bewusstheit, allgegenwärtiger Ursprung oder der Grund allen Seins. Diese Einheit kann sich selbst nur erfahren, indem sie sich in eine ‚Zwei-heit' aufteilt, die wir z.B. wahrnehmen als die Dualität der Vergangenheit und Zukunft, Leere und Form, Licht und Dunkelheit, Mann und Frau, weiblich und männlich usw. Durch das Vergessen, dass diese Gegensätze letztendlich das ewige und unendliche Eine sind, kann das illusionäre Spiel der Zeit, Leere und Form beginnen. Das tiefe Verlangen unserer Seele, bedingungslos zu lieben und geliebt zu werden, ist der Aufruf, durch Ego-Transzendenz zu dieser Einheit zurückzukehren.

Der Verstand kann diese Einheit nicht erfassen. Es sei denn, man ist permanent erleuchtet (was auch immer das meint), ansonsten kann man nur einen flüchtigen Eindruck dieser Einheit in Momenten der absoluten Stille und Gegenwart, während einer Gipfelerfahrung oder Nahtoderfahrung, bei gewissen drogeninduzierten Zuständen oder in einer transzendentalen tantrisch-sexuellen Union erfahren.[29] Diese Einheit kann man nicht beschreiben oder lehren, denn eine Beschreibung würde eins in zwei teilen und es von dir trennen. Wörter und Konzepte können nur darauf zeigen, und viele heilige Texte und Gedichte versuchen dies.[30] Warum diese Einheit „sich so viel Mühe gibt und das Universum hervorbringt"[31] ist für die Wissenschaftler, Philosophen und Mystiker bis heute immer noch ein Mysterium. Wahre, bedingungslose Liebe kann als die Erfahrung der Rückkehr zu dieser Einheit verstanden werden.[32] Wo wir es nun hinter uns gebracht haben, über das Unaussprechliche zu sprechen (das war einfach, oder?), können wir nun dazu übergehen, über die physikalische Welt und die Evolution zu sprechen, wie wir sie heute verstehen.

## Die sich entwickelnden physischen und psychologischen Dimensionen der Liebe

Im Laufe der Geschichte haben Männer und Frauen gemeinsam zueinanderpassende biologische und psychologische Eigenschaften entwickelt, die uns antreiben, die menschliche Rasse zu erhalten. Was aus heutiger Perspektive wie männliche Unterdrückung der Frau aussehen mag, war tatsächlich (mit den bedauerlichen Ausnahmen, die wir heute in manchen Teilen der Welt beobachten können) eine gegenseitig von Vorteil gekrönte Übereinkunft für das Überleben beider Geschlechter, die in einem signifikanten Anstieg der menschlichen Bevölkerung, einer längeren Lebenserwartung und mehr Komfort resultierte. Heute erfahren wir diesen evolutionären Antrieb zur Fortpflanzung und dazu, sich psychologisch gegenseitig zu ergänzen, durch die verschiedenen Formen der Liebe.

Lasst uns einen kurzen Blick auf die Geschichte aus der Perspektive der Evolution der Geschlechter werfen.

Für eine lange Zeit nach dem Urknall vor **13,7 Milliarden** Jahren gab es nur den Raum und leblose Materie. (Quantenpartikel, Atome, Gaswolken, Steine, Sterne, Planeten und Galaxien).

Vor etwa **4 Milliarden** Jahren tauchten die ersten biologischen Lebensformen als einfache und geschlechtslose Organismen auf der Erde auf.[33]

Vor **1 Milliarde** Jahren entstand das gegensätzliche Geschlecht, als gewisse Lebensformen sich dahingehend entwickelten, ihr genetisches Material durch sexuelle Reproduktion zu verbinden und so auf kommende Generationen zu übertragen. Heute wird gemeinhin angenommen, dass die Mutation in Genen eine sich steigernde Vielfalt der Spezies[34] erzeugt hat, bei der über sexuelle und natürliche Selektion nur der Tauglichste und/oder der am besten Anpassungsfähigste/Kooperativste überlebt hat, um sich fortzupflanzen.[35]

Vor **225 Millionen Jahren** tauchten die ersten warmblütigen Säugetiere auf.

Vor **7 Millionen** Jahren begannen die Vorläufer unserer menschlichen Ahnen, die Menschaffen, den afrikanischen Urwald zu bewohnen.[36]

Vor **5 Millionen** Jahren zwangen zurückgehende Wälder und abnehmende Vorräte unsere Vorläufer, die Menschaffen dazu, die Bäume zu verlassen. Die Männchen lernten, kleine, kranke und verletzte Tiere zu jagen, während sich die Weibchen darauf spezialisierten, genießbare Früchte, Sprossen und Blätter zu sammeln. Die Zufuhr von tierischem Eiweiß zu ihrer Nahrung brachte es mit sich, dass die Gehirne unserer Vorfahren wuchsen und ein buchstäblicher Fleischhunger bei ihnen hervorgerufen wurde.[37] Die Männchen begannen sich zusammenzuschließen, um größere Tiere zu jagen und um so in der Lage zu sein ihren eigenen Fleischhunger sowie den der Weibchen und ihres Nachwuchses zu stillen. Dies erforderte von den Männchen, kluge Pläne zu entwerfen und umzusetzen, ein gutes Urteilsvermögen zu haben, innerhalb hierarchischer Strukturen zu agieren, für Stunden still zu sitzen, sich stark auf die Beute zu konzentrieren, ohne Gewissen zu töten und einfache verbale wie auch nonverbale Kommunikationsfähigkeiten zu entwickeln. Die produktivsten Jäger, die normalerweise groß, gut gebaut, intelligent, klug, fleißig und wetteifernd waren, waren fähig, bis zu drei Mal mehr Nahrung zu beschaffen als ihre schwächeren Kameraden. Dies ermöglichte ihnen den Zugang zu den Weibchen mit den besten Fortpflanzungsqualitäten – die normalerweise jung waren und gesund aussahen – während weniger erfolgreiche Männchen sich mit physisch weniger attraktiven oder älteren Weibchen paarten. Zur selben Zeit schärften die Weibchen ihre sinnliche Wahrnehmung, um das Land nach genießbarem Obst und Gemüse abzusuchen und es anhand ihrer Farbe und ihres Geruchs zu identifizieren. Sie teilten Informationen über die Plätze und Orte mit anderen Frauen und beobachteten die Reifezyklen der Natur. Um sicherzustellen, dass ihr eigenes genetisches Material auf kommende Generationen weitergereicht werden konnte, begannen die Männchen, die Weibchen, mit denen sie sich gepaart hatten, zu beschützen. Zur selben Zeit wurde es vorteilhaft für die Weibchen, nur mit einem Männchen geschlechtlich zu verkehren, um seinen zukünftigen Einsatz als Beschützer und Versorger sicherzustellen, sobald sie schwanger wurde und Kinder gebar.[38] Dies führte zu den frühesten Formen monogamer Beziehungen und der Gründung der Kernfamilien,[39] die sich in kleinen Gruppen und Stämmen zusammentaten.

Durch sexuelle und natürliche Selektion lebte der Nachwuchs von den erfolgreichsten männlichen Jägern und den gesündesten (nach heutigem Standard den aufreizendsten/schönsten) Weibchen lange genug, um sich fortzupflanzen. Das daraus resultierende Paarungsverhalten ist tief in dem physiologischen und psychologischen Aufbau moderner Menschen eingebettet.[40] Das ist heute leicht erkennbar an dem allgemeinen Begehren von Männern nach jungen, vitalen und gesund ausschauenden Frauen (die meisten Männer werden von einem scharfen Playboy-Model oder einem Pornostar angeturnt), wohingegen die weibliche Fantasie sich einen anvertrauten, erfolgreichen Beschützer/Versorger erträumt, der ihr und ihren Kindern gegenüber gütig ist, während er gleichzeitig aggressiv mit anderen Männern konkurriert (die meisten Frauen mögen Frauenfilme und Liebesromane, in denen ein eindrucksvoller James Bond-artiger Held auftritt).[41]

Vor **750.000 Jahren** ermöglichte die Fähigkeit, das Feuer zu bändigen – um Schutz vor wilden Tieren zu haben, um Nahrung zuzubereiten (was es einfacher für den Körper macht, die Nährstoffe aufzunehmen), um in der Dunkelheit zu sehen und sich nächtlich treffen zu können – weiteres physiologisches Wachstum und tiefere soziale Bindungen dieser frühen Familienstämme.

Vor **400.000 Jahren** reichte es nicht mehr aus, den größten Knüppel zu schwingen und das größte Tier zu töten, um die begehrenswertesten Weibchen zu gewinnen, da diese nämlich begannen, nach anderen Indikatoren für Tauglichkeit bei ihren Freiern Ausschau zu halten. Sie wollten umworben und unterhalten werden. Als Reaktion darauf brachten die frühen Steinzeitmännchen die ersten Kunstformen hervor (Höhlenmalerei, Körperschmuck, Trommeln und Tänze) und entwickelten erste Sprachformen.[42]

Vor **200.000 Jahren** betraten die ersten modernen Menschen (Homo sapiens) die Bühne. Wie ihre Vorfahren waren sie nomadische Jäger und Sammler.

Vor **12.000 Jahren** wurde der Lebensstil einiger Familien beständiger, als

Gartenbaugemeinschaften Möglichkeiten fanden, eine Vielzahl von Getreidearten zu kultivieren und kleine Tiere nah an ihren Behausungen zu halten. Diese Aktivitäten konnten größtenteils von Schwangeren und Frauen durchgeführt werden, die sich der Kindererziehung widmeten, während Männer ihre Jagdgebiete immer weiter ausdehnten, um genug Wild für ihre wachsenden Familien, Gruppen, Sippen oder Stämme zu finden. Um diese Zeit hatten sich etwa **1** Million Menschen auf allen möglichen Teilen der Erde verbreitet.

Vor **8.000 Jahren** läutete die Erfindung des Pfluges (höchstwahrscheinlich durch einen Mann), der durch ein domestiziertes großes Tier, wie zum Beispiel einen Ochsen gezogen wird, die Ära des Ackerbaus ein,[43] als Jagen, Sammeln und Gartenbau an sich nicht mehr ausreichten, um die menschliche Population zu versorgen, die auf etwa 5 Millionen angewachsen war. Das Pflügen wurde ausschließlich von Männern ausgeführt, weil Schwangere und junge Mütter diese mühsame Arbeit nicht vollziehen konnten. Konsequenterweise entwickelten sich patriarchale[44] soziale Strukturen, als Männer – zusätzlich zu ihrer Jäger- und Beschützerrolle – die wesentliche Verantwortung dafür übernahmen, Nahrung zu beschaffen. Das Resultat davon war, dass Männer begannen, die auftauchenden öffentlichen Sphären der Regierung, Erziehung, Religion und Politik zu übernehmen, während die Frauen die privaten Sphären der Familie und das Heim beherrschten. Diese Arbeitsteilung wird oft als männliche Produktion und weibliche Reproduktion bezeichnet,[45] die es Frauen erlaubte, sich auf die leichteren und weniger gefährlichen Arbeiten im Haus zu konzentrieren und sich um den Nachwuchs zu kümmern, während Männer ihr Leben durch harte Arbeit, gefährliche Jagd und dadurch riskierten, das Territorium ihrer Familie und ihrer Sippe zu verteidigen.

Weitere Entwicklungen landwirtschaftlicher Techniken halfen, einen Überschuss an Nahrung zu erzeugen, besonders in den fruchtbaren Regionen der Welt mit milderem Klima wie etwa dem Mittelmeer, den Nil entlang und in China. Dies bot einer gewissen Anzahl kreativer Männer die Möglichkeit, sich in der Kriegskunst zu spezialisieren, neue Erfindungen wie das Rad, die Radachse, Bier und Segelboote (um 5000 v. Chr.), Sportwettkämpfe (in China um 4000 v. Chr.) Architektur und komplexere Kunstobjekte hervorzubringen, während sich Frauen weiter auf die Heimarbeit und die Erziehung der Kinder beschränkten.

Vor **6.000 Jahren** wurden kleine Städte und Staaten von Männern gegründet, um einen Teil der **10 Millionen** Menschen zu beherbergen, die damals auf der Erde lebten. Mit einer zunehmenden Anzahl von Menschen auf dem Planeten entstanden auch neue Konflikte, und immer größer angelegte Kriege wurde von Männern geführt, um ihre Familien und Landwirtschafts- und Jagdgebiete zu beschützen, Status zu erlangen und die Herzen von Frauen zu erobern.

Vor **4.000 Jahren** wurden die ersten monotheistischen Religionen, die einen männlichen Gott verehrten und Frauen im Allgemeinen als minderwertig betrachteten, von Männern entworfen, und mit den frühesten Schriften, die wir heute kennen, begann die Geschichtsschreibung.

Vor **3.000 Jahren** bevölkerten **50 Millionen** Menschen die Erde, und die ersten großen Stadtstaaten wurden in Griechenland gegründet. Athen wurde die Brutstätte solch einflussreicher Philosophen[46] wie Sokrates, Platon und Aristoteles. Letzterer schrieb in seinem Buch Politik: „Der Mann ist durch seine Natur überlegen, und die Frau unterlegen; der eine herrscht und die andere wird beherrscht." Diese Philosophen legten die Grundlage der modernen Zivilisation und des westlichen Gedankensystems, das bis heute seinen Einfluss behalten hat.[47]

Vor **2.000 Jahren** lebten **200 Millionen** Menschen, und die Römer hatten ihr Reich entfaltet, welches später in die europäischen Staaten zerfallen sollte, die wir heute kennen.

Vor **500 Jahren** hatte sich die Weltbevölkerung wieder verdoppelt, nämlich auf **400 Millionen** Menschen, als Columbus und andere moderne männliche Erkunder ihre Landentdeckungen machten, was zu weltweitem Handel und Erforschung führte. Zu der Zeit machten Kopernikus, Galileo, Keppler und Newton die ersten wissenschaftlichen Entdeckungen. In einem fortdauernden Versuch, die Liebe von Frauen zu gewinnen und ihre Lebensqualität zu heben, machten Männer während der Aufklärung im achtzehnten Jahrhundert außerordentliche technische, philosophische, soziale und politische Fortschritte.[48]

Vor **200 Jahren** (um das Jahr 1800) hatte die Weltbevölkerung die 1 Milliarde Grenze überschritten, und die Körperkraft von Männern und Tieren wurde mit der industriellen Revolution durch die Dampfmaschine und die modernen Waffen ersetzt.[49] Diese neuen Technologien erlaubten es den Frauen, nach und nach in die Bereiche einzudringen, die vorher ausschließlich von Männern entwickelt und beherrscht wurden. Dies führte zu guter Letzt zur Frauenbewegung,[50] die sich später dann zu den verschiedenen Formen und Wellen des Feminismus entwickelte.[51]

Um **1900** räumten Männer den Frauen das Recht zu wählen ein,[52] eine gleichberechtigte Ausbildung zu erhalten[53] und überall dort zu arbeiten, wofür sie qualifiziert waren, und verdienten damit schrittweise dasselbe oder mehr für die gleiche Arbeit.[54] Um diese Zeit gab es **1.6 Milliarden** Menschen auf dem Planeten, was bis auf **6 Milliarden** im Jahr 2000 anstieg, was vom evolutionären Standpunkt eine unglaubliche Erfolgsgeschichte ist.

Im Jahr **1960** wurde die sexuelle Revolution durch die Erfindung der Pille (durch einen Mann)[55] eingeleitet, welche den Frauen die Kontrolle über ihre Fortpflanzungsfähigkeiten gab.

Im Jahr **1970** wurde die verschuldungsunabhängige Scheidung überall in den Vereinigten Staaten[56] eingeführt, was dazu führte, dass sich die Scheidungsraten verdoppelten, weil Frauen zweimal häufiger als Männer die Scheidung einleiteten.[57]

Im Jahr **1990** ermöglichte die dritte Welle des Feminismus modernen und postmodernen Frauen, ihre Wege in alle Bereiche der westlichen Gesellschaft, wie wir sie heute kennen, zu bahnen.[58]

Während moderne und postmoderne Frauen von ihren traditionellen Geschlechterrollen und ihrer ökonomischen Abhängigkeit von Männern befreit wurden, indem sie Zugang zu traditionell von Männern dominierten Bereichen erlangten (wenn sie so wollten) und indem sie die Kontrolle über ihre Fortpflanzungsfähigkeiten übernahmen, blieben Männer hingegen in ihren traditionellen Rollen als Beschützer und Versorger größtenteils stecken[59] und sind weiter von den Frauen in Bezug auf Sex, Liebe, Sinn und emotionale Unterstützung abhängig.[60]

Um die Herzen von begehrenswerten Frauen zu gewinnen, müssen Männer immer noch erfolgsorientiert in ihrer Ausbildung und ihren Karriereentscheidungen sein und höhere Risiken dabei übernehmen, ihr Leben durch stressvolle, harte und gefährliche Arbeit zu gefährden[61] und das verfügbare Geschlecht bei Kriegen zu sein.[62] Moderne und postmoderne Frauen können es sich, auf der anderen Seite, leisten, sich an ihrer Erfüllung zu orientieren, indem sie aus Berufen Einkommen erzielen, die persönlich befriedigend und finanziell lohnend sind, während sie gleichzeitig von Ehemännern (oder Ex-Ehemännern) profitieren,[63] oder von wohlwollenden Männern (die häufig naiv oder bedürftig sind), Sexpartnern, und/oder Boyfriends, die sie unterstützen und unterhalten im Austausch für Liebe, Gesellschaft und Sex (man denke an Ausgehen, Kino, Urlaub, Diamantring, Auto, Haus etc.). Mit anderen Worten mussten Männer durch die ganze Geschichte hindurch immer erfolgreicher, gebildeter, kreativer, erfinderischer und wettkämpferischer werden, um immer mehr Macht, Status und Wohlstand anzuhäufen, um die Herzen von begehrenswerten Frauen zu erobern. Diese Dynamik kann aber, wie wir langsam realisieren, nicht endlos fortgeführt werden, ohne unser Ökosystem zu zerstören und andere in Armut und Hunger zu stürzen. Auf der anderen Seite reicht es für Frauen auch heute noch aus, körperlich und geistig gesund, sexuell verfügbar, unterstützend und verständnisvoll Männern gegenüber zu sein, um sie zu ködern.

*Gender Mainstreaming* ist die neueste Errungenschaft in der evolutionären Entwicklung der Geschlechter. Es wurde von den Vereinten Nationen von Frauen formuliert, die erkannten, dass die Befürwortung der Rechte, Perspektiven und Vorteile nur eines Geschlechtes (das der Frauen) letztendlich beiden Geschlechtern schadet.[64]

Am 26. Oktober 2009 schloss der Artikel *Der Zustand der amerikanischen*

*Frau*[65] im *Time*-Magazin damit, dass

*„... wir bald eine parallele Debatte haben werden: Was muss nämlich getan werden, damit amerikanische Männer ihr volles Potenzial realisieren können? Man kann erkennen, dass sich die ganze Konversation in einer einzigen Generation umkehrt. Es ist nicht länger eine Männerwelt. Noch ist es eine Frauenwelt. Es ist eine Kooperative mit Regeln, die konstant verhandelt werden müssen, und der Erwartung, dass die Gewinne gleichermaßen geteilt werden können."*

Diese neuesten Einsichten in Gender-Themen, wenn sie von beiden Geschlechtern gesehen und akzeptiert werden, eröffnen neue Möglichkeiten für die gemeinsame Erschaffung von Beziehungen zwischen integral informierten Männern und post-feministischen/post-postmodernen Frauen, die nicht nur gleiche Rechte haben, sondern auch gleiche Verantwortlichkeiten übernehmen wollen, wie zum Beispiel unser Ökosystem zu schützen und Gewaltfreiheit zu belohnen. Diese neuen Paare werden sich selbst als Gleiche behandeln, während sie gleichzeitig ihre geschlechtlichen Unterschiede ehren und damit den Weg zu einer fortdauernden und friedvollen Zukunft für die ganze Menschheit zeigen.[66]

## Zusammenfassung

Von einer spirituellen Perspektive aus betrachtet, ist Liebe der allgegenwärtige Grund all dessen, was ist. Auf der relativen physischen und psychologischen Ebene ist Liebe das Mittel, um die Rasse zu erhalten und unser Gefühl der Trennung zu überwinden.

Seit Tausenden von Jahren haben Männer ihre Tauglichkeit gesteigert, um die Herzen von begehrenswerten Frauen zu gewinnen und um die Lebensqualität und Sicherheit ihrer Familien durch Schutz und Fürsorge zu verbessern. Im Gegenzug umsorgten Frauen Männer und belohnten sie mit ihrer Anbetung, Liebe, Unterstützung, Gesellschaft, Sex und Kindern.

Mit dem Auftauchen der Moderne – was die Frauenbefreiung und die Feminismusbewegung mit sich führte – begann sich dieses althergebrachte Gleichgewicht zu verschieben. Sie stattet nun moderne und postmoderne Frauen mit gleichen Rechten und Möglichkeiten aus, ohne dieselben Verantwortlichkeiten zu haben. Sie sind rechtsmäßig, finanziell und emotional unabhängig geworden und erwägen nur dann eine Beziehung, wenn der Mann in signifikanter Weise ihre Lebensqualität verbessern kann. Dies lässt viele durchschnittliche und benachteiligte Männer darum kämpfen, verhindern zu wollen, dass ihre Frauen sich scheiden lassen oder überhaupt einen Partner zu finden. Die jüngste Entwicklung der Geschlechter wird Gender Mainstreaming genannt. Sie besteht in der Möglichkeit von Partnerschaften von Männern und Frauen als Gegensätze und Gleichberechtigte und verspricht eine friedvolle und zukunftsfähige Zukunft für die ganze Menschheit, indem sie für wahre Geschlechtergleichheit steht (Rechte und Verantwortlichkeiten), während gleichzeitig geschlechtliche Unterschiede geehrt werden.

# Teil I: Der biologische und psychologische Aufbau von Männern und Frauen

*Romantische Liebe ist, je nachdem, entweder etwas, über das ich nur reden möchte, oder das Letzte, worüber ich reden möchte. Wenn ich in der Stimmung bin, darüber zu sprechen, scheint es mir gewaltig und wichtig zu sein. Wenn ich nicht in der Stimmung bin, erscheint es mir fast neurotisch. Aber eine Sache bleibt konstant, und zwar unabhängig, wie ich es betrachte: Romantische Liebe ist ein Mysterium.*
– Marianne Williamson

In Teil I dieses Handbuches werden wir die Kernelemente des integralen Beziehungsmodells definieren:

1) Körper (auf Sex basierende Unterschiede, einschließlich der *primären Fantasie*), Geist (erlernte Geschlechterrollen) und Seele (feminine/maskuline Polaritäten)
2) Linien der menschlichen Entwicklung (Intelligenzen und andere Potenziale)
3) Ebenen des Bewusstseins, Anima/Animus-Komplex sowie sexuelle und spirituelle Entwicklung
4) Stufen des Sichverliebens
5) Persönlichkeitstypen

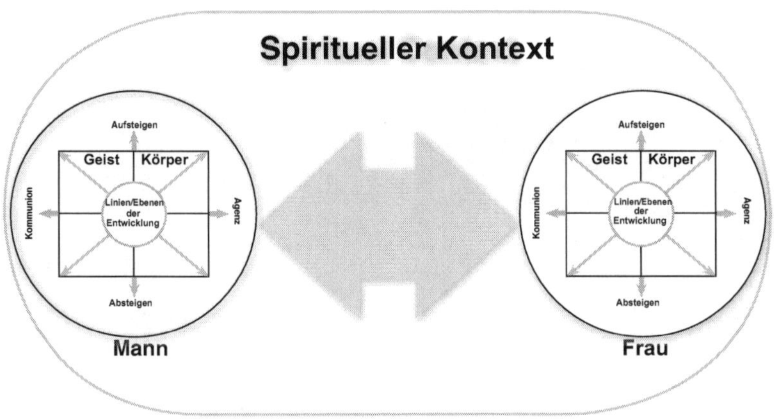


**Grafik 8: Die Kernelemente von Männern und Frauen**

Die Elemente zwei bis fünf basieren auf dem ursprünglichen Modell von Ken Wilber. Wir werden Wilbers erstes Element, die vier Quadranten, in Teil II besprechen.

# Kapitel 2: Die Unterschiede zwischen den Geschlechtern

*In diesem Land macht man als erstes Geld. Und wenn du das Geld hast, dann hast du die Macht. Und wenn Du Macht hast, kriegst du jede Frau.* – Al Pacino in ‚Scarface'

Während das 20. Jahrhundert die rechtliche und sozio-ökonomische Gleichberechtigung der modernen und postmodernen Frauen mit sich brachte, blieb der einzigartige biologische und genetische Aufbau, der die Geschlechter unterscheidet, derselbe. Um ein tieferes Verständnis der männlich-weiblichen Dynamik zu bekommen, werden wir 1) zwischen den grundlegenden Geschlechterunterschieden zwischen Männern und Frauen unterscheiden (Körper), 2) die erlernten Geschlechterrollen von Männern und Frauen untersuchen (Geist), und 3) die weiblichen und männlichen Polaritäten, die von beiden verkörpert werden können, unterscheiden (Seele).

Während des ganzen Handbuches werden wir die folgenden Begriffe nutzen:

Wenn wir uns auf die biologischen Unterschiede beziehen (Sex), sprechen wir von **Männchen/Weibchen**.

Wenn wir uns auf die erlernten sozialen Muster (Geschlechterrollen) beziehen, so sprechen wir von **Mann/Frau.**

Wenn wir uns auf die Polaritäten beziehen (Seele), dann sprechen wir von **maskulin/feminin.**

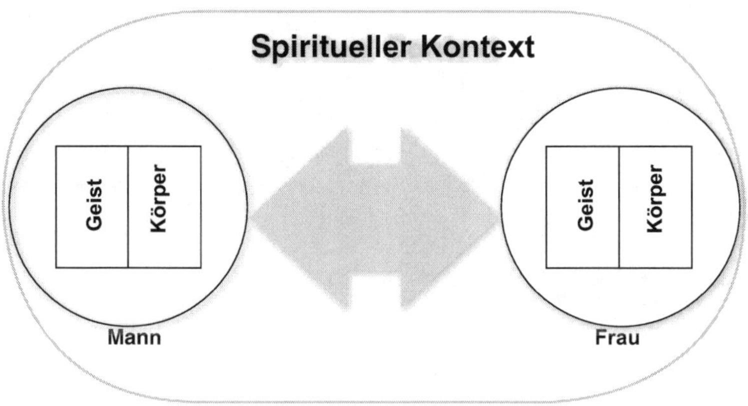


**Grafik 9: Körper/Geist von Männern und Frauen.**

In diesem Kapitel werden wir jede Dimension des ersten Elementes unseres integralen Beziehungsmodells untersuchen.[67]

## Sex: Physische/Biologische Unterschiede zwischen Männchen und Weibchen

Sex (als ein Nomen) bezieht sich auf den physiologischen, biologischen und genetischen Aufbau von Männchen und Weibchen. Dieser hat sich über Milliarden von Jahren entwickelt und wird nicht von sozialem Wandel beeinflusst. Typische menschliche Männchen haben einen Penis und XY Chromosome, mehr körperliche Behaarung, werden kahlköpfig und produzieren zehnmal mehr Testosteron als Weibchen, die eine Vagina haben, XX Chromosome, Brüste, eine höhere Stimme, mehr Östrogen und im Allgemeinen weniger häufig über Sex nachdenken. Diese Unterschiede sind durch die Evolution in unserem Körper fest verdrahtet und erfordern eine Geschlechtsumwandlung, wenn man dies ändern will. Eine Konsequenz dessen ist, dass es unterschiedliche Paarungsverhaltensweisen für heterosexuelle Männer und Frauen gibt, die ebenso fest verdrahtet sind:

Männer sind darauf konditioniert, von jungen (oder zumindest jüngeren), vitalen und gesund aussehenden Weibchen angezogen zu werden, die eine weiche Haut, glänzendes Haar, gut ausgerichtete weiße Zähne, symmetrische Gesichts- und Körpereigenschaften, breite Hüften, schmale Taillen (idealerweise mit einem 0,7-Taille-Hüft-Verhältnis),[68] strahlende Augen und volle Brüste haben, was insgesamt Indikatoren für Fruchtbarkeit sind und für die Fähigkeit steht, gesunde Kinder auszutragen.[69]

Frauen werden intuitiv von gutmütigen, starken, großen,[70] erfolgreichen, intelligenten, gesund aussehenden und unterhaltsamen Männern mit Geld angezogen, die Aussicht auf zukünftige Verdienste, Macht und sozialen Status haben und die sich darauf verpflichten, ausschließlich sie zu lieben. Diese Eigenschaften sind alles Indikatoren für gute Gene und die männliche Kapazität, ein starker Beschützer und Versorger zu sein.[71]

Die sexuellen Fantasien der Männer werden durch die Pornoindustrie bedient,[72] (die von der Gesellschaft missbilligt wird), während Liebesromane[73] und ‚Frauen-Filme', die von der Gesellschaft akzeptiert sind, äquivalent die sexuellen Fantasien der Weibchen bedienen.

## Geschlechtsspezifische Unterschiede in der primären Fantasie von Männchen und Weibchen

Forscher haben herausgefunden, wie biologische Geschlechtsunterschiede in geschlechtsbasierenden Fantasien resultieren, die in allen Kulturen gleichermaßen auftauchen.

Diese Fantasien laufen tief in unserem Unbewussten ab und sind fast unmöglich zu transzendieren.[74] Ihre Erfüllung ist notwendig für jedes romantische Interesse an einem Angehörigen des anderen Geschlechtes und wir werden sie einfach die *primäre Fantasie* nennen. Alle anderen Qualitäten, die Liebende gewöhnlich in einem Partner suchen, sind in Bezug auf diese primäre Fantasie zweitrangig und normalerweise geschlechtsneutral. Sie umfassen gemeinsame Werte, Interessen, den Lebensstil, Veranlagungen, Pläne und Zukunftsträume, gemeinsame Vorstellungen, wie man Freizeit miteinander verbringt sowie Geld und Sex.[75]

Ist die primäre Fantasie einmal erfüllt, werden die männlichen Liebesgefühle für ein begehrenswertes Weibchen – und ihre für ein erfolgreiches Männchen – als absolut real und authentisch empfunden. Ihre Körper signalisieren ihnen das Potenzial, gesunden Nachwuchs zu erzeugen und aufzuziehen, indem die Produktion jener prickelnden Hormone gesteigert wird, die die Lust, das Verlangen und die Intimität nähren, während gleichzeitig die rationalen Fähigkeiten in den Gehirnen eines verliebten Paares eingeschränkt werden, sodass sie Warnsignale übersehen, um Sex miteinander haben zu können.

Liebende, die eine solche Erfahrung miteinander erleben, sprechen häufig davon, dass die *Chemie* zwischen ihnen stimmt, und sie haben Recht damit.[76] Lust wird bei Männchen und Weibchen durch eine gesteigerte Produktion von Testosteron ausgelöst, Intimitätsgefühle werden durch Dopamin, Noradrenalin und Serotonin gefördert und Bindungen werden durch erhöhte Mengen von Oxytocin bei Weibchen und Vasopressin bei Männchen geformt.[77] Einige dieser Hormone sind so wirksam wie illegale Drogen. Sie können ihre Empfänger in einen überraschendenunbekannten Rausch Rausch versetzen und sie abhängig machen und zu starken Entzugserscheinungen führen, wenn sie wieder absinken.[78]

Männchen werden viel schneller als Weibchen vom anderen Geschlecht angezogen und verlieben sich schneller, da ihre primäre Fantasie lediglich auf ihrer physischen Erscheinung und ihrer sexuellen Ausstrahlungskraft basiert.[79] Eine attraktive Frau zu sehen, sich aufreizende Bilder anzuschauen, einen erotischen Film oder eine Stripperin in einer Bar zu sehen, kann ausreichen, um die Testosteronmenge zu erhöhen, die ihn anturnt. Und häufig, zur völligen Frustration und Verwirrung der Weibchen, können sie genauso schnell wieder abgeturnt sein, sobald sie das Objekt ihrer Begierde erobert haben und wieder auf die Jagd nach dem nächsten Sexobjekt gehen.

Attraktive Weibchen, die Kosmetik-, Schönheits- und Modeindustrie[80] und kluge Werbebetreibende für Waren und Dienstleistungen sind sich natürlich schon lange dieses Effektes bewusst, den Bilder von aufreizenden Weibchen auf Männchen haben. Sie bombardieren Männer konstant mit verführerischen Botschaften, die ihnen nahelegen, wie sie durch das Verdienen und Ausgeben von sehr viel Geld für Statussymbole (z.B. der Diamantring, das Auto, die Uhr), das Konsumieren der richtigen Produkte (z.B. Bier und Aftershave) oder das Riskieren ihres Lebens und ihrer Gesundheit (z.B. in die Armee einzutreten, waghalsige Abenteuer zu unternehmen und gewalttätige Wettkampfsportarten zu betreiben) die Frau ihrer Träume bekommen.[81]

Weibchen erfahren gewöhnlich denselben anfänglichen Funken, wenn sie ein physisch attraktives Männchen sehen, werden aber abgeturnt, wenn sein sozio-ökonomischer Status und seine Persönlichkeit nicht ihrer primären Fantasie entsprechen (es sei denn, sie suchen einen One-Night-Stand oder ‚Boy-Toy').[82] Anders als bei den Männchen tendieren Weibchen viel eher dazu, sich an ein älteres und physisch weniger attraktives Männchen romantisch zu binden, wenn seine finanziellen Mittel, sein sozialer Status und sein Charakter ihren Erwartungen entsprechen. Während die Aufmerksamkeit von Männchen fast ausschließlich auf ihren Körper gerichtet ist und darauf, sie zu bespringen und wie sie an seiner Seite aussieht, sind für sie neben seinem guten Aussehen (oder statt dessen) sein Einkommen, Charakter, Intelligenz, Witz, Loyalität, Statur, Sicherheit, sein Gebrauch der Sprache, Manieren, Erziehung, Arbeit, Leistungen, Gesundheit, Lebensstil, Auto, Haus und andere materielle Besitztümer, Altersvorsorge, Freundeskreis und Integrität von hoher Bedeutung.[83]

Wenn die sexuelle Attraktion gegenseitig ist, wird sie mehr Zeit benötigen, das Vertrauen aufzubauen, dass er tatsächlich fähig, bereitwillig und verfügbar ist, eine exklusive Verpflichtung ihr gegenüber als ein gutmütiger, generöser, vertrauenswürdiger und beständiger Beschützer und Versorger einzugehen. Der evolutionäre Grund für ihren prüfenden Blick und ihre Selektivität, ihn als Liebhaber und Partner zu wählen, liegt in ihrer Möglichkeit, schwanger zu werden. Ein Kind zu empfangen ist für sie eine größere emotionale und lebensverändernde Investition als für ihn.[84] Selbst wenn Paare Verhütungsmittel benutzen oder keine Kinder mehr bekommen können, reagiert ihr hormonelles System in derselben Weise, als wenn sie schwanger werden könnte, was bedeuten würde, dass sie neun Monate körperliches Unwohlsein aushalten muss, dass sie kein Kind von einem anderen Mann empfangen kann, dass sie ihr Leben während der Kindsgeburt riskiert und dass sie verpflichtet ist, über Jahre die Kinder zu versorgen, während der Vater sie leicht verlassen und seinen Samen, seine Liebe und Unterstützung einer anderen Frau geben kann.[85]

## Die geschlechtsspezifische Dynamik von weiblicher Furcht/männlicher Scham

Die biologischen Unterschiede zwischen den Geschlechtern führen auch zu der primären Emotion *Furcht* bei Weibchen und *Scham* bei Männchen. Furcht (normalerweise Furcht vor dem Verlassenwerden) steigt in ihr auf, wenn sie eine emotionale Trennung verspürt. Dies geschieht gewöhnlich dann, wenn die ursprünglichen chemischen Prozesse abgeklungen sind oder wenn sie sich darum sorgt, dass er als ihr engagierter Beschützer und Versorger nicht taugt. Ihre Furcht wird ausgelöst, wenn ihre Kommunikation nicht mehr funktioniert, wenn er ein Interesse an anderen Frauen zeigt, wenn er Schwäche offenbart oder inkompetent erscheint, sich über seine Arbeit beklagt oder sorgt, arbeitslos wird, Suchtverhaltensweisen zeigt oder besiegt wird. In ihren Versuchen, sich wieder emotional mit ihm zu verbinden – entweder um sich seiner Unterstützung zu versichern oder um seine Leistung zu verbessern – beginnt sie häufig, Sex zu unterbinden, zu nörgeln, zu kritisieren, herauszufordern, zu erniedrigen, zu vergleichen und ihn passiv-aggressiv zu ignorieren, ohne dabei eine Ahnung zu haben, wie sie die Beziehung dadurch untergräbt.[86] Wenn er nicht in einer gefälligen Weise darauf reagiert, verliert sie schnell den Glauben und beschuldigt ihn, ihr nicht zuzuhören oder sie nicht zu verstehen, und ihr gegenüber unsensibel, emotional unerreichbar, passiv aggressiv zu sein oder die Augen vor der Wahrheit zu verschließen, was durchaus der Fall sein kann.

Ihre Versuche, sich mit ihm wieder zu verbinden und ihn zu unterstützen, damit er bessere Leistungen zeigt, drängen ihn nur weiter weg, damit er ihre andauernden Entmannungen[87] vermeiden sowie sein primäres Gefühl der Scham verstecken kann, dass er nicht gut genug ist, um sie glücklich zu machen. Statt sich emotional auf sie einzulassen und ihr emotionale Sicherheit, Stärke und Bestätigung zu bieten, nach der es sie verlangt, wird er wütend, beginnt länger zu arbeiten, versucht, mehr Geld zu verdienen, verbringt mehr Zeit mit seinen Kumpeln, beschäftigt sich mit Hobbys, beginnt einen spirituellen Pfad oder wird weinerlich und depressiv.[88] Sie, auf der anderen Seite, weiß nicht, dass sie ihn inspirieren und belohnen kann, indem sie Mitgefühl zeigt und die Dinge wertschätzt, die er tut (selbst wenn es nur wenig ist), indem sie ihn lobt und ihm Anerkennung zeigt, Sex mit ihm hat, was ihn ja häufig dazu motiviert, sie mit mehr Unterstützung, Liebe und Bestätigung zu versorgen, nach der sie sich sehnt.[89] Beide Partner sind dann geneigt, ihr Unglück und ihre Frustration mit anderen Mitgliedern des anderen Geschlechtes außerhalb ihrer Beziehung zu diskutieren, die mehr Empathie zeigen. Solch ein Verhalten wird emotionale Untreue genannt und ist offensichtlich eine schlüpfrige Sache, da die sexuelle Untreue gleich nebenan lauert.

Wegen ihrer unterschiedlichen evolutionären Konditionierungen ist er besser ausgestattet, ihre emotionale Untreue zu handhaben, solange sie ihn nicht sexuell betrügt, während sie ihm seine sexuelle Untreue verzeihen kann, solange sie seiner Liebe, seiner finanziellen Unterstützung und Verpflichtung ihr gegenüber sicher ist.[90]

Wenn du diese Furcht/Scham-Dynamik in deiner Liebesbeziehung erfährst, kannst du die Dinge herumdrehen, wenn du den Ängsten und Sorgen deiner Partnerin zuhörst, ohne dich schuldig zu fühlen oder dich zu verteidigen oder zurückzuziehen, und indem du ihr deine Liebe, Loyalität und Unterstützung zeigst.[91]

## Das soziale Tabu um den sexuellen Selektionsprozess

Die primäre Fantasie und der daraus resultierende sexuelle Selektionsprozess, der den meisten unserer Beziehungen zugrunde liegt, ist ein sehr verletzlicher und emotional aufgeladener Sachverhalt für Singles und Paare gleichermaßen und daher wird er wissenschaftlich oder öffentlich aus den folgenden Gründen nur selten erwähnt oder angesprochen:[92]

1) Kaum jemand mag öffentlich zugeben, dass die primären Kriterien für die Attraktivität von Weibchen ihr Alter, ihr Aussehen und ihre sexuelle Ausstrahlung sind – kurz, ihr ‚Fickbarkeits-Faktor' – und die des Mannes sein sozio-ökonomischer Status, seine Wettkampfbereitschaft und seine Großzügigkeit.[93]
2) Es ist schwierig für Singles, der Tatsache ins Auge zu sehen, dass sie ungeklärte psychologische Schwierigkeiten haben, die sie hindern, eine gesunde Beziehung zu haben, oder dass sie mit jemandem ausgehen wollen, der weit oberhalb ihrer Liga ist. Frauen haben häufig unrealistische Erwartungen, den ‚Prinz ohne Furcht und Tadel' oder einen ‚Sugar Daddy' zu ködern, für den sie im Grunde zu alt oder nicht schön genug sind, während Männer über jüngere, sexuell attraktive Playboy-Modell Typen fantasieren, die sie sich nicht leisten können.
3) Soziale-, Radikale, - und Ökofeministen[94] verschließen die Augen vor der Rolle, die attraktive und partnerschaftsorientierte Weibchen (ups ... sie sind natürlich auch Frauen) in Bezug auf soziale Ungerechtigkeiten, Kriege und die Zerstörung unseres Ökosystems spielen, da sie nämlich jene Männer im Austausch für einen sicheren und sorglosen Lebensstil mit ihrer Liebe, ihrer Gesellschaft und Sex belohnen, die besonders skrupellos um Macht, Status, Reichtum (auf Kosten der Umwelt wie auch auf Kosten anderer Frauen und Männer) kämpfen.[95]
4) Paare wollen nicht mit der Möglichkeit konfrontiert werden, dass sie

die Erfüllung ihrer primären Fantasie mit wirklicher Liebe verwechselt haben, besonders, wenn ihre Beziehung gefährdet ist, weil das ursprüngliche Bauchkribbeln weg ist.

5) Singles, denen die notwendigen physischen oder materiellen Mittel fehlen, um einen Partner zu gewinnen, wollen nicht an die schmerzhaften Gefühle erinnert werden, die sie bei vorhergehender Ablehnungen durch Mitglieder des anderen Geschlechtes ertragen haben, deren Herzen sie nicht gewinnen konnten.

Während das integrale Beziehungsmodell nicht die wichtige Rolle ignoriert, die die primäre Fantasie innehat sowie der resultierenden hormonellen Reaktionen, die in der Schaffung einer Partnerschaft eine Rolle spielen, reduziert es auch nicht die Partnerwahl oder die Qualität von Liebesbeziehungen auf diese Kriterien. In Teil II dieses Handbuches werden wir weiter untersuchen, wie die primäre Fantasie auf unterschiedlichen Ebenen der Bewusstseinsentwicklung erfahren wird und werden sie mit den anderen Elementen des integralen Beziehungsmodells zusammenführen.

## Geschlechtsspezifische Unterschiede Verstehen reduziert Leid

Wie viele Psychologen, Anthropologen und Soziologen bestätigt haben,[96] und wie du möglicherweise selbst von deinen Erfahrungen und Beobachtungen weißt, „suchen Männer Sex-Objekte und Frauen Erfolgs-Objekte"; „Männer wollen das eine von jeder Frau, während Frauen alles von einem Mann wollen" und „für Männer führt die physische Anziehung (und Sex) zur Beziehung, während für die meisten Frauen die Beziehung zum Sex führt."

Deine Investition in dieses Handbuch wird sich schon ausgezahlt haben, wenn du dir der Rolle der primären Fantasie im Rahmen des sexuellen Selektionsprozesses vorher nicht bewusst warst. Diese Einsicht kann dich vor dem **Verlust vielen Geldes, vor Trauer und Frustration bewahren**, wenn Du eine kostspielige und erschütternde Scheidung/Trennung vermeiden kannst, indem du deinen Partner nun besser verstehst oder dich freundschaftlich trennst, wenn das gegenseitige Bauchkribbeln die hauptsächliche Motivation für die Beziehung war und nun verschwunden ist. Wenn du Single bist, kannst du aufhören, kostspielige Verabredungen mit attraktiven, aufwändigen Weibchen zu haben, die du dir eigentlich nicht leisten kannst und die dich auf lange Sicht auch nicht glücklich machen.[97]

## Gender: Kulturelle/erlernte Unterschiede zwischen Mann und Frau (Geist)

*Gender* bezieht sich auf die teRollen, die den einzelnen Geschlechtern durch Gesellschaft und Kultur zugewiesen werden. Geschlechterrollen werden während der Kindheit und auch später erlernt, indem wir beobachten und indem uns gesagt wird, wie man sich angemessen als Mann oder Frau in unserer Gesellschaft verhalten soll.[98] Diese Rollen variieren in den unterschiedlichen Kulturen, da sie im Nervensystem nicht fest verdrahtet sind wie etwa die auf Sex basierenden primären Fantasien, die überall auf der Welt und in der menschlichen Geschichte gleich sind.[99] Nichtsdestotrotz sind Geschlechterrollen tief in unserem Geist und unserem Unbewussten verankert. Sozialwissenschaftler und Feministen diskutieren heute noch, welche Charakteristika von Männern und Frauen durch die Natur (Sex) und welche durch Erziehung (kultureller Hintergrund und soziale Konditionierung) festgelegt werden. Die Grenzen verlaufen natürlich fließend und sind verschwommen.[100] Zum Beispiel sprechen wir von *Transgender*, wenn sich ein Mann oder eine Frau so fühlt, als hätte sie den falschen Körper oder das falsche Geschlecht und sich auch dementsprechend, wie etwa ein Transvestit, verhält.

Gender wird gewöhnlich durch die Art der Kleidung, die wir tragen ausgedrückt, wie auch durch die Haarlänge, die Profession, die wir wählen, die Stunden, die wir bei der Arbeit verbringen, mit was oder mit wem wir spielen, wer den Heiratsantrag macht und den Diamantring kauft, wer welche Arbeiten im Haus macht,[101] sowie all die auf Geschlecht basierenden sozialen Rollen und kulturellen Normen. Es ist ziemlich schwer, aus den zugewiesenen Geschlechterrollen auszubrechen, da die Gesellschaft einen starken Druck auf Männer und Frauen ausübt, sich entsprechend ihres Geschlechtes zu verhalten (zum Beispiel dass Männer jüngere Frauen heiraten oder der Haupt-Brotverdiener sind). Aber es ist gewiss möglich, dass wir uns dieser Rollen bewusst werden und auf eine intelligente Art und Weise den Status quo hinterfragen, der uns in unserer Ausdrucksfreiheit behindert (z.B. der neuere Trend von älteren Frauen, sogenannten *Cougars*, sich mit jüngeren Männern zu verabreden).

Sozialforscher haben herausgefunden, dass unter 25 Nationen die gewöhnlichsten und am weitesten akzeptierten Geschlechter-Stereotypen für Männer die Folgenden sind: Abenteuerlustig, dominant, kraftvoll, unabhängig, stark, aggressiv, selbstherrlich, mutig, unternehmerisch, robust, streng, aktiv, tapfer, progressiv, rüde, ernst, nicht emotional und weise.

Stereotypen bei Frauen sind: sentimental, unterwürfig, abergläubisch, liebevoll, träumerisch, empfindsam, attraktiv, abhängig, emotional, furchtsam, weichherzig, schwach, sexy, neugierig, zart, mild, verführend und redselig.[102]

Es kann ziemlich aufschlussreich und unterhaltsam sein, die Sex- und Genderunterschiede zwischen Männern und Frauen anhand populär-psychologischer Bücher und Workshops[103] herauszufinden, die noch mehr Verständnis in Bezug auf die Stereotypen ermöglichen, wie etwa:

Männer kommen vom Mars, sind ein-punktig konzentriert,[104] gliedern Dinge auf, nehmen zwischen Punkt A und B den kürzesten Weg, fragen nicht nach dem Weg, denken, bevor sie fühlen, ziehen sich in ihre Höhle zurück oder schauen Fernsehen, um mit Problemen umzugehen, denken hierarchisch, bauen Strukturen, sind rational, haben einen ‚fuck it or kill it'-Jagdinstinkt, jagen Frauen wegen Sex hinterher, wollen Probleme lösen und arbeiten härter, um bessere Versorger zu werden, wenn ihnen die Partnerin unglücklich erscheint.

Frauen kommen von der Venus, können mehrere Dinge gleichzeitig tun, arbeiten in Netzwerken, mögen es, umherzuschweifen, fragen nach dem Weg, fühlen, bevor sie denken, brauchen es, über ihre Probleme zu sprechen, denken lateral, gehen mit dem Flow, sind passiv und friedfertig, haben eine heilende Energie, schenken Sex, folgen, strahlen und sind visueller.

Wie wir in Teil II sehen werden, sind Rollen nicht so stark an die Geschlechter gebunden, wie es durch die Stereotypen nahegelegt wird, und die Dynamik kann sich verlagern oder transzendieren, wenn sich Männer und Frauen entwickeln.

## Polaritäten: Maskuline/Feminine Potenziale der beiden Geschlechter

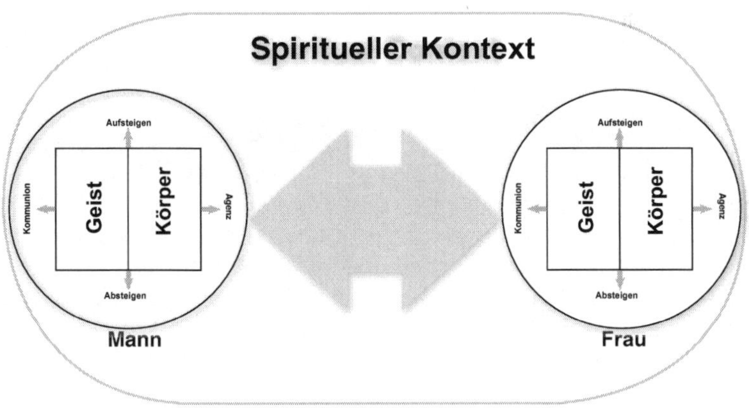


**Grafik 10: Die vier Polaritäten beider Geschlechter.**

Während geschlechtsspezifische Unterschiede biologischer Natur (Körper) und Geschlechterrollen erlernt sind (Geist), haben beide das gleiche Potenzial, weibliche (oder feminine) und männliche (oder maskuline) Qualitäten zu verkörpern (Seele).[105] Das integrale Beziehungsmodell setzt die femininen Qualitäten mit **Absteigen** und **Kommunion** gleich, denen die maskulinen Qualitäten von **Aufsteigen** und **Agenz** gegenüberstehen. Die beiden Polaritätspaare können in Form eines Graphen dargestellt werden (unten), mit Aufsteigen und Absteigen auf der vertikalen Achse und Kommunion und Agenz auf der horizontalen Achse. Man kann sich diese Polaritäten als die positiven und negativen Pole einer Batterie oder eines Magneten vorstellen, die dafür notwendig sind, dass die sexuelle Energie fließt und die menschliche Psyche in einer gesunden Balance gehalten wird.

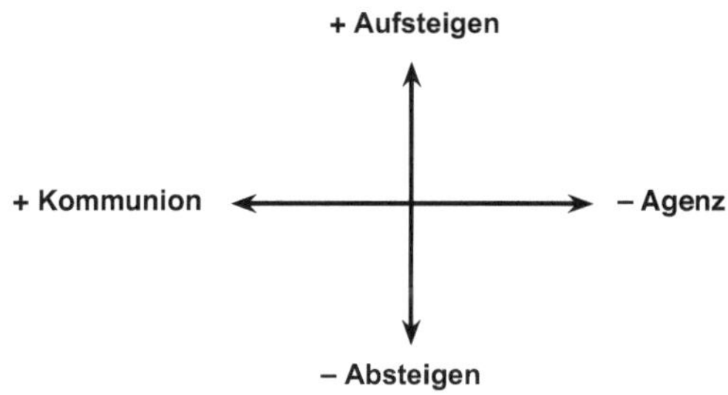


**Grafik 11: Die vier Polaritäten**

Überlege, welche Qualitäten bei dir am meisten resonieren und welche dir aus Beobachtungen bekannt vorkommen, während ich die vier Polaritäten kurz beschreibe.

## Aufsteigen

Aufsteigen[106] (oder Selbsttranszendenz) ist der Aufwärtsdrang Richtung Himmel, das Absolute, Einheit, Geist oder Gottes, fort von den zersplitterten Details der manifesten Welt und ihrer vielen Formen. Einsteins berühmtes Zitat beschreibt Aufsteigen sehr treffend: „Ich will wissen, wie Gott diese Welt erschuf. Ich bin nicht an diesem oder jenem Phänomen interessiert oder an dem Spektrum dieses oder jenes Elementes. Ich will SEINE Gedanken kennen; der Rest sind Details."

Aufsteigen wird auch häufig charakterisiert als die „Liebe, die aufwärts reicht" (Eros), die neue Kreationen hervorbringt, indem sie Fragmente in größere Ganzheiten zusammenbringt, wie etwa die Noten in einer Symphonie, die Zutaten in einer Mahlzeit, Farben in einem Gemälde, Wörter in einem Satz, Wissen in Weisheit, die Individuen in einem Paar oder Gemeinden in einer Gesellschaft. Aufsteiger betrachten die Realität aus einer Distanz und sehen Bruchteile als Teile einer größeren Ganzheit oder größeren Totalität. Sie nehmen die Welt aus einer Vogelperspektive wahr und streben danach, das Bewusstsein noch weiter zu entwickeln, um alles zu umfassen. Aufsteigende Energie drückt sich selbst durch Weisheit, Kreativität, Neuheit, visionäre Konzepte, Leere und Stille aus.

**Gesundes Aufsteigen** kann durch das Verlangen zu verbessern, zu wachsen, zu transzendieren, zu erschaffen und in großen Entwürfen zu denken charakterisiert werden. Dies wird dadurch erlangt, dass man größere Perspektiven vom Selbst und der Natur der Dinge erlangt. Es erfordert den Willen zum Wandel, indem man alte Paradigmen loslässt und wegen kleiner Angelegenheiten nicht ins Schwitzen gerät.

**Ungesundes Aufsteigen** ignoriert, unterdrückt, kontrolliert und dominiert das Niedere, anstatt es zu umarmen und sich darum zu sorgen. Es verleugnet Gefühle, den Körper, Sexualität und Natur.

Die Furcht der Aufsteiger liegt darin, runtergezogen, verschlungen und absorbiert zu werden sowie verloren zu gehen (Phobos).[107]

## Absteigen

Absteigen[108] (oder Selbstimmanenz) ist der Abwärtsdrang Richtung Erde, in die Welt der vielen Manifestationen und den Körper. Absteiger feiern das Leben und seine vielen Formen, den Körper und ihre Sexualität. Sie gehen mit dem Flow, stehen im Kontakt mit der Fülle der manifesten Welt, und erfahren die Fülle der Existenz, indem sie tief in die Dinge eintauchen. Absteigen wird auch als „die Liebe, die herunterreicht“ (Agape) charakterisiert, nämlich alles zu umarmen – einschließlich der Erde und ihren Bewohnern – mit selbstlosem Mitgefühl und Hingabe.

Absteigende Energie drückt sich durch Gefühle, Empathie, Emotionen, Wärme, Bewegung, Aufgeben, Fülle und Fluss aus. Ein Absteiger betrachtet die Welt von innen heraus.

**Gesundes Absteigen** bedeutet, mit dem Reichtum und der Fülle der Welt verbunden und dafür empfänglich zu sein, mit beiden Füßen auf dem Boden und im Kontakt mit dem eigenen Körper, den Gefühlen, Emotionen und der Sexualität zu stehen.

**Ungesundes Absteigen** bedeutet, von den vielen Details des Lebens und seinen Manifestationen, Gefühlen, irdischen Bedürfnissen und Begierden überwältigt und bestimmt zu werden.

Die Furcht der Absteiger liegt darin, den Kontakt zu der Fülle des Lebens und seinen Kräften zu verlieren, verloren zu gehen und getrennt zu werden (Thanatos).[109]

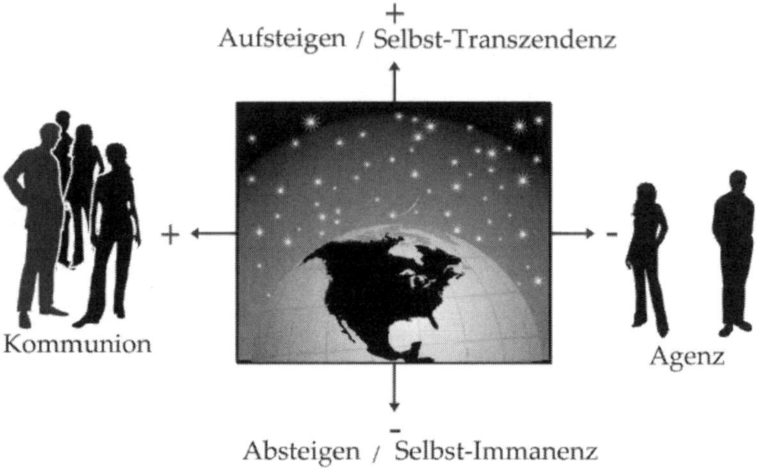


**Grafik 12: Aufsteigen, Absteigen, Agenz und Kommunion verstehen.**

## Agenz

Agenz[110] (oder Selbsterhaltung) ist der Drang Richtung Ganzheit, durch den eigenen Willen zu handeln, unabhängige Entscheidungen zu treffen und Macht auszuüben. Menschen mit der Neigung zur Agenz haben ein Verlangen, ihre eigene Identität, Persönlichkeit, Individualität, Unabhängigkeit und Autonomie aufrechtzuerhalten. Sie konzentrieren sich auf Rechte, Regeln, Gesetze und Justiz, die die Interessen des Individuums schützen und definieren sich viel mehr durch ihre eigenen Entscheidungen, ihren Erfolg, ihren freien Willen, als dass sie sich durch ihre Umwelt oder die Meinung anderer bestimmen lassen („Es ist besser darin zu versagen, Dein eigenes Leben zu leben, als erfolgreich dabei zu sein, das Leben eines anderen zu leben").

**Gesunde Agenz** unterstützt das autonome Wirken des Individuums.

**Ungesunde Agenz** führt zur Verfremdung und Trennung von anderen.

Die Furcht von Agenz-Menschen liegt darin, ihre Freiheit zu verlieren, unabhängige Entscheidungen zu fällen und in Bezug auf ihr Wohlergehen von anderen abhängig zu werden.

## Kommunion

Kommunion (oder Selbstanpassung) ist der Drang, sich mit anderen zu verbinden, Teil zu sein und im Interesse einer Einheit oder Gruppe zu handeln und zu kooperieren. Kommunion wird durch die Qualitäten Fürsorge, Verantwortlichkeit, Beziehungen, laterale Bindungen, Verbindungen, Kommunikation, Empathie, Intimität, Zusammenkommen und Teilnahme ausgedrückt. Kommunale Menschen empfinden, dass ihr Wohlbefinden von ihrer Fähigkeit abhängt, etwas beizutragen, zu vertrauen, von anderen abzuhängen, zu ihrer Umwelt zu passen und ein gegenseitiges Unterstützungssystem von Geben und Nehmen aufrechtzuerhalten.

**Gesunde Kommunion** drückt sich durch friedvolle, verantwortliche (reaktions-fähige), rücksichtsvolle und fürsorgende Verbindungen zwischen Menschen aus.

**Ungesunde Kommunion** führt zur Verwirrung, Abhängigkeit, Bedürftigkeit und Anklammerung – mit dem Verlust des eigenen Willens, der Individualität und Autonomie – was letztlich zur Ablehnung führt.

Die Furcht der kommunal ausgerichteten Menschen liegt darin, verlassen zu werden, nicht unterstützt zu werden und allein zu sein.

## Gegenseitige Ausschließlichkeit

Eine Person kann entweder auf Agenz oder Kommunion ausgerichtet sein, und Aufsteigen oder Absteigen, aber nicht zur gleichen Zeit auf Kommunion und Agenz oder Aufsteigen und Absteigen – so wie es auch unmöglich ist, zur selben Zeit einzuatmen (Absteigen) und auszuatmen (Aufsteigen), oder mit jemandem zusammen (Kommunion) oder allein zu sein (Agenz).

Es kann herausfordernd sein, klar zwischen den vier Polaritäten Aufsteigen, Absteigen, Kommunion und Agenz zu unterscheiden, weil sie sich manchmal gleich anhören und anfühlen können. Eine Art, erfolgreich zu unterscheiden, besteht darin, dass man in einer agenz-artigen oder einer kommunalen Weise auf- und absteigen kann (wie etwa alleine oder mit anderen in einem Fahrstuhl auf- oder abwärtszufahren.

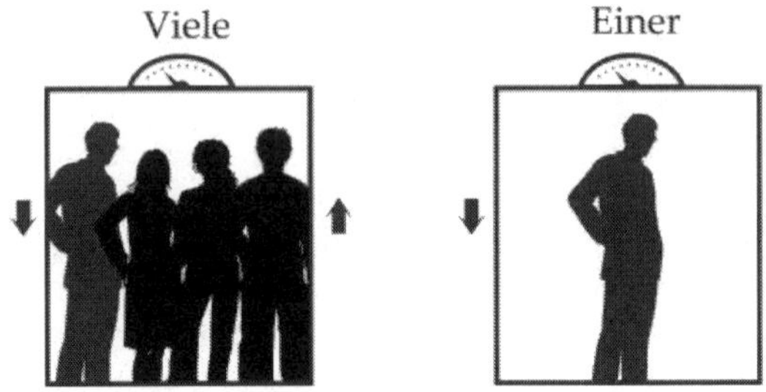


**Grafik 13: Die Fahrstuhl-Metapher für gegenseitige Ausschließlichkeit**

Du kannst beispielsweise die Göttlichkeit erfahren wollen (Aufsteigen) und dafür entweder alleine in die Wüste gehen (Agenz), um zu meditieren, deinen Geist zu erweitern und deinen Körper zu reinigen, oder in einer Gruppe mit anderen Mantras zu singen (Kommunion). Oder du kannst deinen Körper pflegen und nähren (Absteigen), indem du entweder allein ein heißes Kräuterbad nimmst oder mit Schokolade überzogene Erdbeeren isst (Agenz), oder indem du eine Gruppe von Freunden für ein gesundes Mahl und den intimen Austausch von Gefühlen aufsuchst, gefolgt von einem ekstatischen Gruppentanz (Kommunion). In anderen Worten: Aufsteigen oder Absteigen erscheint in einer kommunalen oder einer agenz-artigen Weise.

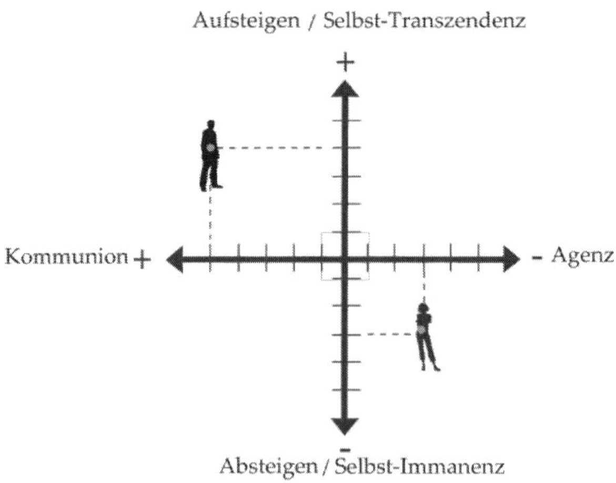


**Grafik 14: Die gegenseitige Ausschließlichkeit der vier Polaritäten**

Unser natürlicher Impuls liegt darin, die zwei femininen Polaritäten (Absteigen und Kommunion) mit Frauen und die maskulinen Polaritäten (Aufsteigen und Agenz) mit Männern gleichzusetzen, was auch die ursprüngliche Herkunft der Begriffe ist.[111] Diese Übereinstimmung mag in der Vergangenheit die Norm (oder zumindest das erwartbare Verhalten) gewesen sein, doch hat sich dies bei modernen und postmodernen Individuen verändert, wie wir später sehen werden. Es ist daher wichtig, die beiden **nicht** automatisch zu verknüpfen, da beide Geschlechter die Möglichkeit haben, alle vier Polaritäten in einer gesunden oder ungesunden Weise zu verkörpern. Einige Menschen sind auf pathologische Weise in einer der positiven oder negativen Richtungen stecken geblieben, während andere gelernt haben, sich frei entsprechend ihrer Bedürfnisse und der Situation, in der sie sich befinden, zwischen den gesunden Ausdrücken aller Polaritäten zu bewegen.

## Die Polaritäten für bessere Beziehungen ausbalancieren

Das Ziel besteht darin, die gesunden Qualitäten der femininen und maskulinen Polaritäten auf jeder Ebene unseres Seins (Körper, Geist, Herz und Seele) auszubalancieren, was nur in einer intimen Liebesbeziehung erreicht werden kann. Es erfordert zwei Menschen mit gegensätzlichen Polaritäten, um die feminin-maskuline Dynamik zu erzeugen, die dann als sexuelle Attraktion und Synergie von den Paaren erfahren wird. In dieser Hinsicht ziehen sich die Gegensätze an und Gleiches stößt sich ab, so wie es die positiven und negativen Pole von zwei Magneten tun.

Das Maß der Wertschätzung der unterschiedlichen Qualitäten aller Polaritäten definiert die Fähigkeit des Paares, sich zu ergänzen und ein Ganzes zu erzeugen, das größer ist als die Summe seiner Teile. Wenn sich Partner energetisch zu nahe sind, kann nur wenig oder gar kein sexueller Magnetismus und keine Synergie erfahren werden. Wenn sie energetisch zu weit voneinander entfernt sind, erfahren sie in einer ungesunden Weise Trennung, Abneigung und ständigen Konflikt.[112]

Indem man sich der vier Polaritäten bewusst wird, kann man ein Gefühl dafür bekommen, wie die eigenen Energien und die des Partners zu dem jeweiligen Zeitpunkt beschaffen sind, sodass man sich gegenseitig ergänzen und ausbalancieren kann, indem man eine größere Flexibilität in Bezug auf die gesunden Formen jeder Richtung entwickelt.

Tantra,[113] was soviel heißt wie ‚ununterbrochen zu weben und auszudehnen' und die Einheit von Weisheit (Aufsteigen) und Mitgefühl (Absteigen) ist, ist eine Anhäufung von östlichen spirituellen Praktiken, die versuchen, die vier Polaritäten, besonders Aufsteigen und Absteigen, Himmel und Erde oder Shiva und Shakti zu harmonisieren – und drückt damit die Annahme aus, dass sich Gott durch beide manifestiert.

Im Westen wurde Tantra weitestgehend mit der Kunst assoziiert, Rituale und Techniken zu nutzen, um transzendente Stufen des Bewusstseins zu erreichen (oder um Gott zu erfahren), und zwar durch die sexuelle Vereinigung. Kein Wunder, dass Liebende häufig „Oh mein Gott" während des Liebesspiels und der sexuellen Vereinigung von sich geben. In östlichen Traditionen war der tantrische Sex nur den hoch entwickelten spirituellen Studenten zugänglich, nachdem sie viele Jahre des nicht-sexuellen Trainings absolviert hatten.[114]

### Eine Metapher für die Polaritäten: Der Fluss

Eine wundervolle Metapher, um sich die femininen und maskulinen Polaritäten zu vergegenwärtigen liegt darin, sie sich als Fluss vorzustellen. Die Tiefe und Weite des Wassers repräsentieren die weiblichen Qualitäten des Absteigens und der Kommunion. Die Höhe und Entfernung des Ufers zeigen auf die maskulinen Fähigkeiten von Aufsteigen und Agenz. Zusammen erzeugen sie den Fluss, nämlich mit der weiblichen Fülle und dem Fließen und der männlichen Leere/Struktur. Es ist wahre Ko-Kreation, da weder das Ufer noch der Fluss zuerst da waren oder ohne einander existieren können. Ohne die Struktur und Richtung des Ufers ist das Feminine ohne Orientierung und nicht geborgen; ohne die Fülle und den Fluss des Wassers ist das Maskuline ohne Sinn und Erfüllung.

Obwohl Männer und Frauen gleichermaßen die feminine Fülle/Fluss und maskuline Struktur/Richtung verkörpern können, so können sie es nicht gleichzeitig, ebenso wenig wie man gleichzeitig ein- und ausatmen, still und sich bewegend, alleine und in Gesellschaft, leer und voll, oben auf oder ganz unten usw. sein kann. Natürlich kann man versuchen, vor- und zurückzuschwingen – wie es auch viele Singles versuchen – aber irgendetwas wird immer fehlen und so zu dem Stress und der Depression von modernen und postmodernen Menschen beitragen. Nur durch die gemeinsame feminin-maskuline Schöpfung kann eine Rückkehr zur Einheit (Erwachen) auf allen Ebenen unseres Seins sowie ein ausgeglichenes Leben möglich sein.

## Zusammenfassung

Männer und Frauen wurden durch ihr Geschlecht, Gender und feminine/maskuline Polaritäten charakterisiert. Sex bezieht sich auf den fest verdrahteten biologischen Aufbau, der zu den unterschiedlichen primären Fantasien führt. Gender bezieht sich auf die erlernten sozialen und kulturellen Rollen von Männern und Frauen, und die femininen/maskulinen Polaritäten repräsentieren universelle ‚männliche' und ‚weibliche' Qualitäten, die gleichermaßen von beiden Geschlechtern verkörpert werden können. Wenn man eine dieser drei Dimensionen verleugnet, verwirrt oder außen vor lässt, führt dies stets zu einer einseitigen oder gestörten Sicht auf Mann-Frau Beziehungen.

# Kapitel 3: Entwicklungslinien der menschlichen Intelligenzen

*Alles, das uns bei anderen irritiert, kann uns zu einem Verständnis von uns selbst führen.* – C.G. Jung

In dem integralen Modell beziehen sich die Entwicklungslinien[115] (oder einfach Linien) auf die vielfältigen Arten von Fähigkeiten, Eigenschaften und Intelligenzen,[116] über die Menschen verfügen, wie etwa Mathematik, Sport, Musik oder auch, sich auf die Gefühle von anderen einzulassen. In welchem Ausmaße sich diese Linien sowie auch die aufeinanderfolgenden Ebenen entwickeln, werden wir im nächsten Kapitel ‚Ebenen des Wachstums' behandeln. Ohne jetzt in die Anlage- und Umwelt-Debatte einzutauchen[117] können wir sagen, dass das Potenzial für die Entwicklung jeder Linie entweder von Geburt an veranlagt ist oder während der frühen Kindheit geformt wird. Entweder man hat z.B. musikalische oder mathematische Fähigkeiten oder man hat sie nicht. **Aus diesen Linien entsteht eine Vielfalt von Leidenschaften, Bedürfnissen, Interessen, Hobbys und Lebensstilen, die eine wichtige Rolle in Bezug auf die Passung zu dem Partner spielen.** Unten folgt eine Liste von Linien (die zehn wichtigsten fett gedruckt), die Wilber an unterschiedlichen Stellen seiner Schriften erwähnt hat:[118]

***Ästhetisch (was ist schön?)***

***Affekt/Emotion (Gefühle, die man über Dinge hat)***

*Altruismus*

*Anteilnahme*

***Bedürfnisse*** *(unmittelbare Bedürfnisse für das Wohlergehen)*

*Empathie*

*Empfindungen von Raum und Zeit*

*Fürsorge*

*Gender-Identität*

*Idee des Guten*

***Interpersonelle Fähigkeiten*** *(Interaktion mit anderen)*

***Kognition*** *(Bewusstheit darüber, was ist)*

*Kommunikations-Kompetenz*

*Kreativität*

*Kinästhetisch*

*Mathematisch*
*Meditative Zustände*
***Moral/Ethik*** *(was zu tun ist)*
*Musikalisch*
***Psychisch-sexuell*** *(Ausdruck von Eros)*
*Rollen-Auswahl*
***Selbstidentität*** *(wer du bist)*
*Selbstwert*
*Sozio-emotionale Fertigkeiten*
***Spirituell*** *(was ist von unmittelbarem Belang)*
*Verteidigungsmechanismen*
***Werte/Weltsichten*** *(was ist wichtig)*

Eine Person mag etwa ihre musikalischen, mathematischen und kognitiven Linien entwickelt haben, doch nur über wenig emotionale Intelligenz und Moralverständnis verfügen. Eine andere Person mag sehr kinästhetisch und empathisch sein und ein tiefes Mitgefühl für andere zeigen können, während sie nur einen begrenzten Sinn für Raum und Zeit und nur schwache Verteidigungsmechanismen hat.

## Die vielen Facetten der Menschlichkeit

Während die primäre Fantasie und die gegensätzlichen femininen und maskulinen Polaritäten die sexuelle Attraktion und Synergie erzeugen, **haben Paare mit gleichen Werten, Interessen, Leidenschaften, Persönlichkeiten, Lebensstilen, Beziehungsfähigkeiten, Bedürfnissen, kulturellem/ethnischem Hintergrund – die wir geschlechtsneutrale *sekundäre Fantasien* nennen könnten – eine höhere Chance, zusammenzubleiben.[119] Sowohl sexuelle Attraktion und passende sekundäre Fantasien sind wesentlich für eine gesunde Partnerschaft:** Es sind die gegenseitigen Attraktoren, die die Möglichkeit für psychologische Heilung und spirituelles Wachstum durch himmlische Gefühle der Leidenschaft, Intimität und bedingungslose Liebe erschaffen,[120] SOWIE die Ähnlichkeiten, die die Möglichkeit zur Vereinigung erschaffen, indem sie das durch die praktischen irdischen Strukturen bedingte Fundament für eine zukunftsfähige Liebesbeziehung bereitstellen.[121]

Unten findest du Listen von Merkmalen. Während du sie liest, wirst du es vielleicht nützlich finden, die Wörter zu kennzeichnen, die die Qualitäten ausdrücken, die du:

1) mit in die Partnerschaft bringst,
2) bei einer Partnerin haben musst, gerne haben würdest, tolerieren kannst und nicht ausstehen kannst,
3) gerne mit oder ohne Partnerin entwickeln möchtest,
4) bei dir als auch bei deiner Partnerin gerne haben würdest,
5) mit der Partnerin diskutieren möchtest.

## Eine Partnerschaft durch geteilte oder passende Leidenschaften und Interessen aufbauen[122]

Die lateinische Wurzel für das Wort ‚Passion' (Leidenschaft) ist *passio*, was *leiden* bedeutet. Wir leiden, wenn wir nicht unserer Leidenschaft folgen, und manchmal üben wir sie auch zu einem Ausmaß aus, das uns Leid bringt. Eine Leidenschaft ist unserem Sein innewohnend und taucht ohne bewusstes Tun auf,[123] während ein Interesse oder Hobby mehr eine aktive Wahl ist, extern motiviert, vorübergehend oder durch den egoischen Geist inspiriert ist. **Seine eigenen Leidenschaften und die des Partners zu identifizieren, ist wesentlich für eine gesunde Beziehung, um sie entweder miteinander zu teilen, sich gegenseitig zu unterstützen oder sie zumindest beim Partner zu tolerieren.**

Wenn sie leidenschaftlich gerne tanzt, gärtnert oder Pferde reitet und darauf insistiert, diese Dinge mit dir zu teilen, während du sie ablehnst, so wird die Beziehung offensichtlich dadurch Spannungen erfahren. Die Begriffe unten bieten gute Themen für Gespräche und Fragen über deine Leidenschaften und Interessen und die deiner Partnerin.[124]

| LEIDENSCHAFT INTERESSE | Muss sein | Kann nicht tolerieren | Möchte ich | Kann ich tolerieren | Will ich entwickeln | Bedarf der Diskussion |
|---|---|---|---|---|---|---|
| Aktivismus | | | | | | |
| Antiquitäten | | | | | | |
| Arbeit | | | | | | |
| Äußerliche Erscheinung | | | | | | |
| Ausgehen | | | | | | |
| Autos/Transport | | | | | | |
| Bad/Hygiene | | | | | | |
| Camping | | | | | | |
| Darstellende Künste | | | | | | |
| Dekoration/ Heimwerken | | | | | | |
| Ehrenämter | | | | | | |
| Entertainment | | | | | | |
| Familie | | | | | | |
| Fischen/Jagen | | | | | | |
| Filme/Kino/DVD | | | | | | |
| Freunde | | | | | | |
| Gärtnern/ Pflanzen/ Landschafts-gestaltung | | | | | | |
| Geld/ Investitionen | | | | | | |
| Golf | | | | | | |
| Gruppen | | | | | | |
| Haushalt | | | | | | |
| Heirat | | | | | | |
| Hobbies | | | | | | |
| Kinder | | | | | | |
| Konzerte | | | | | | |
| Kochen/Nahrung | | | | | | |
| Körperliche Gesundheit | | | | | | |
| Kunst | | | | | | |
| Lesen | | | | | | |
| Malen | | | | | | |

**Tabelle 1: Liste von Leidenschaften und Interessen**

| LEIDENSCHAFT INTERESSE | Muss sein | Kann nicht tolerieren | Möchte ich | Kann ich tolerieren | Will ich entwickeln | Bedarf der Diskussion |
|---|---|---|---|---|---|---|
| Massage | | | | | | |
| Materieller Lifestyle | | | | | | |
| Museum | | | | | | |
| Musik (spielen und hören) | | | | | | |
| Nightclubs | | | | | | |
| Persönliches Wachstum | | | | | | |
| Philosophie | | | | | | |
| Politik | | | | | | |
| Reisen und Besichtigungen | | | | | | |
| Religion | | | | | | |
| Romantik | | | | | | |
| Schreiben | | | | | | |
| Sexualität | | | | | | |
| Sinnlichkeit | | | | | | |
| Shopping und Einkaufen | | | | | | |
| Spiritualität | | | | | | |
| Sport (schauen und betreiben) | | | | | | |
| Spielen | | | | | | |
| Tanzen | | | | | | |
| Tiere | | | | | | |
| TV | | | | | | |
| Umwelt/Ökologie | | | | | | |
| Urlaub | | | | | | |
| Vergangenheit | | | | | | |
| Videospiele | | | | | | |
| Wandern | | | | | | |
| Weinprobe | | | | | | |
| Zukunft | | | | | | |
| Massage | | | | | | |
| Materieller Lifestyle | | | | | | |

**Tabelle 1: Liste von Leidenschaften und Interessen (Fortsetzung)**

Zusätzlich zu den Leidenschaften und Interessen verfügen wir über unsere einzigartigen entwickelten Fähigkeiten, Werte und Ideale. Diese müssen auch berücksichtigt werden und sind gute Gesprächsthemen.

| | | |
|---|---|---|
| Akzeptanz | Frieden | Mäßigung |
| Anerkennung | Gegenwärtigkeit | Nähe |
| Authentizität | Gegenseitigkeit | Ordnung |
| Aufmerksamkeit | Gemeinschaft | Pflegen |
| Beitrag | Gesellschaft | Rücksichtnahme |
| Bewusstsein | Gleichheit | Schönheit |
| Einfachheit | Harmonie | Schöne Momente |
| Effizienz | Herausfordern | Schutz |
| Effektivität | Humor | Spaß |
| Ehrlichkeit | Inspiration | Spielen |
| Einbindung | Integrität | Teilnahme |
| Empathie | Intimität | Unabhängigkeit |
| Entdeckungen | Klarheit | Wachstum |
| Entspannung | Kooperation | Wählen |
| Das Leben feiern | Kreativität | Zugehörigkeit |
| Freiheit | Lebendigkeit | Zuneigung |
| Freude | Lernen | Zweck |

**Tabelle 2: Liste der Fähigkeiten, Werte und Ideale**

# Über Bedürfnisse und Bedürftigkeit

Die Worte, die unten aufgelistet sind, kennzeichnen Bedürfnisse.[125] Alle menschlichen Bedürfnisse sind legitim und verdienen es, auf einer individuellen Ebene berücksichtigt zu werden. Einige Bedürfnisse werden als allgemeingültig angesehen.[126] **Es gibt jedoch einen sehr wichtigen Unterschied zwischen Bedürfnis und Bedürftigkeit, der häufig übersehen wird:**

*Bedürfnisse* sind Dinge, die wir für unser Wohlergehen benötigen.

*Bedürftigkeit* ist die Projektion von emotionalen Bedürfnissen auf andere und besteht darin, Menschen durch Erwartungen, Nörgeln und Manipulation dazu zu bringen, unsere Bedürfnisse zu befriedigen, während man sie gleichermaßen durch Beschuldigungen, Ablehnung, Drohungen oder sogar Gewalt bestraft, wenn sie dies nicht tun. Wir alle wissen, wie Babys und kleine Kinder reagieren, wenn sie nicht das bekommen, was sie benötigen. Natürlich stirbt ein Baby, wenn die Eltern seine Überlebensbedürfnisse (Nahrung, Wärme, Sicherheit, physischer Kontakt) nicht befriedigen, und ein Kind, das etwas will, nimmt nur wenig Rücksicht auf die Wirklichkeit von Anderen.

In dem natürlichen Prozess des Reifens/des Erwachens lernen Menschen, wie sie ihre eigenen Bedürfnisse befriedigen können, anstatt von anderen abzuhängen, indem sie 1) Notwendigkeiten in Bedürfnisse, 2) Bedürfnisse in Verlangen, 3) Verlangen in Vorlieben und 4) Vorlieben in Nicht-Vorlieben transformieren.[127] Wenn du und deine Partnerin diesem Kontinuum folgen, dann kann destruktive emotionale, sexuelle und materielle Bedürftigkeit in ein freiwilliges und liebendes Geben und Nehmen transformiert werden, das zu Dankbarkeit und gegenseitiger Anerkennung führt, welche grundlegende Kennzeichen einer gesunden Liebesbeziehung sind.[128]

Während du die Liste unten durchliest, markiere jene Wörter, die am besten die *Notwendigkeiten, Bedürfnisse, Verlangen* und *Vorlieben* ausdrücken, die du und deine Partnerin haben und erwarten – sowohl die Art als auch das Ausmaß. Wenn du deiner Partnerin zuhörst, bemerke, wann sie **Notwendigkeiten** oder **Bedürfnisse ausdrückt**, und welchen davon du fähig und willens bist, entgegenzukommen.

Wenn sie viele Forderungen stellt, wie etwa „Du musst mich …" oder „Du musst …" oder „Ich habe ein Bedürfnis nach …" dann musst du sichergehen, dass du ihr entgegenkommen kannst, indem du offen klärst, was sie genau meint und von dir erwartet.[129] Ansonsten werdet ihr beide nicht viel Spaß miteinander haben. **Partnerschaften, die im Wesentlichen darauf basieren, sich gegenseitig die Bedürfnisse zu befriedigen, bekommen schnell Probleme, denn Bedürfnisse neigen dazu, sich über die Zeit in Art und Ausmaß zu verändern, während sich die Bereitschaft oder Fähigkeit des Partners, ihnen entgegenzukommen, verringern kann**. Die aufgeführten Worte unten mögen helfen, ein Gespräch mit dem Partner über deine und ihre Notwendigkeiten, Bedürfnisse, Verlangen und Vorlieben und Nicht-Vorlieben zu führen.

| | | |
|---|---|---|
| Akzeptanz | Frieden | Mäßigung |
| Anerkennung | Gegenwärtigkeit | Nähe |
| Authentizität | Gegenseitigkeit | Ordnung |
| Aufmerksamkeit | Gemeinschaft | Pflegen |
| Beitrag | Gesellschaft | Rücksichtnahme |
| Bewusstsein | Gleichheit | Schönheit |
| Einfachheit | Harmonie | Schöne Momente |
| Effizienz | Herausfordern | Schutz |
| Effektivität | Humor | Spaß |
| Ehrlichkeit | Inspiration | Spielen |
| Einbindung | Integrität | Teilnahme |
| Empathie | Intimität | Unabhängigkeit |
| Entdeckungen | Klarheit | Wachstum |
| Entspannung | Kooperation | Wählen |
| Das Leben feiern | Kreativität | Zugehörigkeit |
| Freiheit | Lebendigkeit | Zuneigung |
| Freude | Lernen | Zweck |

**Tabelle 3: Liste der Bedürfnisse**

# Sich Gefühlen öffnen

*Emotionale Intelligenz*[130] ist die Fähigkeit, in Kontakt mit den eigenen Gefühlen wie auch denen von anderen zu treten, und diese Informationen zu nutzen, um unser Denken und Handeln auszurichten.[131] Die Vielfalt und Intensität der Gefühle und Emotionen, die Menschen erfahren, beobachten und bei sich selbst und anderen tolerieren können, steht in direkter Beziehung zu ihrer Bewusstseinsebene und ihrer psychologischen Gesundheit.

Die englische Sprache verzeichnet über 3000 Namen für Gefühle,[132] doch wir nutzen und unterscheiden gewöhnlich nur zehn bis zwanzig von ihnen. Gefühlen reichen von Scham, Schuld, Apathie, Trauer, Furcht, Verlangen, Wut, Schwermut, Abneigung, Stolz und Neid auf der negativen Seite, hin zu Mut, Neutralität, Überraschung, Bereitschaft, Akzeptanz, Liebe, Freude, Friede und Erleuchtung auf der positiven Seite.[133] Wissenschaftler konnten kürzlich bestätigen, dass das Gehirn von Frauen besser ausgerüstet ist, mit eigenen Gefühlen wie den von anderen in Kontakt zu sein, wie auch, sie in einer subtileren Weise zu kommunizieren als Männer.[134]

**Es ist kaum verwunderlich, dass fast jede moderne oder postmoderne Frau sagt, dass sie einen Mann will, der „emotional erreichbar" ist.[135]**

Was sie **meint,** ist seine Fähigkeit, geistig gegenwärtig zu sein (oder zumindest physisch anwesend), wenn sie ihre Gefühle teilt oder emotional wird, dass er intuitiv ihren emotionalen Zustand und ihre Gefühle zu jeder Zeit richtig interpretiert (ja, sogar wenn sie mehrdeutig ist oder die Gefühle gar nicht verbal ausdrückt), und dass er mit Güte, Empathie, Mitgefühl und Liebe in einer bestätigenden Weise auf sie reagiert, ohne herablassend zu sein oder zu versuchen, sie zu bestimmen, zu verändern oder zu verniedlichen.[136]

Was sie **nicht meint,** ist, dass er seine eigenen verletzlichen Gefühle teilt, besonders wenn sie negativer Art sind. Noch schlimmer für Frauen sind wütende emotionale Ausbrüche, die seine darunterliegenden (häufig unbewussten) Ängste, Verletzungen, seine Scham, Eifersucht, Bedürftigkeit oder Unsicherheit in einer aggressiven oder passiv-aggressiven Weise überdecken (siehe ‚Verschüttetes Unbewusstes' in Kapitel 9). Solche Gefühle und Emotionen liegen außerhalb der Komfortzone fast jeder Frau und provozieren primäre Ängste wie etwa die Angst, verlassen zu werden (dass er nicht länger ihr Versorger ist) oder einfach Unsicherheit (dass er nicht länger ihr Beschützer ist) in ihrem unbewussten weiblichen Schatten, was in ihr unverzüglich eine unangenehme ‚Kampf-oder-Flucht'-Reaktion auslösen wird.

Es ist natürlich wünschenswert für Männer, in Kontakt mit den eigenen Gefühlen zu stehen und sich an ihnen zu orientieren. Doch selbst wenn sie dich dazu einlädt, deine Gedanken und Gefühle offen zu teilen, solltest du vorsichtig sein, kritische Gefühle in Bezug auf sie zu äußern, wie etwa Missbilligung, Frustration, Schwermut, Einsamkeit, Ambivalenz, Kälte oder Distanz.[137] Sie wird die Attraktion zu deiner Maskulinität verlieren und empfinden, dass sie mit einer Frau in einem Männerkörper zu tun hat, wenn du dramatisierst[138] oder zu viel Verletzlichkeiten zeigst.[139] Sie mag dich dann (oder auch nicht) als einen empfindsamen Freund anerkennen, doch sicher nicht als einen Mann, dem sie trauen kann, zu dem sie sich sexuell hingezogen fühlt und mit dem sie eine Liebesbeziehung will.[140]

Positive Gefühle deiner Liebe und Hingabe zu kommunizieren, die sie mit Intimität, Verbindung und Sicherheit ausstatten, ist natürlich gern gesehen, und du wirst Pluspunkte und Sex dafür bekommen. Die beste Art und Weise, mit deinen eigenen negativen Emotionen umzugehen, liegt darin, die darunter liegenden Wunden mit einem Therapeuten zu klären oder Meditation zu üben, die es dir erlaubt, bewusst zu bleiben, wenn deine oder ihre emotionalen Wunden aufbrechen.[141]

Mit deiner Partnerin während deiner emotionalen Entwicklung zusammenzupassen ist offensichtlich ein wichtiger Faktor für eine gesunde Liebesbeziehung.

Die unten angegebene Liste von Gefühlen und Emotionen kann dir helfen, dein Vokabular zu erweitern und dich in Kontakt mit deinen und ihren Gefühlen zu bringen. Das erste Wort (in Großbuchstaben) bietet eine primäre Emotion oder Gefühl, während die folgenden Wörter eine subtilere Differenzierung bereitstellen.

## Gefühle, wenn Bedürfnisse befriedigt sind[142]

*DANKBAR: Anerkennend, bewegt,, berührt*

*ERFRISCHT: Belebt, verjüngt, erneuert, ausgeruht, wiederhergestellt*

*ERREGT: Angeregt, begeistert, sexuell erregt, erstaunt, geblendet, eifrig, energetisch, enthusiastisch, schwindelig, belebt, aufgeweckt, leidenschaftlich, überrascht, pulsierend*

*FREUDVOLL: Amüsiert, erfreut, glücklich, frohlockend, zufrieden*

*FRIEDFERTIG: Ruhig, großherzig, behaglich, zentriert, einverstanden, gelassen, erfüllt, milde, still, entspannt, erleichtert, befriedigt, heiter, friedlich, vertrauensvoll*

*HOCHERFREUT: Glückselig, ekstatisch, beschwingt, begeistert, ausgelassen, entzückt, erregt*

*HOFFNUNSGVOLL: Erwartungsvoll, ermutigt, optimistisch*

*INSPIRIERT: Erstaunt, ehrfürchtig, verwundert*

*LIEBEVOLL: Mitfühlend, freundlich, liebend, offenherzig, verständnisvoll, zärtlich, warm*

*VERPFLICHTET: Vertieft, aufmerksam, neugierig, beansprucht, bezaubert, entzückt, fasziniert, interessiert, involviert, hingerissen, stimuliert*

*ZUVERSICHTLICH: Bemächtigt, offen, stolz, sicher, geborgen*

## Gefühle, wenn Bedürfnisse nicht befriedigt sind

*ABNEIGUNG: Entsetzt, verachtend, angeekelt, ablehnend, hassend, erschrocken, feindselig, abweisend*

*ÄNGSTLICH: Besorgt, fürchtend, vorahnend, ängstlich, misstrauisch, panisch, gelähmt, erschrocken, argwöhnisch, entsetzt, skeptisch, bekümmert*

*BESCHÄMT: Beschämt, verärgert, verwirrt, schuldig, befangen*

*ERMÜDET: Erschlagen, ausgebrannt, erschöpft, müde, lethargisch, lustlos, schläfrig, müde, ermattet, abgekämpft*

*GESPANNT: Ängstlich, launenhaft, beunruhigt, verstört, nervös, zappelig, erschöpft, reizbar, erregt, kribbelig, überfordert, unruhig, gestresst*

*GETRENNT: Entfremdet, distanziert, teilnahmslos, gelangweilt, kalt, gleichgültig, distanziert, abgelenkt, indifferent, taub, zurückgezogen, uninteressiert*

*GEREIZT: Verärgert, bestürzt, unzufrieden, frustriert, ungeduldig, gereizt,*

*SCHMERZ: Agonie, gequält, leidtragend, am Boden zerstört, traurig, untröstlich, verletzt, einsam, elend, bedauernd, reumütig*

*SEHNSUCHT: Neidisch, eifersüchtig, sehnsüchtig, nostalgisch, schmachtend, wehmütig*

*TRAURIG: Deprimiert, niedergeschlagen, verzweifelt, mutlos, enttäuscht, entmutigt, verzagt, verlassen, düster, schweren Herzens, hoffnungslos, melancholisch, unglücklich, elend*

*UNRUHE: Aufgewühlt, alarmiert, durcheinander, verwirrt, beunruhigt, verstört, verunsichert, geschmacklos, schockiert, erschrocken, überrascht, beunruhigt, unruhig, Tumult, unbequem, unbehaglich, entnervt, unbeständig, verärgert*

*VERLETZTLICH: Fragil, beschützt, hilflos, unsicher, misstrauisch, zurückhaltend, sensibel, zittrig*

*VERWIRRT: Ambivalent, verdutzt, verblüfft, benommen, zögerlich, verloren, getäuscht, perplex, verwundert, hin- und hergerissen*

*ZORNIG: Aufgebracht, zornig, erbost, empört, wütend, geladen, schockiert, gekränkt*

## Interpretationen versus Gefühle

Wörter wie ‚missachten‘ drücken vielmehr aus, wie wir das Verhalten oder die Realität von anderen interpretieren, als wie wir uns selbst fühlen. Unten folgt eine Liste mit Worten, die keine Gefühle sind, sondern Interpretationen:

| | | |
|---|---|---|
| abgelehnt | herabgesetzt | als selbstverständlich |
| angegriffen | manipuliert | genommen |
| bedroht | missbraucht | überarbeitet |
| benutzt | missverstanden | ungehört |
| betrogen | misstraut | unter Druck gesetzt |
| bevormundet | nicht unterstützt | ungesehen |
| eingeengt | nicht geschätzt | unerwünscht |
| eingeschüchtert | provoziert | vereinnahmt, |
| gemobbt | schlecht gemacht | verlassen |
| gezwungen | im Stich gelassen | verraten |

**Tabelle 4: Liste von Interpretationen vs. Gefühle**

## Gefühle und Bedürfnisse effektiver kommunizieren

Eine gute Strategie, Gefühle und Bedürfnisse in einer umsichtigen Weise auszudrücken (jedoch nicht außerhalb ihrer Komfort-Zone), liegt darin, sie so zu formulieren, dass sie 1) eine objektive Beobachtung, 2) das Gefühl, dass erzeugt wurde, 3) das darunterliegende Bedürfnis, das nicht befriedigt wurde und 4) ein durchführbares Anliegen ausdrücken, das sich klar auf Zeit und Ort bezieht (kurz, ein BGBA ... Beobachtung, Gefühl, Bedürfnis, Anliegen).

Das funktioniert folgendermaßen:

1) Drücke eine Beobachtung aus, die Tatsachengegeben ist (z.B. „Wenn du zu spät kommst / dein Versprechen nicht hältst“ usw.)
2) Beschreibe das Gefühl, das du erzeugt hast; dies wird ‚die eigenen Gefühle anerkennen‘ oder eine ‚Ich-Aussage machen‘ genannt (wie etwa „Ich fühlte mich gereizt“)
3) Erkläre das Bedürfnis, das nicht befriedigt wurde (z.B. „Weil ich das Bedürfnis habe, dass meine Zeit respektiert wird.“)
4) Mache ein durchführbares Anliegen (z.B. „Wärst du bereit mich anzurufen, wenn du das nächste Mal zu spät kommst?“). Wenn die Antwort ‚nein‘ ist, kannst du ein anderes Anliegen äußern (z.B. „Könntest du damit klarkommen, dass ich nicht auf dich warte und dich dann später treffe?“) oder drücke auf dieselbe Weise aus, was du in Bezug auf ihre ‚Nein‘-Reaktion empfindest.

Einige Beispiele von BGBA´s:

- „Als du zu spät kamst, war ich verärgert, weil ich ein Bedürfnis danach habe, meine Zeit effektiv zu nutzen. Wenn das noch einmal passiert, könntest du mich dann vorher anrufen?"
- „Als Du nicht auf meine Email geantwortet hast, war ich etwas besorgt, weil ich ein Bedürfnis nach klarer Kommunikation habe. Würdest du mir das nächste Mal eine kurze Antwort senden, sodass ich weiß, dass du meine Mail erhalten hast und dass du momentan einfach zu beschäftigt bist, um mir im Detail alles zu berichten?"
- „Als du aufgehört hast, mit mir zu sprechen, nachdem ich meine frühere Freundin umarmt habe, war ich etwas verwirrt, weil ich ein Bedürfnis danach habe, verstanden zu werden. Wäre es möglich, mir kurz zu schreiben, was dich beschäftigt, sofern du nicht mit mir sprechen kannst?"

Eine gute Strategie, um in Kontakt mit ihren Gefühlen zu kommen, liegt darin, sie zu erahnen, ohne dabei zu interpretieren oder zur bewerten, und zwar in der folgenden Art und Weise:

1) Erahne und errate ihr Gefühl (z.B. „Bist Du enttäuscht?")
2) Benenne oder erahne eine Tatsache, warum sie sich auf diese Weise fühlen mag (z.B. „Weil ich dir nicht zugehört habe?")
3) Rate ein Bedürfnis (z.B. „und du hast ein Bedürfnis danach, gehört und verstanden zu werden?)
4) Mache einen durchführbaren/realistischen Vorschlag, der sich klar auf Zeit und Ort bezieht (z.B. „Möchtest du gerne, dass ich dir heute Abend zuhause im Wohnzimmer zwischen sieben und acht zuhöre?)

Einige Beispiele dieser Art von Kommunikation, die manchmal auch ‚empathisches Raten' genannt werden, sind:

- „Ängstigt es dich, wenn ich dir etwas über meine Probleme bei der Arbeit erzähle, weil du ein Bedürfnis nach Sicherheit hast? Möchtest du lieber, dass ich meine Sorgen darüber, gefeuert zu werden, in meiner Männergruppe teile, und dir versichere, dass ich stark genug bin, mit der Situation umzugehen, ohne dich darin zu involvieren?"
- „Bist du wütend, weil ich meine dreckigen Kleider auf dem Badezimmerboden liegen gelassen habe, und du ein Bedürfnis nach Sauberkeit

hast? Möchtest du, dass ich meine dreckigen Sachen in den Wäschekorb tue, nachdem ich sie ausgezogen habe?"

- „Bist du frustriert, weil ich vergaß, dir am Valentinstag Blumen zu schenken und du ein Bedürfnis hast, an einem solchen Tag anerkannt zu werden? Da ich es hasse, Blumen zu kaufen, würdest du dich geehrt fühlen, wenn ich dich zu einem netten Dinner heute Abend um 19h ausführe?"

Diese Art von Kommunikation wird *Gewaltfreie Kommunikation*[143] (GFK) oder mitfühlende Kommunikation genannt. Die Ziele der GFK sind 1) dass sich jeder nach der Kommunikation besser fühlt, 2) die emotionalen Bedürfnisse (gewöhnlich nach Verständnis und Verbindung) zu befriedigen, und 3) nicht an bestimmte Resultate oder Lösungen gebunden zu sein.

GFK bewertet oder schätzt nicht Gefühle ab, verlangt nicht, dass sich die Menschen gegenseitig auf eine bestimmte Weise fühlen oder nicht fühlen, kritisiert andere nicht dafür, was sie fühlen, oder macht Menschen nicht verantwortlich für die Gefühle anderer.[144] **Dies ist ein sehr femininer Weg der Kommunikation, der den Männern häufig ineffizient und unauthentisch vorkommt, weil man dabei nicht auf den Punkt kommt, da er nicht auf der Dialektik von gut/schlecht, richtig/falsch oder gewinnen/verlieren basiert und weil man dadurch die Dinge nicht in einer erwartbaren Weise erreicht.[145] Doch auf längere Sicht ist der Nutzen für Partnerschaften unbestreitbar, denn einen Streit zu gewinnen oder Recht zu haben bedeutet häufig, die Beziehung zu verlieren.** GFK ist nicht nur nachweislich effektiver in intimen Paarbeziehungen, sondern auch in anderen Bereichen des modernen Managements und der Politik.[146]

Überprüfe diesbezüglich bitte die Liste der Bücher in Appendix I, wenn du ein tieferes Verständnis dieses wichtigen Beziehungsthemas erlangen willst.

## Zusammenfassung

Obwohl wir ein anderes menschliches Wesen bedingungslos lieben können, basiert eine gesunde Liebesbeziehung/Ehe immer auf praktischen Bedingungen. Es erfordert gewisse Passungen der Intelligenz, Leidenschaften, Interessen, Lebensstile, Lebensträume und des Lebenssinns und Zwecks. Viele Menschen sagen, dass sie bedingungslos lieben und geliebt werden wollen, was sicher möglich und wünschenswert ist, romantisieren jedoch diese Vorstellung auf Kosten der praktischen Aspekte, nur um später festzustellen, dass ihr Partner doch zu unterschiedlich ist. Auf der anderen Seite sind Menschen zu sehr darauf konzentriert, dass all ihre Bedürfnisse auf ihrer endlosen Wunschliste befriedigt werden, sodass ihnen vollständig die Möglichkeit entgeht, in einer Partnerschaft zu lernen und zu wachsen, indem sie offen für neue Möglichkeiten bleiben und ihren Horizont erweitern. Das integrale Beziehungsmodell berücksichtigt ebenso die spirituellen wie die praktischen Dimensionen von Liebesbeziehungen: Das Bedürfnis nach Intimität, (bedingungslos) zu lieben und geliebt zu werden und die Passungs-Erfordernisse, um ein gemeinsames Leben zu erschaffen.

# Kapitel 4: Stufen des Wachstums

*Er, den es verlangt, dem lebendigen Antlitz Gottes gegenüberzutreten, sollte ihn nicht in dem leeren Firmament seines Geistes, sondern in der menschlichen Liebe suchen.* – Fjodor Dostowjewski

Menschen haben, wie wir im vorherigen Kapitel gesehen haben, unterschiedliche Potenziale, ihre Kapazitäten in jeder der Entwicklungslinien zu entwickeln. Diese Entwicklung geschieht in Ebenen oder Stufen (Wilber nutzt auch die Begriffe Wellen oder Spiralen) vom Niedrigsten zum Höchsten, und dies kann über die ganze Lebensspanne geschehen. **Zu verstehen, welche Entwicklungsebene du und dein Partner in jeder dieser Linien erreicht haben und was eure zukünftigen Wachstumspotenziale sind, kann euch helfen, eure langfristige Passung zueinander einzuschätzen**. In welcher speziellen Linie und für wie lange sich Menschen entwickeln, hängt dabei von vielen Faktoren ab, einschließlich ihrer Veranlagung, dem sozioökonomischen Umfeld, kulturellen Hintergrund, verfügbarer Nahrung und persönlichen Umständen.[147]

Die Anzahl der Ebenen kann für jede dieser Linien unterschiedlich sein. Die Detailgenauigkeit von einfachen Modellen kann etwa drei Ebenen darstellen wie *niedrig*, *mittel* und *hoch*, oder *präkonventionell*, *konventionell* und *postkonventionell*, während komplexere Modelle zwanzig Ebenen oder mehr unterscheiden.[148] Schulklassen bieten dabei eine gute Analogie: Wir können allgemeiner über drei Ebenen sprechen (Grundschule, Mittelstufe und Oberstufe) oder wir können über 12 Ebenen sprechen (indem wir diese Spanne von der Ersten bis zur zwölften Klasse unterteilen).

Einige Linien hängen in ihrer Entwicklung von anderen ab, während sich andere Linien unabhängig entwickeln. Zum Beispiel können hochintelligente Menschen (kognitive Linie) nur eine geringe moralische Entwicklung haben, wie etwa der Unabomber, während andererseits Menschen mit hoch entwickelten moralischen Werten wie Mahatma Gandhi, Nelson Mandela oder Martin Luther King jr. auch immer intelligent sind.

Man bekommt einen einfachen Psychografen, wenn man die Wachstumsebenen von einigen oder allen Entwicklungslinien eines Individuums, wie sie im Kapitel 3 aufgeführt wurden, als niedrig, mittel und hoch bewertet.[149]

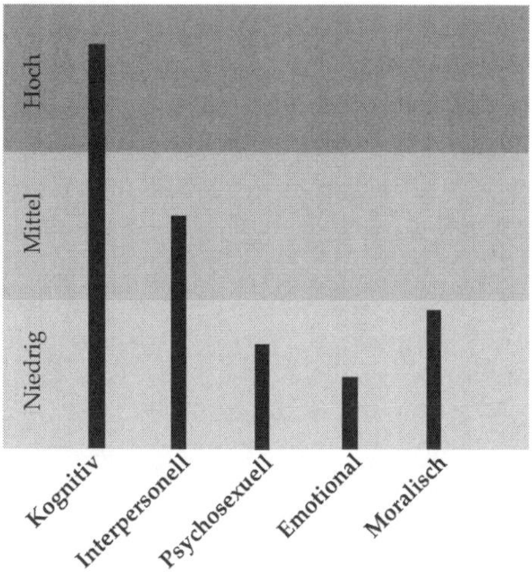


**Grafik 15: Ein Graph, der die Entwicklung eines Individuums in Bezug auf unterschiedliche Linien zeigt.**

Das integrale Modell **sagt nicht** aus, dass jedes menschliche Wesen die höchste den Menschen bekannte Ebene in allen Linien erreichen muss, um voll verwirklicht zu sein – was sowieso unmöglich wäre, da Intelligenzen und Fähigkeiten nach oben hin unbegrenzt sind und beständig weiter entwickelt werden können. Es besagt vielmehr, dass es erstrebenswert ist, 1) über die Existenz dieser Linien in integraler Weise informiert zu sein, 2) ihre individuelle Bedeutung zu verstehen, 3) zu akzeptieren, dass Menschen die Linien unterschiedlich weit entwickelt haben, 4) das Potenzial für zukünftige Entwicklungen in sich selbst und anderen zu erkennen, 5) das Verlangen zu erkennen, die Entwicklung in jeder einzelnen Linie bei sich selbst und anderen zum höchsten individuellen Potenzial zu fördern (Selbstverwirklichung genannt), und 6) die Entwicklung in der Beziehung mit einem gleichen und entgegengesetzten Partner zu harmonisieren und auszubalancieren.

Die *integrale Lebenspraxis* (ILP), die mehrere Module für die Gesundheit von Körper, Verstand, Geist/Seele, Schatten, Ethik, Sexualität, Arbeit, Emotionen und Beziehungen einschließt, ist eine erprobte Methode, um das Wachstum in den wesentlichen Entwicklungslinien zu unterstützen.[150] Sich in einer integral informierten Beziehung zu befinden ist nicht nur vorteilhaft, sondern zwingend notwendig, um diese Praktiken effizient auszuüben.

In diesem Kapitel werden wir uns auf die Stufen des Bewusstseins und der Entwicklung der Spiritualität, Sexualität und des Animus/Anima-Komplexes konzentrieren, die grundlegend für Liebesbeziehungen sind.

# Bewusstseinsentwicklung (Farben)

Ein Schlüsselfaktor dafür, eine gute Beziehung zu erschaffen, liegt darin, einen Partner auf einer passenden Entwicklungsstufe zu haben. In diesem Abschnitt werden wir besprechen, was Bewusstsein ist und wie es sich beim Menschen durch Stufen entwickelt. Jede Stufe wird mit einer unterschiedlichen Farbe gekennzeichnet.

Bewusst sein heißt, „Dinge zu wissen, sich ihrer gewahr zu sein, sie zu empfinden, zu fühlen und zu erfahren."[151] Für Menschen schließt das physikalische Objekte ein, die wahrgenommen oder gemessen werden können (wie etwa der physischer Körper, die manifeste Welt oder unsichtbare Kräfte wie elektromagnetische Wellen) UND nicht-physikalische Objekte des Bewusstseins (wie Gedanken, Glaubenssätze, Gefühle, Intentionen, Träume, Konzepte, Theorien usw.). Mit anderen Worten das, was da draußen ist (Objektivität) und was hier drinnen ist (Subjektivität). In dem Maße, in dem wir bewusst sind, wissen und erfahren wir diese Dinge auch; sind wir unbewusst, dann nicht.[152] Einfach gesagt können wir festhalten:

**„Die Welt besteht aus Dingen und dem Bewusstsein, das Dinge erfährt."**[153]

Das impliziert, dass das Bewusstsein weder ein Ding (Objekt) noch notwendigerweise lokal ist; es IST einfach.[154]

Fühle einen Moment einmal in dich hinein und frage „Wer ist sich eigentlich der Dinge bewusst?" Du wirst möglicherweise sagen „Ich, ich selbst, der Zeuge, mein Ego (auch das selbstorganisierende Prinzip oder das getrennte/falsche Selbstverständnis genannt),[155] mein bewusstes Selbst" oder etwas in der Art. Wie wir dabei ein ‚Ich' oder ‚Selbst' erfahren können, das ‚seiner selbst' in einem physischen Körper bewusst ist, ist ein ziemliches Rätsel, wenn man für einen Moment darüber nachdenkt, und dies ist auch für Philosophen und Wissenschaftler immer noch ein Mysterium. Sie nennen es das ‚harte Problem', weil es schwer (oder gar unmöglich) zu lösen ist.[156] Dieses bewusste Selbst, das seine eigene Geschichte der Welt in einer einzigartigen Weise erfährt – und in gewisser Hinsicht auch erzeugt[157] –, während es selektiv Informationen empfängt, bewertet, sortiert, vergleicht, einordnet und erinnert, entwickelt sich auch selbst.

Menschen nennen diese Entwicklung manchmal Aufwachsen, Selbstentwicklung, persönliche Entwicklung oder persönliches Wachstum. Wir werden es hier einfach *Bewusstseinsentwicklung* nennen.

Frauen sagen häufig intuitiv, „Ich will mit einem Mann zusammen sein, der weiß, wer er ist", oder „Ich will einen Mann, der sich mit Wachstumsarbeit beschäftigt hat", oder „Ich will einen Mann, der bewusst ist und liebevoll, intuitiv, kreativ, spirituell, mitfühlend, weise, reif, emotional erreichbar, verständnisvoll ...". All diese Begriffe zeigen auf das Bewusstsein und nicht auf Dinge. Im Wesentlichen sagt sie: „Ich will einen Mann, der mich, die Welt, und Gott/Geist von derselben Bewusstseinsebene betrachtet wie ich es tue", gewöhnlich ohne zu wissen, dass es mehrere Bewusstseinsebenen gibt oder was sie mit sich bringen.

Heute stellt kaum ein Sozialwissenschaftler infrage, dass Menschen während der Evolution zunehmend bewusster werden und dass sich Kinder kognitiv von der Schwangerschaft bis zum Ende der Pubertät entwickeln.[158] Es ist jedoch allgemein nicht anerkannt, und wird manchmal sogar vehement abgelehnt (besonders von Frauen und Postmodernisten), dass sich auch Erwachsene auf unterschiedlichen Ebenen ihrer Bewusstseinsentwicklung befinden können, und zwar mit einem nach oben hin offenen Potenzial zukünftigen Wachstums. Die Kritiker neigen dazu, die Tatsache zu übersehen, dass es eine Menge sehr sorgfältig durchgeführter Forschungen gibt, die die Vorstellung von Wachstumshierarchien bei der Erwachsenenentwicklung unterstützen.[159]

Die Ablehnung, Menschen auf einer hierarchischen Skala als mehr oder weniger entwickelt oder bewusst einzuordnen, stammt aus der gut begründeten Sorge, dass Individuen und Gruppen, von denen angenommen wird, dass sie sich auf niedrigeren Ebenen befinden (wie etwa Stammesvölker, die Armen, die weniger Gebildeten, die Farbigen, Frauen, Kinder etc.) von denen dominiert, missbraucht, verdrängt, ausgenutzt oder unterdrückt werden, die auf einer höheren Stufe eingeordnet werden oder sich selbst so einordnen.

Der Irrtum von Menschen, die kritisch gegenüber den Wachstumshierarchien eingestellt sind, liegt darin, solche natürlichen Wachstumshierarchien[160] zunehmender Integration und Komplexität (die mehr Perspektiven, mehr Kooperation, Fürsorge, Liebe, Verantwortlichkeit, Kreativität und Mitgefühl ermöglichen) mit Statushierarchien zu verwechseln, in denen Macht und Überlegenheit missbraucht werden. Es ist daher wichtig, den Unterschied zwischen diesen beiden Formen von Hierarchie zu verstehen, sodass wir nicht jene verletzen, die in Bezug auf dieses Thema sehr empfindsam sind (z.B. Frauen) oder unser Wissen missbrauchen.[161]

Bewusstseinswachstum bei Erwachsenen geschieht auf drei unterschiedliche Weisen: 1) sie verlaufen fast unbemerkt über einen längeren Zeitraum, 2) durch strukturierte Meditation oder kontemplative Gebetspraxis (typischerweise zwei Ebenen in vier Jahren), 3) wenn bestimmte Glaubenssätze, Fähigkeiten und Weltsichten einer Stufe nicht die angemessene Antwort auf Lebensfragen, Herausforderungen und Anforderungen bieten. Letzteres ist häufig der Fall bei Männern, die das Herz einer Frau gewinnen wollen, sich in einer unruhigen Partnerschaft befinden oder die eine schmerzhafte Trennung/Scheidung erlebt haben. Jede nachfolgende Stufe bietet bessere Lösungen für die Lebensanforderungen, tiefere Einsichten, größere Perspektiven und eine gesteigerte Kapazität für Liebe und Mitgefühl als die vorhergehende Stufe.

## Die acht Stufen der Bewusstseinsentwicklung und ihre Farben

Wir werden acht Stufen der Bewusstseinsentwicklung für unser integrales Beziehungsmodell nutzen. Die ersten sechs Stufen gehören zu dem, was man **Bewusstsein ersten Ranges** nennt, während die zwei höchsten Stufen im **Bewusstsein zweiten Ranges** gruppiert sind. Eine bestimmte Farbe des Regenbogens wird jeder einzelnen Stufe zugerechnet, um eine Bewertung oder Etikettierung von Individuen zu vermeiden, sowie auch, um Verwirrung zwischen den verschiedenen Nummern und Namen der vielfachen Entwicklungssysteme zu vermeiden.[162] Es ist wichtig zu verstehen, dass die unterschiedlichen Ebenen des Bewusstseins nicht Typen **von** Menschen beschreiben (wie etwa primitiv oder intelligent, gut oder schlecht, richtig oder falsch, empfindsam oder nicht empfindsam, funktional oder dysfunktional, etc.), sondern die darunterliegenden Motive und Weltsichten der Menschen, die das Denken und Verhalten bestimmen. Die Frage ist deshalb **NICHT** „Wie verhalten sich die Menschen?“, sondern „Was sind die tief liegenden Werte und Weltsichten, die ihr Verhalten motivieren und anregen?“

Es ist wichtig zu berücksichtigen, dass 1) jede Ebene ihre eigenen Anlagen und Anfälligkeiten hat, 2) dass jeder (du eingeschlossen) bei Stufe eins beginnt, 3) dass höhere Stufen **immer** erreichbar sind, 4) veränderte Bewusstseinszustände jederzeit kurzfristige Verlagerungen zu höheren oder tieferen Ebenen verursachen können und 5) dass Menschen, die eine persönliche Einschätzung oder Bewertung äußern, dies immer von ihrer eigenen begrenzten Bewusstseinsebene aus tun.

Die Tabelle unten fasst die unterschiedlichen Stufen und Farben und den Anteil der amerikanischen Population, der auf diesen Ebenen auftritt, zusammen.

| Gruppe | Ebene/Stufe | Farbe(n) | geschätzter Anteil der U.S.-Bevölkerung |
|---|---|---|---|
| Zweiter Rang | Post-postkonventionell | Türkis Blaugrün | 1/30 |
| Erster Rang | Postkonventionell | Grün | 1/10 |
| | Konventionell | Orange Bernstein | 2/3 |
| | Präkonventionell | Rot Magenta Infrarot | 1/4 |

**Tabelle 5: Entwicklungsstufen, ihre Farben und Bevölkerungsanteil**

Man kann sich die nacheinander folgenden Stufen als eine vertikale Schnur mit unterschiedlich farbigen Glühlampen vorstellen, die erleuchten, wenn höhere Bewusstseinsstufen auftauchen, oder auch als musikalische Noten bei einem Klavier, die in immer komplexeren Akkorden arrangiert werden, oder als die sieben Chakras.

Während du die folgenden Beschreibungen liest, kannst du ein Gefühl für die Bewusstseinsstufen bekommen, die in dir ausgeformt sind.

# Die sechs Stufen des Bewusstseins ersten Ranges

## Präkonventionelle Stufen

Die ersten drei Stufen werden präkonventionelle Stufen genannt, da nur eine erste Person-Perspektive – „ich, mir, mein" – eingenommen werden kann. Die Fähigkeit, sich Konventionen anderer Menschen, einer Gesellschaft, einer obersten Macht (Gott) oder wissenschaftlicher Beweisführung anzupassen (was die Fähigkeit verlangt, eine Perspektive zweiter oder dritter Personen einzunehmen) ist noch nicht aufgetaucht.

### 1. Infrarot – archaisch – tot oder lebendig

Die infrarote Ebene wird auch *archaisch* genannt und überspannt alle Ebenen des menschlichen Bewusstseins, die vor 50.000 Jahren entstanden sind. Sie beziehen sich auf unsere grundlegendsten Überlebensbedürfnisse: Nahrung, Wasser, Schutz, Wärme und Sex. Diese Bedürfnisse sind mit unserer tierischen Natur verbunden und in unserem Stammhirn eingebettet. Auf dieser Stufe wird das Verhalten von Instinkten und Impulsen für das physische Wohlergehen bestimmt. Es gibt nur eine geringe Bewusstheit über die

Vergangenheit oder Zukunft. Die Welt wird über die Sinne wahrgenommen, die bei funktionstüchtigen Erwachsenen auf dieser Stufe hoch entwickelt sein können, z.B. bei Eingeborenenstämmen. Einige spirituelle Sinnsucher verwechseln diese Stufe, die in einer vollkommenen Fusion mit der Umwelt besteht (‚A-Dualität' genannt) mit den höheren Stufen der Non-Dualität.[163]

Nur wenige Erwachsene in der entwickelten Welt befinden sich ausschließlich auf dieser infraroten Stufe, so z.B. geistig Kranke, wahnhafte Obdachlose, Individuen, die sich in tiefen Schockzuständen befinden oder Alzheimer-Patienten. Es sind weniger als 1% der erwachsenen U.S. Bevölkerung.

## 2. Magenta – magisch – sicher oder unsicher

Die magentafarbene Stufe wird auch *magisch* oder *abergläubisch* genannt und trat auch erstmalig vor etwa 50.000 Jahren auf, als die Menschen selbstbewusst wurden, Überlebensbedrohungen und Gefahren in ihrer unmittelbaren Umgebung erkannten und nach Lösungen für ihre Sicherheit suchten. Ein Resultat war, dass eine Vielzahl von abergläubischen Erklärungen und Überzeugungen auftrat, um natürliche Phänomene wie etwa Blitz und Donner, die natürlichen Kreisläufe, Geburt, Krankheit und Tod usw. zu erklären. Dies führte zur Bildung von engen sozialen Bindungen – häufig basierend auf Verwandtschaft – um Schutz und Sicherheit zu gewährleisten.

Für heute lebende Menschen auf dieser Stufe hat die Familie, der Klan, Stamm oder Kult eine höhere Bedeutung als Individualität und Rationalität. „Einer für alle und alle für einen" lautet ihr Motto. Abwegige Überzeugungen über die Macht der Magie, sowie Gruppenrituale, heilige Orte und Objekte, voodooähnliche Flüche, Geister, Glücksbringer, Astrologie und magische Heilungskräfte sind alles Indikatoren für Magenta. Bis zum heutigen Tag werden ursprüngliche ‚Kampf-oder-Flucht'- Reaktionen von dieser Ebene ausgelöst, wenn sich Individuen von Situationen und Erfahrungen bedroht fühlen, die sie rational nicht erklären können. Auf der positiven Seite sind geschärfte Sinneswahrnehmungen, Natur-Sensibilität und übernatürliche Fähigkeiten wie *Fernwahrnehmung* und Telepathie, wie sie bei Stammesvölkern und Schamanen beobachtbar sind, Qualitäten von Magenta, die häufig durch spätere, höhere Stufen der Entwicklung verdrängt werden oder ganz verloren gehen.

Grün (siehe unten) verwechselt häufig prärationale abergläubische Fantasien und Verhaltensweisen von Magenta mit nachweisbaren transrationalen Phänomenen und Fertigkeiten, die nur bei höheren Bewusstseinsstufen differenziert werden können.[164]

Magenta-Bewusstein ist bei Mitgliedern von klanartigen Familien, Straßengangs, Sportteams, ‚corporate tribes', Kulten und heidnische/erdverbundenen/Göttin verehrenden Religionen zu beobachten. Diese Stufe umfasst etwa 10% der erwachsenen U.S. Bevölkerung.

## 3. Rot – egozentrisch – gut oder schlecht

Die rote Stufe wird egozentrisch genannt und tauchte vor etwa 10.000 Jahren auf, als junge Männer aus den Zwängen und Geboten der Älteren und den Begrenzungen ihres Familienklans ausbrachen, um ihre eigene Autonomie einzufordern. Egoistische Wahl, Macht, Unabhängigkeit, hohe Risiken eingehen, Dickköpfigkeit und eine unbegrenzte Kreativität werden von Rot genutzt, um die Umwelt und das Schicksal zu kontrollieren, anstatt davon kontrolliert zu werden.[165] In dem Versuch, sich gut zu fühlen, wird die rote Energie auf Verhaltensweisen ausgerichtet, die unmittelbare Befriedigung ermöglichen, d.h. Sex, Nahrung, Glücksspiel, illegale Drogen, Shopping oder geistloses Entertainment, ohne sich um andere oder um die negativen Konsequenzen in der Zukunft zu kümmern. „I want it all and I want it now" („Ich will alles und ich will es jetzt") ist das Motto. Für Rot erscheint die Welt als ein Dschungel, in dem nur der Tauglichste überlebt. Das daraus resultierende Wertesystem pendelt zwischen gut und schlecht. Menschen auf dieser Stufe tendieren dazu, sich mit machtvollen Göttern oder Idolen (Rockstars, Film- oder Videohelden etc.) zu identifizieren, die sie auf ihrer Seite wähnen, verlangen Respekt von anderen und bekämpfen jeden, der versucht, sie zu kontrollieren, zu dominieren oder zu blamieren. In seiner gesunden Form kann die rote Energie erfrischend spontan, kreativ, innovativ, originell, unbegrenzt, emotional, sorgenfrei und lebendig sein.

Rotes Bewusstsein wird bei Straßengangs gefunden, bei narzisstischen New Age Gemeinschaften (die behaupten, dass egoische Gedanken Objekte, physisches Wohlbefinden und materielle Unabhängigkeit manifestieren, oder dass ‚im Hier und Jetzt sein' für die Entwicklung eines funktionalen Selbst ausreicht), bei Zuhälter-Prostituierten Beziehungen, wilden Rockstars, präkonventionellen Künstlern, Rambo- und Terminator-ähnlichen Kämpfertypen, ruchlosen Diktatoren, Charakteren in gewalttätigen Videospielen und James Bond-Bösewichtern. Rot repräsentiert etwa 20% der erwachsenen U.S. Bevölkerung.

# Konventionelle Stufen

Die bernstein- und orangefarbenen Stufen werden konventionell genannt, da Bernstein eine zweite Person (du) und Orange eine dritte Perspektive (er, sie, es, ihr, sie) einnehmen können. Dies erlaubt es den Individuen auf dieser Stufe, sich den Konventionen (Normen) von anderen, einer Religion, Gesellschaft oder auch einer wissenschaftlichen Erkenntnis anzupassen.

## 4. Bernstein – mythisch – richtig oder falsch

Die bernsteinfarbene Stufe wird auch *mythisch* genannt und tauchte vor 5.000 Jahren auf, als Männer versuchten, ihr rotes, egozentrisches und kurzfristiges Denken zu transzendieren. Sie begriffen ihre Sterblichkeit, suchten nach einer tieferen Bedeutung des Lebens (die sie auch in mythischen religiösen Vorstellungen fanden) und entwickelten ethische Verhaltensregeln (Gesetze) für die stets wachsende Zahl von Menschen in den Gemeinden. Diese Stufe befriedigt das menschliche Bedürfnis nach Stabilität, Ordnung, Zweck, Regeln, Hoffnung, Anerkennung und zukünftigen Belohnungen für richtiges Verhalten.

Bernsteinfarbene Werte werden anhand der wortgetreuen Interpretation mythischer Schriften abgeleitet, etwa dass Jesus von einer Jungfrau geboren und Lao-Tse achtzig war, als er geboren wurde, dass Moses das Rote Meer teilte, oder dass das Befolgen sder Zehn Gebote und das eigene Sündenbekenntnis die Pforten zum Himmelreich öffnen werden. Darum erlaubt das bernsteinfarbene Denken nur *ein* richtiges Glaubenssystem und nur *einen* Weg richtiger Taten. Das daraus resultierende Wertesystem unterscheidet zwischen richtigen oder falschen Dingen.

Der **richtige Weg** basiert auf konformistischen politischen, religiösen oder sozialen Glaubenssystemen (z.B. Marxismus, Islam, Patriarchat) und wird von einer einzelnen Autorität beherrscht wie etwa einem Vater, der Kirche, der Regierung, dem Machthaber einer Nation, einem übergeordneten Kommandanten oder einem Lehrer/Guru. Bernstein wird daher bei Mitgliedern fundamentalistischer Religionen und spiritueller Gemeinschaften (mein Gott/Guru hat recht, komme da, was wolle), patriarchalen Familien (der Vater hat recht, komme da, was wolle), Gesellschaften, die auf Gesetz- und Ordnung basieren (mein Volk hat recht, komme da, was wolle), extremem Patriotismus (mein Land hat recht, komme da, was wolle), Organisationen (unsere Mission hat recht, komme da, was wolle), dem Militär (übergreifende Gesetze sind richtig, komme da, was wolle) und hierarchischen Unternehmen (der Boss hat recht und Profite zu machen ist richtig, komme da, was wolle) gefunden.

Rechtes Verhalten und den richtigen Regeln, Gesetzen, Befehlen, Religionen oder spirituellen Wegen zu folgen verspricht zukünftige Belohnungen, wie etwa fortlaufend Unterstützung von der Familie zu bekommen, befördert zu werden, eine Ehrenmedaille zu erhalten, nach dem Tod ins Himmelsreich einzugehen oder Erleuchtung zu erlangen. Fehlverhalten erzeugt Chaos und führt zur Bestrafung, wie etwa die Familienunterstützung zu verlieren, unehrenhaft entlassen zu werden, gefeuert zu werden, im Gefängnis zu landen, nach dem Tod in der Hölle zu schmoren oder im endlosen Kreislauf von Leid und Wiedergeburt gefangen zu sein. In seiner gesunden Form ermöglicht Bernstein Stabilität, Sicherheit und jene Ordnung, durch die Familien, Organisationen und Gesellschaften aufblühen können. In ihren ungesunden Formen ist Bernstein dogmatisch, intolerant, unterdrückend und irrational.

Bernsteinfarbene Werte werden bei patriarchalen Familienstrukturen, Regierungen und militärischen Organisationen, hierarchischen Unternehmensstrukturen, fundamentalistischen Kirchen, spirituellen Gemeinschaften und der Republikanischen Partei gefunden. Etwa 40% der amerikanischen erwachsenen Bevölkerung befinden sich auf dieser Stufe.

## 5. Orange – rational – gewinnen oder verlieren

Die orangene Stufe wird auch *rational* genannt und tauchte vor 300 Jahren während der *Aufklärung* auf – welche auch die Moderne einläutete – als eine Anzahl von Männern die feudalistischen Systeme und die oberste Macht der Monarchien infrage stellte und das kirchliche Dogma herausforderte. Heute repräsentiert Orange das menschliche Bedürfnis nach einem guten Leben, materieller Unabhängigkeit sowie persönlicher Freiheit, die durch sachliches Denken, den Gebrauch von wissenschaftlichen Methoden, demokratischemn Kapitalismus, individuelle Wahl, Meisterschaft und Entwicklung durch das Eingehen kontrollierter Risiken erreicht werden. Das daraus resultierende Wertesystem lautet ‚gewinnen oder verlieren'. Gewinner sind jene, die ihre höhere Bildung, ihre überlegenen Talente und die besten verfügbaren Informationen effektiv nutzen, um finanziell, politisch oder akademisch erfolgreich zu sein. Orange Individuen denken und handeln global, zeigen Selbstvertrauen, glauben an die eigenen Fähigkeiten, haben eine ‚das kriegen wir hin'-Einstellung („Yes we can"), glauben an ‚feste arbeiten, Feste feiern', und nehmen Risiken auf sich, um im großen Stil zu gewinnen.

Von dieser Ebene sieht die Welt wie ein sich stets verändernder und sich entwickelnder Ort mit endlosen Möglichkeiten und Chancen für jene, die flexibel, schlau und schnell sind aus. Intelligente und kluge Menschen mit Wissen, finanziellen Mitteln oder sozialem/politischem Status (man denke an Albert Einstein, Bill Gates, Ted Turner oder Barack Obama) sind die Ikonen von Orange, die die mythischen, bernsteinfarbenen Vorgesetzten als Autoritätsfiguren und Rollenvorbilder ersetzt haben. Effizienz, Effektivität, positives Denken, Visionen haben, strategisches Planen, Ziele setzen, Innovation und die Einschätzung des Fortschritts (wo wir sind, wohin wir wollen und wie wir dorthin kommen) haben die höchsten Prioritäten. Orange will die Tatsachen und nichts als die Tatsachen, und Konflikte werden auf eine rationale Weise gelöst („zum Konsens kommen, ohne nachzugeben"),[166] z.B. über teure Anwälte oder indem Kollateralschäden akzeptiert werden.

Obwohl orangene Energie im Vollzug seiner Ziele ruchlos sein kann und es ihm auch an Gewissen mangelt, wenn der Schaden, der anderen zugefügt wird, als ‚notwendig und letztlich gut für sie' gerechtfertigt wird,[167] so betrachtet es dennoch auch die Langzeiteffekte seiner Handlungen (andernfalls wäre es rote Egozentrik). Wiederkommende Kunden werden geschätzt, Brücken nicht einfach niedergerissen, Vergangenes wird vergeben, sofern es für die Zukunft nützlich ist, und mit anderen zusammenzuarbeiten wird als ein wichtiges Werkzeug für den Erfolg angesehen. Orange scheint zuweilen eine Teflonschicht zu haben, wenn es keine Emotionen zulässt, die andere befremden oder Schwäche offenbaren könnten, und die einen davon ablenken, effizient zu sein. Probleme, die andere umhauen würden, perlen von Orange direkt ab. Wenn etwas schief geht, dauert die Depression nicht lange an. „Zieh dich selbst aus dem Schlamassel und fange wieder von vorne an" lautet das Motto.[168] Anstatt andere um Unterstützung oder Rat zu bitten, was Schwäche implizieren würde und daher vermieden wird, fragt Orange nach Informationen und Daten, die es selbst auswerten kann, um seine eigenen Schlussfolgerungen zu ziehen und Entscheidungen zu fällen.

Die Verfassung der Vereinigten Staaten und viele der Gesetze, die verfasst wurden, um die individuelle Freiheit und Rechte zu schützen stammen von dieser rationalen Ebene. Durch die Errungenschaften in vielen Bereichen wie etwa Medizin, Transportwesen, Informationstechnologie, Architektur, Agrikultur und der industriellen Produktion von Gütern hat Orange dazu beigetragen (und trägt auch weiterhin dazu bei), Armut in den meisten Teilen des Westens – und zunehmend auch in Entwicklungsländern – zu beseitigen, sowie zu unserem modernen bequemen Lebensstil und der steigenden Lebensdauer, derer sich viele Menschen heute erfreuen. Es ist zum Großteil auch für die Umweltschäden und globalen sozialen Ungerechtigkeiten verantwortlich, die von dieser Stufe ausgehen.

Oranges Bewusstsein wird bei der Wall Street gefunden, in der Kosmetik- und Modeindustrie, in der wissenschaftlichen Gemeinschaft, dem oberen Management, der auftauchenden Mittelklasse, Selbstverbesserungs- und Wohlstandsseminaren und bei linksausgerichteten Republikanern, Demokraten und der liberalen Feminismusbewegung. Orange repräsentiert etwa 25% der erwachsenen U.S. Bevölkerung.

## Postkonventionelle Stufen

Die grüne, postmoderne, pluralistische Stufe wird auch häufig postkonventionell genannt, da sie die Perspektive der 4ten Person („alle von uns") einnehmen kann, die die konventionellen Normen der vorherigen Stufen transzendiert.

## 6. Grün – pluralistisch – empfindsam oder indifferent

Die grüne Stufe wird *pluralistisch* genannt. Sie tauchte vor etwa 100 Jahren auf und erblühte in den 60er Jahren, als postmoderne männliche Künstler und Intellektuelle die Theorien, Annahmen und Ideologien der Moderne infragestellten. Grün wird durch die vielfältigen Interpretationen der Geschichte, Sprache, Wissenschaft, Religion, Spiritualität, Politik, Kultur und der Sozialsysteme charakterisiert, und den Glaubenssatz, dass eine absolute Wahrheit nicht in einem objektiven Sinne existiert, sondern individuell eher erzeugt als gefunden wird. Die Fähigkeit, die Perspektive einer vierten (kulturellen) Person einzunehmen ermöglicht ein größeres Mitgefühl, einen größeren Idealismus und mehr Engagement. Das Gefühl, dass alle menschlichen Wesen – unabhängig von Rasse, Geschlecht oder Klasse – gleich geboren wurden und auch gleichermaßen gehört und respektiert werden sollten verbreitet sich. Grün ist überzeugt, dass der menschliche Geist von der maskulinen, orangenen Gier und dem bernsteinfarbenen Dogma befreit werden muss. Es ist gegen Hierarchien und das Patriarchat und errichtet laterale soziale Strukturen, die Freundschaft, Empathie, gewaltfreie oder mitfühlende Kommunikation betonen, jedoch den Nachteil haben, endlose Diskussionen zu bedingen und unmittelbare Entscheidungen zu verhindern.

Grün hat eine Kapazität für subjektives, nichtlineares Denken und zeigt ein großes Maß an gefühlsbetonter Wärme und Empfindsamkeit anderen gegenüber. Die Vorstellung, dass alle Seelen miteinander in einem großen Netz des Lebens verknüpft sind und eine tiefe Fürsorge für Mutter Erde und all seine Bewohner entgegenbringen taucht auf. Damit einhergehend entsteht auch das Verlangen, in sich selbst Frieden und Glück zu finden, was die Erforschung der inneren Gefühle auslöst und den Drang, das Selbst und andere zu erfahren. Zunehmend wird die Aufmerksamkeit auf das Unbewusste gelenkt. Dies bringt grüne Männer häufig in Kontakt mit ihrer Anima (und dekonstruiert ihr Ego, was sie femininer werden lässt), und Frauen mit ihrem Animus (was ihr Ego stärkt und sie maskuliner werden lässt).

Obwohl es so wirkt, als würde Grün alles und jeden lieben und umarmen, stellt es sich stark orangener Rationalität und patriarchaler bernsteinfarbener Konformität entgegen und ist der Überzeugung, dass Männer von ihrem Ego ablassen und Frauen für sich selbst einstehen sollten. Grün leugnet auch die Existenz von höheren Entwicklungsstufen des Bewusstseins und betrachtet solche Vorstellungen als arrogant, bewertend und klassifizierend. „Welche Stufe?" sagt grün, „Wir sind alle gleich! Alles ist relativ!" Indem jede Form von Hierarchie geleugnet wird und Hierarchien an sich als bewertend, unterdrückend und veraltet bezeichnet werden, verwickelt sich Grün leicht in ‚performative Widersprüche'[169] wie etwa solche Aussagen wie „Lateralsysteme sind besser als Hierarchien" (und erzeugen damit unweigerlich eine eigene Hierarchie, die besagt, dass keine Hierarchie besser ist als eine Hierarchie), „Menschen sollten nicht bewerten", „Ich hasse Leute, die nicht lieben", oder „Lasst uns um den Frieden kämpfen".

Andererseits identifiziert Grün häufig Rot (egozentrisch) als ein Opfer der Gier des orangenen Rationalismus und der Unterdrückung durch den bernsteinfarbenen Konformismus und romantisiert das abergläubische Stammesleben von Magenta sowie seine vorgebliche Empfindsamkeit der Erde und ihren Bewohnern gegenüber. Dies führt dazu, dass sich die präkonventionelle rote Stufe und die postkonventionelle grüne Stufe manchmal ähneln, da sie beide eben nicht konventionell sind. Die Energien dieser zwei Stufen resonieren manchmal in einer sehr verwirrenden und auch destruktiven Weise, z.B. wenn im ‚Hier und Jetzt sein' als unmittelbare Befriedigung missverstanden wird, wenn rote Gewalt während einer Greenpeace- oder Anti-Globalisierungsdemonstration ausbricht, oder wenn grüne Menschen meinen, dass es gesund sei, rote Energie in einer unkontrollierten Weise ausbrechen zu lassen.

Grünes Bewusstsein wird bei den Bürger- und Tierrechtlern gefunden, beim Umweltschutz, Ökologie, Radikalen- und Ökofeministen und beimder *Humanistic Science Movement*, welches Bewegungen wie Greenpeace, Amnesty International, Ärzte ohne Grenzen, den Sierra Club und die Nationale Frauenorganisation (NOW) hervorgebracht hat.[170] Grün umfasst etwa 10% der gesamten erwachsenen U.S. Bevölkerung, mit höheren Konzentrationen in solchen Gegenden wie Boston, Nord-Kalifornien, Boulder Colorado, New Mexiko und Oregon.

## Die zwei Stufen des Bewusstseins zweiten Ranges

### Post-postkonventionell

Mit weniger als 3% der erwachsenen U.S. Bevölkerung auf Blaugrün (unten), und weniger als 1% auf der höchsten (türkisfarbenen) Ebene ist das Bewusstsein zweiten Ranges immer noch extrem selten und repräsentiert die Speerspitze der menschlichen Bewusstseins-Evolution.[171]

### 6. Blaugrün – Integral – Integriert oder unvollständig

Die blaugrüne Stufe wird *integral* genannt. Sie tauchte im frühen 20sten Jahrhundert in Indien und Europa auf[172] und wurde dann in den 1970ern weitestgehend von wegweisenden U.S. Psychologen und Sozialwissenschaftlern erkannt.[173] Blaugrün ist nicht nur eine weitere Stufe, sondern kennzeichnet das, was *Bewusstsein zweiten Ranges* genannt wird. Die vorhergehenden Stufen beharrten darauf, dass ihre eigene besondere Weltsicht die einzige richtige Art und Weise sei, die Welt zu beobachten. Bedroht oder herausgefordert, regiert das Bewusstsein ersten Ranges negativ und schlägt um sich, dabei seine eigenen Werkzeuge nutzend (Magenta: voodooähnliche Verwünschungen, Rot: Wut und rohe Gewalt, Bernstein: Moralkriege und Anprangern, Orange: kalte Logik und Kollateralschäden und Grün: Dramatisieren, Schikanieren, Demonstrationen, Aktivismus und endloses Durchkauen eines Problems, ohne zu einer Entscheidung zu kommen).

Blaugrün und aufwärts erkennt die Bedeutung all der vorhergehenden Ebenen an – einschließlich des Prozesses der Entwicklung selbst – und integriert sie mit den gesunden Qualitäten maskuliner Agenz und femininer Kommunion. Es ist die erste Stufe, die ihre eigenen Werte anderen nicht aufzwingt, indem sie auf eine Weise sein ‚sollten', damit sie so wie ich/wir sind. Flexibilität, Spontanität und Funktionalität haben die höchste Priorität. Anders als Grün – das Entwicklungshierarchien leugnet und behauptet, dass alle Menschen gleich sind – sieht Blaugrün die Schwächen, Beiträge, Nutzen, Werte und Grenzen jeder vorhergehenden Stufe. Es unterstützt die Kultivierung von gesunden femininen und maskulinen Qualitäten (wie etwa Selbstverwirklichung[174] und horizontale Translation)[175] auf jeder Ebene, kommuniziert mit anderen in deren Sprache, fördert ihr gesundes Wachstum von Stufe zu Stufe und erkennt an, dass höhere Stufen der Entwicklung stets möglich sind. Blaugrün kann über eine Vierte-Person-Perspektive hinausblicken und begreift, dass die vorherrschende Weltordnung das Resultat der Existenz von Entwicklungsstufen wie auch der Bewegung von Individuen und Gruppen durch diese Stufen ist.

Aus der Perspektive des Bewusstseins ersten Ranges betrachtet können die Menschen auf der blaugrünen Stufe kalt, kalkulierend, opportunistisch, manipulativ, analytisch, distanziert, zynisch oder arrogant wirken, und manchmal sind sie es auch. Blaugrün kann sich schnell entmutigt, gelangweilt und frustriert fühlen, weil es denkt, dass es schon alles gesehen und getan hat. Und obwohl es sich leicht mit anderen Menschen auf früheren Stufen verbinden kann, wenn es will, fühlt sich Blaugrün häufig allein und isoliert, weil es müde ist ob der begrenzten Weltsichten, dem selbst-erzeugten Drama, dem engstirnigen Etikettieren und dem naiven Stereotypisieren von Menschen im Bewusstsein ersten Ranges.

## 7. Türkis – transpersonal – Weisheit und Mitgefühl

Die türkise Stufe wird auch *transpersonal* genannt (oder post-integral)[176] und repräsentiert all die Stufen, die nach der integralen Stufe auftreten können.[177] Während Blaugrün dazu tendiert, zu beobachten, zu analysieren und die innere und äußere Welt in einer analytischen, linkshirnigen, redlichen, distanzierten und aufstrebenden Weise zu beurteilen, zeigen Menschen in diesen höheren Stufen eine wirkliche Verkörperung, volle Umarmung oder Verflechtung von allen gesunden Qualitäten der vorhergehenden Stufen und den vier femininen/maskulinen Polaritäten. Sie haben die Spitze der Entwicklungsleiter erlangt und sind sogar einen Schritt weiter gegangen und in die Fülle ihres eigenen Seins und der Welt eingetaucht, ohne sich darin zu verlieren. Sie empfinden „in der Welt zu sein, doch nicht von ihr",[178] und transzendieren die Unterscheidungen von gut/schlecht, richtig/falsch, gewinnen/verlieren, empfindsam/indifferent und integriertem/unvollständigem Denken. Sie repräsentieren die Speerspitze der menschlichen Bewusstseinsentwicklung – mit noch weiteren höheren Stufen, die in der Zukunft möglich sind.[179]

Begierden, Bindungen und Ängste und der daraus resultierende Drang nach mehr äußerlichem Komfort, Luxus, Sicherheit, Macht, Ordnung, Status, Reichtum, Frieden und Wissen wird ersetzt durch innere Qualitäten wie sich steigernde Weisheit, Mitgefühl, Gegenwärtigkeit und Hingabe. Diese Transformation wird verursacht durch eine bewusste, sich schrittweise ergebende Dekonstruktion von unbewussten Gewohnheiten des Geistes und davon, die negativen Emotionen zu heilen. Die Bewusstheit über die intersubjektive und interobjektive Ko-Kreation der Erfahrungen sowie ein Gefühl der universellen Ordnung, welche das Resultat aller Manifestationen ist, tritt in den Fokus. Für Türkis und aufwärts ist eine Große Vereinigung in Theorie und Praxis möglich, und es sind stets weitere und neue Perspektiven möglich. Dies schließt häufig das Auftauchen einer neuen Spiritualität als ein Netzwerk von allem, was existiert, mit ein.

Türkises Bewusstsein mag als unnahbar oder indifferent in Bezug auf die Verfassung anderer (z.B. eines Partners), der Erde und auch seinen Bewohnern erscheinen, doch nichts könnte weniger wahr sein. Türkise Menschen sind einfach nicht länger an bestimmte Resultate gebunden, die von dem Ego angestrebt werden, und haben auch keine Vorlieben, dass sich Dinge auf die eine oder andere Weise entwickeln. Türkis und aufwärts hat die Weisheit erlangt, das zu akzeptieren, was ist, vorsorglich dort zu handeln, wo es erforderlich ist, und hat die Fähigkeit erworben, eine Situation auch sich selbst überlassen zu können, wenn das Gegenteil mehr Schaden als Nutzen bringen würde.

## Die Prä/Post oder Prä/Trans-Verwechslung

Sowohl die **prä**konventionelle infrarote und die rote Stufe (die auch prämodern oder prärational genannt werden) als auch die **post**konventionellen grünen und höheren Stufen (die auch postmodern und postkonventionell genannt werden) sind nicht-konventionell/nicht-rational und werden häufig von Menschen, die nicht integral informiert sind verwechselt. Sie neigen dazu, die prärationale, infantile Stufe der A-Dualität mit den transrationalen Stufen der nondualen Bewusstheit zu verwechseln, oder auch das präkonventionelle hemmungslose und doch letztlich narzisstisch-egozentrische Verhalten von Kindern und Erwachsenen mit dem verantwortungsbewussten und authentischen Ausdruck postkonventioneller persönlicher Freiheit.[180] Daher führt die Prä/Trans-Verwechslung zu vielen Missverständnissen in spirituellen Kreisen, Verwirrung in postmodernen Gruppen oder Organisationen sowie zu unlösbaren Konflikten in Liebesbeziehungen zwischen prä- und postkonventionellen Partnern.

## Spirituelle Entwicklung

Das Wort spirituell meint allgemein ‚das, was nicht an Zeit, die physische Welt oder mentale Konzepte gebunden ist',[181] was demnach dem Bereich des Geistes und unserer Sinne entsprich. Spirituell kann sich auch auf ein Selbstgefühl wie Glück, Freude und Frieden beziehen, welches einer inneren oder höheren Quelle entspringt (anstatt von äußeren Objekten oder Freuden abzuhängen).

Spirituell zu sein impliziert für unterschiedliche Menschen unterschiedliche Dinge. Es ist daher höchst bedeutend herauszufinden, was eine Frau für Konzepte, Lehren, Erfahrungen, Einsichten, Weisheiten, Glaubenssysteme oder Praxen meint, wenn sie das Wort ‚spirituell' nutzt. Ihre Antwort wird höchstwahrscheinlich in eine der vier folgenden Kategorien fallen: 1) zufällige spirituelle und paranormale Phänomene, 2) eine besondere Haltung oder Qualität, 3) übermenschliche Errungenschaften in einer oder mehreren Entwicklungslinien, oder 4) eine dauerhafte Ebene oder Stufe der spirituellen Verwirklichung, die durch eine Praxis wie Yoga, Meditation, Tantra oder Gebet erreicht wird.

Die erste Definition beschreibt zufällige, glückselige, vorübergehende und veränderte Zustände, die spontan während einer Gipfelerfahrung, dem Gebrauch von illegalen Drogen, transzendentem Sex, nach einer *dunklen Nacht der Seele,* der Geburt eines Kindes, dem Tod eines geliebten Menschen, energetischen Heilungssitzungen oder einer psychotischen Episode auftreten können.

Die zweite Definition bezieht sich auf eine bestimmte Haltung von Offenheit, liebender Güte, Demut, Hingabe, Mitgefühl, Freude oder Weisheit. Deine Großeltern können ihr ganzes Leben der *Goldenen Regel* entsprechend gelebt und niemals etwas von Spiritualität gehört haben und erscheinen doch anhand dieser Definition als vollkommen spirituell.

Die dritte Definition bezieht sich auf die Erfahrung von übermenschlichen Errungenschaften in irgendeiner der Entwicklungslinien, wie etwa Sport (Michael Jordan), Musik (Mozart), Poesie (Rumi), Malerei (Michelangelo), Wissen (Einstein) oder Weisheit (Gandhi). Diese Erfahrung erzeugt ein Gefühl von göttlicher Ehrfurcht, da diese Gaben aus einem Bereich jenseits des Menschenmöglichen, von einem ‚spirituellen Ort', zu stammen scheinen.

Die vierte Beschreibung zeigt auf eine formale spirituelle Praxis, häufig unter Leitung eines Lehrers (oder Guru), einer Abstammungslinie oder einer Religion durchgeführt, die darauf zielt, temporäre spirituelle Zustände in dauerhafte Zustände zu verwandeln, die dann vielmehr durch Ausübung als durch Zufall erreichbar werden. **Zustände, die durch ein formales Studium/Praxis zugänglich werden, werden häufig Zustandsstufen genannt, und ihre Entfaltung wird das Thema der folgenden Abschnitte sein.**

## Zustandsstufen

Spirituelle Zustandsstufen neigen dazu, sich in einer bestimmten Weise zu entfalten, die den drei allgemeinen Zuständen des *Wachens* (in welchem wir uns physischer Objekte bewusst sind), *Träumens* (in dem wir uns mit nicht physischen Objekten unseres Geistes identifizieren) und des *traumlosen* Schlafes (in dem wir in einen Zustand der zeitlosen Leere fallen) ähneln. Diese allgemeinen Zustände kann jedes menschliche Wesen, angeachtet seines Alters, seiner Bildung und seines kulturellen Hintergrundes während des Verlaufs eines normalen Tages erfahren.

Zwei fortgeschrittene Zustandsstufen werden der *Zeuge* (in dem eine bewusste Erfahrung der zeitlosen Leere auftaucht) und Nondualität (in welcher sich die Bewusstheit und das, wessen wir uns bewusst sind, vereinen) genannt und werden durch einen Akt der Gnade oder fortgeschrittene Praktiken erreichbar.

Eine weitere hilfreiche Art und Weise, die Entwicklung der spirituellen Zustandsstufen (oder jeder Form von Entwicklung, was das angeht) zu betrachten besteht darin, klar zwischen 1) dem Selbst und 2) den Dingen, die das Selbst beobachten kann (wie etwa physischen Objekten in unserer Umgebung, unserem eigenen physischen Körper oder den Gedanken, die Objekte in unserem Bewusstsein erzeugen), zu unterscheiden. Das ‚Ich' oder ‚Subjekt', das sieht, bezeugt oder beobachtet, ist sich seiner selbst von Natur aus nicht bewusst. Sobald es beobachtet wird, wird es zu einem Objekt, und wer beobachtet es dann?

Dies mag sich ein wenig merkwürdig anhören, und das ist es auch. Denke einmal darüber nach: Du kannst diese Worte auf dieser Seite sehen, deine Umgebung beobachten und über Dinge (Symbole, Objekte, Konzepte, Ideen usw.) nachdenken, doch du kannst nicht den tatsächlichen Beobachter sehen. Die Objekte, die du beobachtest, sind die Aspekte deiner Erfahrung, die dir offensichtlich sind, und können deshalb gedacht, reflektiert, manipuliert, in Anspruch genommen oder mit etwas anderem verbunden werden. Du kannst ‚objektiv' ihnen gegenüber sein, weil du sie nicht als dein Selbst oder als Zeuge identifizierst. Die Objekte können so von den Aspekten deiner Erfahrung, mit denen du identifiziert, vereinigt oder in die du eingebettet bist, differenziert werden.[182]

Kurz gesagt, spirituelles Wachstum erscheint dann, wenn das Subjekt, mit dem wir uns identifizieren, das Objekt des Subjektes der nächsten Stufe wird. Wie oben erwähnt, entfaltet sich dieses Wachstum in fünf allgemeinen Zustandsstufen:[183]

## 1. Grob/Wachen

Die erste Ebene spirituellen Erwachens wird die grobe/wachende (oder psychische) Zustandsstufe genannt, und kennzeichnet den Übergang von der vollständigen Identifikation mit der materiellen Welt und dem physischen Körper in den spirituellen Bereich. Sie taucht mit der Erkenntnis auf, dass man weder durch seinen Körper oder seine Bedürfnisse, Impulse und Emotionen[184] definiert wird, noch durch seine materiellen Besitztümer oder sozialen Status. Anstatt reflexhafte Reaktionen auf innere Gewohnheiten und das Verhalten anderer Leute zu haben, lernt man zunehmend, gegenwärtig zu bleiben und aufmerksam zu reagieren.[185] Man wird der Zeuge der eigenen Umwelt und der Meister des eigenen Körpers, anstatt sein Sklave zu sein. Dies mag sich einfacher anhören als es ist und kann die Unterstützung durch Techniken wie Yoga und bewusstes Atmen,[186] Entspannungstechniken, körperliche Übungen, Kontemplation (wie etwa, dieses Handbuch zu lesen) oder – in ernsten Fällen von pathologischen Bindungen – Psychotherapie erfordern. Man denke einfach mal daran, wie häufig man sich unbewusst ernährt, eine negative emotionale Reaktion auf die Wirklichkeitsbeschreibung eines anderen hat, körperliche Übungen vermeidet, darin versagt, seinen Körper angemessen zu ernähren, sich mit dem Auto, das man fährt (und anderen materiellen Besitztümern) identifiziert, seinen Selbstwert von der Menge des Geldes, das man hat (oder nicht hat) oder dem physischen Äußeren der Frau an seinem Arm ableitet.

Die Bewusstheit von ‚Ich habe einen Körper – aber ich bin nicht mein Körper', mit der Fähigkeit, ihn zu beobachten und zu nutzen, anstatt von ihm benutzt zu werden (häufig durch suchterzeugende Verhaltensweisen)[187] ist sehr befreiend. Menschen, die diese Zustandsstufe der spirituellen Entwicklung erlangen, beginnen psychische,[188] synchronistische[189] oder mystische Erfahrungen in der Natur zu haben,[190] sowie die klare Empfindung, einer weiteren

Realität gegenüber zu erwachen. Sie erkennen, dass die physischen und emotionalen Schmerzen des Körpers unabdingbar sind, doch dass das Leiden freiwillig ist. Wenn der Körper so das Objekt des Subjektes wird, taucht auch mehr Mitgefühl für das eigene Selbst sowie für Andere auf.

Auf dieser Stufe neigt das Feminine stets dazu, bewusst in den Körper und in die manifeste

Welt hineinzufühlen (Absteigen). Diese abwärtsgerichtete Bewegung hat zu erdgebundenen und göttinverehrenden Religionen wie etwa dem Heidentum geführt. Das Maskuline tendiert dazu, sich vom Körper wegzubewegen (Aufsteigen) und seine Freuden zu leugnen, wie es auch in den männlich-götterverehrenden Religionen wie etwa dem Christentum, Buddhismus, Hinduismus und dem Islam in ihren fundamentalistischen Formen beobachtet werden kann.

## 2. Subtil/Träumen

Die subtile Traumstufe wird durch Gnade oder eine regelmäßige spirituelle Praxis wie etwa Meditation oder kontemplatives Gebet möglich. Sie taucht mit der Erkenntnis auf, dass man nicht seine Gedanken und Glaubenssätze ist. Ähnlich wie beim Aufwachen aus einem Traum erkennt man, dass zufällige und unbeobachtete Gedanken (Annahmen, Projektionen usw.) die regelmäßig durch Schmerzen aus der Vergangenheit und Befürchtungen in Bezug auf die Zukunft genährt werden, ebenso unreal sind wie die Träume in der Nacht. Diese Gedanken können in dem eigenen Kopf wie eine Radiostation ablaufen, die den guten, alten „Hätte ich, sollte ich, könnt′ ich"-Blues immer und immer wieder wiederholen. Ist dies der Fall, dann ist man praktisch nur einen Schritt davon entfernt, zu einer verrückten Person zu werden, die laut vor sich hinbrabbelnd die Straße entlang geht. Diese Selbstgespräche können negative Emotionen auslösen, welche wiederum weitere paranoide Gedanken nähren und die Ursache für Depression[191] und andere Pathologien werden können. Menschen, die in die subtile Zustandsstufe eintreten, erwachen von diesem Albtraum (oder dem kognitiven Gefängnis) und lernen, ihre zufälligen Gedanken als unwirkliche Objekte im Bewusstsein zu erkennen. Sie können entweder die Lautstärke zurückdrehen (den Geist beruhigen), den Ausschalter betätigen, können die Radiostation wechseln (positives Denken) oder einfach ihre Gedanken beobachten und ihnen gewähren, sich frei wie der Wind durch die Äste eines Baumes zu bewegen, ohne von ihnen betroffen zu sein.

Fortgeschrittene Formen von Einsichts-Meditationen, wie z.B. Vipassana, die sich auf die Atmung oder die Rezitation von Mantras konzentrieren, sind Übungen, die Individuen in ihrer Fähigkeit unterstützen können, ihren Geist zu beobachten, zu beruhigen und zu konzentrieren. Sie können dann ihren Geist als ein Werkzeug für Visualisierungen, Introspektion, Kontemplation, Kreativität und kritisches Denken nutzen, anstatt von ihm benutzt zu werden. Mit der Erkenntnis, dass ‚ich Gedanken habe, aber nicht meine Gedanken bin'[192] können Individuen beginnen, luzid zu träumen,[193] Erfahrungen subtiler Erleuchtung haben oder bedingungslose Liebe für die ganze Schöpfung erfahren.

In dem Versuch, diese Zustandsstufe durch Beobachten und die Beruhigung des Geistes zu erlangen tendiert das Maskuline dahin, Emotionen und Ego zu unterdrücken und sich davon zu trennen, während das Feminine dazu tendiert, das Selbst zu stärken und sich noch tiefer mit Gefühlen und dem Herzen zu verbinden.

## 3. Kausal/Tiefschlaf

Der kausal-formlose Zustand kann mit dem tiefen traumlosen Schlaf verglichen werden. Er wird als eine zeitlose Offenheit oder Leere erfahren, was mit der Erkenntnis einhergeht, dass man nicht seine eigenen Gefühle (glücklich, traurig, ängstlich, zufrieden usw.), Intuitionen oder Intentionen ist. Er wird mit dem Auftauchen der Wahrnehmung einer dauerhaften ‚ICH BIN-heit' zu einer Zustandsstufe, die Zeit[194] und Trennung beobachtet und transzendiert. In dieser Zustandsstufe verschwindet jedwede Identifikation mit der physischen Welt und den Objekten des Bewusstseins. Man empfindet unmittelbar, dass es einen Grund allen Seins gibt, der die physikalische Welt und den egoischen Geist transzendiert, die beide die Illusion eines getrennten Selbst erzeugen. Diese Zustandsstufe wird oft mit Leere verglichen, wobei sie nicht einfach nur Nichts ist, sondern eine vollkommene Fülle des Seins oder Gott, der den Raum als Licht einnimmt. Sie fühlt sich so voll an, dass es keine andere Manifestation umfassen kann. Luzides Träumen wird immer regelmäßiger und es gibt ein klares Verständnis von ‚Ich habe Erfahrungen, aber ich bin nicht meine Erfahrung'.

Das Maskuline tendiert dahin, diesen Zustand als radikale Stille und Leere zu erfahren; das Feminine erfährt es als radikale Fülle und Fluss.

## 4. Bezeugen

Der Zeugen-Zustand wird erlangt, wenn der Beobachter, der die zeitlose Leere der dritten Zustandsstufe erfährt, verloren geht. Im Zen wird diese Erfahrung ‚Satori', ‚Radikale Leere', ‚Wolke des Nichtwissens', ‚Der Geist des Anfängers' oder auch der ‚vertikale Tropfen' genannt. In diesem Zustand gibt es kein getrenntes Du und Zeugen mehr, der Zeit, Form, Leere oder sogar Erleuchtung erfahren könnte (wer ist es, der erleuchtet wird?).[195] Es ist eine Zustandsstufe, auf die viele Mystiker und Weise zeigen. Doch anstatt auf ihren zeigenden Finger zu schauen, wird man zu dem Finger und dem, worauf er zeigt.

Lao-Tse, der erste taoistische Philosoph, schrieb in dem ersten Vers des Tao Te King (oder Dao de Djing): „Das Tao, von dem gesprochen werden kann, ist nicht das wahre Tao" (und fuhr dann fort, achtzig weitere Verse zu schreiben, die AUF die Wahrheit zeigen, über die man nicht sprechen kann).

Wenn man in diesen radikalen ego-losen Zustand fällt verliert man jeden Sinn einer manifesten Welt und bedarf eines Versorgers, ansonsten wird man sich zu Tode hungern oder frieren. Ein Gefühl von ‚Ich bezeuge das Sein aber ich bin nicht das Sein' taucht auf. Der Zeugen-Zustand wird zu einer dauerhaften Zustandsstufe, wenn man freiwillig auf vollständige Nicht-Bindung und Nicht-Verlangen zugreifen kann (ähnlich, wie man auf Sprache zurückgreift) und auch eine subtile Bewusstheit während des traumlosen Schlafes aufrechterhält.[196] Auf dieser Zustandsstufe ist die Dualität von maskulin und feminin vollkommen transzendiert.

## 5. Non-dual

Non-duale Bewusstheit ist nicht so sehr eine Zustandsstufe als es vielmehr eine Verschmelzung des allgegenwärtigen, unendlichen Grundes aller vorhergehenden Ebenen ist. In der vorhergehenden Zeugen-Zustandsstufe kann man vollständig von der glückseligen Leere absorbiert werden und bemerkt keinerlei Formen mehr. In der Non-Dualität wird beides integriert: Leere manifestiert sich als Form und Form als Leere. Beide sind gleichermaßen wirklich und unwirklich. Non-duale Bewusstheit kann nicht wirklich erfahren werden, da alle Erfahrungen (einschließlich des Zeugen-Zustandes) kommen und gehen und einen Zeugen erfordern, der diese Erfahrung hat. Es kann nicht in Worten ausgedrückt werden.

Sobald du darüber sprichst oder über ‚es' nachdenkst, wird es von ‚dir' getrennt und damit dual. Non-Dualität wurde beschrieben als die ‚Spitze erlangen' und dann noch einen Schritt weitergehen. Was dann folgt, ist eine vollständige Entleerung des Subjektes (Kletterers) in das Objekt (Welt), sodass es dann keine Subjekt (Beobachter, Zeuge)/Objekt Dualität mehr gibt. Es ist bar jedes auf die Welt Schauens und jedes konkreten Blickwinkels, der von der Welt getrennt ist. Man ist dann die Perspektive der Welt oder eins mit Gott (Entschuldigung, aber du bist dann immer noch nicht Gott – oder, falls du eine Frau sein solltest, eine Göttin – diese Vorstellung wäre eine psychotische[197] Wahnvorstellung, die viele New Age Narzissten haben).

In dieser letzten Zustandsstufe der Entwicklung, derer wir uns bewusst sein können, hat sich das Selbst vollkommen mit der Welt identifiziert (doch nicht in Form einer a-dualen Psychose). Es gibt eine Erkenntnis der Einheit des Uni-versums, eine Erkenntnis, auf die die Weisheitslehren aus Ost und West beständig zeigen. Nur wenige Menschen (wenn überhaupt) haben diese Zustandsstufe dauerhaft erlangt, die auch volle Erleuchtung, Buddha- oder Christusnatur genannt werden kann. Es kann durchaus sein, dass die Dualität nur zeitweilig während einer sexuellen Vereinigung zwischen Liebenden (die beide das Zeugenbewusstsein – das eine dauerhaft erreichbare Stufe oder ein kurzzeitiger drogenerzeugter Zustand oder Gipfelerfahrung sein kann – erlangt haben) überwunden werden kann, da sie die Vereinigung von Mann/Frau auf allen Ebenen vom Physisch/Groben zur Zeugenebene enthält.

Einzelne Menschen sind offensichtlich auf der physischen Ebene niemals vollständig (man ist entweder Mann oder Frau) [198] und können nicht zur selben Zeit feminin und maskulin sein (man kann auch nicht gleichzeitig ein und ausatmen), doch sie können eine Ganzheit durch die sexuelle Vereinigung in einer erleuchteten Beziehung finden.

## Spirituell, aber nicht religiös

Viele moderne und postmoderne Frauen beschreiben sich selbst als „spirituell, aber nicht religiös". Sie mögen dies ohne ein tieferes Verständnis sagen oder aber einen spirituellen Lehrer, eine Praxis, Glaubensrichtung oder Erkenntnis haben, ohne dabei Mitglied einer organisierten Kirche, Sangha, Moschee oder eines Tempels oder Kult mit einem allgemeinen Glaubensbekenntnis zu sein. Wie dem aber auch sei, Frauen, die religiös sind, können auch spirituell sein, da alle Religionen, und sogar einige New Age Bewegungen, Zweige entwickelt haben, die die ersten vier Zustandsstufen des Bewusstseins repräsentieren, was zu unterschiedlichen religiösen Konfessionen und Richtungen geführt hat; von Atheismus zu Polytheismus, Monotheismus und Mystik.[199]

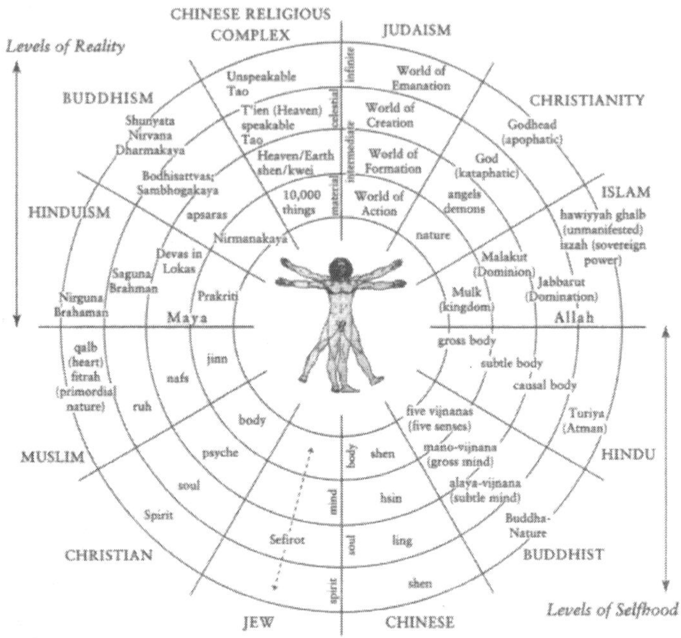


**Grafik 16: Eine Zusammenfassung der spirituellen Ebenen in den Weltreligionen** (Design von Brad Rynolds, mit seiner Erlaubnis genutzt)

Anzunehmen, dass einige Religionen spirituell entwickelter sind als andere ist ein Trugschluss, da alle beständigen Religionen oder spirituellen Praxen durch dieselben Zustandsstufen der Erlangung, Einsicht und Erleuchtung führen, die ich oben beschrieben habe. Sich in einer Partnerschaft mit einer Frau zu befinden, die sich auf derselben oder nächst-höheren Zustandsstufe spiritueller Entwicklung befindet ist offensichtlich für die spirituelle Ausrichtung und das Wachstum beider Partner förderlich und auch für eine *Integrale Lebenspraxis* erforderlich, die Spiritualität miteinschließt. Passende Partner können sich darin unterstützen, temporäre spirituelle Zustände in dauerhafte Zustandsstufen zu transformieren. Dies erfordert von der Frau, das Ego ihres Partners herauszufordern,[200] während ein Mann sie darin unterstützen kann, ihr Selbstvertrauen zu stärken. Es kann jedoch schwierig für einen Partner sein, der noch nicht bestimmte Zustände erfahren hat, der noch an niedere Zustandsstufen der spirituellen Entwicklung gebunden ist oder der lediglich eine feminine oder maskuline Form der Spiritualität verfolgt, eine Partnerschaft mit einem entwickelteren Partner aufrechtzuerhalten.

# Entwicklung der Sexualität

Es gibt fünf allgemeine Ebenen des sexuellen Austausches zwischen Partnern, die unmittelbare Spiegelungen ihrer physischen, psychologischen und spirituellen Gesundheit sind.[201] Entsprechend der oben beschriebenen, sich entfaltenden spirituellen Erlangung können diese Ebenen entweder als ein temporärer Zustand erfahren werden oder durch die Praxis mit einem Partner zu einer dauerhaft zugänglichen Zustandsstufe werden.

## 1. Unterdrückte Sexualität

Auf dieser niedrigsten Stufe werden Körper und Sexualität misstrauisch als etwas Negatives und Schmutziges betrachtet. Gewöhnlich durch Scham, Schuld und Furcht angetrieben, welche aus einem Kindheitstrauma oder Missbrauch stammen, vermeiden Erwachsene auf dieser Ebene entweder alle sexuellen Aktivitäten, vollziehen sie aus Pflichtgefühl und auf eine dissoziierte Weise (mit geschlossenen Augen, unter den Bettdecken, im Dunkeln), oder entwickeln Zwangsneurosen in Bezug auf ihre Sexualität, die zu sexuellen Abhängigkeiten und anderen Missbrauchs-Verhaltensweisen führt. Oraler Sex und ähnliche spielerische sinnliche Aktivitäten sind gewöhnlich auf dieser Stufe ausgeschlossen, in der Anstand mit Scham verwechselt wird.

## 2. Ficken

In der *Fickerei*-Stufe ist Sexualität instinktiv, eigennützig und auf die physischen, hedonistischen Freuden des Körpers beschränkt. Sexpartner tendieren dazu, sich gegenseitig zu objektivieren, ohne eine tiefere persönliche Verbindung anzustreben. Sie wollen Spaß und einen Orgasmus haben und sorgen sich nicht um die emotionalen Bedürfnisse, Gefühle oder sexuellen Begierden des Partners. Es gibt keine Scham und Schuld, denn „alles geht". Diese Stufe kann mit höheren, ungebundenen Formen transzendenter Sexualität (siehe unten) verwechselt werden, was eine weitere Prä/Trans-Verwechslung (siehe oben) darstellt. Auf dieser Stufe zwingen und manipulieren Männer häufig die Frauen dazu, Geschlechtsverkehr zu haben oder bei schmerzhaften Praktiken mitzumachen, wie etwa analem Sex oder deep-throating/gagging.

Auf der Fickerei-Stufe wird alles als OK betrachtet, solange der Partner mitmacht oder zumindest nicht die Polizei ruft. Selten gibt es vorherige Gespräche über Einwilligung, sexuelle Vorlieben, die individuelle sexuelle Geschichte, sexuell übertragbare Krankheiten, Tabus, Erwartungen in Bezug auf eine monogame Verpflichtung oder mögliche Konsequenzen wie etwa emotionale/sexuelle Abhängigkeit und Schwangerschaft. Frauen auf dieser Stufe haben häufig eine unausgesprochene Erwartung an den Partner, dass er nach dem Geschlechtsverkehr eine exklusive Bindung mit ihnen eingeht und fühlen sich benutzt und missbraucht, wenn er doch seines Weges geht. Sie können auch mehr oder weniger absichtlich und ohne die Zustimmung des Partners schwanger werden, um ihn zu fangen und/oder um Alimente oder Sozialversicherungszahlungen zu bekommen.

Sobald die Begeisterung des Neuen verschwindet, verlieren Paare auf dieser Stufe das Interesse aneinander und haben keinen Sex mehr oder suchen sich einen neuen Fickfreund.[202]

## 3. Sex haben

Auf dieser Stufe kommt Achtsamkeit mit ins Spiel. Sex wird zu einer bewussten Entscheidung zwischen einem Paar, dass ein gegenseitiges Verständnis und eine Übereinkunft über die Implikationen und Konsequenzen davon hat, sexuell zu sein. Sex haben wird als eine schöne und wichtige Aktivität betrachtet, die zwei Menschen zusammenbringt und die viele physische und emotionale Gesundheitsaspekte mit sich führt.[203] Es gibt gewöhnlich einen Konsens über Monogamie oder Offenheit für mehrere Partner, und die Partner versuchen, die Zeit und Energie zu finden, miteinander sexuell zu sein. Sexpartner auf dieser Stufe gehen über die rein physischen Aspekte (ficken) hinaus und erkennen sich gegenseitig als bewusste Subjekte. Sie konzentrieren sich eher darauf, den Anderen im Rahmen individueller Grenzen zu befriedigen, als zu versuchen, die eigenen sexuellen Bedürfnisse, Begierden und Fantasien auszudrücken. Dies führt zu einer Sexualität des kleinsten gemeinsamen Nenners, die auf längere Sicht beide Partner unerfüllt zurücklässt.

Beziehungsprobleme wie Machtkämpfe oder emotionaler Rückzug tendieren dazu, im Schlafzimmer ausgefochten zu werden, doch werden sie hier nicht gelöst. Anstatt an tieferen Themen zu arbeiten, um ihre sexuelle Beziehung zu verbessern, versuchen die Paare auf dieser Stufe neue Positionen oder Orte, Rollenspiele und Sex-Spielzeuge, Pornos oder Swingerklubs auszuprobieren, um ihr Sexleben interessant zu machen. Es sei denn, sie entwickeln sich zur nächsten Stufe der sexuellen Entwicklung, wird ihnen diese Art von Sexualität bald schal werden, vollständig absterben oder so kompliziert werden, dass ihre Partnerschaft enden wird, wenn sich einer von ihnen in einen neuen Sex-Partner verliebt.[204]

## 4. Liebemachen

In dieser Stufe wird die Sexualität des Paares zum Ausdruck ihrer genuinen Liebe, ihrer gegenseitigen Akzeptanz, ihrer tiefen emotionalen Intimität und der Freude, zusammen zu sein. Körper, Geist und Herz sind während des Liebemachens integriert, was nicht einfach nur eine „Sache ist, die Paare tun", sondern ein Ausdruck, wer sie als menschliche Wesen sind. Keine besonderen Anstrengungen müssen von ihnen aufgebracht werden, die Zeit oder Energie zu finden, miteinander sexuell zu sein. Ihr Liebeswerben ist eine lebensspendende und verjüngende Affirmation ihrer tiefen Bindung. Sie sind offen, um über ihre Lüste zu sprechen und erforschen alle Formen eines gesunden sexuellen Spiels, die Freude bringen und ihre Verbindung vertiefen. Sie stehen während des Liebesspiels in einem natürlichen verbalen und non-verbalen Kontakt (Augenkontakt). Sex wird auf dieser Stufe nicht genutzt, um Konflikte zu verstecken, Punkte zu sammeln oder sich gegenseitig zu manipulieren. Stattdessen können sexuelle und emotionale Blockaden, die zwischen ihnen auftauchen mögen, auch gelöst werden, und therapeutische Hilfe kann in Anspruch genommen werden, wenn sie selbst nicht die Probleme lösen können, die sie haben.[205]

## 5. Transzendenter Sex

Diese Stufe repräsentiert alle fortgeschrittenen heiligen und tantrischen Praktiken, die zu spirituellen Zustandserfahrungen durch sexuelle Vereinigung (wie etwa Kundalini)[206] führen und die das Gefühl der Trennung zwischen den Liebenden und dem Universum transzendieren. Diese Form von Sexualität tritt als eine Stufe zwischen den Partnern auf, die eine tiefe Seelenverbindung haben, sich einer hohen physischen, emotionalen und partnerschaftsbezogenen Gesundheit erfreuen und die eine fortgeschrittene Stufe der spirituellen Verwirklichung (siehe oben) erlangt haben (und damit die Fähigkeit für eine intensive Gegenwärtigkeit und volle Hingabe). Spirituelle Praktiken wie etwa Meditation, Partner-Yoga und ekstatischer Tanz werden häufig mit in diese Form des Liebesspiels eingewoben.

Partner, die bewusst transzendente Sexualität praktizieren, nehmen sich reichlich Zeit für schöne Stunden des Liebesspiels (anstatt zu warten, dass sie in der Stimmung sind); sie erzeugen einen heiligen Platz zuhause oder anderswo (man denke an einen geschmackvoll dekorierten Raum, weiche Laken, verschieden große bzw. geformte Kissen, gedimmtes Licht, Räucherkerzen, Weihrauchräucherung, Schleier um das Bett, Öle und Lotionen und eine sanfte, heilige Musik); sie erschaffen gemeinsam und über Rituale eine große Bandbreite von Erfahrungen, wie etwa sinnliche Nahrung zu teilen (man denke an Erdbeeren, Schokolade, Eiscreme, usw.), sich gegenseitig anzuschauen, erotischer Tanz, in die sieben Chakras bewusst und synchronisiert atmen, rezitieren von Mantras, Gedichte vorlesen,[207] abwechselndes Geben und Nehmen von anregenden Berührungen und Massagen, Verspieltheit mit Objekten (man denke an Federn, Seide, Blumen, Blumenblüten, Eiswürfel), zarten Geschlechtsverkehr oder ungehemmten wilden Sex (was fälschlicherweise auch als eine Form der Vergewaltigung interpretiert werden kann).[208]

Eine übliche Position für eine tantrische Verbindung besteht darin, dass der Mann im Schneidersitz (z.B. auf einem Stuhl) sitzt, und die Frau auf ihm Platz nimmt, sodass es beiden möglich wird, sich Angesicht zu Angesicht zu treffen.[209] Das Ziel der transzendenten Sexualität liegt nicht nur darin, sich zu befriedigen und Orgasmen zu erreichen, sondern (Kundalini-) Energie durch die Wirbelsäule oder die sieben Chakras zu bewegen sowie die Seelenverbindung zwischen den Liebenden zu vertiefen. Dies kann dahin führen, bewusst das Göttliche zu erfahren, anstatt unbewusst „Oh mein Gott" während des Orgasmus auszurufen.[210] Dies erfordert von Männern die Fähigkeit, den Orgasmus zu verzögern oder zu vermeiden, und/oder Orgasmen zu haben, ohne zu ejakulieren, indem sie ihren PC-Muskel anspannen.[211] Häufig können tief verwurzelte emotionale Blockaden im Körper, die weiteres spirituelles Erwachen verhindern, während transzendentem Sex offenbart und gelöst werden.

## Anima und Animus Komplex-Entwicklung

In der Jung'schen Psychologie werden die Anima und der Animus als die Brücke zur Seele betrachtet. Eine Art, die Seele zu erfahren besteht darin, mit dem einzigartigen Selbst in Kontakt zu treten, das verbleibt, wenn wir alle erlernten Konzeptionen und falschen Glaubenssätze (Ego), die wir darüber haben, wer wir sind, abgelegt haben.[212] Was dann verbleibt, ist der tiefst-mögliche authentische Ausdruck (Essenz) unseres einzigartigen Seins, der immer noch personal ist: Das Subjekt, das nicht in ein Objekt verwandelt werden kann, oder eben die Seele. Dieser einzigartige Kern unserer Existenz weiß nichts über die Dualität von entgegengesetzten Geschlechtern, Gender oder feminin-maskulinen Polaritäten.[213]

Während sich unsere Selbstidentifikation als Jungs und Mädchen während der Kindheit entwickelt, verbergen wir in uns die Qualitäten des anderen Geschlechtes in unterschiedlichem Ausmaße, trennen uns davon oder unterdrücken sie.[214] Da wir alle von einer Mutter geboren werden ist dieser komplizierte Prozess für Männer und Frauen sehr unterschiedlich. Kleine Jungs lernen schnell, dass sie nicht wie ihre Mutter sind, trennen sich schmerzhaft von ihr und identifizieren sich mit der Vaterfigur, während kleine Mädchen lernen, dass sie wie die Mutter sind, aber nicht wie der Vater, der dann so etwas wie ein Mysterium für sie wird.[215] **C.G. Jung[216] entdeckte diese Abtrennung und nannte das verleugnete Weibliche in Männern die Anima und das verleugnete Männliche in Frauen den Animus.[217]** Die Teile dieser verleugneten (und daher unbewussten) Wirklichkeiten, die nicht erkannt werden und wieder integriert werden sollten, erscheinen dann als innere Schatten, die Teile der Seele verdecken und konsequenterweise zu nach außen gerichteten Projektionen auf das andere Geschlecht werden, was dann ein *Komplex* genannt wird.[218]

Man erfährt die Projektion einer Anima, wenn man eine starke emotionale (versus sexuelle oder auch andere) Attraktion zu der Aura einer Frau empfindet (oder sich davon bedroht fühlt). Wenn die Attraktion gegenseitig ist und man sich entscheidet, ein Paar zu werden, fühlt es sich an, als würde man nach Hause kommen und hätte einen lang verloren geglaubten Seelenpartner oder auch die „Zwillings-Flamme" gefunden. Diese glückseligen Gefühle der Vollständigkeit, wenn man auf harmonische Weise zusammen ist, das Verlangen, das man empfindet, wenn man getrennt ist, und die Sorgen um Verlust und Verlassenwerden, die man erfährt, wenn sie sich zurückzieht oder einen herausfordert, sind in vielen Liebesliedern ausgedrückt worden, etwa „When I found you, there was no more emptiness inside", oder „If you leave me now, you take away the biggest part of me", und Filmdialogen wie „Ich liebe dich, du vervollständigst mich" und „Du hattest mich schon nach dem ‚Hallo'!"[219]

Liebende mit diesen Erfahrungen haben sich in einen Partner verliebt, der einen passenden Anima/Animus-Komplex hat. Nach einer Weile wird der Schmerz der Trennung und der vermissten Liebe/Fürsorge während der Kindheit, der den Komplex überhaupt erst erzeugt hat, wieder auftauchen. Dies geschieht häufig, wenn die Flitterwochen vorbei sind und es die Liebenden nicht schaffen, ihren unrealistischen Erwartungen nachzukommen und alle Bedürfnisse des Anderen nach Wohlergehen, Akzeptanz, Bestätigung, Verständnis, Nähe, Güte, Anerkennung, Empathie, Unterstützung, Autonomie usw. zu befriedigen (siehe die Liste in Kapitel 3 unter ‚Bedürfnisse', sowie den Unterschied zwischen Bedürfnissen und Bedürftigkeit). Mit anderen Worten werden sie beginnen, sich gegenseitig ihre emotionalen Knöpfe zu drücken..[220]

Wenn du dich an ihr festklammerst und nicht willst, dass sie weggeht; wenn du sie stark vermisst, wenn sie fort ist; schnell eifersüchtig wirst, wenn sie ihre Aufmerksamkeit auf jemand oder etwas anderes richtet;[221] dich mit Schamgefühlen zurückziehst, wenn du sie nicht glücklich machen kannst;[222] wenn du wegläufst, wenn sie dich zu bedrohen, zu manipulieren, zu kontrollieren oder erdrücken scheint; oder wenn du meinst, du könntest ohne sie nicht leben – und dennoch meinst, sie ändern zu müssen, sodass du mit ihr leben kannst, dann weißt du, wo dein Komplex liegt und wo die Heilungsarbeit mit deiner verwundeten Anima beginnen kann.[223] Deine Seele fordert dich auf, deinen Komplex zu transzendieren (deine Schatten zu beleuchten), indem du die Ganzheit deiner Essenz und deiner Einheit mit aller Schöpfung (Liebe) erkennst, während dein Ego versucht, dich vor weiteren Verletzungen zu schützen, indem es das getrennte Selbst verteidigt oder sich daran klammert, was ihm seine Erlösung zu sein scheint.[224]

Wenn sie deine emotionale Attraktion teilt und ihr euch entscheidet, trotz der unvermeidbaren Konflikte, die aufkommen werden, zusammenzubleiben, dann werdet ihr euch als Katalysatoren dienen, die wahre Natur eurer Seele zu entdecken, indem ihr gemeinsam heilt, wachst und erwacht. Ihr werdet dann Seelenpartner im wahrsten Sinne des Wortes; zwei Menschen, die sich liebend und unablässig fordern, um ihre Egos zu transzendieren. Dies wird das volle Potenzial deiner Seele hervorbringen, bedingungslos zu lieben, nicht nur für dein Wohl, sondern auch für das deines Partners und alle empfindungsfähigen Wesen.[225] Diese Dynamik beantwortet die Frage, inwiefern sich ein Seelenpartner von Familienmitgliedern und Freunden unterscheidet, die wir sehr lieben, doch nicht in der einzigartigen Weise, wie wir es mit einem Liebespartner erfahren.[226]

Die fünf Stufen der Anima/Animus-Komplexentwicklung, die unten aufgeführt werden, bieten dir eine allgemeine Orientierung dafür, wie sich der Animus der Frau und die Anima des Mannes entwickeln können. Die tatsächliche Stufe und Schwere des Komplexes, den ein Erwachsener hat, hängt weitestgehend von seiner Kindheit und vergangenen Beziehungserfahrungen ab. Während du die Beschreibungen unten liest, können eine oder mehrere Stufen der Anima mit deiner eigenen Entwicklungsebene resonieren, ebenso wie du auch den Animus in den Frauen erkennen kannst, mit denen du eine Beziehung hast oder hattest. Mache dir bewusst, dass Stufe fünf für die beiden Geschlechter nahezu identisch ist.

## Stufen der Anima-Entwicklung bei Männern

### 1. Frauen als Mutter

*Er braucht eine Mami, die sich um ihn sorgt.*

Auf dieser ersten Stufe ist die Anima des Mannes vollständig mit der Mutter verbunden. Sie ist nicht notwendigerweise seine richtige Mutter, sondern das Bild von einer Frau, die eine gewissenhafte Spenderin von Nahrung, Sicherheit und Liebe ist. Sie repräsentiert alles, was natürlich, instinktiv und biologisch ist.[227] Ein Mann mit einem Anima-Komplex auf dieser Stufe kann nicht gut ohne eine enge Verbindung zu einer Frau auskommen und läuft

Gefahr, von ihr kontrolliert und ausgenutzt zu werden. Er leidet häufig an Impotenz oder hat überhaupt kein sexuelles Verlangen und wird deshalb auch Muttersöhnchen genannt. Diese Art von Anima-Besessenheit manifestiert sich in Form von Angst vor Unfällen oder vor Krankheit oder in einer Art stumpfsinniger Persönlichkeit. Die griechischen Sirenen und die Deutsche Loreley personifizieren diese gefährlichen Aspekte der Anima, die sogar einen Mann wegen des Verlustes einer Liebesbeziehung zum Suizid treiben und ihm den Tod bringen kann.

## 2. Frauen als Sex-Objekt

*Er will von ihr, dass sie ihm ein gutes Gefühl macht.*

Auf dieser zweiten Stufe ist die Anima ein kollektives sexuelles Bild. Sie ist eine Marilyn Monroe, Madonna oder ein Playboy Modell. Männer auf dieser zweiten Stufe sind häufig Don Juans, die alle Frauen als Sexobjekte betrachten und wiederholte sexuelle Abenteuer unternehmen. Manchmal entwikkeln sie dabei sexuelle Abhängigkeiten. Diese Beziehungen sind ausnahmslos kurzlebig, da er nicht treu und stets auf der Suche nach seiner nächsten Eroberung ist, und keine Frau kann sein unrealistisches Bild eines idealen weiblichen Partners erfüllen.

## 3. Frauen als Gemahlin

*Er will ihre Loyalität und Unterstützung.*

Auf dieser dritten Stufe seines Anima-Komplexes ist ein Mann dafür bereit, für eine Ehefrau zu sorgen und sich seiner Familie zu widmen. Er ist ein liebender Beschützer und Versorger, den die Frauen auf der entsprechenden Stufe ihrer Animus-Entwicklung suchen. Männer mit dieser Anima akzeptieren ihre Partnerin als das, was sie ist, solange sie ihre Rolle als unterstützende, anspruchslose, fürsorgende und treue Ehefrau, als verfügbare Sexpartnerin und als liebende Mutter seiner Kinder erfüllt. Seine Sexualität ist gewöhnlich in die Beziehung integriert und ist damit keine autonome Funktion, die ihn antreibt. Er kann zwischen Lust und Liebe unterscheiden, was es ihm erlaubt, eine dauerhafte Partnerschaft zu erschaffen (wenn sie bei ihm bleibt), da er den Unterschied zwischen Objekten seiner sexuellen Begierde und den Vorteilen, die ein treuer Partner/Ehemann zu sein mit sich bringt, kennt.

## 4. Frauen als Führer zu Kreativität und Erwachen

*Er kämpft mit ihrem Bedürfnis nach Unabhängigkeit.*

Auf der vierten Stufe dient die Anima des Mannes als Wegweiser zu seinem inneren Leben. Indem Frauen auf dieser Stufe emotional und finanziell von Männern unabhängig werden, wenden sie sich häufig von ihrem Partner ab und verlassen ihn gegen seinen Willen. Dies fordert ihn heraus, andere Quellen für Erfüllung, Glück, Lebendigkeit, Leidenschaft, Freude, Sinn, Frieden und Liebe zu finden. Durch diese Suche entsteht auch ein Verlangen, die tieferen Fragen des Lebens wie etwa „Wer bin ich", „Woher komme ich", „Warum bin ich hier", „Was ist der Sinn meines Lebens", „Was soll ich tun" und „Wohin soll ich gehen?" zu beantworten.

Über diese Fragen nachzudenken, Bücher zu lesen wie das, was du gerade in der Hand hältst, zu meditieren, oder eine Verbindung mit jenen zu suchen, die sich auf einem ähnlichen Pfad befinden (z.B. in Männergruppen, New Age Kirchen und Entwicklungs-Seminaren) erlauben ihm tiefere Ebenen seiner unbewussten Anima ins Bewusstsein zu rufen. Dies führt zu dem Befreiungsprozess, seiner authentischen Natur, seinem wahren Sinn, seiner wirklichen Leidenschaft und Fähigkeit, bedingungslos zu lieben gegenüber zu erwachen, die unabhängig von einer Partnerschaft mit einer Frau ist.[228]

Auf der anderen Seite kann er auch oft Verhaltensweisen zeigen, die gewöhnlich als Midlife-Crisis beschrieben werden,[229] wird bindungsfeindlich, vermeidet tiefere Intimität mit Frauen allgemein oder praktiziert serielle Monogamie oder Polygamie,[230] da er seine neu gefundene Freiheit nicht opfern oder auf eine Beziehung begrenzt sein will. Dieses teilweise Erwachen (die Idee, alleine zu leben ist nicht integral, voll entwickelt oder die letzte Entwicklungsstufe des Menschen) wird transzendiert, wenn ein Mann die fünfte Stufe seiner Anima-Entwicklung erreicht.

## 5. Frauen als gleiche Partner

*Er trifft sie als einen gleichen und entgegengesetzten Partner.*

Ähnlich einer Frau auf dieser Stufe (siehe unten) hat ein Mann auf der fünften Stufe seiner Anima-Entwicklung die Tatsache akzeptiert, dass Konflikte und Ambivalenzen Teil von menschlichen Beziehungen sind, und beobachtet, wie deren Lösung zu seiner fortwährenden Gesundung, seinem persönlichen Wachstum und seiner spirituellen Verwirklichung beitragen. Er fühlt sich zuversichtlich, sicher und wohl, damit authentisch seine sexuelle Essenz auszudrücken (die bei heterosexuellen Männern dazu tendiert, maskulin zu sein), während er seine Weiblichkeit (Anima) umarmen kann.[231] Dies erlaubt ihm, unterschiedliche Perspektiven, Erfahrungen und Gefühle seinem weiblichen Partner gegenüber anzunehmen, ohne sich durch sie bedroht, beleidigt oder verwirrt zu fühlen.

Ihre authentischen femininen Qualitäten der Stufe fünf ergänzen ganz natürlich seine Maskulinität (und umgekehrt). Da er seine eigene sinnvolle Identität gefunden hat, die nicht von ihrer Inspiration, Unterstützung oder Anerkennung abhängt, kann er die unabhängige Kompetenz[232] seiner Partnerin wertschätzen und fühlt nicht Verantwortlichkeit, Scham oder Unsicherheit, wenn sie unglücklich ist – obwohl er Empathie, Fürsorge und Hingabe zeigt und sich freut, wenn sie glücklich ist.

Weder klammert er sich an sie, noch schiebt er sie von sich weg, sondern öffnet sich ihr voll auf allen Ebenen seinen Seins, wenn sie zusammen sind, und ist zufrieden und erfüllt, wenn sie getrennt sind. Dies erlaubt ihm, eine reife monogame Beziehung zu haben, woraus radikal neue Lebenserfahrungen, emotionale Heilungsprozesse und tiefere spirituelle Erkenntnisse entspringen, die häufig die Grundlage für altruistische Handlungen der Güte und des Dienstes an anderen bilden.[233]

## Stufen der Animus-Entwicklung bei Frauen

### 1. Männer als fremde Außenseiter

*Sie fürchtet, hasst und liebt ihn.*

Wegen Missbrauchs durch oder Verlassenwerden von Männern, mit denen sie sich in der Kindheit identifizierte (wie etwa dem Vater, der Vaterfigur, dem älteren Bruder, Onkel oder Familienfreund), verleugnet oder unterdrückt eine Frau auf dieser Stufe ihren Animus. Sie vertraut ihrer Mutter und anderen Frauen, während sie Männern misstraut, sie hasst oder fürchtet. Dies wird häufig begleitet von einer merkwürdigen Neugier in Bezug auf Männer, was sie selbst nicht höher auflösen kann.

Diese Ambivalenz kann sie extrem verführerisch, bedürftig und anklammernd machen und kann ernsthafte Symptome wie das ‚Verführen und Verweigern'-Syndrom[234] verursachen. Sobald ihr ein Mann nahe kommt, zieht sie sich zurück, nur um dann wiederzukommen und nach mehr zu verlangen, nachdem er sich distanziert hat. Sie kann das Herz schwacher Männer brechen, die versuchen zu beweisen, dass sie anders sind und die versuchen, sie von ihren Ängsten zu befreien. Auf diese Weise können die Männer ko-abhängig werden,[235] während sie ihn zu ihrem pathologischen Katz und Maus Spiele verführt.

Innerhalb der Grenzen ihres Bereiches im Haushalt, Familie und einem weiblich ausgerichteten Arbeitsplatz (z.B. Schullehrerin, Krankenschwester, Künstlerin, Gärtnerin, Therapeutin, Heilerin, arbeiten mit Tieren etc.), kann eine solche Frau geerdet und selbstsicher wirken. Außerhalb solcher Grenzen überlässt sie die Arbeit und Verantwortlichkeiten den Männern oder reiferen Frauen.[236]

## 2. Männer als Vater, Gott oder König

*Sie will seine Anerkennung.*

Der Selbstwert einer Frau auf dieser Stufe ist direkt mit der Reaktion und der Anerkennung, die sie von Männern bekommt, verbunden. Sie wird häufig von einem Drang angetrieben, das attraktivste Weibchen zu sein und beobachtet konstant ihren Wert durch ihre internale maskuline Bewertung und durch externe Reflexion der Männchen. Dies kann zu einer Spaltung in ihrer Persönlichkeit führen, wenn sie das männliche Verhalten imitiert, um von ihnen gemocht zu werden, während sie sich zu anderen Zeiten als eine sexuell verführerische *Femme fatale* präsentiert (wie etwa in dem Film *Basic Instinct*), um von ihnen begehrt zu werden.

Sie versteckt sich entweder hinter der femininen Maske äußerlicher Schönheit, anmutigen und charmanten Umgangsformen und unterhaltsamem Witz oder entwickelt eine burschikose Haltung, (die sich durch spöttische, wetteifernde und herausfordernde Verhaltensweisen auszeichnet), oder irgendeine andere Fassade, die Erfolg nahelegt. Frauen auf dieser Stufe fühlen sich von Männern angezogen, die sie als attraktiver, intelligenter und aufregender betrachten, als sie es jemals sein können. Sie versuchen häufig, die Erwartungen der Männer zu erfüllen, indem sie zum Beispiel Diäten machen, körperlich stark trainieren, ihre intellektuellen Interessen verfolgen, neue Fähigkeiten entwickeln und sexuell stets verfügbar sind, um die perfekte Gefährtin zu werden.

Verbleibt eine Frau auf dieser Stufe, besteht das große Risiko, dass sie eine starke Depression entwickelt, wenn ihre Schönheit und sexuelle Attraktivität schwindet und die Zahl der Köpfe, die sich nach ihr umdrehen (und allgemein der Männer, die sie verehren) geringer wird. Sie isoliert sich dann manchmal von allen intimen Beziehungen, weil ihr Perfektionismus ihre Fähigkeit überlagert, mitfühlend zu sein und ihre eigenen Fehler wie auch die der Anderen zu verzeihen. Dies kann dazu führen, sich in eine kalte und verbitterte Selbstverleugnung zurückzuziehen, in der ihre Ängste alle Arten von psychosomatischen Krankheiten erzeugen, wie etwa Panikattacken, Erbrechen, Herzprobleme, Müdigkeit und körperliche Schmerzen.

Ein starker, bewusster und geduldiger Mann (oder ein guter Psychotherapeut) kann eine Frau auf dieser Stufe unterstützen, ihren eigenen Wert, ihre Leidenschaften und ihre Identität zu finden, unabhängig von der männlichen Anerkennung, was es ihr dann ermöglicht, in Stufe drei einzutreten.[237]

## 3. Männer als Helden

*Sie will, dass er sich um sie kümmert.*

Frauen auf Stufe drei suchen einen Mann als starken, mutigen und fähigen Beschützer und Versorger, der ihre Bedürfnisse befriedigen kann, der sie wertschätzt und der sie heiraten will. Er repräsentiert ihre idealistische (und häufig unrealistische) Vorstellung von einem Ritter ohne Furcht und Tadel, der ihre Erwartungen in Bezug auf gutes Aussehen, Intelligenz, einen guten Ruf, stabile Finanzen, Großzügigkeit, Loyalität, Humor, Güte, Fürsorge, Integrität und Treue erfüllt.

Um in einer guten Verhandlungsposition zu sein, wird sich eine solche Frau auf ihre äußere Erscheinung, Gesundheit und Fitness konzentrieren und sich an die Welt der Männer anpassen, indem sie eine höhere Ausbildung anstrebt, eine Karriere verfolgt, gegen soziale Ungerechtigkeiten kämpft oder ein scheiterndes Unternehmen rettet. Sie behauptet sich selbst und erwartet dafür etwas im Gegenzug. Sie funktioniert gut in der wetteifernden Welt der Männer und sieht sich als gleichberechtigt. Sie ist bereit, Verantwortlichkeiten zu übernehmen und wird etwas beitragen und leisten, solange ihr Partner fähig ist, im Gegenzug dafür mehr zu bieten als sie, denn Frauen wollen sich hochheiraten.

Solange er ihre Erwartungen in Bezug auf finanzielle Sicherheit, sozialen Status und Hingabe erfüllt, wird sie ihn unterstützen, sein volles Potenzial zu erreichen, während sie sich selbst solche Errungenschaften versagt. Dies kann zu Gefühlen der Verbitterung und Wut führen, wenn sie sieht, dass ihr das Recht, ihre eigene Kompetenz zu erfahren, „verweigert" wurde, und wenn ihr Partner/Ehemann es nicht schafft, ihren stets wachsenden Erwartungen nachzukommen. Einige Frauen auf dieser Stufe gehen auf eine innere Reise, um sich über die Kurzlebigkeit ihrer körperlichen Attraktivität, der Fähigkeit, bei Männern anzukommen und die Einschränkungen, in der männlichen Welt Akzeptanz zu finden, klar zu werden. Dies kann zu einer Erneuerung ihrer weiblichen Kompetenz [238] führen, sobald sie die Verantwortung für ihre eigene Identität übernimmt, wenn sie zur vierten Stufe ihrer Animus-Komplexentwicklung vorgedrungen ist.[239]

## 4. Männer als unabhängige Wesen

*Sie will ihre Unabhängigkeit.*

Eine Frau auf Stufe vier trifft eine aktive Entscheidung zugunsten ihres Eigennutzes und ihrer Selbstverwirklichung – unabhängig von einem Partner oder Ehemann. Dieser Übergang findet mit der Erkenntnis statt, dass sie ihr ganzes Leben lang ihre Erfahrungen in Bezug auf Männer konstruiert hat und nun ihre eigene Identität finden will. Sie wird aufhören zu versuchen, in allen Angelegenheiten perfekt zu sein, um ihrem Partner zu gefallen (der eine heroische Vaterfigur auf der vorherigen Stufe war), und sich emotional von seiner Anerkennung und Unterstützung frei sprechen. Indem sie ihre eigene Quelle des Selbstwertes findet, arbeitet sie daran, ihre weibliche Autorität zu erneuern. Finanzielle Unabhängigkeit durch ihre eigene Arbeit oder durch andere Geldquellen – die häufig nur Frauen verfügbar sind wie etwa „sich gut scheiden zu lassen", Alimente und Kindesunterhalt, ein großzügiger Liebhaber, Unterstützung durch die Eltern oder Sozialleistungen – sind die Voraussetzung für diesen Übergang.

Du wirst es merken, wenn deine Partnerin in Stufe vier ihrer Animus-Entwicklung eintritt, wenn sie beginnt, dich herauszufordern, sich weniger um deine Bedürfnisse kümmert, ihre finanzielle Unabhängigkeit anstrebt und sich weigert, die Verantwortung für den Erhalt der Beziehung zu übernehmen. Wenn du mit einer Frau auf dieser Stufe eine Partnerschaft hast, ist es wichtig zu wissen, dass es **nicht deine Schuld** ist, dass ihr Schmerz, in der Beziehung zu bleiben, letztendlich größer sein wird als ihre Angst davor, dich zu verlassen. **Es gibt nichts, was du tun kannst,** außer, dich um deine emotionalen[240] und sexuellen Angelegenheiten selbst zu kümmern und die finanziellen Mittel zu schützen, die rechtmäßig deine sind (wenn es sein muss mit der Hilfe eines Anwaltes oder Wirtschaftsprüfers). Wenn du kannst, unterstütze sie während ihrer Entwicklung mit Liebe und Mitgefühl. Einmal getrennt und/oder geschieden wird sie sich zum ersten Mal in ihrem Leben von der Bewertung und den Bedürfnissen der Männer frei fühlen.

Diese neuen Singlefrauen sind dann sehr stark mit ihrer Arbeit, ihren Tieren und Kindern, sozialen Aktivitäten, akademischen Fortschritten, ihrem Haushalt, Hobbys, Weltreisen und ihren Freundschaften beschäftigt.[241] Zur gleichen Zeit schauen sie auf Frauen herab, die femininere oder ausbalancierte Qualitäten zeigen und die danach streben, eine Partnerschaft mit einem Mann zu haben. Für Frauen auf Stufe vier scheinen Frauen mit Partner immer noch auf der bedauerlichen Stufe zwei oder drei der Abhängigkeit von einem Mann zu sein (welcher sie entflohen sind). Tatsächlich aber können sich verheiratete Frauen tatsächlich auch zur fünften Stufe entwickelt haben, was die Frauen auf Stufe vier jedoch nicht ergründen können. Sie diskreditieren daher Frauen mit Partner als unterentwickelt und konkurrieren mit ihnen häufig auf eine gnadenlose Art und Weise. Frauen auf Stufe vier brechen häufig mit der konventionellen Rolle der fürsorglichen Mutter, zeigen Strenge und Härte und fühlen sich erfüllt außerhalb einer Partnerschaft mit einem Mann.

Es verbleibt jedoch eine darunterliegende Furcht vor dem Verlassenwerden, besonders bei älteren Frauen, wenn Sorgen über den Verlust ihrer Fähigkeiten und Autonomie während einer Krise auftauchen. Dies führt häufig zu einer Form von Ambivalenz: Auf der einen Seite haben sie ein geheimes Verlangen nach der Stabilität und der Unterstützung, die eine Partnerschaft mit einem Mann während stressvoller Zeiten, Müdigkeit, Einsamkeit oder sexuellen Verlangens ermöglicht. Auf der anderen Seite haben sie Angst davor, emotional abhängig, benutzt und wieder beherrscht zu werden.

Häufige Beschwerden über den Mangel an guten Männern (die körperlich fit, attraktiv, hochintelligent, erfolgreich, versiert, reif, gütig, großzügig, entwickelt, unterstützend, spirituell und verfügbar sind, wenn sie ihn brauchen/wollen, und die zusätzlich flexibel, anspruchslos und anderweitig ungebunden sind) ist ein Kennzeichen von Frauen auf der vierten Stufe.[242] Zu männerhassenden und ewigen Singles zu werden, oder sich auf ‚Freunde mit gewissen Vorzügen' einzulassen, oder sich der seriellen Monogamie hinzugeben sind häufig die einzigen Lösungen für ihr Dilemma.

**Es ist nicht deine Schuld,** wenn du doppelte Botschaften bekommst, abgelehnt wirst, ganz und gar von Frauen auf Stufe vier ignoriert wirst, wenn du dich mit ihnen verabreden willst, da diese Frauen sehr unabhängig sind, endlose Ansprüche haben, unmöglich zu befriedigen sind und Bindungsängste haben.[243] Dies ist natürlich kein Problem für Männer, die in Stufe vier ihrer eigenen Anima-Entwicklung eingetreten sind, die viele männliche und weibliche Singles irrtümlich als höchste Stufe ihrer persönlichen und spirituellen Entwicklung betrachten (etwa wie in „Ich bin so ganz und vollständig, ich brauche keinen Partner, der mich ergänzt").

Wenn du zur Stufe fünf gereift bist und eine Frau triffst, die am Ende ihrer Animus-Stufe vier angekommen ist, dann wirst du fähig sein, ihren Übergang in Stufe fünf geduldig zu unterstützen und in ihr eine wundervolle Partnerin finden.

## 5. Männer als gleichwertige Partner

*Sie will ihn als einen gleichen und entgegengesetzten Partner*

Wie ein Mann hat es eine Frau auf Stufe fünf ihrer Animus-Entwicklung akzeptiert, dass menschlichen Beziehungen Konflikte und Ambivalenzen innewohnen, und hat erkannt, wie wichtig eine Partnerschaft in Bezug auf ihr weiteres psychologisches Wachstum und spirituelles Erwachen ist.[244] Indem sie ihre eigenen Kompetenz bewusst wird (nachdem sie ihren Animus-Komplex transzendiert hat) betrachtet sie Männer nicht länger als Fremdkörper oder als überlegen, unterlegen oder unabhängig. In ihr taucht die Erkenntnis auf, dass die Vorstellung, alleine zu leben und ihren eigenen Weg zu gehen, eine verzerrte Konzeption der menschlichen Existenz ist, denn tatsächlich leben wir niemals allein.

Sie erkennt, dass Mensch sein bedeutet, eine Vielfalt von ökonomischen, körperlichen, sexuellen, psychologischen und spirituellen Bedürfnissen zu haben, die nicht alle adressiert werden können, wenn man allein lebt. Eine Frau auf dieser Stufe kommt zu der Einsicht, dass sich eine ausbalancierte Persönlichkeit immer in Form einer Selbst/Andere-Differenz entwickelt und niemals durch die Offenlegung eines unabhängigen Selbst.[245] Diese Frau verlangt es dann nach der materiellen, intellektuellen, emotionalen, sexuellen und spirituellen Synergie, die gemeinsam mit einem Mann erzeugt wird, der ihr als ein Gleicher und ein Gegenpart entgegenkommt (was entgegengesetzte weibliche und männliche Polaritäten bei gleichen Bewusstseinsstufen, Rechten und Pflichten impliziert). Da sie möglicherweise niemals eine solche Partnerschaft erfahren hat, braucht sie die Führung eines Mannes (wie dir?) auf der gleichen Stufe seiner Anima-Entwicklung, der fähig ist, ihr auf eine integral informierte Weise entgegenzukommen. Diese Paare können dann eine interdependente[246] Partnerschaft erzeugen, in der sie heilen, lernen, wachsen und sich an sozialen Ereignissen und Familienaktivitäten erfreuen können, während sie gleichzeitig zum Wohlbefinden von Allen beitragen.[247]

## Wachstum

Die Stufe der Anima/Animus-Entwicklung, in der sich Individuen am Ende ihrer Adoleszenz wiederfinden, hängt weitestgehend von der Beziehung ab, die sie mit ihren Eltern während der Kindheit hatten, besonders aber mit ihrem gegengeschlechtlichen Elternteil.[248] Menschen können dann auf dieser post-adoleszenten Ebene für den Rest ihres Lebens stecken bleiben, oder sie können sich auch zu höheren Stufen entwickeln, sobald die Möglichkeiten einer Stufe ausgeschöpft wurden und Schmerz die Hinwendung zur nächsten Stufe anregt. Diese Entwicklung geschieht selten ohne Kampf oder Krise, wie etwa dem Kampf mit einem Partner, Süchte, Verlust der Arbeit, Wohnortwechsel, Trennung oder Scheidung.

Wenn sich die Anima eines Mannes auf den ersten vier Stufen einsam fühlt und nach Aufmerksamkeit hungert, dann wird er sich von einer Frau auf der gleichen Stufe ihrer Animus-Entwicklung angezogen fühlen, und umgekehrt. Zum Beispiel wird ein Mann in der muttergebundenen Stufe 1 eine Frau wählen, die sich an ihn klammert und sich um ihn kümmert im Austausch dafür, dass er sich um ihre Bedürfnisse kümmert. Ein Mann auf Stufe

2, der nicht sein volles Potenzial erfüllt, wird sich von einer Frau angezogen fühlen, die ihn ihre Sporen spüren lässt und die aus ihm mehr macht, als er ohne sie wäre, und zwar im Austausch für seine Anerkennung. Ein Mann auf Stufe 3 kann seinen Komplex auf eine Frau projizieren, welche heiraten, umsorgt und versorgt werden möchte und so von der Verantwortung sich selbst gegenüber abgelenkt werden. Er hat die Möglichkeit, Stufe 4 zu erreichen, wenn ihn seine Frau/Partnerin verlässt, oder wenn er sich nicht dauernd mit ihrer steten Unzufriedenheit und Ignoranz abplagen will, oder wenn er eine spirituelle Reise beginnt, um seine eigene Identität und Leidenschaft – unabhängig von einer verbindlichen Partnerschaft – zu entdecken (das Letztere wird gewöhnlich bei einer Midlife-Crisis ausgelöst). Dies kann ihn letztlich zur Stufe 5 führen, in welcher ihm sein Komplex zunehmend bewusst und von ihm transzendiert wird, was sich wie ein großes Erwachen anfühlen kann. Er hängt dann nicht länger von Frauen ab, damit diese ihn ergänzen, UND er kann sich dann vollkommen einer verbindlichen Partnerschaft öffnen, ohne emotional bedürftig zu sein oder Angst vor dem Verlassenwerden zu haben. Dies erlaubt ihm, eine Frau auf Stufe 5 ihrer Animus-Entwicklung anzuziehen, die eine Partnerschaft mit einem Mann als einem gleichberechtigten Gegenüber anstrebt.

Mit anderen Worten: Die femininen und maskulinen Qualitäten, die Männer und Frauen in sich selbst verleugnet haben, werden sie in den Beziehungen zum anderen Geschlecht angehen.[249] Was häufig als eine schwierige oder gescheiterte Ehe schmerzhaft erfahren wird, kann tatsächlich Männer und Frauen darin unterstützen, sich in Bezug auf ihre Anima- und Animus-Komplexe zu entwickeln und spirituell zu erwachen. Diese Entwicklung ist stets erstrebenswert, denn sie führt uns immer näher zu der Entdeckung unserer wahren Essenz (Seele). Individuen, die den Ruf ihrer Anima oder ihres Animus unterdrücken oder ignorieren und Wachstum in einer intimen Beziehung vermeiden – obwohl es natürlich Zeiten im Leben gibt, in denen es vernünftig ist, allein zu sein – riskieren, depressive und zynische Pseudo-Intelektuelle zu werden. Sie können alle Freude, die Fähigkeit zu lieben, Ihren Sinn und Zweck sowie die Spontanität in ihrem Leben verlieren. Aktive Vermeidung einer Partnerschaft aufgrund der Angst zu versinken oder wieder verlassen zu werden, oder aufgrund von Arroganz (also dem Gefühl, dass niemand gut genug für mich ist) ist daher ein Indikator dafür, dass mehr Wachstumsarbeit von Nöten ist und in keinem Fall ein Zeichen für Reife, Transzendenz, Ganzheit oder Erleuchtung.[250]

Wenn Männer und Frauen ihre Anima/Animus-Projektionen im Laufe ihrer Partnerschaft transzendieren und sich zunehmend innerlich entwickeln, werden sie damit belohnt, ein tiefgründigeres, lebhafteres und kreativeres menschliches Wesen zu werden, wie auch ein ausgeglichenerer Partner in ihrer Liebesbeziehung.[251]

## Zusammenfassung

Nicht nur Kinder, sondern auch Erwachsene verfügen über das Potenzial, sich in allen Entwicklungslinien zu entwickeln. Dieses Wachstum geschieht in progressiven Stufen vom Niedersten zum Höchsten, ein Schritt nach dem Anderen. Jede höhere Stufe bietet bessere Antworten auf die Fragen und Herausforderungen des Lebens als die vorhergehende Ebene. In diesem Kapitel haben wir die Ebenen der vier Entwicklungslinien definiert, die besonders bedeutend für Partnerschaften sind: 1) Acht Stufen der Bewusstseinsentwicklung (von archaisch zu magisch, egozentrisch, konformistisch, rational, pluralistisch, integral und transpersonal); 2) fünf Zustandsstufen der spirituellen Entwicklung (von grob zu subtil, kausal, Zeuge und non-dual); 3) fünf Ebenen des sexuellen Ausdrucks und der Erfahrung (von unterdrückter Sexualität zum Ficken, Sex haben, Liebe machen und transzendenter/tantrischer Sexualität); und 4) fünf Ebenen des maskulinen und femininen Schattens, die die Seele/Essenz von Männern und Frauen überdecken und Anima- und Animus-Komplex genannt werden.

In Kapitel 7 werde ich eine Persönlichkeitsmatrix vorstellen, die diese vier Linien mit Persönlichkeitstypen (siehe unten) und den femininen/maskulinen Polaritäten zusammenführt.

# Kapitel 5: Zustände des Verliebens

*Manchmal mit dem Herz, selten mit der Seele, kaum je mit Macht.*
*Wenige … lieben überhaupt.* – Emily Dickinson

Alle temporären Erfahrungen, die in einer fließenden Weise kommen und gehen und vom Subjekt als solche erkannt werden (z.B. „Ich war wütend, glücklich, wach, ich schlief, war stoned, betrunken, verliebt …" etc.), werden Zustände des Bewusstseins genannt (nicht zu verwechseln mit den vertikalen/hierarchischen Strukturstufen des Bewusstseins, aus denen heraus die Zustände beobachtet und interpretiert werden). **Im Kontext dieses Handbuches wird sich dieses Kapitel auf die Zustände des Verliebtseins konzentrieren.**[252]

Gefühle wie sexuelle Erregung, Verliebtheit, Glück des Liebeserlebnisses, emotionale Bindungen, oder Schmerz/Depression nach einer Trennung oder Scheidung sind alles temporäre Zustände (im Gegensatz zu den dauerhaften Stufen), die durch erhöhte oder abgesenkte Pegel (Ungleichgewichte) bestimmter Chemikalien in unserem Körper verursacht werden, die Hormone und Neurotransmitter genannt werden.[253] Diese hormonellen Reaktionen haben sich ursprünglich bei unseren Ahnen entwickelt, die die tauglichsten und passendsten Sexpartner wählten, andere ausschlossen, sobald sie einen Gefährten zur Fortpflanzung gefunden hatten, weiterzogen, wenn Schwangerschaft nicht nach einer gewissen Zeit das Resultat ihrer Bemühungen war,[254] zusammenblieben, um den Nachwuchs aufzuziehen, und – wenn sie in schweren Zeiten, nach Verlassenwerden oder Verlust, depressiv wurden, – die mitfühlende Reaktion von anderen ersuchten.[255] Diese machtvollen Chemikalien spielen auch heute noch in unserem Balzverhalten eine wichtige Rolle, da sie uns auf unaussprechliche Höhenflüge schicken können, wenn wir uns verlieben, oder tiefe Schmerzen verursachen, wenn wir von dem Objekt unserer Begierde abgeschnitten werden.

Die Intensität der chemischen Prozesse, die die Liebenden erfahren, hängt direkt davon ab, in welchem Ausmaße die primäre Fantasie von jedem erfüllt wird. Andere Faktoren sind passende Gene,[256] die Passung ihres jeweiligen unbewussten Anima/Animus-Komplexes und anderer Schattenelemente, sowie auch das Ausmaß ihrer vorhergehenden Einsamkeit.[257]

Obwohl viele Leute davon träumen und es erwarten, sich auf den ersten Blick zu verlieben, berichten nur 11% der verheirateten Paare, dass sie diese Erfahrung hatten, als sie sich zum ersten Mal trafen.[258] Bei den verbleibenden 89% begannen die Liebeshormone erst mit der Zeit zu wirken, nachdem sie zunächst einen neutralen oder positiven ersten Eindruck voneinander hatten und keine besondere sexuelle oder romantische Attraktion zueinander verspürten. Örtliche Nähe, ihr allgemeiner Zustand der Anfälligkeit und Ungebundenheit,[259] wie auch Häufigkeit, Dauer und Intensität der nachfolgenden Kontakte sind bedeutende Faktoren dafür, dass romantische Gefühle auftauchen, besonders bei Frauen.[260]

Erst mal verknallt, betrachten die Liebenden das Objekt ihrer Begierde durch eine rosarote Brille, und wenn die Chemie stimmt, missinterpretieren sie diese als ein Zeichen wahrer Liebe, die ewig währen wird ... man denke nur an die ‚Und sie lebten glücklich miteinander bis ans Ende ihrer Tage' -Fantasie, die das Thema vieler Liebesfilme, Lovesongs, Liebesromane und Märchen ist.

Glücklicherweise sind alle hormonell angetriebenen Zustände des Verliebtseins und des Aufhörens des Verliebtseins **temporäre Zustände** und nicht **dauerhafte Stufen**. Die drei großen Zustände/Phasen der Anziehung, die unten skizziert werden, bieten eine sehr allgemeine Übersicht über die wesentliche und mysteriöse Rolle, die die Chemikalien bei den menschlichen Erfahrungen der Lust, dem Liebeserlebnis, der Verbindlichkeit und den schmerzhaften Trennungen spielen.[261]

## Phase 1 – Lust

Sexuelles Verlangen und Lust werden von dem Sexualhormon Testosteron angetrieben. Es wird nicht nur bei Männern ausgeschüttet – obwohl der Pegel bei ihnen gewöhnlich zehnmal höher ist als bei Frauen (was dazu führt, dass Männer viel häufiger über Sex nachdenken und sich danach sehnen)[262] – sondern spielt auch bei dem sexuellen Verlangen und dem emotionalen Wohlbefinden der Frauen eine Rolle. Dennoch ist Östrogen das ausschlaggebende Schmuse-Hormon bei Frauen und stimuliert verführerisches Verhalten, Offenheit und Empfänglichkeit, wie auch das Verlangen nach körperlicher Nähe, Hautkontakt und Sex.[263] Östrogen ist auch wichtig für die vaginale Gesundheit (Zähflüssigkeit der Lubrikation, fester Muskeltonus, Elastizität und Dicke der vaginalen Wände) und verringert sich während und nach der Menopause, wenn die Häufigkeit des Geschlechtsverkehrs abnimmt.[264]

Manchmal geschieht in der Mitte des Lebens auch ein Rollentausch, was den sexuellen Appetit angeht, wenn sich der Testosteronspiegel und die daraus resultierende Libido bei Männern natürlicherweise vermindert, während die Libido von Frauen steigt, weil die testosteronmaskierenden Effekte des Östrogen weniger werden.[265]

In jedem Fall ist es so, dass ein gesteigerter Pegel von Testosteron sexuelles Verlangen erzeugt und Männer wie Frauen dahin antreibt, nach jemandem

Ausschau zu halten. Ein gesunder Pegel von Östrogen macht eine Frau verführerisch und empfänglich.[266]

## Phase 2 – Liebesaffäre

Dies ist die wahre Verliebtheits-Phase. Sobald sich Leute verknallen und sich auf eine Romanze oder Liebesaffäre miteinander einlassen, können sie nur schwer an etwas anderes denken, verlieren ihren Appetit, brauchen weniger Schlaf, verbringen Stunden mit Tagträumen über die neue Liebe, haben endlose Telefongespräche, tauschen Emails aus und versuchen, soviel Zeit wie möglich miteinander zu verbringen. In diesem Verliebtheitszustand spielen eine Gruppe von Neurotransmittern, die Monoamine genannt werden, eine wichtige Rolle. Es sind:

**Dopamin** – wird auch bei Kokain, Nikotin, Heroin und anderen süchtig machenden Substanzen aktiviert. Es erzeugt den Antrieb, den Belohnungsstimulus zu suchen und wird daher mit jeder Form schwerer Abhängigkeit assoziiert, in unserem Fall von einem Mitglied des anderen Geschlechtes.[267]

**Noradrenalin** – ähnlich wie sein bekannterer Cousin Adrenalin steigert Noradrenalin Energie, verbessert Gedächtnisfunktionen für neue Reize (Männer hören wirklich zu und erinnern sich, wenn sie sich verliebt haben), steigert die Schweißproduktion, den Puls, Blutdruck und das Hochgefühl, und senkt den Appetit und das Schlafbedürfnis. Es stimuliert auch mehr ‚Flucht oder Kampf' -Reaktionen, was dazu führt, dass Verliebte überempfindlich oder nervös sind.[268]

**Serotonin** – wird verdächtigt, eines der wichtigsten Chemikalien der Liebe zu sein. Verminderte Serotoninpegel erlauben eine Steigerung der Liebeshormone Testosteron, Dopamin und Noradrenalin.[269] Ähnlich wie Patienten mit einer Zwangsneurose denken die serotoninhungrigen Gehirne von Verliebten zwanghaft an das Objekt ihrer Begierde, was sie temporär verrückt wirken lässt, besonders, wenn ihre Liebe nicht erwidert wird. Serotoninsteigernde Antidepressiva (oder (selektiver) Serotonin-Wiederaufnahmehemmer ((S)SRI) wie etwa Fluctin, Cipramil, Cipralex, Fevarin oder Zoloft kann in solchen Situationen helfen. Sie sind jedoch auch dafür bekannt, dass sie den Sexdrive einer Person sowie die romantischen Gefühle einer anderen Person gegenüber verringern. Es ist vorteilhaft, diesen Medikamenten fernzubleiben, wenn es möglich ist.[270]

Diese drogenerzeugte Verliebtheitsphase währt zwischen 3 und 24 Monaten, was wiederum evolutionäre Gründe hat. Dies war der Zeitraum unserer Ahnen, in dem sie versuchten, Kinder zu bekommen. Andernfalls würden sie weiterziehen und versuchen, einen neuen Partner zu finden. Sogar moderne Paare, die keine Kinder haben wollen, können nicht für immer verknallt sein, denn sonst würden sie ihre Arbeit kaum erledigen können, was nicht heißt, dass man nach der Verliebtheitsphase nicht länger romantisch sein kann – ganz im Gegenteil.

Wenn es Liebende schaffen, die unweigerlich auftretenden Konflikte in einer konstruktiven Weise zu lösen, die am Ende der Phase auftreten und zusammenbleiben,[271] so werden sie die langfristigen Vorteile ernten wie etwa einen gesteigerten sozialen Status, finanzielle Stabilität, physische Gesundheit und sexuelle Befriedigung, wie auch persönliches und spirituelles Wachstum im Verbindlichkeitsstadium, welches dann folgt.

## Phase 3 – Bindung

Besonders zwei Hormone unterstützen Paare, ihre Verbindung über die Verliebtheitsphase hinaus zu erweitern, besonders, wenn die Schwangerschaft einsetzt. Diese Chemikalien entwickelten sich durch die Nachkommen von hingebungsvollen Eltern, die erfolgreicher darin waren, ihren Nachwuchs aufzuziehen (indem sie zusammenblieben und sich gegenseitig unterstützten) als jene, die sich trennten.

**Oxytocin** – wird während der Geburt ausgeschüttet und verursacht, dass die weiblichen Brüste Milch produzieren. Es hilft, die starke Bindung zwischen Mutter und Kind zu zementieren. Oxytocin wird auch bei beiden Geschlechtern während des Orgasmus ausgeschüttet und fördert die Bindung zwischen Erwachsenen, die sexuell intim werden. Es reduziert auch Stress, besonders bei Frauen, und birgt noch viele weitere gesundheitliche Vorteile für beide Geschlechter.[272]

**Vasopressin** – das Monogamie-Hormon, das eine bedeutende Rolle in der langfristigen Bindung zwischen Partnern spielt. Die Pegel dieses Hormons steigen vor und während des Orgasmus. Der Bindungseffekt von Vasopressin wurde entdeckt, als Wissenschaftler davon unterschiedliche Mengen in die Körper von Prärie-Wühlmäusen injiziert haben.[273]

Langfristige Partnerschaften können über die Verliebtheitsphase hinaus befriedigend und aufregend sein, wenn das Paar in Bezug auf besonders wichtige Entwicklungslinien zueinanderpasst, sich fortwährender persönlicher und spiritueller Entwicklung im Kontext ihrer Einheit widmet und belohnende Aktivitäten wie Reisen, Hobbys, gemeinsame Projekte, die Verwirklichung von gemeinsamen Träumen, die Teilnahme an Seminaren und ein lebendigen Sexleben miteinander teilt.[274]

## Deine Gabe

Die Samenflüssigkeit (Ejakulat), welche die Spermien trägt, enthält Dopamin, Noradrenalin, Testosteron, verschiedene Östrogene, Oxytocin und Vasopressin. Alle tragen zur physischen und emotionalen Gesundheit der Frau bei.[275] Die Theorie besagt, dass je mehr Sex ein Paar hat, umso tiefer auch ihre Beziehung wird – also nichts wie ran, wenn du willst, dass sie bei dir bleibt, und sei verantwortungsbewusst, wenn es dir nicht ernst ist und du ihre Gefühle nicht verletzen willst.[276]

## Abhängig von Liebe

Einige Leute, besonders die, die für das andere Geschlecht höchst begehrenswert sind und keine Probleme haben, Partner zu finden, können vom hormonellen Kick der Verliebtheitsphase abhängig werden und gehen von einem/einer Liebhaber(in) zum Nächsten über, was für ihr Leben und das anderer Menschen sehr destruktiv sein kann (man denke an Filmstars und Rockstars). Es gibt sogar eine 12-Schritte-Gruppe für Sex- und Liebesabhängige, *Sex and Love Addicts Anonymous* genannt, oder kurz SLAA.[277] Solch ein Verhalten wird ‚viele flache Löcher graben' genannt, weil es niemals zu den Belohnungen führt, die der Verbleib und die Arbeit an und in einer verbindlichen, gesunden und langfristigen Beziehung bieten. Einige Leute versuchen, die Verliebtheitsphase zu verlängern, indem sie die Begeisterung und das Drama von voneinander abhängigen, polyamoren oder offenen Beziehungen suchen,[278] die nur selten dauerhaft sind. Andere fürchten sich vor den verwirrenden, herausfordernden und manchmal emotional zerstörerischen Effekten, die der Anstieg und das Absinken der Liebeshormone auf ihr Leben haben kann, und vermeiden Partnerschaften an sich.

Therapeuten haben ihren weiblichen Klienten schon häufig nahegelegt, die andere Richtung einzuschlagen, wenn sie eine starke Anziehung zu einem Mann empfinden. Aus ihrer Erfahrung mit pathologischen weiblichen Patienten, die nur ihren chemisch eingeläuteten Gefühlen folgen, ohne sie mit ihrem rationalen Verstand zu überprüfen (und Warnsignale übersehen), enden solche Beziehungen gewöhnlich in einem Desaster. Dies lässt viele Frauen zwischen ihren chemieangetriebenen Instinkten und ihrem rationalen Verstand verwirrt zurück, anstatt zu lernen, beides auf funktionale Weise zu integrieren und in der Partnerschaft eine Möglichkeit für Heilung und Wachstum zu sehen.[279]

## Chemie und Verstand integrieren

Auf der einen Seite ist die Chemie eine Voraussetzung für jedes romantische Interesse, und dies aus gutem Grund: Es ist die alte Weisheit unseres Körpers und unseres unbewussten Geistes, die uns signalisiert, dass wir einen physisch/sozialen (siehe primäre Fantasie), genetisch, emotional und spirituell passenden Gefährten gefunden haben, um Nachwuchs zu erzeugen, zu heilen, zu wachsen und spirituell zu erwachen.

Auf der anderen Seite beeinträchtigt die Chemie sehr wirkungsvoll unsere rationalen Fähigkeiten, was uns dazu verleitet, unpassende Werte, Weltsichten, Beziehungsfähigkeiten, Leidenschaften, Interessen, Lebensweisen und Zukunftsträume zu ignorieren.

Die Fähigkeit eines Mannes, zwischen Chemie und Rationalität zu unterscheiden und beides zu integrieren, ist darum für die gemeinsame Erzeugung einer dauerhaften und gesunden Liebesbeziehung wesentlich – wenn es das ist, was du und deine Partnerin anstreben. Wenn du diese Verantwortung nicht übernehmen willst, wird deine Gefährtin dazu neigen, jede Schuld von sich zu weisen und sagen, dass sie Warnsignale übersehen hat, dass sie das Vertrauen in dich verloren hat, dass ihr euch auseinandergelebt habt, das sie dich nicht länger liebt, oder dass du sie des Sexes wegen verführt und manipuliert hast, wenn sie dich nach der Verliebtheitsphase verlässt.

In Teil II und III dieses Handbuches werden wir genauer auf die Faktoren eingehen, die es dir ermöglichen herauszufinden, ob eine temporäre Verliebtheitsphase (oder eine verbitterte Ehe) in eine gesunde Partnerschaft transformiert werden kann oder nicht. Dies wird dir die Entscheidungsgewalt darüber geben, ob du dich emotional, zeitlich und finanziell auf eine Frau einlassen willst. Es wird dir auch ermöglichen, eine verantwortungsbewusste und integre Wahl zu treffen, sie weiter zu umwerben und innerhalb der Beziehung daran zu arbeiten, die Probleme zu lösen (wenn sie es auch will), oder sie würdevoll mit Liebe und Mitgefühl ziehen zu lassen, wenn die Zeit für sie gekommen ist, weiterzuziehen.

## Zusammenfassung

Die verschiedenen Gefühle der Lust, Verliebtheit, Liebesaffäre und Bindung sind temporäre und hormongesteuerte Zustände und nicht dauerhafte Stufen. Obwohl die Chemie eine bedeutende Rolle in dem Prozess der sexuellen Selektion spielt, können einen die Liebeshormone dazu verleiten, Warnsignale zu übersehen, die darauf hinweisen, dass eine Beziehung darin scheitern kann, sich zu entwickeln. Indem man beide Aspekte der Liebe differenziert und integriert – also die hormongesteuerten Erregungen durch die Chemie UND die tatsächlichen Passungsfaktoren – können integral informierte Männer eine verantwortungsbewusste Partnerwahl treffen und das Risiko von schlechten emotionalen, finanziellen und zeitlichen Investitionen in Frauen verringern, die letztlich ihres Weges gehen. Es erlaubt den Männern auch, Mitgefühl und Geduld zu zeigen, wenn ihre Partnerin aufgrund eines hormonellen Ungleichgewichtes leidet.

# Kapitel 6: Persönlichkeitstypen auswerten

*Wer andere kennt, ist klug. Wer sich kennt, ist weise.* – Lao-Tse

Alle Menschen verfügen über gewisse Persönlichkeitscharakteristika, die über die ganze Lebensspanne beständig bleiben. Das integrale Modell nennt diese starren Charaktereigenschaften *Persönlichkeitstypen* oder einfach *Typen*. Allgemein bekannt sind Typen wie Introvertierte/Extrovertierte, Typ A (ungeduldig, feindselig) und Typ 2 (ruhig, entspannt), die neun Typen des Enneagramms und die berüchtigten astrologischen Sternkreiszeichen. Weniger bekannt und doch gleichermaßen wichtig sind die NLP-Typen, die fünf Liebessprachen und der Myers-Briggs- Typindikator.

Das Wissen um die verschiedenen Persönlichkeitstypen und ihre Integration mit anderen Elementen des integralen Modells bietet dir wichtige Informationen, die eine Beziehung erschaffen oder zerstören können. Unglücklicherweise reduzieren Frauen Passungsfragen häufig auf Typen („Er ist nicht mein Typ", „Ich komme nicht klar mit Steinböcken", „Ich mag keine introvertierten Typen" etc.), daher kann Wissen um die Gültigkeit von Typologien nützlich sein. Typen auszuwerten und zu analysieren ist relativ einfach, kann Spaß machen, resoniert gewöhnlich mit Frauen und kann eine Menge Einsichten ermöglichen. Insofern, los geht´s!

## NLP Typen

Neuro-Linguistisches Programmieren, oder kurz NLP, ist eine Methode, die aus den 70er Jahren stammt und dazu dient, therapeutischen und persönlichen Erfolg zu verbessern, indem effektive Verhaltens- und Kommunikationsmuster kopiert werden. Dieses Modell wurde schnell im Vertrieb, Training und Change-Management sehr populär, um einen besseren Rapport zu Kunden, Studenten und Angestellten[280] herzustellen und kann auch angewendet werden, um die Erfolgschancen bei Frauen zu erhöhen.[281] Das NLP kennt drei basale Lern- und Kommunikations-Modalitäten bei Menschen, nämlich auditorisch, visuell und kinästhetisch.

**Auditorische** Typen stellen Kontakt durch verbalen Austausch her und sagen zum Beispiel „Ich **höre**, was Du sagst", oder „Lass mich Dir mal was **sagen**". Sie lernen und kommunizieren durch Wörter.

**Visuelle** Typen mögen es, Dinge zu sehen/zeigen, und sagen „Ich **sehe**, was Du meinst“, oder „Lass mich Dir einmal **zeigen**, wie ich die Dinge sehe“. Sie lernen und kommunizieren über Bilder.

**Kinästhetische** Typen mögen es, zu fühlen und zu berühren, und sagen „Dies **bewegt** mich“ oder „**Fühlst** Du nicht, was hier los ist“. Sie lernen und kommunizieren durch geteilte Gefühle und durch praktische Erfahrungen.

## NLP Techniken

Um effektiv mit einer Frau (oder anderen Menschen im Allgemeinen) zu kommunizieren und einen Rapport aufzubauen, ist es hilfreich, ihren NLP-Typ zu verstehen, sowie in der Sprache mit ihr zu sprechen, die am meisten mit ihr resoniert.

Die Technik der Beobachtung der Augenbewegung (in den Endnoten genauer beschrieben) hilft dabei, zu identifizieren, ob Menschen in Bildern (visuell) oder in Form von Geräuschen und Selbstgesprächen (auditorisch) denken oder mit ihren Gefühlen (kinästhetisch) Informationen verarbeiten. Zudem gibt sie Hinweise darauf, ob sie sich auf die Vergangenheit beziehen oder Ideen für die Zukunft konstruieren.[282] Diese Hinweise richtig zu deuten, kann dich darin unterstützen, deiner Partnerin mehr Empathie entgegen zu bringen und auf sie zu reagieren.

Eine weitere NLP Technik, die ‚Pacing‘ genannt wird, dient dazu, einen unmittelbaren Rapport herzustellen. Während des Pacings synchronisiert man die eigene Körpersprache, den Gesichtsausdruck, den Stimmausdruck und den Atemrhythmus mit dem des Partners. Dies gibt ihr ein Gefühl der Geborgenheit, Erleichterung und Sicherheit durch Vertrautheit.[283]

# Fünf Liebessprachen

Basierend auf den drei NLP-Typen, die ich oben vorgestellt habe, gibt es fünf unterschiedliche Arten und Weisen, durch die Menschen Liebe geben und empfangen.[284] Diese lauten:

1) **Wörter** der Zustimmung (NLP auditorisch) wie „Ich liebe Dich“, „Du bist wunderbar“, „Ich vermisse Dich“, oder indem man häufig anruft und Emails, Textmessages, Karten und handgeschriebene Liebesbriefe schreibt.
2) **Schöne Momente**, die miteinander verbracht werden, wie etwa ins Kino gehen, Brett/oder Kartenspiele, die Zeit mit Freunden und Fami-

lie verbringen, shoppen gehen, Sport, Kochen, oder Reisen.

3) **Geschenke** (NLP visuell) wie Schokolade, Blumen, Kerzen, Bücher, CDs, Kleidung, Schmuck, ein Auto, Boot, Haus, Insel oder gar Land.
4) **Handlungen**, wie etwa Essen zubereiten, das Haus säubern, das Frühstück ans Bett bringen, das Auto fahren, Dinge reparieren oder Dinge einkaufen.
5) **Körperliche Berührung** (NLP kinästhetisch) wie Händchen halten, Schmusen, Küssen, Massagen geben und empfangen, gemeinsam ein Bad nehmen, oder Sinnlichkeit/Sex.

Alle Menschen haben eine primäre und sekundäre Liebessprache, die am meisten mit ihnen resoniert. Häufig sind sich die Paare nicht bewusst darüber, dass sie eine andere Liebessprache haben als ihr Partner, und drücken deshalb manchmal ihre Zuneigung und Dankbarkeit missverständlich aus, zum Beispiel wenn er ihr Auto wäscht und ihr Geschenke kauft, obwohl sie lieber einen Liebesbrief haben würde und schmusen möchte.

Du kannst die Liebessprache deines Partners durch geschickte Fragen und Antworten herausfinden (Frage sie nach einer Liste von zehn oder mehr Dingen, durch die sie sich geliebt fühlt, und mache ein paar davon jeden Tag), durch Beobachtungen (indem du sie fragst, ob sie einen online Test machen kann),[285] oder indem sie die Fragen am Ende des Buches *Die fünf Sprachen der Liebe* von Gary Chapman beantwortet.

## Das Enneagramm

Das Enneagramm ist eine Synthese aus verschiedenen alten Weisheitstraditionen, welche zu einer der populärsten Typologien der vergangenen Jahre wurde. Heute wird es bei Unternehmen (Teamaufbau/Change-Management), der Psychotherapie, persönlichem Wachstum und Spiritualität angewendet.[286] Das Enneagramm-Symbol ist aus drei sich überschneidenden ‚Dreiecken' zusammengesetzt, die eine geometrische Figur mit neun Punkten entlang eines Kreises formen, wobei jeder dieser Punkte einen bestimmten Persönlichkeitstyp repräsentiert. Es ist normal, bei jedem der Typen ein wenig von sich zu entdecken, obwohl einer dir am Nächsten kommen wird. *Jeder der neun Typen hat eine ungesunde, durchschnittlichenormale und gesunde Ausdrucksform (oder Anlage und Schwäche).* Die Nummer vor oder nach dem hauptsächlichen Typ einer Person repräsentiert eine sekundäre Qualität oder ‚Flügel', während die beiden inneren Linien auf die korrespondierenden Typen hinweisen, zu denen die Individuen unter Stress/Desintegration und während gesunder Integration/Wachstum neigen.[287]

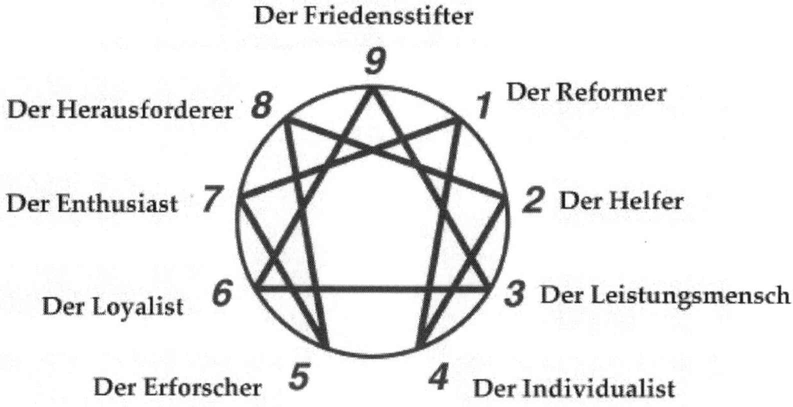


Courtesy of The Enneagram Institute



**Figur 17: Das Enneagramm**

## Die neun Enneagramm Typen[288]

### 1. Der Reformer, Richter, Perfektionist

Konzentriert sich auf persönliche Integrität und sucht nach der Wahrheit. Kann ein Lehrer, Kreuzritter oder ein Vorkämpfer des Wandels sein. Ist sich der eigenen Schwächen häufig nicht bewusst und kann sehr kritisch anderen gegenüber sein. Fürchtet sich davor, korrupt, böse und unvollkommen zu sein – will gut, ausgeglichen und vollkommen sein und über Integrität verfügen.

### 2. Der Helfer, Geber, Fürsorger

Ist mitfühlend, aufmerksam, großzügig und fürsorgend. Kann anklammernd, bedürftig, schmeichelnd, gefällig und manipulativ sein. Häufig wohlmeinend und wird davon angetrieben, in der Nähe von anderen sein zu wollen. Doch er kann da hineinrutschen, Dinge für andere zu tun, um gebraucht zu werden. Fürchtet, nicht gewollt und ungeliebt zu sein – will geliebt und gebraucht werden.

## 3. Der Leistungsmensch, Performer, Status-Suchender

Ist anpassungsfähig und wandelbar. Geht mit Selbstbewusstsein durch die Welt und handelt auf eine Weise, die Zustimmung und Errungenschaften mit sich bringt, manchmal auf Kosten seines/ihres wahren Selbst. Fürchtet das Versagen und wertlos zu sein – will sich wertvoll und interessant fühlen.

## 4. Der Individualist, Romantiker, Ästhet

Wird angetrieben von dem Verlangen, seinen/ihren Platz in der Welt zu finden. Steht für Individualismus, ist kreativ, intuitiv und human. Fürchtet, keine Identität oder persönliche Bedeutung zu haben – will bedeutend sein.

## 5. Der Erforscher, Experte, Denker

Wird angetrieben, die Welt zu verstehen, und erlangt Selbstwert durch einen Beitrag, den er leistet. Kann zurückgezogen, beobachtend und still sein, bis er/sie mit einer geistreichen Bemerkung beeindrucken kann. Fürchtet Inkompetenz und Nutzlosigkeit – will vor allem fähig und sachkundig sein.

## 6. Der Loyalist, Held, Rebell, Verteidiger

Sehnt sich nach Sicherheit/Stabilität und stellt unerschütterliche Loyalität und Verantwortung zur Schau. Braucht lange, um wieder zu vertrauen, wenn er mal betrogen wurde und neigt zu sorgenvollem Denken. Zeigt emotionale Ängste wie auch reaktionäres und paranoides Verhalten. Fürchtet, ohne Unterstützung oder Führung zu sein – will Sicherheit und Unterstützung.

## 7. Der Enthusiast, Abenteurer, Sensationssüchtige

Ist abenteuerlustig und stets beschäftigt, umarmt das Leben mit all seinen Freuden und Wundern und strebt wie wild von einer Erfahrung zur nächsten. Fürchtet sich davor, unfähig zu sein, für sich selbst zu sorgen sowie davor, das Leben in all seiner Fülle zu verpassen – will befriedigt und zufrieden sein und seine/ihre Bedürfnisse erfüllen.

### 8. Herausforderer, Boss, Einzelgänger

Ist stark und hat den Wunsch, ein machtvoller und kontrollierender Führer zu sein. Kann freundlich und gemeinnützig sein oder diktatorisch, manipulativ, ruchlos und bereit, alles zu zerstören, was ihm im Wege steht. Fürchtet, von anderen verletzt oder kontrolliert zu werden – strebt nach Selbstschutz und will die Kontrolle über sein Leben und sein Schicksal.

### 9. Der Friedensstifter, Vermittler, Aufrechterhalter

Ist empathisch, aufmerksam, freundlich, ruhig und mit der Welt im Frieden. Vermeidet Konflikte, zieht sich zurück, verschließt sich und entspricht den Wünschen anderer. Neigt zu Dissoziierung und passiv-aggressivem Verhalten. Fürchtet Verlust und Trennung – will innere Stabilität und inneren Frieden.

## Die Kombinationen der Enneagramm-Passung

Keine Paarung zweier Typen ist besonders glücklich oder vomdem Schicksal geweiht. Man kann eine gesunde Beziehung mit allen Typen haben. Freie oder kostenpflichtige Tests im Internet erlauben dir, deinen Typ und den deiner Partnerin, sowie die Stärken und Schwächen von euch beiden herauszufinden.[289]

# Myers-Briggs-Typindikator

Entsprechend des Myers-Briggs-Typindikators können alle Menschen kategorisiert werden, wenn man vier entgegengesetzte Kriterien benutzt:

Extroversion – Introversion
Sensing – Intuitiv
Thinking – Feeling
Judging – Perceiving[290]

## Introvertiert und Extrovertiert[291]

Dies sind die Haltungen, die zeigen, wie eine Person ihre Energie ausrichtet und empfängt. Der Energiefluss des Extrovertierten richtet sich nach außen, und der bevorzugte Fokus liegt auf anderen Menschen und Dingen. Der Energiefluss des Introvertierten ist inwärts gerichtet, und der Fokus liegt auf seinen oder ihren inneren Gedanken, Ideen und Impressionen.

## Sensing und Intuition

Dies sind die wahrnehmenden und nicht-rationalen Funktionen. Menschen haben nicht viel Kontrolle über ihre Wahrnehmungen, sondern nur darüber, wie sie sie verarbeiten. ‚Sensing'-Menschen neigen dazu, sich auf die Gegenwart und auf konkrete Informationen, die sie durch die fünf Sinne erhalten, zu konzentrieren. ‚Intuitive' Menschen konzentrieren sich eher auf die Zukunft und haben stets einen Blick auf Muster und Möglichkeiten. Sie ziehen es vor, von ihrem Unbewussten oder vom spirituellen Bereich her geführt zu werden.

## Thinking und Feeling

Dies sind die bewertenden Funktionen. Beide Typen streben danach, rationale Bewertungen und Entscheidungen zu fällen, basierend auf den oben dargestellten Wahrnehmungsfunktionen. ‚Thinker' tendieren dazu, ihre Entscheidungen auf Logik und ‚Wahr-falsch oder Wenn-dann'-Differenzen zu begründen sowie auf der objektiven Analyse von Ursache und Wirkung. ‚Feeling'-Menschen neigen dazu, ihre Entscheidungen primär aufgrund von Werten und subjektiven Einschätzungen zu fällen, besonders aber aufgrund von Sorgen über andere Menschen. Sie nutzen ‚mehr oder weniger, besser oder schlechter' -Einschätzungen. Verallgemeinert kann man sagen, dass ‚Thinker' mit ihren Köpfen entscheiden, während ‚Feeler' dies eher mit ihrem Herzen tun. Wenn Denken und Fühlen extrovertiert sind, basieren Entscheidungen auf externen Quellen und generell akzeptierten Regeln und Verfahren. Wenn sie introvertiert sind, tendieren die denkenden und fühlenden Bewertungen dazu, subjektiv zu sein, und basieren auf innerlich erzeugten Ideen für logische Organisation und Einschätzung.

## Judging und Perceiving[292]

Menschen, die das ‚judging' bevorzugen, mögen eine geplante und organisierte Herangehensweise an das Leben und bevorzugen, die Dinge geordnet zu halten. Menschen, die ‚perceiving' bevorzugen, mögen eine flexible und spontane Herangehensweise ans Leben und möchten sich ihre Optionen offen halten.

## Kombinationen

Verschiedene Kombinationen der vier Entweder/Oder-Kriterien determinieren einen Typus. Zum Beispiel:

ISTJ – Introvertiert, Sensing, Thinking, Judging

Die sechzehn möglichen Kombinationen lautet ISTJ, ISFJ, INFJ, INTJ, ISTP, ISFP, INFP, INTP, ESTP, ESFP, ENFP, ENTP, ESTJ, ESFJ, ENFJ und ENTJ.

Man kann seinen eigenen Typus und den des Partners mit den damit verbundenen Stärken und Schwächen herausfinden, indem man online den Myers-Briggs Typologie Test macht.[293]

# Astrologie

Gemäß einer Harris-Umfrage glauben 31% der Amerikaner an Astrologie (25% der Männer, 36% der Frauen).[294] Astrologische Tabellen und Computer-Programme behaupten, zuverlässige Informationen über Persönlichkeitstypen, Passungen und das eigene Schicksal zu liefern. Zumindest ermöglichen sie interessante und aufschlussreiche Gespräche. Also unabhängig davon, ob du einer der 25% bist oder nicht, so wirst du wahrscheinlich unvoreingenommen bleiben wollen. Denn einige Frauen werden dich nicht als Partner in Betracht ziehen, wenn du keine gute astrologische Passung hast, während andere wissen, dass du ihr Seelenpartner bist, ohne dich jemals getroffen zu haben, nachdem sie dein Diagramm angefertigt haben.[295]

# Andere Typen und Vorstellungen

Dir werden auch andere Typen (oder Stereotypen) über den Weg laufen, wie etwa Numerologie, Human Design,[296] Birth Order,[297] genetische Typen,[298] das innere Tier oder kultureller Hintergrund (z.B. europäisch vs. asiatisch). Unglücklicherweise sind die meisten dieser Arten, Menschen zu kategorisieren, nicht sehr wissenschaftlich, sondern entstammen dem magischen Denken oder bewertenden Projektionen.

Ein offenes und kritisches Interesse an unwissenschaftlichen Haltungen zu Typologien und Modellen sowie auch abergläubische, magische oder mythische Vorstellungen zu akzeptieren (vgl. die Prä/Trans-Verwechslung in Kapitel 4) – wie etwa Tarotkarten lesen, Divinations-Karten, Psychic Reading, Horoskope, Erfahrungen vergangener Leben, schamanistische Reisen, Reiki, Out-of-Body Experiences etc., die für deine Partnerin interessant sein mögen – kann dich und sie mit neuen Einsichten versorgen, die mehr Intimität ermöglichen und deinen Horizont erweitern.

## Zusammenfassung

Persönlichkeitstypen beschreiben Charaktereigenschaften, die während des menschlichen Wachstums und der Stufenentwicklung konstant bleiben. Die meisten Klassifikationen – etwa wie Menschen zum Beispiel Liebe geben und empfangen oder ihr Enneagramm Typ – basieren auf funktionellen psychologischen Tests oder Selbsteinschätzungen und beschreiben gewohnheitsmäßige Reaktionen auf die Wirklichkeit, die unter der Oberfläche unserer normalen Bewusstheit liegen. Andere Typologien und Modelle stammen von abergläubischen Vorstellungen oder kulturellen Stereotypen und können bestenfalls interessante Themen für eine authentische, selbstenthüllende Konversation bieten. Den eigenen Typus und den des Partners in verschiedenen Bereichen zu erforschen und zu diskutieren kann ziemlichen Spaß machen und dich mit neuen persönlichen Einsichten belohnen, die dein Selbstverständnis und deine Partnerschaft verbessern.

## Fazit Teil I

Wir begannen mit einer kurzen evolutionären Geschichte der Geschlechter, die in der Wirklichkeit unserer modernen Welt ihren Höhepunkt fand. Hier haben befreite moderne und postmoderne Frauen gleiche Rechte und Zugang zu praktisch jedem von ehemals Männern dominierten Bereich erlangt (häufig, ohne dieselben Verantwortlichkeiten zu übernehmen), während die Männer weitestgehend in ihren traditionellen Geschlechterrollen als austauschbare Beschützer und Versorger stecken geblieben sind. Wir haben die UN-Strategie von Gender-Mainstreaming als ein Konzept für gemeinsame Erschaffung einer wünschenswerten Zukunft für die Menschheit zwischen post-feministischen/post-postmodernen Frauen und integral informierten Männern diskutiert. Dies führte uns zu den fünf Kernelementen des integralen Beziehungsmodells: 1) Sex/Gender/Polaritäten 2) Entwicklungslinien, 3) Entwicklungsstufen, 4) Zuständen des Verliebtseins und 5) Persönlichkeitstypen – die im Osten und Westen als die wesentlichen Facetten unserer menschlichen Erfahrung und unserer Wachstumspotenziale identifiziert wurden.

# Teil II: Männer und Frauen kommen zusammen

*In jedem Zeitalter haben Menschen versucht, all ihr Wissen und ihre Erfahrung in ein Ganzes zusammenzufügen, das ihre Beziehung zum Universum und ihre Möglichkeiten darin erklärt. Normalerweise haben sie damit nie Erfolg. Denn die Einheit der Dinge ist nicht durch einen gewöhnlichen Geist und einen gewöhnlichen Bewusstseinszustand zu verwirklichen. Der gewöhnliche Geist, abgelenkt durch die zahllosen und sich widersprechenden Dränge und verschiedenen Seiten der menschlichen Natur, muss die Welt als vielfach und verwirrend reflektieren, denn so ist auch der Mensch selbst. Eine Einheit, ein Muster, eine alles umfassende Bedeutung – so sie existiert – kann nur von einer anderen Art Geist, von einer anderen Art Bewusstseinszustand erkannt oder erfahren werden. Es kann nur durch einen Geist verwirklicht werden, der selbst zu einer Einheit geworden ist.*
– Rodney Collin

Es ist eine Sache, eine holistische Perspektive einzunehmen und all die wesentlichen Elemente unserer menschlichen Natur zu untersuchen, doch es ist eine vollkommen andere Aufgabe, diese Faktoren in ein zusammenhängendes Modell zu integrieren. Dies ist es, was Ken Wilber auf sehr elegante Weise mit seinem integralen AQAL-Modell über das menschliche Wachstum und seine Potenziale erreicht hat.

In diesem Teil des Handbuches werden wir Wilbers ursprüngliche Ideen etwas weiterentwickeln, um die interpersonelle Dynamik zwischen Männern und Frauen auf einer körperlichen, psychologischen, kulturellen und sozialen Ebene (oder Körper, Geist, Herz und Seele) zu erforschen. Wir werden:

1) Die primäre Fantasie auf verschiedenen Bewusstseinsstufen untersuchen,
2) eine Persönlichkeitsmatrix konstruieren, die die Entwicklungslinien (Bewusstsein, Spiritualität und Animus/Anima), Persönlichkeitstypen und die femininen/maskulinen Polaritäten, die wir in Teil I beschrieben haben, integriert,
3) das Konzept der Holons einführen, welches beschreibt, wie Menschen gleichzeitig in sich selbst ganz sein können und dabei doch Teil einer Beziehung sind,
4) das noch fehlende ‚Q' Element (die vier Quadranten) von Ken Wilbers

ursprünglichem AQAL-Modell hinzufügen, das wir bislang noch nicht besprochen haben,

5) verschiedene *Dreiecke der Liebe* erzeugen,

6) die Unterschiede im weiblichen und männlichen Bewusstseinswachstum untersuchen.

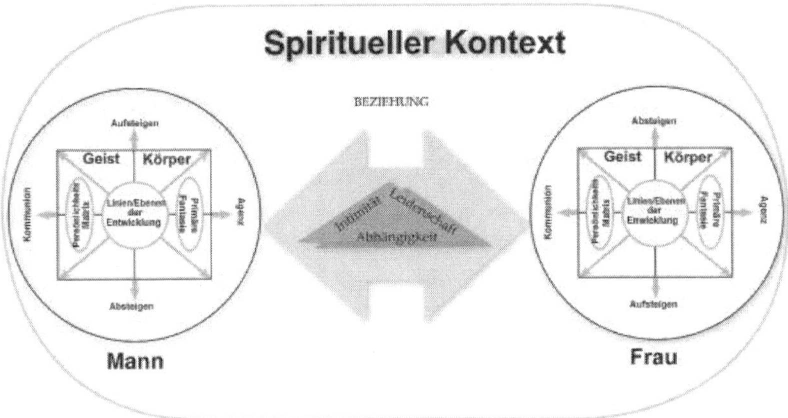


**Grafik 18: Die primäre Fantasie und Persönlichkeitsmatrix integrieren**

# Kapitel 7: Primäre Fantasie und Persönlichkeit

*Frauen heiraten Männer und hoffen, dass sie sich ändern. Männer heiraten Frauen und hoffen, dass sie es nicht tun. Daher wird jeder von ihnen unvermeidlich enttäuscht.* – Albert Einstein

Männer und Frauen neigen dazu, sich in jene Angehörige des anderen Geschlechtes zu verlieben, die ihrer primären Fantasie entsprechen und über eine für sie bezaubernde Persönlichkeit verfügen. In diesem Kapitel werden wir erforschen, wie sich die Attraktivität von Männern und Frauen auf verschiedenen Entwicklungsstufen des Bewusstseins verändert und was Partner in ihrem psychologischen Aufbau zueinander passend macht.

## Attraktivität auf den verschiedenen Bewusstseinsstufen

Anhand deiner persönlichen Erfahrung mit Partnerschaften und durch Beobachtungen von anderen Paaren wirst du höchstwahrscheinlich schon beobachtet haben, dass die erfolgreichsten Männchen Zugang zu den sexuell attraktivsten Weibchen haben und umgekehrt. Weniger begehrenswerte Singles geben sich entweder mit einem Partner zufrieden, der vergleichbare soziale Anlagen (Aussehen/Alter, Status/Geld) hat, versuchen ihren sozioökonomischen Status (Männchen) oder ihre Sexyness (Weibchen) zu verbessern,[299] halten weiter nach der geringen Chance Ausschau, einen Partner zu ködern, der ‚außerhalb ihrer Liga' ist (diese Beziehungen währen gewöhnlich nicht lange), begnügen sich mit einem ‚Freund mit gewissen Vorzügen' oder einfach einem ‚Fickfreund' (wo es nicht so wichtig ist, dass die gegenseitigen primären Fantasien befriedigt werden) oder geben es ganz auf, einen Partner für eine Liebesbeziehung zu finden.

Die Parameter, anhand derer Frauen den männlichen Erfolg definieren, werden mit jeder Stufe ihrer Bewusstseinsentwicklung bedeutend komplexer, während die Definition der Sexyness – was also Weibchen für Männchen attraktiv macht (ein gesunder Körper, sexuelle Verfügbarkeit/Ausstrahlung und Unterstützung seiner Vision) – durch die ganze menschliche Evolution hindurch, bei allen Kulturen und während der gesamten vertikalen Stufenentwicklung gleich bleibt.[300]

Auf der archaischen infraroten Stufe der Bewusstseinsentwicklung (1% der erwachsenen U.S. Bevölkerung) wird der männliche Erfolg durch die von Tag zu Tag gezeigten Überlebensfähigkeiten definiert. Bei Frauen wird ein gesunder und aufreizender Körper, der Fruchtbarkeit und sexuelle Verfügbarkeit signalisiert als attraktiv bewertet.

Auf der abergläubischen magentafarbenen Stufe (10%) wird der männliche Erfolg durch die Fähigkeit definiert, sich an die unmittelbare Umgebung anzupassen, klug die Ressourcen auszunutzen, bedrohliche Geister durch magische Kräfte zu beschwichtigen sowie auch durch das Ausmaß seiner Loyalität dem Familienklan, dem Stamm oder der Gruppe gegenüber. Bei Frauen werden ein gesunder und aufreizender Körper, der Fruchtbarkeit und sexuelle Verfügbarkeit signalisiert und gesunde Instinkte als attraktiv bewertet.

Auf der egozentrischen roten Stufe (20%) wird der männliche Erfolg durch das Maß seiner Unabhängigkeit, Aggressivität, Macht, seines Selbstvertrauens und seiner Potenz, Kreativität und der Fähigkeit, andere zum eigenen Nutzen auszubeuten bestimmt. Bei Frauen werden ein auffällig aufreizender Körper, ein hoher ‚Fickbarkeits-Faktor' sowie Respekt vor seinen Bedürfnissen und seiner Einstellung als attraktiv bewertet.

Auf der konformistischen bernsteinfarbenen Stufe (40%) wird der männliche Erfolg durch das Maß seiner Verlässlichkeit, Jobsicherheit und seiner Hingabe an Familie, Religion und Land bestimmt (der konservative, beständige, gesetzestreue Ehemann). Bei Frauen werden ein gesunder aufreizender Körper, sexuelle Bereitschaft, Eleganz und Hingabe an ihn als attraktiv bewertet.

Auf der rationalen orangenen Stufe (25%) wird der männliche Erfolg gemessen durch die Höhe seines Einkommens,[301] zukünftig möglicher Einnahmen,[302] seines finanziellen Gesamtwertes, Zurschaustellung der Statussymbole (z.B. Rolex-Uhr, Luxusauto, Designerkleidung, Penthouse-Wohnung oder Villa – und neuerdings auch eine Art Pseudo-Ökobewusstsein, zum Beispiel ein Hybrid, ein elektrisches Auto oder Solarpaneele), sozialen Status, höhere Grade oder Titel, professionelle Leistungen, internationale Reiseerfahrungen, Ambitionen, Klugheit, Witz, Großzügigkeit und körperliche Fitness (der Gewinner). Bei Frauen werden ein gesunder und aufreizender Körper, sexuelle Bereitschaft, körperliche Fitness, Eleganz und Unterstützung seiner Mission als attraktiv bewertet.

Auf der pluralistischen grünen Stufe (10%) wird der männliche Status durch die Menge seiner verfügbaren Zeit, das Maß seines passiven Einkommens, und seines angesammelten Reichtums, Altruismus,[303] emotionale Erreichbarkeit, Umweltbewusstsein, natürliches Gesundheitsbewusstsein, Weltlichkeit und Empfindsamkeit definiert (der wohlhabende, gütige, halb-pensionierte Aktivist, Philanthrop, Heiler, Lehrer, Künstler etc.). Bei Frauen wird ein natürlich schöner, gesunder Körper mit sexueller Ausstrahlung sowie ihre Unterstützung seiner Mission als attraktiv bewertet.

Auf der integralen blaugrünen und der transpersonalen türkisfarbenen Stufe (4%) wird der männliche Erfolg durch seine wachsende Weisheit, die Fähigkeit, all die gesunden Qualitäten der vorhergehenden Stufe zu integrieren (Überlebensfähigkeiten, natürliche Instinkte, Kraft/Kreativität, Hingabe, finanzieller Erfolg/Status und Empfindsamkeit) sowie durch die Verkörperung von höheren Zustandsstufen der spirituellen Verwirklichung und Ego-Transzendenz definiert. Bei Weibchen wird ein gesunder und aufreizender Körper, sexuelle Ausstrahlung, Fähigkeiten als tantrische Liebhaberin und die Fähigkeit, ihm als eine Gleiche und ein Gegenüber auf allen sieben Chakras entgegenzukommen, als attraktiv bewertet.

## Frauen heiraten sich hoch

Wie wir oben gesehen haben, werden die Anforderungen von Frauen, um ihre primäre Fantasie zu erfüllen, mit jeder höheren Stufe ihrer Bewusstseinsentwicklung komplexer und kostspieliger (vom Überleben sichern zum Beschützen, Heldentum, Stabilität, materiellem Reichtum, unabhängigem Wohlstand und der Integration der vorhergehenden Qualitäten), während das Verlangen des Mannes nach gesund und aufreizend aussehenden sowie sexuell bereitwilligen Frauen, die ihn in seiner Mission unterstützen, während seiner Entwicklung konstant bleibt (siehe Kapitel 2).

Eine Konsequenz dessen ist, dass die meisten Erwachsenen in der präkonventionellen roten und konventionellen bernsteinfarbenen Stufe eine Beziehung führen, während viele moderne orange und postmoderne grüne Frauen Single bleiben, da es für sie schwieriger ist, einen passenden Partner zu finden, der ihrem hohen Standard entspricht. Rote Frauen neigen dazu, von der Zustimmung, dem Schutz und der Unterstützung eines Mannes abzuhängen und verlassen ihren Partner nur, wenn sie einen noch erfolgreicheren Beschützer finden. Frauen auf Bernstein bleiben bei ihrem Ehemann „ob reicher oder ärmer, in Krankheit und in gesunden Tagen, bis dass der Tod uns scheide" … es sei denn, sie treten in die rationale orange Stufe und/oder Animus-Komplex Stufe 4 ihrer Entwicklung ein und trennen sich dann. Da die unterschiedlichen Geschlechterrollen und die femininen/maskulinen Polaritäten in den präkonventionellen und konventionellen Stufen klar den Geschlechtern zugewiesen sind (Männer sind maskuline Erzeuger/Beschützer, Frauen sind Reproduzenten/Fürsorger), ist es einfach für Frauen, sich in einen Partner zu verlieben und jemanden zu wählen, mit dem sie sich ‚hochheiraten' können.

Dies verändert sich dramatisch für Frauen, die die rationale und pluralistische Stufe mit einem Animus Komplex Stufe 4 entwickelt haben. Per Definition sind sie die soziale Leiter aufgestiegen und wurden emotional und finanziell von dem Partner unabhängig, und zwar durch ihre eigene Bildung und professionellen Karrieren, in dem sie sich ‚gut scheiden' ließen (70% der Scheidungen werden von Frauen eingereicht) und/oder Treuhänderfonds (der moderne Treuhänderfund ‚Baby'). Indem sie die volle Geschlechtergleichheit erreicht haben in Bezug auf die Männer (ohne dieselben Verantwortlichkeiten) und indem sie den sozio-ökonomischen Status der Männer übertreffen, wird es immer schwerer für solche Frauen, den schwer erreichbaren Mr. Right zu treffen („Wo sind all die guten Männer?"), um sich ‚hoch zu heiraten'.[304] Dies gilt besonders für diejenigen, die älter, übergewichtig und außer Form oder anderweitig körperlich unattraktiv sind.[305]

Es ist natürlich verständlich und legitim, dass gesunde, intelligente, erfolgreiche und extrem unabhängige Frauen nicht Pflegerin und Geldbörse von älteren ‚Verlierer'-Männern sein wollen, die typischerweise an ihnen interessiert sind. Es lässt jedoch viele frühere Trophäenfrauen und selbsterfüllende Karrierefrauen ohne einen dauerhaften Partner zurück, nachdem sie sich erfolgreich von ihrem Mann geschieden haben oder sie einer jüngeren Frau wegen verlassen wurden. Diejenigen, die es mögen, Sex zu haben und die immer noch körperlich attraktiv sind, können ‚Cougars'[306] werden, die bedeutend jüngere Männer (die häufig keine Frauen in ihrem Alter oder jünger finden oder sich leisten können) als ungebundene Liebhaber, Fickfreunde oder ‚Boy Toys' suchen.

Diese Dynamik führt zu einer stets ansteigenden Anzahl von attraktiven Singlefrauen, die sich an der Spitze der sozialen Leiter türmen, und weniger attraktiven ‚Verlierer'-Männern (wie etwa geschiedene und Unterstützung zahlende Väter, gescheiterte Unternehmer, Männer in der Midlife-Crisis, hungernde Künstler, Unter- und Mittelschicht Arbeiter/Manager, soziale/umweltbewusste Aussteiger wie auch Unbeschäftigte, Arbeitsunfähige, Kranke, Abhängige, Unsichere, Depressive etc.) am Fuße der Leiter.[307]

Auf der anderen Seite neigen die Mittel von finanziell erfolgreichen Männern dazu (weniger als 5% der Bevölkerung) zu wachsen, während sie älter werden, während die primären Mittel der Frauen (Alter/Aussehen) unvermeidlich an Wert verlieren.[308] Konsequenterweise haben diese hochbegehrten und gesuchten Männer keine richtige Bestärkung, tatsächlich monogame Männer zu werden oder sich zu verheiraten, besonders, wenn sie finanziell und emotional in vorhergehenden Beziehungen verheizt wurden oder sich nicht mit ungelösten psychologischen Schwierigkeiten auseinandergesetzt haben.[309]

Dieser Wandel im sozio-ökonomischen Geflecht ist zur traurigen Realität für viele moderne und postmoderne Frauen und Männern geworden, die eine ‚Flachland'-Perspektive[310] haben und das andere Geschlecht ihres Aussehens, Wohlstandes oder sozialen Status wegen objektivieren.

Das folgende Diagramm illustriert diese Dynamik: Auf der horizontalen X-Achse befindet sich die zunehmende Attraktivität von Männern (basierend auf ihrem Einkommen/Wohlstand) und von Frauen (basierend auf ihrer sexuellen Begehrtheit). Auf der vertikalen Y-Achse sieht man die Anzahl der Männer und Frauen. Während sich das mittlere Einkommen in den Vereinigten Staaten in 2006 für 25-jährige und älter auf $32.140 belief (und nur 5,2 %, die mehr als $75.000 verdienten),[311] begehren die attraktivsten Frauen (von denen es eine Menge gibt) Männer, die $75.000-$150.000 oder mehr verdienen. Dies führt zu der Dynamik, dass viele Männer mit durchschnittlichem Einkommen (siehe den Höcker in der Mitte der Grafik) nach sexuell attraktiven Frauen (siehe den Höcker auf der rechten Seite der Grafik) Ausschau halten, die sie sich nicht leisten können, während diese Frauen nach Männern mit einem hohen Einkommen Ausschau halten, die es sehr selten gibt. Die Konsequenz dessen ist, dass es eine steigende Anzahl von frustrierten Single-Männern und Frauen gibt.

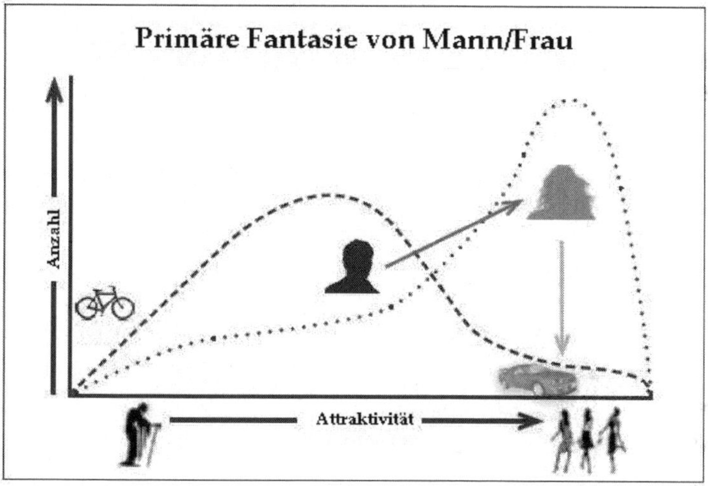


**Grafik 19: Abweichungen in der männlichen/weiblichen primären Fantasie**

Es gibt einen weiteren (im Wesentlichen nicht berücksichtigten) Twist in dieser neuen sozialen Dynamik: Die professionelle medizinische Gemeinde und die Gesundheitsorganisationen empfehlen, einen gesunden Body-Mass-Index (BMI)[312] zu haben und durch regelmäßiges Training körperlich fit zu bleiben (min. 30 Minuten täglich).[313] Frauen, die diesen Richtlinien folgen, werden – als Nebeneffekt – für Männer sexuell attraktiver. Auf der anderen Seite erkennen wir langsam, dass (wie Rabbi Michael Lerner beobachtet hat) „das ungehinderte Streben nach Geld und Macht zu gewaltigen ethischen Verzerrungen im menschlichen Leben, der Zerstörung unseres Ökosystems und der Gesellschaft führt."[314] Daher hat die primäre Fantasie der Männer (es sei denn, sie wird ins Extrem getrieben, z.B. wenn Männer sich nach extrem untergewichtigen Frauen mit stark vergrößerten Brüsten sehnen) positive Effekte auf die Gesundheit und das Wohlbefinden der Frauen, während die primäre Fantasie der meisten Frauen (wenn sie ein solches unverantwortliches Ausmaß annimmt, die die Norm in modernen Gesellschaften des zwanzigsten und einundzwanzigsten Jahrhunderts, besonders aber in den USA, geworden ist) zu einer Belastung für die ganze Menschheit und unser Ökosystem geworden ist.[315] Dies ist ein ziemliches Dilemma, da Männer kaum eine Wahl haben als sich zu gesunden aufreizenden Frauen hingezogen zu fühlen, die natürlicherweise sehr anspruchsvoll sind. Und Frauen haben kaum eine Wahl, außer sich zu finanziell erfolgreichen, wetteifernden und machtvollen Männern hingezogen zu fühlen, deren Handlungen oftmals sozial und ökologisch unverantwortlich sind.

Eine mögliche Lösung dieses Dilemmas wäre, dass mehr Männer beginnen, ein verantwortliches Leben als Single zu leben, als mit anderen Männern um Verehrung, Liebe, Sex und Gesellschaft von körperlich und geistig gesunden Frauen zu kämpfen. Die weniger wahrscheinlichere Alternative wäre, dass Frauen beginnen, Männer zu belohnen, die eine ökologisch dauerhafte und gewaltfreie Existenz ermöglichen, indem sie ihren Lebensstil und Ansprüche senken und die Kooperation dem Wettkampf vorziehen. „What a wonderful world this would be" … zumindest für uns Männer und unsere Umwelt.

## Persönlichkeits-Matrix

Die Beziehungsdynamik, die sich zwischen Partnern über die Erfüllung ihrer individuellen primären Fantasie hinaus entwickelt, hängt von ihren Persönlichkeiten ab. Von besonderer Bedeutung sind die acht Stufen des Bewusstseins (von archaisch zu transpersonal), die femininen/maskulinen Polaritäten, die fünf Zustandsstufen des Spirituellen, Sexuellen[316] und die Anima/Animus-Komplexentwicklung sowie die verschiedenen Persönlichkeitstypen, die wir in Teil I besprochen haben.

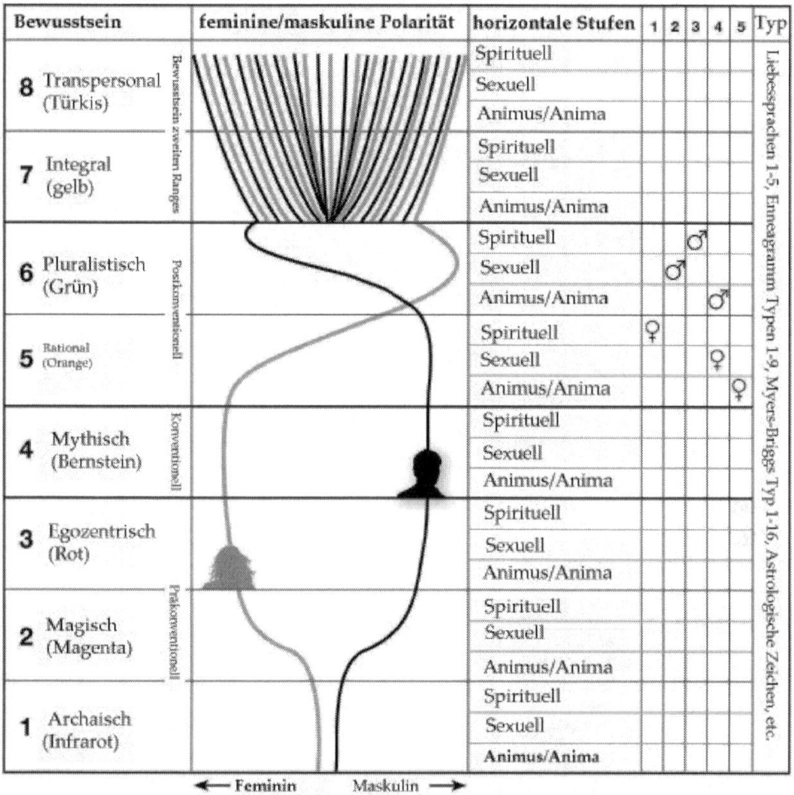


**Grafik 20: Die Persönlichkeitsmatrix erlaubt dir, deine und ihre Entwicklung auszuarbeiten**

Um besser zu verstehen, wie diese vielfältigen Dimensionen zusammenspielen und die Qualität und Dauerhaftigkeit einer Partnerschaft über die Verliebtheitsphase hinaus beeinflussen, werden wir sie in Form einer Persönlichkeitsmatrix darstellen.[317] Auf der vertikalen Achse platzieren wir die acht Stufen der Bewusstseinsentwicklung. Daneben sind zwei vertikale Linien, die die gewöhnlichsten Neigungen der femininen und maskulinen Polaritäten in Männern und Frauen zeigen, während sich ihr Bewusstsein entwickelt. Dann ordnen wir die Linien der Spiritualität, Sexualität [318] und des Anima/Animus-Komplexes auf der horizontalen Achse an, da sich diese Aspekte unabhängig voneinander auf jeder Bewusstseinsstufe entwickeln können. Dies ermöglicht für jede Person 1000 unterschiedliche Korrelate (8 x 5 x 5 x 5) für die fließenden maskulinen/femininen Polaritäten und Persönlichkeitstypen (einmal bitte tief durchatmen!). Diese Matrix ermöglicht es, Passungen und Unterschiede zwischen dir und deiner Partnerin zu erkennen und gibt dir Richtungsanweisungen für zukünftige Wachstumspotenziale.

Du kannst zum Beispiel ein pluralistischer (grüner), femininer, kinästhetischer, Enneagramm Typ 7 auf Stufe 3 deiner spirituellen Entwicklung, Stufe 2 deiner sexuellen Entwicklung und Stufe 4 deiner Anima Komplexentwicklung sein, der eine Partnerschaft mit einer rationalen (orange), maskulinen, visuellen, Enneagramm Typ 3 Frau hat, die sich auf Stufe 4 ihrer sexuellen und Stufe 1 ihrer spirituellen Entwicklung sowie Stufe 5 ihrer Animus-Komplexentwicklung befindet. In der Zukunft könnt ihr beide auf der vertikalen Ebene eures Bewusstseins verbleiben oder wachsen, könnt maskuliner oder femininer werden oder entlang der drei horizontalen Linien wachsen (oder nicht).

Partner mit ähnlichen Lebensgewohnheiten, Interessen, Intelligenzen und Leidenschaften, die sich auf derselben Stufe des Bewusstseins ihrer spirituellen, sexuellen und der Anima/Animus-Komplexentwicklung befinden *und* entgegengesetzte feminine/maskuline Polaritäten sowie sich entsprechende Persönlichkeitstypen verkörpern, haben die erfüllendsten Langzeit-Partnerschaften. Diese Passung erlaubt es ihnen, ihre sexuelle Attraktion und Synergie zu genießen und Konflikte zu lösen (siehe Kapitel 12 unter Konfliktlösung und Verzeihung).

Partner mit kleineren Unterschieden in ihrer horizontalen Stufenentwicklung können fähig sein, miteinander auszukommen und sich gegenseitig in ihrem Wachstum zu unterstützen, während Paare mit größeren Unstimmigkeiten Konflikte erfahren werden, die nicht lösbar sind,[319] sobald der erste Hormonrausch, der ihre rationale Wahrnehmung beeinträchtigte und sie dazu verführte, sich gegenseitig durch eine rosarote Brille zu betrachten, abgeklungen ist und das alltägliche Leben beginnt.

## Die Polaritäten (feminine/maskuline Dynamik)

Während sich bei Männern und Frauen das Bewusstsein entwickelt, neigen ihre femininen/maskulinen Polaritätseigenschaften dazu, sich zu verändern.[320] Die zwei geschwungenen Linien in der Persönlichkeitsmatrix neben den acht vertikalen Stufen der Bewusstseinsentwicklung zeigen auf diese Dynamik. Sowohl Männer als auch Frauen beginnen in Bezug auf ihre Polarität relativ undifferenziert auf den zwei frühesten Entwicklungsstufen. Auf der egozentrischen roten und konformistischen bernsteinfarbenen Stufe zeigen Männer hauptsächlich maskuline und Frauen hauptsächlich feminine Qualitäten; daher auch der Ursprung der Begriffe.

Die entgegengesetzten Polaritäten werden in der rationalen orangenen Stufe neutralisiert, wenn Frauen in die maskuline Richtung schwingen und androgyn werden[321] – und dabei häufig ihren Schwerpunkt auf Kommunion und Aufsteigen oder Agenz und Absteigen haben – während die meisten

Männer ihre maskulinen Kapazitäten stärken. Ein Resultat davon ist, dass der energetische Flow, der die sexuelle Attraktion und die Synergie zwischen Männern und Frauen auf den vorherigen Stufen erzeugt hat, verschwindet[322] und dadurch viele Beziehungen zu straucheln beginnen und auf der orangenen Stufe auseinanderfallen, wo die klar definierten Geschlechterrollen, die noch bei Rot und Bernstein gefunden werden können, verwischen und die Frauen ökonomisch (durch ihre eigene Karriere und/oder indem sie sich von einem finanziell erfolgreichen Ehemann gut scheiden ließen) und emotional (durch persönliche Selbstverwirklichungsarbeit, Therapie, eine spirituelle Praxis oder eine Veränderung in ihrem Hormonhaushalt) unabhängig von Männern werden.[323]

Auf der grünen pluralistischen Stufe beginnen die Männer und Frauen, sich tiefer mit den inneren Qualitäten zu verbinden, die sie auf den früheren Entwicklungsstufen verleugnet haben. Für Männer heißt dies häufig, ihre Anima voll anzunehmen – mit einer Ausrichtung hin zu ihrer weiblichen Seite – während Frauen dazu tendieren, ihren Animus-Komplex zu transzendieren und ihre Maskulinität anzunehmen.[324] Bei grünen Männern tritt dies auf, wenn sie in einer Midlife-Crisis stecken, empfindsame New Age-Typen sind (wenn sie in Kontakt mit ihren Gefühlen treten), einen spirituellen oder altruistischen Pfad verfolgen[325] und ihren Antrieb verlieren, aggressive Beschützer und Versorger zu sein (häufig wird dies von einem abgesenkten Testosteronspiegel begleitet).[326] Zur gleichen Zeit stärken finanziell und emotional unabhängige Frauen ihre maskulinen Qualitäten und nehmen radikale/ökofeministische Ideale an, die die weibliche Vorherrschaft über die Männer proklamieren und die die hierarchischen patriarchalen Strukturen für alle Probleme in der Welt wie etwa Kriege, Umweltverschmutzung, Armut, Unterdrückung der Minderheiten, Missbrauch von Frauen und Kindern usw. verantwortlich machen.

Andere Frauen auf dieser Stufe grübeln darüber nach, wie sie eine authentische weibliche Spiritualität aufbauen und eine bessere Zukunft für die Menschheit und die Welt formen können, indem sie ihre weibliche Macht (ein begrifflicher Widerspruch, wenn man es aus einer integralen Perspektive aus betrachtet) unabhängig von Männern nutzen.[327] Dies führt viele verlassene und verwirrte grüne Männer dazu, in Männergruppen oder spirituell ausgerichteten Gemeinschaften ihre Wunden zu lecken. Diese Rollenumkehrung ist sehr verwirrend und macht gesunde Liebesbeziehungen zwischen den Geschlechtern auf Grün fast unmöglich, da die sozial akzeptierten Geschlechterrollen umgekehrt sind, während der darunterliegende biologische Aufbau und die primäre Fantasie, die die sexuelle Polarität/Attraktion erschafft, intakt bleibt. Grüne Männer fühlen sich immer noch zu gesunden femininen Frauen hingezogen, während grüne Frauen nicht umhin kommen, sich auch zu erfolgreichen Männern mit einem starken maskulinen Anteil hingezogen zu fühlen (was beide dazu verleitet, zurück zum roten ‚badboy/

girl' Partner zu gehen ... siehe Kapitel 4).

Auf der integralen blaugrünen Stufe zweiten Ranges werden sich beide Partner des Nutzens bewusst, die gesundes Aufsteigen, Absteigen, Agenz und Kommunion in ihrem Leben spielen, und balancieren diese Aspekte mit den Stufen ersten Ranges aus, die sie transzendiert haben. Sie können nun bewusst ihre femininen und maskulinen Polaritäten verkörpern, so wie es die unmittelbare Lebenssituation erfordert, und sind fähig, gemeinsam mit ihrem Partner eine Synergie zu formen.

Die transpersonale türkise Stufe kündigt die Rückkehr zu der authentischen Verkörperung der eigenen sexuellen Essenz an, dieses Mal jedoch mit der bewussten Anerkennung, Ehrung, Wertschätzung und Freude an den entgegengesetzten Polaritäten ihres Gegenübers. Männer und Frauen können sich entspannen und all die gesunden Facetten ihres maskulinen und femininen Ausdruckes von Moment zu Moment umarmen. Dies erlaubt es ihnen, mühelos mit anderen zu interagieren, ohne die eigene Lebensart über die des Partners zu stellen, den eigenen Weg anderen aufzuzwingen oder sich durch die Unterschiede angegriffen zu fühlen.

## Das Spirituelle, Sexuelle und den Anima/Animus-Komplex integrieren

Rechts von den zwei vertikalen Linien der femininen und maskulinen Polaritäten auf der Persönlichkeitsmatrix befinden sich fünf Stufen der spirituellen, sexuellen und Anima/Animus-Komplex-Entwicklung, die wir im ersten Teil dieses Handbuchs untersucht haben. Sie sind separat auf der horizontalen Achse angeordnet, und zwar für jede der vertikalen Stufen. Dies aus drei Gründen: 1) Sie können sich auf jeder Bewusstseinsstufe unabhängig entwickeln und werden dann von dieser Ebene aus interpretiert,[328] 2) sie können als temporäre Zustände interpretiert werden, die sich in Zustandsstufen entwickeln können, und 3) ihre Entwicklungen können zusammenhängen.[329] Dies zeigt, das 1) jedes menschliche Wesen auf jeder vertikalen Bewusstseinsstufe das Potenzial hat, höhere Ebenen seiner spirituellen, sexuellen und Anima/Animus Komplex-Entwicklung zu erreichen, 2) dass eine Erfahrungen auf jeder Ebene entweder ein temporärer Zustand sein kann oder – durch Tantra, Meditation und/oder Psychotherapie – in eine dauerhaft zugängliche Zustandsstufe transformiert werden kann, und 3) dass diese drei Linien miteinander verwoben sind, da eine Gipfelerfahrung oder Stufenentwicklung in einer von ihnen auch positive Effekte auf die anderen haben wird.[330]

Zum Beispiel:

Ein moderner männlicher Schamane auf der magentafarbenen Bewusstseinsstufe kann in seinem Körper vollkommen präsent sein (spirituelle Stufe 1), während er eine sexuell tantrische Union mit einer Frau hat (sexuelle Zustandsstufe 5), die er vollkommen als Gleiches und Gegenüber akzeptiert (Anima-Komplex Stufe 5). Er wird seine Erfahrung dann in etwa so interpretieren, als würde ein magischer Geist durch ihn hindurchfließen und von ihr reflektiert werden.

Ein männlicher Priester auf der bernsteinfarbenen Stufe, der entsprechend der mythischen Gesetze der Bibel lebt, mag eine mystische Erfahrung vom Christusbewusstsein gehabt haben (spirituelle Zustandsstufe 4), während er Frauen allgemein als Sexobjekte betrachtet (Anima Stufe 2) und während eines Thailandurlaubes mehrere Prostituierte gefickt hat (sexuelle Zustandsstufe 2). Er kann dann seine spirituelle Erfahrung als eine Gnade Gottes betrachten, Frauen als minderwertig behandeln (die den Männern gehorchen sollten), und seine eigene sexuelle Abhängigkeit als ein satanisches Leid verdammen, das er nicht kontrollieren kann.

Eine orangene weibliche Biologielehrerin, die noch niemals eine spirituelle Erfahrung gehabt hat (spirituelle Stufe 0), kann viele ‚Boy Toys' als Sexpartner haben (sexuelle Zustandsstufe 3) und Männer dabei als ebenso unabhängig betrachten, wie sie sich selbst sieht (Anima Komplex-Stufe 4). Sie wird jede spirituelle Vorstellung als irrational bewerten, erfreut sich am Sex als einer gesunden körperlichen Aktivität und beurteilt Männer im Allgemeinen als kompetente Kollegen, jedoch nicht als romantische Lebenspartner.

## Zustände und Typen integrieren

Die letzten zwei Elemente des integralen Beziehungsmodells, nämlich temporäre Zustände (wie z.B. sich zu verlieben) und die Persönlichkeitstypen, sind auf der ganz rechten Seite der Persönlichkeitsmatrix angeordnet. Zustände repräsentieren die flüchtigen Erfahrungen, die vom Subjekt von seiner oder ihrer Bewusstseinsstufe aus beobachtet und interpretiert werden. Im Kontext dieses Handbuches haben wir uns besonders auf die Zustände des Verliebtseins konzentriert, während andere allgemeine Beispiele das Wachen, Träumen und der traumlose Schlaf, drogenerzeugte Euphorie, meditative Zustände und Gipfelerfahrungen sind.

Persönlichkeitstypen wie etwa die fünf Liebessprachen und das Enneagramm bleiben durch die Stufenentwicklung konstant und variieren nur in dem Ausmaß, wie sie ein Individuum ausdrückt und sich mit ihnen identifiziert.

## Zusammenfassung

In diesem Kapitel stellten wir fest, dass zunehmender sozialer Status Männern Zugang zu aufreizenden (jungen/gesunden) Frauen (und umgekehrt) verschafft, und dass die meisten Frauen (besonders im Bewusstsein ersten Ranges) sich hochheiraten wollen. Die Qualität einer Partnerschaft zwischen zwei Individuen, die einander ihre primäre Fantasie erfüllen und sich verlieben, hängt von ihrer jeweiligen vertikalen Entwicklungsstufe und den fünf Stufen ihrer horizontalen spirituellen, sexuellen und Anima/Animus-Entwicklung ab. Indem man diese Elemente integriert (8 x 5 x 5 x 5) kommen wir zu einer Persönlichkeitsmatrix mit 1000 möglichen Kombinationen für die femininen und maskulinen Polaritäten und die verschiedenen Zustände und Typen eines jeden Partners.

# Kapitel 8: Der Antrieb, uns zu verbinden

*Hundertmal am Tag erinnere ich mich selbst daran, dass mein inneres und äußeres Leben auf den Anstrengungen anderer Leute beruht, nicht nur der Lebenden, sonder auch der Toten.* – Albert Einstein

An dem einen oder anderen Punkt mögen sich die Liebenden fragen, wie sie gleichzeitig Teil einer Beziehung sein und doch ihre eigene individuelle Ganzheit aufrechterhalten können. Auch kann es für sie von Interesse sein herauszufinden, wie sie ihre körperliche und emotionale/spirituelle Attraktion zu einem Partner in einer gesunden Weise ausbalancieren und harmonisieren können. Die Antwort liegt in dem Konzept der Holons und den vier Quadranten, die Teil von Ken Wilbers ursprünglichem AQAL-Modell sind.[331]

## Holons, stets unvollständig und doch ganz

In Ken Wilbers integralem Modell ist ein Holon[332] ein Ganzes, das gleichzeitig auch Teil eines größeren Ganzen ist, während es selbst aus Teilen zusammengesetzt ist, die an sich auch Ganzheiten sind.

Ein Beispiel dafür hast du direkt vor Augen: Ganze **Wörter**, die ganze **Buchstaben** enthalten, erzeugen ganze **Sätze**, die Teile eines **Absatzes** sind usw. Oder ganze Atome sind Teile von ganzen Molekülen, die Teile von ganzen Zellen sind, die wiederum Teile von ganzen Organen sind, die Teil von ganzen Menschen sind, die Teil von ganzen Paaren sind, die Teil von ganzen Familien, Gemeinschaften, Gesellschaften und Nationen usw. sind. Buchstaben > Wörter > Sätze > Absätze >; Atome > Moleküle > Zellen > Organe > Menschen > Paare > Familien > Gemeinschaften … sind alle Holons.

Diese Gruppen von aufeinander bezogenen Holons oder *holonische Strukturen* führen zu natürlichen *Wachstumshierarchien*[333] (häufig *Holarchien* genannt), in denen die höheren Ebenen stets einschließender sind und darum auch über mehr Tiefe verfügen. Zur gleichen Zeit erfordern die höheren Ebenen die Gegenwart der Niederen, andernfalls würden sie aufhören zu existieren. Darum hat das Niedere stets eine größere Anzahl und eine ‚größere Spannweite'. Zum Beispiel gibt es in diesem Handbuch mehr Buchstaben als Worte und in dieser Welt mehr Individuen als Partnerschaften.

Die höhere Ebene hängt, um seine Existenz zu gewährleisten, von zwei Faktoren ab: Seine eigene Ganzheit (wie etwa eine Ehe) UND das Niedere (wie etwa die individuellen Partner) zu erhalten. Andernfalls würde sie letztlich in ihre Teile zerfallen und verschwinden. Eine Zelle kann ohne Organismen existieren, jedoch nicht ohne Moleküle; Sätze können ohne einen Absatz bestehen, jedoch nicht ohne Worte; Partnerschaften können bestehen ohne Gemeinschaften, jedoch nicht ohne die beteiligten Individuen.

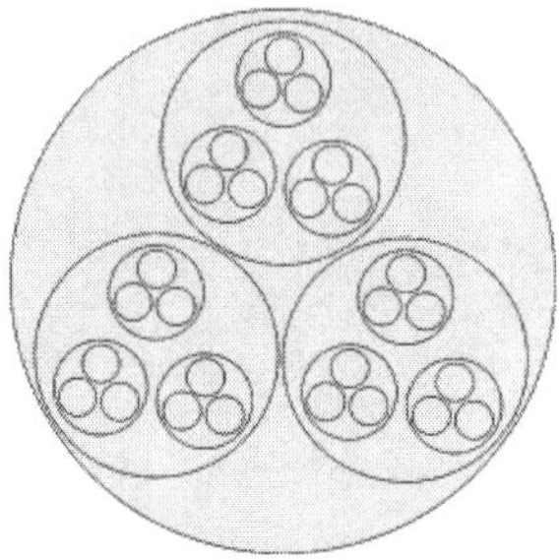

**Grafik 21: Vernestete Holons; jeder Kreis repräsentiert ein Holon**

**Per Definition verfügen Holons stets über ihre einzigartigen Charakteristika und können nicht auf die Summe ihrer Teile reduziert werden.**[334] Zum Beispiel ist ein Organismus mehr als nur die Summe seiner Zellen, denn er hat eine einzigartige Struktur und Funktion; ein Wort ist mehr als nur die Summe seiner Buchstaben, denn es hat seine eigene Bedeutung; eine Partnerschaft ist mehr als nur die Summe von zwei Individuen, denn sie verfügt über ihre eigene Dynamik, Werte und Erfahrungen (denke nur an zwei Hände, die zusammenarbeiten oder auch zwei Menschen, die Sex miteinander haben).

Ken Wilbers integrales Modell spezifiziert vier unterschiedliche Typen von Holons:

1) Individuelle Holons (alles, das sich seiner selbst bewusst ist und seine eigene Volition (Wahl/Wille) und Erfahrung hat, wie etwas Zellen, Hunde oder Menschen)

2) Soziale Holons (Gruppen von individuellen Holons, wie z.B. eine Gänseherde, eine männlich-weibliche Partnerschaft, Familien oder Gemeinschaften)

3) Artefakte (Objekte, die von individuellen Holons erzeugt werden, wie Gemälde, Bücher, Autos oder Häuser)

4) Haufen (Strukturen, die von der Natur geschaffen werden wie etwa Sanddünen oder Blatthaufen).[335]

Für unser integrales Beziehungsmodell werden wir uns nun auf individuelle und soziale Holons konzentrieren.

## Eigenschaften von individuellen Holons

In den folgenden Abschnitten werden wir die drei einzigartigen Charakteristika besprechen, die individuellen Holons zueigen sind und die für die Erzeugung von sozialen Holons wie Liebesbeziehungen von Bedeutung sind:

1) Individuelle Holons haben eine einzelne beherrschende Kraft (dominante Monade),

2) Individuelle Holons verfügen über eine innere/äußere wie auch individuelle/kollektive Dimension,

3) Individuelle Holons verfügen über vier Antriebe (bezogen auf die maskulinen/femininen Polaritäten, die wir in Kapitel 2 diskutiert haben).

### Wer hat das Sagen?

Die erste unverwechselbare Qualität von individuellen Holons ist ihr unabhängiger Wille oder auch Bewusstsein, dem alle Bestandteile (Holons) als eine einzelne beherrschende Kraft folgen. In Wilbers Sprache wird diese einzelne beherrschende Kraft eine *dominante Monade* genannt. Wenn du dich – als die dominante Monade eines individuellen Holons (welche ein einzelner Organismus ist) – dazu entscheidest, durch den Raum zu gehen, um mit einer Frau zu sprechen, so müssen alle Bestandteile wie Organe, Gewebe, Zellen, Moleküle und Atome folgen, und zwar ohne Ausnahme. Die drei anderen Formen von Holons (soziale Holons, Artefakte und Haufen) haben keine dominante Monade (siehe weiter unten).

### Die vier Quadranten

Individuelle Holons haben vier unterschiedliche Dimensionen, die für die Existenz des Holons wesentlich sind:[336]

1) Ein individuell **inneres,** subjektives/erfahrungsbezogenes ‚Ich' oder einen Geist,

2) Ein individuell **äußeres,** objektives/materielles ‚Es' oder eine/n Form/Körper,

3) Ein kollektiv **inneres,** intersubjektives ‚Wir' oder geteilte Werte/Kultur,

4) Ein kollektiv **äußeres,** interobjektives ‚Sie' oder die soziale Umwelt.[337]

Für eine einfache Verwendung stellt das AQAL-Modell diese vier Dimensionen als vier Quadranten dar, die wie folgt bezeichnet werden:

1) Oben links (OL), **‚Ich'**
2) Oben rechts (OR), **‚Es'**
3) Unten links (UL), **‚Wir'**
4) Unten rechts (UR), **‚Sie'**

| | |
|---|---|
| **OL ‚Ich'**<br>Subjektiv<br>Individuell<br>Innen | **OR ‚ES'**<br>Objektiv<br>Individuell<br>Außen |
| **UL ‚Wir'**<br>Kulturell<br>Kollektiv<br>Innen | **UR ‚Sie'**<br>Sozial-<br>Kollektiv<br>Außen |

**Grafik 22: Die vier Quadranten der individuellen Holons**

Mit anderen Worten, die vier Quadranten repräsentieren dein individuelles Bewusstsein in dem oberen linken und deinen physischen Körper in dem oberen rechten Quadranten, und wie diese zwei Dimensionen in den unteren Quadranten mit der Welt um dich herum verbunden sind.

Du – als ein individuelles Holon – kannst diese vier Dimensionen genau jetzt erfahren:[338]

1) Der obere linke (OL) Quadrant repräsentiert deine subjektive individuelle ‚Ich'-Dimension. Du erfährst diese Dimension, wenn du deine Aufmerksamkeit nach innen verlagerst und dich fragst: „Was ist in mir jetzt lebendig?" Es schließt das volle Spektrum deiner Bewusstheit mit ein und auch Empfindungen, Gefühle, Gedanken, Träume, Intentionen, Intuitionen, Wahrnehmungen und unsere Wahrnehmung von Schönheit. Die Stufen der Bewusstseinsentwicklung, die spirituellen Zustandsstufen und Persönlichkeitstypen, die wir in Teil I besprochen haben, werden diesem Quadranten zugerechnet. Introspektion, Psychotherapie, kognitive Entwicklung und Meditation sind Oben-Links Praktiken.

2) Der obere rechte (OR) Quadrant repräsentiert deine objektive, individuelle, äußere, physische ‚Es'-Dimension, die von dir oder irgendjemand anderem beobachtet werden kann. Es schließt dein Geschlecht,

deine Haut, Muskeln, Zellen, Hormone, Enzyme, Gehirnstrukturen, Geruch, Stimme, Höhe, Größe etc. mit ein. Unterschiede des männlichen und weiblichen Körpers, wie etwa Geschlechts-Eigenschaften (Brüste, Penis, Vagina, Körperhaar usw.), der Hormonspiegel (Testosteron, Östrogen usw.) und der genetische Aufbau (X und Y Chromosome usw.) werden in diesem oberen rechten Quadranten lokalisiert. Verhaltensweisen wie körperliche Übungen, Körpersprache und emotionale Ausbrüche gehören auch in diesen Quadranten.

3) Der untere linke (UL) Quadrant repräsentiert die kollektive innere (kulturelle) ‚Wir'-Dimension. Du erfährst diese Dimension, wenn du deine Aufmerksamkeit nach außen verlagerst und dich fragst: „Wie beziehe ich mich auf andere und wie beeinflussen sie mein Bewusstsein?" Dies schließt alles mit ein, was du durch Kultur gelernt hast wie etwa Sprache, religiöse Vorstellungen, Weltsichten, moralische Werte, Bescheidenheit, Hingabe, Empathie, Mitgefühl und Glaube. Deine Art und Weise, ein gegenseitiges Verständnis mit anderen zu erzeugen, sowie Intimität (was wir als ‚in mich schaust du hinein' fassen können und womit wir die interpersonelle Natur der Intimität betonen)[339] und Verletzlichkeit, ebenso wie die Linien der Moral, Weltsicht, Werte und Anima/Animus-Komplexentwicklung gehören zu diesem Quadranten. Kommunikation und Management-Training, Paartherapie, Konfliktlösung, Meditation, Bittgebete und religiöse Vorstellungen fallen in diesen unteren linken Quadranten.[340]

4) Der untere rechte (UR) Quadrant repräsentiert deine kollektive äußere (soziale) ‚Es'-Dimension. Du erfährst diese Dimension, wenn du deine Aufmerksamkeit auf die physische Welt um dich herum richtest und dich fragst: „Was ist die soziale, ökonomische und ökologische Umwelt, die meinen Körper erhält?" Dies schließt die Luft ein, die du atmest, die Nahrung, die du isst, Unterkunft, Besitztümer, Beruf, finanzielle Mittel und Schulden, sozialer Status, physische Beziehungen, Familie, Freunde und Gemeinschaft. Wie eine Frau dich als Beschützer/Versorger einschätzt und wie du mit ihr an deiner Seite von anderen betrachtet wirst gehört zu diesem Quadranten. Familienbeziehungen, soziale Aktivitäten, Erziehungssysteme, Gemeinschaftsbildung, Teamsport, Geldmanagement, Beziehungsregeln (wie etwa sexuelle Nötigung, wer kauft den Diamant-Ring, wer nimmt das Risiko der Ablehnung auf sich usw.) fallen auch in diesen Quadranten.

| Innen | Außen | |
|---|---|---|
| OL „Ich": Individuell Inneres. Intentionen, Bewusstsein, Bewusstheit, Zustände, Typen, Kognition, Gefühle, Wille, feminin/maskulin. | OR „Es": Individuell Äußeres. Verhalten, körperliche Erscheinuing, Sex, biologischer und genetischer Aufbau, Gehirnchemie, Hormone, Körpersprache. | Individuell |
| UL „Wir": Kollektiv Inneres/ Kultur. Sprache, Werte, Religion, Moral, Kommunikation, Hingabe, Vertrauen, Demut, Anima/Animus-Komplex. | UR „Sie": Kollektiv Äußeres/sozial. Arbeit, ökonomische und Rechtssysteme, Kleidung, materielle Güter, Ökologie Geschlechterrollen. | Kollektiv |

**Grafik 23: Eigenschaften jedes Quadranten**

Du kannst jetzt eventuell schon sehen, dass jede dieser vier Dimensionen für eine Partnerschaft wichtig ist, in der zwei individuelle (OL) ‚Ichs' mit zwei ‚Es'-Körpern (OR) eine gegenseitige ‚Wir' Erfahrung haben, die auf Verständnis/Resonanz (oder Missverständnis/Dissonanz) basiert, und die in eine ‚Es'-hafte soziale Struktur (UR) eingebettet ist.

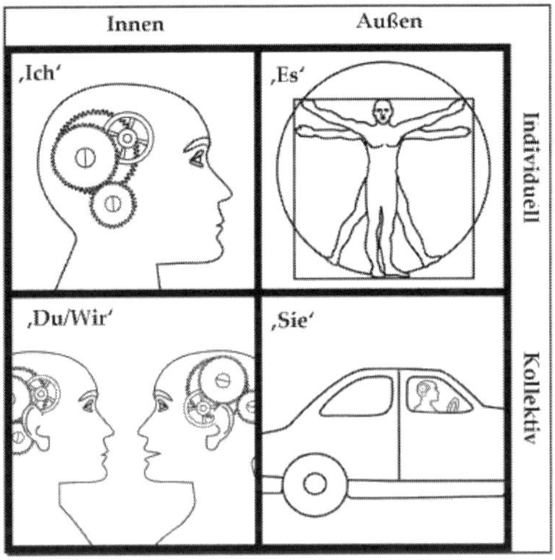


**Grafik 24: Die vier Quadranten auf individuelle Holons angewendet.**

Sofern du eine dieser vier Dimensionen vernachlässigst, so resultiert daraus eine verzerrte Perspektive auf deine innere oder äußere Welt, deine Beziehungen oder deine soziale Umgebung.

## Entwicklung innerhalb der Quadranten

Jede der Entwicklungslinien, die wir in Kapitel 3 beschrieben haben, kann in einen der vier Quadranten platziert werden – beim Menschen die Stufen der Bewusstseinsentwicklung in den OL-Quadranten, die zunehmende Komplexität des Körpers und des Gehirns in den OL-Quadranten, das Auftauchen der Kultur und Weltsichten in den UL-Quadranten und die Fortschritte von sozialen Strukturen in den UR-Quadranten. Diese Linien tauchen in allen Quadranten gleichzeitig auf (was Wilber *Tetra-Auftauchen* nennt). Zum Beispiel erfordert Bewusstsein auf der rationalen Ebene (OL) einen Neokortex (OR) um eine wissenschaftliche Weltsicht (UR) zu erzeugen, was zu der Industriegesellschaft führt (UR).[341]

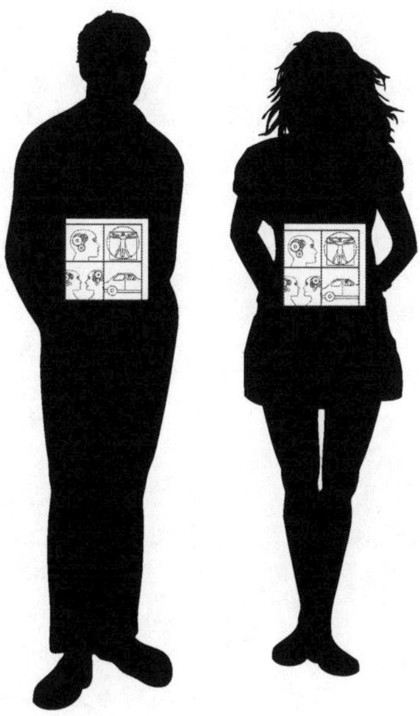

**Grafik 25: Jeder Mensch verfügt über vier Quadranten.**

## Die vier Antriebe eines individuellen Holons

Die dritte wesentliche Eigenschaft eines individuellen Holons, das für Partnerschaften von größter Bedeutung ist, sind die vier Antriebe, die seine Fähigkeit bestimmen, gleichzeitig ein Ganzes und ein Teil zu sein.[342] Beim Menschen sind diese vier Antriebe ganz eng mit den femininen und maskulinen Polaritäten verwoben, die wir in Teil I, Kapitel 2 besprochen haben. Wir nannten sie Aufsteigen und Absteigen (dargestellt auf einer vertikalen Achse) sowie Agenz und Kommunion (auf einer horizontalen Achse). Wir werden einfach bei dieser Terminologie bleiben. Du, als ein individuelles Holon, kannst diese vier Antriebe jederzeit fühlen.

**Aufsteigen** (Selbst-Transzendenz) ist der Antrieb zum Höheren, zur Erzeugung von größeren Holons, größeren und komplexeren Ideen/Konzepten, dem übergeordneten Wohl, und der Antrieb über das begrenzte Selbst hinauszustreben.[343] Dieser Antrieb ist die kreative Liebe, die aufwärts reicht (Eros). Beispiele dafür sind, eine Partnerschaft/Ehe zu formen oder eine Familie, eine Organisation, ein Team oder eine Gruppe, Unternehmen, Gemeinschaften Nationen zu gründen. Dieser Antrieb repräsentiert die Kapazität für Kreativität, Integration, Präsenz, Vision und das größere Ganze zu sehen. Wenn du diesen Antrieb ausschließt, so wird dein Leben ohne Sinn sein. In seiner ungesunden Form negiert dieser aufsteigende Antrieb die Bedürfnisse der individuellen Holons, aus denen das größere Ganze besteht.

**Absteigen** (Selbst-Immanenz) ist der Antrieb in Richtung des Niederen und die Teile/Mitglieder, aus denen das Ganze besteht, zu umfassen und zu umsorgen. Dieser Antrieb ist die selbstlose und fürsorgende Liebe, die herunterreicht (Agape). Beispiele dafür sind das Interesse an der Gesundheit und dem Wohlbefinden unseres Körpers, unserer Partnerin sowie den individuellen Mitgliedern der Familie, des Teams, der Gruppe oder Gemeinschaft. Dieser Antrieb repräsentiert die Fähigkeit, Mitgefühl zu zeigen, zu fühlen, zu akzeptieren, zu erlauben und sich hinzugeben. Diesen Antrieb zu leugnen führt zu Burn-out, Krankheit, Erschöpfung, Leere und zum Verlust der Unterstützung der Basis. In seiner ungesunden Form führt dieser absteigende Antrieb zu Auflösung, Dekomposition und Dekonstruktion des größeren Ganzen, indem man das übergeordnete Wohl aus dem Blick verliert.

**Agenz** (Selbst-Erhaltung) ist der Antrieb, ganz, vollständig, unabhängig und separat zu bleiben – die autonome Arbeitsweise des Holons. Beispiele dafür sind, die Integrität und Arbeitsweise von dir selbst, deiner Familie, Gruppe, Team oder Organisation aufrechtzuerhalten und zu beschützen. Dieser Antrieb repräsentiert die Fähigkeit zur Autonomie, zur Selbstständigkeit, zu freiem Willen und dazu, Macht auszuüben. Wenn du diesen Antrieb leugnest, wirst du abhängig, gebunden und jemand anderes übernimmt die Verantwortung. In seiner ungesunden Form führt Agenz zu Konflikt, Isolation, Entfremdung und Einsamkeit.

**Kommunion** (Selbstanpassung) ist der Antrieb, gemeinsam mit anderen zu handeln – sich zu verbinden, beizutreten, zu kommunizieren, teilzuhaben, dazuzugehören, Verantwortung zu übernehmen, Kompromisse einzugehen und zu kooperieren. Dieser Antrieb repräsentiert die Fähigkeit zu Verstehen, Empathie, Verknüpfen und Offenheit. Wenn du diesen Antrieb leugnest, isolierst und entfremdet du dich und bist von anderen abgeschnitten. In seiner ungesunden Form führt Kommunion zu Abhängigkeit, Verschmelzung und dem Verlust des unabhängigen Wirkens und des freien Willens.

## Die vier Antriebe differenzieren

Es kann mitunter schwierig sein, klar zwischen Aufsteigen/Agenz und Absteigen/Kommunion zu unterscheiden, da sie sich ähnlich anhören und anfühlen mögen. Man kann dies klarer beobachten dadurch, dass jedes individuelle oder soziale Holon, sobald es durch Aufsteigen erzeugt wurde, gesundes Agenz und Kommunion ausbalancieren und die Mitglieder durch Absteigen umarmen muss, um langfristig zu überleben.

Wir müssen uns um unsere Zellen und Organe kümmern, um unseren Körper aufrechtzuerhalten (Absteigen), andernfalls werden wir krank und können sogar sterben und uns in Moleküle, Atome, Quarks, Strings etc. zersetzen. Wir benötigen auch die emotionale und materielle Unterstützung von anderen (Kommunion) um zu überleben, während wir unsere Autonomie als ein individuelles Wesen aufrechterhalten (Agenz) und Partnerschaften und Gemeinschaften erzeugen (Aufsteigen), um die menschliche Rasse zu erhalten.

Ein extremes Beispiel für eine ungesunde Entwicklung dieser vier Antriebe ist Hitlers Nazi-Deutschland, das ursprünglich erfolgreich im Aufsteigen (indem es ein größeres ‚Wir' erschuf) und in Agenz (indem es sich isolierte und dem Rest der Welt den Krieg erklärte) war, aber im Absteigen (und damit darin, für seine individuellen Mitglieder zu sorgen – einschließlich der sechs Millionen deutschen Juden und anderer Gruppen, die brutal in den Konzentrationslagern umgebracht wurden) und der Kommunion scheiterte (mit Nachbarn zu kooperieren). Dieses Unterfangen verursachte, wie die Geschichte gezeigt hat, nicht nur unaussprechliches Leid für Millionen von Menschen, sondern kollabierte als Ganzes auch innerhalb einer relativ kurzen Zeit.[344]

Doch wir brauchen nicht so weit zurückzugehen, um Störungen in sozialen Holons zu finden. Ein Blick auf die meisten Beziehungen, die hohen Scheidungsraten, die zunehmende Anzahl von Singles, die unfähig sind, eine gesunde Partnerschaft und Familien zu formen, die Zerstörung unserer Umwelt und viele andere soziale, ökonomische, ökologische und humanitäre

Probleme, denen wir uns als Spezies gegenübersehen, bieten genug Beweise für die Unausgeglichenheit der vier Antriebe. Offenbar müssen wir lernen, all diese vier Fähigkeiten auszubalancieren, vom Niedersten (unserem Körper und Ökosystem) zum Höchsten (der Menschheit als Ganzem und aller Schöpfung) – und allem dazwischen (unsere Partnerschaften, Familien, Gemeinschaften, Nationen etc.) – um unseren Planeten und all seine Bewohner in eine bessere Zukunft zu führen.

## Innere und äußere Konflikte

Manchmal entstehen Konflikte der vier Antriebe in unserer inneren und äußeren Welt. Zum Beispiel kannst du dich körperlich zu einer Frau hingezogen fühlen und möchtest Sex mit ihr haben (äußerliche Kommunion), doch bemerkst du eine innere Furcht vor Ablehnung oder fürchtest dich davor, deine Autonomie zu verlieren, und ziehst dich zurück und meditierst (inneres Agenz). Integrität bedeutet, seine eigenen Intentionen (Werte/Glaubenssätze) mit dem eigenen Verhalten im Angesicht von Widerspruch auszurichten.

Um potenzielle Konflikte zwischen deinem Inneren und Äußeren zu adressieren und um Liebesbeziehungen zu verstehen, werden wir die vier Antriebe im linksseitigen ‚Ich/Wir'- Quadranten und im rechtsseitigen ‚Es'-Quadranten betrachten.[345] Dies ergibt acht Kombinationen:

## Innen

Dein Inneres ist aufsteigend, sofern es auf kreatives Denken, Achtsamkeit, das größere Ganze sehen, Gott erfahren, Stille, Leere und Präsenz ausgerichtet ist.

Dein Inneres ist absteigend, wenn es auf Gefühle, umherwandernde Gedanken, Empfindungen, Selbstliebe, das Niedere umarmen, Mitgefühl, Fülle und Hingabe ausgerichtet ist.

Dein Inneres ist agentisch, wenn du deine Gedanken und Gefühle für dich behältst und Probleme alleine lösen willst (introvertiert). Wie viele Beziehungsratgeber zeigen, neigen die meisten Männer dazu, sich in ihre Höhle zurückzuziehen, wenn sie Stress haben (Fernsehen, alleine an einem Projekt arbeiten, meditieren, alleine auf eine Wanderung gehen etc.).

Dein Inneres ist kommunal, wenn es darauf gerichtet ist, dass du deine Gedanken und Gefühle mit anderen teilst (extrovertiert) und Mitgefühl zeigst. Wie wir aus Erfahrung wissen, neigen die meisten Frauen dazu, ihre Probleme mit anderen zu teilen, ohne dabei ein konstruktives Feedback zu erwarten oder ein Bedürfnis danach zu haben, dass es geklärt wird.

## Außen

Dein Äußeres ist aufsteigend, wenn es von dem Körper mit seinen niederen Impulsen, Ängsten, Bedürfnissen und Begehren durch Unterdrückung/Dissoziierung oder Selbstdisziplin und Kontrolle weggerichtet wird.

Dein Äußeres ist absteigend, wenn es darauf gerichtet ist, den Körper anzunehmen, sich seinen Impulsen hinzugeben (nachgeben/erlauben), Mitgefühl zu haben (mitleiden), passiv zu sein und sich anzupassen.

Dein Äußeres ist agentisch, wenn es darauf gerichtet ist, allein zu sein, sich körperlich von anderen zu distanzieren und nicht angefasst werden zu wollen.

Dein Äußeres ist kommunal, wenn es darauf gerichtet ist, in der Gesellschaft von anderen zu sein, körperliche Nähe anzustreben, berührt zu werden und andere zu berühren.[346]

## Beispiele

Du kannst zum Beispiel Sex mit deiner Partnerin haben wollen (Außen-Kommunion), sie nehmen (Außen-Aufsteigen), oder von ihr genommen werden (Außen-Absteigen), dabei den inneren Raum und die Leere fühlen (Innen-Aufsteigen) oder emotional aufgeladen sein (Innen-Absteigen) und still sein/keinen Augenkontakt haben (Innen-Agenz), während du sie von hinten nimmst (Außen-Agenz), oder aber du willst Augenkontakt haben, während ihr Liebe macht (Innen-Kommunion).

Oder aber, du willst allein sein (Außen-Agenz), tüchtig sein (Außen-Aufsteigen) oder ein köstliches 5-Gänge Menü essen (Äußerlich-Absteigen), über eine verlorene Liebe tagträumen (Innen-Absteigen) oder darüber nachdenken, ein Dating Profil zu erstellen (Innen-Aufsteigen), deine Gedanken in ein Tagebuch schreiben (Innen-Agenz) oder sie in einem Internetblog veröffentlichen (Innen-Kommunion).

# Soziale Holons

Individuelle Holons (wie etwa Menschen), die sich zusammentun, nennt man soziale Holons. Typische Beispiele sind Paare, Familien, Gemeinschaften, Gruppen, Arbeitsteams, Organisationen und Nationen.[347] **Ungleich den Bestandteilen individueller Holons (die durch eine dominante Monade regiert werden), verfügen soziale Holons über Mitglieder, die miteinander eine gegenseitige Resonanz auf der Ebene des Körpers, Geistes, Herzens**

**und der Seele auf einer bewussten oder unbewussten Ebene teilen**. Sie haben die Freiheit, der Gruppe beizutreten oder sie zu verlassen, sich zu verheiraten oder scheiden zu lassen, einen Job anzunehmen oder zu kündigen, ein Mitglied zu werden oder auszutreten oder von einer Gemeinschaft/Land zum Nächsten zu ziehen.[348] Da soziale Holons über keinen einzelnen Geist/Bewusstsein oder einen physischen Körper verfügen, haben sie – per Definition – **nicht vier Quadranten.**[349]

Dennoch haben die meisten sozialen Holons Hierarchien mit einer dominanten Machtstruktur (oder ‚Hackordnung'), die sie ausrichtet und zusammenhält. Wir finden diese Strukturen bei Unternehmen, Politik, Militär, Sport, Kirchen, Familien und Partnerschaften. Sie werden durch einen dominanten Resonanzmodus (versus einer dominanten Monade) und einen geteilten Modus des Diskurses geformt, der gewöhnlich notwendig und nutzbringend ist, um eine funktionelle Einheit zu erzeugen, wie etwa Partnerschaften, Familie, Gruppen, Geschäfte, Organisationen und Gesellschaft. Diese Hierarchien haben nur wenig wirkliche Bedürfnisse für Zweckmäßigkeit/Effektivität/Effizienz (Unternehmenswelt), Überleben/Schutz (Militär), Erwachen/Verwirklichung (religiöse/spirituelle Gemeinschaft), Erwachen/Erkenntnis (Schule/Familie), Aufrechterhaltung der sozialen Ordnung/Gerechtigkeit (Politik/Gesetzesvollzug) oder Entspannung/Fitness-Aktivitäten (Gruppen/Spiele/Sport). Individuen, die nicht willens oder fähig sind, sich an solche hierarchischen Gruppenstrukturen anzupassen, werden an den Rand gedrängt oder gebeten zu gehen.

Hierarchische Strukturen werden problematisch, wenn Individuen auf einer höheren oder mächtigeren Ebene ungerechtfertigt Kontrolle über Menschen auf der niedrigeren Ebene ausüben, anstatt für sie zu sorgen. Unglücklicherweise können wir dies überall beobachten, Liebesbeziehungen eingeschlossen. Ein integral informierter Mann ist sich des Unterschieds zwischen missbrauchenden Beherrscherhierarchien und natürlichen Wachstumshierarchien bewusst. Er weiß, wo seine (oder ihre) Vision, Richtung, Führung und Macht verlangt wird und notwendig ist, um die Ganzheit eines sozialen Holons (Partnerschaft, Organisation, Nation) zu erhalten, und wann seine oder ihre Handlungen andere unterdrücken, manipulieren, zwingen, beherrschen oder übervorteilen. Einfach gesagt, wir müssen unseren Beziehungen die höchste Priorität einräumen, um ihre Ganzheit zu erhalten, während man für die Gesundheit der Individuen (Teile) sorgt, aus denen sie bestehen – und dies wird am besten in einer verbindlichen Liebesbeziehung mit einer Frau erreicht.[350]

## Ausbalancieren und Harmonisieren

Um ihre individuelle Ganzheit und Teilheit in einer gemeinsam erzeugten, gesunden Liebesbeziehung aufrechtzuerhalten, müssen beide Partner die gesunden Formen der vier Antriebe in ihren inneren und äußeren Quadranten in einer gleichen und entgegengesetzten Weise ausbalancieren und harmonisieren. Dies erzeugt Anziehung und Synergie durch einen Energiefluss (man denke an einen Magneten, eine Batterie oder Sex) und harmonisiert das Geben und Nehmen des Paares durch geteilte Resonanz und Diskurs. Andernfalls wird das Paar eine innere Stagnation und äußeren Konflikt erfahren.

Partner tanzen, indem einer führt (Aufsteigen) und einer folgt (Absteigen), was einem Paar ermöglicht, sich in einer flüssigen Weise zueinander hin (Kommunion) und voneinander weg (Agenz) zu bewegen, was an sich ein einfaches Beispiel für die Dynamik im Außen ist.

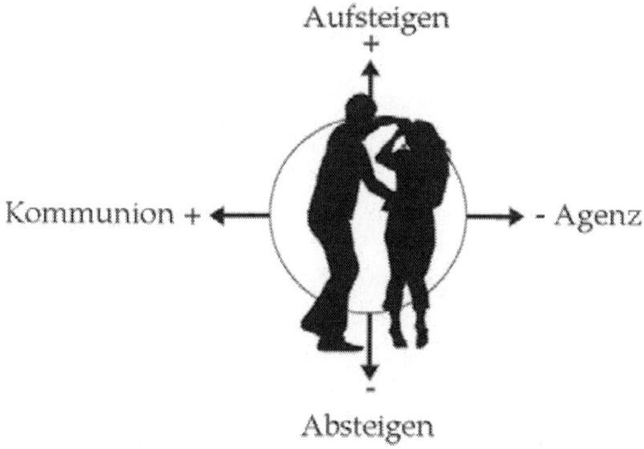


**Grafik 26: Beispiel eines tanzenden Paares und der vier Polaritäten**

Tanzpartner können (innere) Gedanken und Gefühle in einer Konversation (Kommunion) teilen, indem einer von ihnen spricht (Aufsteigen) und der andere zuhört (Absteigen), oder beide können schweigen (Agenz).

Wenn weder der eine noch der andere Partner führt noch folgt, verbleiben sie statisch oder stolpern übereinander. Wenn sie nicht aus der Umarmung heraus- und wieder hineinfließen, werden sie sich entweder erdrücken oder voneinander wegdriften. Wenn keiner von ihnen spricht, könnten sie ebenso gut auch mechanische Puppen oder Zombies sein. Wenn sie beide unaufhörlich reden und einander nicht zuhören, sind sie wie zwei laufende Radios ohne Zuhörer oder Ausschalter.

Ein integral informierter Mann wird daran arbeiten, seine innere und äußere Vision (Aufsteigen) für seine Partnerschaft/Ehe zu harmonisieren, indem er die eigenen Bedürfnisse wie die seiner Gefährtin in Betracht zieht (Absteigen).[351] Er wird ebenso seine inneren wie äußeren Bedürfnisse nach Autonomie (Agenz) mit seinem und ihrem Verlangen nach einer tiefen harmonischen Intimität, Nähe und Verbindung (Kommunion) ausbalancieren.

Ohne diese Balance werden es zwei stark agentische Menschen schwer haben, zueinanderzufinden; extrem kommunale Menschen werden voneinander abhängig; zwei Aufsteiger werden sich nur selten auf einer tieferen emotionalen/sexuellen Ebene verbinden, wobei ihre unterschiedlichen Visionen kontinuierlich kollidieren werden (es sei denn, sie haben dieselbe Vision, was wünschenswert ist); und zwei Absteiger werden in dem Morast ihrer Emotionen und den Details ihres Lebens verloren gehen.

## Gleiche vs. Gegensätze

In den präkonventionellen magenta- oder roten-, und konventionellen bernsteinfarbenen Beziehungen können wir häufig Paare beobachten, die Gegensätze aber nicht Gleiche sind.[352] Sie teilen gegensätzliche Polaritäten/Antriebe, die sie zueinander hinziehen und sie zueinander passend machen, doch sind nicht Gleiche, da der aufsteigende/agentische Partner (häufig, aber nicht immer der Mann) über die ökonomische, physische, intellektuelle und emotionale Macht (häufig durch Wut oder die Unterdrückung von Gefühlen) verfügt, während der absteigende, kommunale Partner dazu neigt, finanziell und emotional abhängig zu sein und sich um die Mitglieder der Familie (Partner/Kinder, alternde Eltern) kümmert.

Diese Beziehungen beginnen in der modernen orangenen Entwicklungsstufe auseinanderzufallen, wo Frauen anfangen, sich von den maskulinen Polaritäten (Aufsteigen/Agenz) angezogen zu fühlen, ihre eigene Autorität leben und beginnen, ihre finanzielle und emotionale Unabhängigkeit von Männern anzustreben. Da Männer ihre Maskulinität in Orange behalten, werden die Geschlechter *Gleiche*, aber nicht länger *Gegensätze*, die sich anziehen und Synergie möglich machen.[353]

Die Dinge werden sogar noch verwirrender auf der postmodernen grünen Entwicklungsstufe, wenn Männer auf die innere Reise der Selbstentdeckung gehen und mit ihrer femininen Seite (Anima) in Kontakt kommen, während Frauen ihre Maskulinität (Animus) vollkommen annehmen. Die Geschlechter sind dann *Gleiche* und *Gegensätze* bei einem vollkommenen Rollentausch, bei dem sich emanzipierte Frauen weder emotional noch finanziell um die ‚empfindsamen New Age Verlierertypen' kümmern, noch mit den unsensiblen orangenen Workaholics oder den konservativen bernsteinfarbenen Patriarchen umgeben wollen, während grüne Männer finden, dass Frauen auf dieser Stufe unempfindsam gegenüber ihren Bedürfnissen (und Bedürftigkeiten) sowie entmannend sind.

In post-postmodernen, integral informierten Beziehungen werden sich beide Partner vollkommen der femininen/maskulinen Dynamik bewusst und integrieren sie. Sie werden zu Gegensätzen UND Gleichen, indem sie sich von ihrer sexuellen Essenz führen lassen, während sie die entgegengesetzten femininen und maskulinen Polaritäten in einer bewussten, ausbalancierten und harmonischen Weise annehmen, so wie es die jeweilige Situation und Stimmung erfordert. Auf diese Weise erzeugen sie gemeinsam Synergie, erhalten ihre sexuelle Leidenschaft/Anziehung am Leben und erlauben einander, ihre Männlichkeit und Weiblichkeit in einer natürlichen und gesunden Weise auszudrücken, ohne sich begrenzt, manipuliert, unterdrückt oder von dem anderen Geschlecht benutzt zu fühlen.

## Bereit oder noch nicht?

Du kannst noch tiefere Antworten über deine Fähigkeit bekommen, die vier Quadranten und Antriebe in einer gesunden Partnerschaft auszubalancieren und zu harmonisieren, wenn du die vier Fragen unten beantwortest:[354]

| | |
|---|---|
| Was sind Deine Sehnsüchte/Bedürfnisse, in einer Partnerschaft zu sein? **(Aufsteigen)** | Was sind Deine Sehnsüchte/Bedürfnisse, allein zu sein? **(Agenz)** |
| Was sind deine Bedenken/Ängste, eine Partnerschaft zu haben? **(Absteigen)** | Was sind deine Bedenken/Ängste, allein zu sein? **(Kommunion)** |

**Tabelle 6: Furcht und Verlangen, in einer Partnerschaft oder alleine zu sein.**

Wenn nur wenig oder keine besonderen Bedürfnisse und Ängste in irgendeinem dieser vier Bereiche auftauchen, und wenn deine Antworten vernünftige Bedenken und gesunde Lüste ausdrücken, dann verfügst du über die besten Voraussetzungen, um eine gesunde Partnerschaft zu erschaffen. Wenn deine Antworten Unausgeglichenheiten, Bedürftigkeiten und Ängste zeigen, dann solltest du vielleicht diese Themen klären, bevor du dir einen Partner suchst.[355]

## Zusammenfassung

Glückwunsch! Du hast es durch den abstrakten und technischen (doch hoffentlich nicht langweiligen!) Teil dieses Handbuches geschafft, in dem wir zeigten, das Menschen individuelle Holons sind, die gleichzeitig Ganzes und Teil in ihren Beziehungen sind. Sie verfügen über individuelle und kollektive innere und äußere Dimensionen, welche wir vier Quadranten zugerechnet haben. Wir haben die vier Antriebe betrachtet, die die Kapazität des individuellen Holons vermitteln, in sich ganz und doch auch Teil eines sozialen Holons zu sein, und untersuchten gegensätzliche vs. gleiche Beziehungsdynamiken in präkonventionellen, konventionellen, postkonventionellen und integral informierten Beziehungen.

# Kapitel 9: Leidenschaft/Intimität/ Abhängigkeit

*In der Arithmetik der Liebe ist eins plus eins Alles, und zwei minus eins gar nichts.* – Mignon McLaughlin

Obwohl Liebe vom Individuum im oberen linken ‚Ich'-Quadranten und oberen rechten ‚Es'-Quadranten erfahren wird, wird die tatsächliche Liebesbeziehung durch die unteren ‚Wir' und ‚Es'-Quadranten sowie einer unbewussten Dimension erschaffen.

**In diesem Kapitel werden wir die daraus resultierenden Kernelemente einer Liebesbeziehung betrachten:** *UL Intimität, UR Leidenschaft* **und** *unbewusste Abhängigkeit.* Indem man die Ebenen jeder dieser Kernelemente als Linien zeichnet, können wir sie als unterschiedlich geformte metaphorische Dreiecke formen. Diese Dreiecke weisen damit auf acht Formen der Liebe hin, die wir im Detail besprechen werden. Die Gestalt und Kongruenz der Dreiecke zu verstehen wird es dir erlauben, auch den Typ und die Qualität der Liebe, die du und deine Partnerin erfahren, zu verstehen.

## Die drei Seiten des Dreiecks

Die Länge der linken Seite des Dreiecks repräsentiert das Maß an Intimität, die ein Individuum mit einer anderen Person über den **‚Wir'** UL-Quadranten (Sprache, Werte, Weltsichten, Interessen etc.) erfahren kann. Sie sagen dann in etwa: „Wir verstehen einander", „Wir passen gut zusammen", „Wir schwingen gut miteinander", „Wir teilen dieselben Werte", „Wir betrachten die Welt in derselben Weise" oder „Wir sind beste Freunde."

Die Länge der rechten Seite des Dreiecks repräsentiert das Maß an Leidenschaft, die Individuen über ihren **‚Es'** UR-Quadranten in Bezug auf Mitglieder des anderen Geschlechtes erfahren, die ihren sexuellen Fantasien entsprechen (Aussehen, Status etc.). Wenn gegenseitige Anziehung zwischen zwei Liebenden besteht, werden sie in etwa sagen: „Zwischen uns knistert es", „Wir fühlen uns gegenseitig voneinander angezogen", „Wir können unsere Hände nicht voneinander lassen", „Wir haben großartigen Sex", „Wir haben Spaß gemeinsam", „Wir mögen es, Dinge gemeinsam zu tun" oder „Wir sind ein tolles Team".

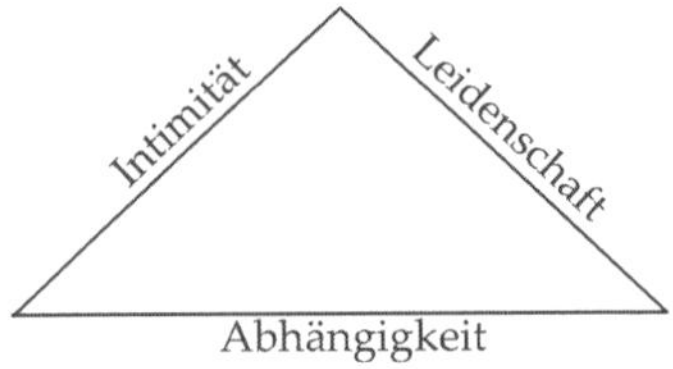


**Grafik 27: Das Dreieck der Leidenschaft, Intimität und Abhängigkeit**

Die Länge des Apex des Dreieckes repräsentiert das Maß der Abhängigkeit, welches Individuen in einer Partnerschaft durch ihr Unbewusstes erfahren können (bei Zweiter-Rang-Beziehungen, die sehr selten sind, wird Abhängigkeit zu einer bewussten Wahl bzw. einem Willensakt, anstatt zu einer unbewussten Bindung). In Bezug auf die unterschiedlichen Grade der Abhängigkeit werden solche Partner in etwa sagen: „Wir vervollständigen/ergänzen uns", „Wir können nicht ohne einander leben", „Wir bringen uns gegenseitig in Rage", „Wir streiten uns viel" oder „Wir sind Seelenpartner/Zwillingsflammen/ebenbürtige Partner." Die unbewusste Dimension von Liebesbeziehungen wird häufig als mysteriös, wunderbar oder magisch erfahren, da das verliebte Paar über keine rationale Erklärung für ihre magnetische Anziehung/Abstoßung verfügt.

**Grafik 28: Beispiele von unterschiedlich geformten Dreiecken der Liebe**

Um besser die mysteriöse Dimension der Liebe zu verstehen, die alle drei Seiten des Dreiecks beeinflusst, besonders aber den unteren Teil der Abhängigkeit, werden wir zunächst einen Blick auf das Unbewusste und die Rolle werfen, die es dabei spielt, dass wir uns zu bestimmten Mitgliedern des anderen Geschlechtes hingezogen fühlen. Nach dieser Reise in die Unterwelt unserer Psyche werden wir die drei Kernelemente der Liebe zu acht Formen der Liebe kombinieren.

## Das Unbewusste

Wir alle tragen eine psychologische Blaupause in uns, die die Details und nachklingenden Eindrücke und Prägungen unserer Herkunft und Lebenserfahrungen in sich birgt. Die nicht anerkannten/unbewussten Teile dieser

Blaupause enthalten die Informationen, die unsere irrationalen Befürchtungen, Ängste, Bewältigungs- und Verteidigungsmechanismen ebenso wie unsere Kreativität, Träume und Leidenschaften antreiben. Und genauso wie die bewussten Aspekte unserer inneren und äußeren Dimensionen über gegensätzliche feminine und maskuline Polaritäten verfügen, die einander ergänzen und sich anziehen, so gilt dies auch für die unbewussten Teile.

Es gibt fünf wesentliche Komponenten des Unbewussten,[356] die für den mysteriösen Magnetismus und die Ablehnung, die Liebende erfahren können, auf den Ebenen ihres Körpers, Geistes und Herzens von Bedeutung sind:

1) Das **Grund-Unbewusste** repräsentiert unsere nicht verwirklichten eingebetteten Potenziale. Alle Menschen tragen in sich das Potenzial, nach der Geburt ihre Bewusstheit zu steigern (von Körper zu Verstand, Seele und Geist). Die nicht verwirklichten Stufen dieser zukünftigen Wachstumspotenziale werden nicht aktiv unterdrückt oder unwillkürlich verdrängt; sie sind einfach noch nicht in die bewusste Aufmerksamkeit getreten. Beispiele sind gewisse Aspekte der sexuellen Impulse und Vorlieben eines Kindes, die aufgrund des jungen Alters noch nicht aufgetreten sind, oder eine Eichel, die zu einer Eiche werden wird und nicht zu einem Tomatenstrauch. Das Kind oder die Eichel unterdrückt nichts: Sie haben nur noch nicht begonnen zu wachsen. Obwohl jeder Mensch oder Baum seine eigenen einzigartigen Qualitäten entwickeln wird, so sind doch die individuellen Tiefenstrukturen in dem noch Unbewussten eingebettet. Im Falle des Kindes wissen wir, dass es zu einem Mann oder einer Frau werden wird, im Falle der Eichel ist es schon festgelegt, dass sie nicht zu einem Löwenzahn oder einer Birke wird. Das *Grund-Unbewusste* erklärt, warum sich Menschen unbewusst zu einem entgegengesetzten Partner hingezogen fühlen, mit dem sie wachsen können.

2) **Das archaische Unbewusste** ist mit den einzigartigen Prädispositionen und Instinkten verknüpft, die die Individuen von ihren Ahnen geerbt haben. Diese sind in ihr Reptilienhirn und ihre DNS eingebettet und existierten, bevor es Sprache gab oder persönliche Ereignisse erinnert werden konnten. Diese Facette des Unbewussten verursacht, dass Menschen auf ähnliche Weise die Welt erfahren und darauf reagieren, wie es ihre Vorväter getan haben. Dies erklärt, warum sich die meisten Menschen wohler fühlen, wenn sie mit einem Partner zusammen sind, der ihr Erbe teilt.

3) **Das verschüttete Unbewusste** ist das, was Menschen den *Schatten* oder das Unbewusste nennen.[357] Es repräsentiert alle Erfahrungen und Erinnerungen, die einstmals bewusst waren und nun außerhalb der Bewusstheit liegen, entweder dadurch, dass man sie einfach vergessen

hat oder indem man sie mit einer gewissen Anstrengung unterdrückt, verneint oder dissoziiert. Dies sind die Elemente unserer Existenz, von denen man annimmt, dass sie mit dem Ego unvereinbar sind – das auch das *falsche Selbst* genannt wird. Wenn wir diesen Elementen gegenüberstehen, reagieren wir defensiv oder aggressiv aus Angst davor, den Schmerz, der uns dazu veranlasst hat, die Erinnerung des Ereignisses überhaupt erst zu vergessen, wieder neu zu erleben. Wie Psychologen wissen: ‚Wut maskiert Angst, und Angst maskiert Schmerz'.[358]

Der Anima- und Animus-Komplex ist eine Unterkomponente des verschütteten Unbewussten, welche man auf das andere Geschlecht projiziert. Ein Mann, der dazu neigt, seine Gefühle zu unterdrücken, mag sich zu einer Frau hingezogen fühlen, die übermäßig emotional ist. Eine Frau, die sich ihrer unsicher ist und stets von anderen Anerkennung sucht, kann sich zu einem Mann hingezogen fühlen, der egozentrisch und arrogant ist. Ein Mann, der von sich denkt, dass er nichts wert ist, kann sich zu einer erfolgreichen Frau mit einer höheren Bildung hingezogen fühlen. Eine Frau, die das Leben als bedeutungslos empfindet, kann sich zu einem geistvollen Mann hingezogen fühlen, der voller Leidenschaft und Lebenssinn ist. Früher oder später werden diese Liebenden jedoch von diesen Qualitäten des Partners genervt sein, die sie in sich selbst verdrängt hatten, und Konflikte in Form von Streitereien (versuchen, den andern zu verändern) und Rückzug tauchen auf … es sei denn, die unbewussten Projektionen werden bewusst gemacht, indem man sie ‚übernimmt'[359] und für Heilung und Wachstum benutzt (siehe unten Kapitel 9). Dies erklärt, warum sich Menschen zu einem entgegengesetzten Partner hingezogen fühlen, der sie herausfordert, ihre psychologischen Wunden zu heilen.

4) **Das eingebettete Unbewusste** wurde von Sigmund Freud das ‚Über-Ich' genannt und bezieht sich auf Aspekte des Selbst (Ego), das andere Teile der eigenen Existenz kritisch beobachten kann, wie etwa den Körper, Verhalten, Gedanken, Gefühle, Emotionen oder sogar seine Essenz – doch niemals sich selbst. Es ist die innere Stimme (Richter, Beschützer, Skeptiker, Kontrolleur, Suchender etc.),[360] die andauernd verdrängt, doch unbewusst ihrer eigenen Existenz gegenüber ist. Andere – besonders ein Seelenpartner – können dieses eingebettete unbewusste ‚Selbst' erkennen und spiegeln, bis das Subjekt der vorhergehenden Ebene der Bewusstheit zu dem Objekt des Subjektes auf der nächsten Ebene wird, wie wir in dem Abschnitt über spirituelles Wachstum in Kapitel 4 untersucht haben. Dies erklärt, warum wir uns zu einem gleichen und entgegengesetzten Partner, der über unser falsches Selbst hinausblicken kann, hingezogen fühlen, denn es ist unser tiefstes Seelenverlangen, als das gesehen zu werden, was wir wahrlich

sind sowie unserer tiefsten Essenz gegenüber zu erwachen.[361]

5) Das **auftauchende Unbewusste** ist dem **Grund**- und **archaischen** Unbewussten ähnlich, da seine Potenziale noch nicht aufgetaucht sind. Der Unterschied liegt darin, dass das Grund-Unbewusste und das archaische Unbewusste auf der Vergangenheit basieren (in unserem Beispiel der Evolution der Eichen im Laufe der Geschichte und den resultierenden Gegebenheiten für das Wachstum einer Eiche – beides unbewusst in der Eichel eingebettet), während das auftauchende Unbewusste auf der Zukunft basiert (die neue Entfaltung einer speziellen Eiche). Menschen zum Beispiel, die die Vorstellung von höheren Entwicklungsstufen des Bewusstseins ablehnen, so wie etwa Bernstein Orange ablehnt, tun dies nicht, indem sie aktiv Perspektiven aus einer höheren Stufe ablehnen. Sie haben sich einfach noch nicht zu höheren Stufen des Bewusstseins entwickelt und sind sich ihrer deshalb nicht bewusst. Dies erklärt, warum sich Menschen – und besonders Frauen – die mit einer bestimmten Stufe hadern, zu Partnern auf der nächsthöheren Stufe hingezogen fühlen.

## Die unbewusste Passung

Menschen scheinen über die intuitive Fähigkeit zu verfügen, den unbewussten Aufbau einer Person einschätzen zu können.[362] Die Frauen, zu denen wir uns emotional (mehr als sexuell) besonders hingezogen fühlen, spiegeln unser Unbewusstes besonders auffällig auf zwei Weisen: 1) Sie hatten während ihrer Erziehung Erfahrungen, die unseren ähneln, und – wesentlich bedeutender – 2) sie entwickelten Bewältigungsmechanismen, die sich von unseren unterscheiden. Diese unbewusste Passung von ‚gegenseitig kompatiblen Pathologien' veranlasst uns, uns zu einem Partner hingezogen zu fühlen (und uns zu verlieben), der unseren psychologischen Aufbau am besten ergänzt (was einen evolutionären Vorteil mich sich bringt), und uns so mit der Möglichkeit versorgt, zu heilen, lernen, wachsen und zu erwachen. Diese ‚andere Hälfte' wird dann als ein Seelenpartner erfahren – was sie auch ist – da sie die beste Möglichkeit bietet, unser falsches Selbst/Ego zu transzendieren, psychologisch ganz zu werden und die Fähigkeit zu entwickeln, bedingungslos zu lieben.[363]

Obwohl keine zwei Beziehungen dieselben sind, so haben Psychologen doch allgemeine Muster unbewusster Passung bei Paaren beobachten können:[364]

- **Eltern und Kind** – haben häufig ähnliche Probleme mit Abhängigkeit und Vertrauen.

- **Meister und Sklave** – haben Probleme mit Autorität und Kontrolle.
- **Distanzierender und Verfolger** – (auch bekannt als ‚Verführen und Verweigern') sehnen sich verzweifelt nach Intimität (und fürchten sich zur selben Zeit sehr davor) und haben ihren vollkommenen Partner gefunden.[365] Einer verfolgt – doch nie schnell genug, um wirklich nahe zu kommen; der andere läuft davon – doch niemals schnell genug, um wirklich zu verschwinden. Während einer dem anderen näher kommt, zieht sich der andere zurück, nur um die Rollen in der nächsten Episode zu tauschen.
- **Idol und Verehrer** – der eine besteht darauf, den anderen auf ein Podest zu heben. Dies zeigt häufig auf Probleme mit Wettkampf und Unzulänglichkeit.
- **Kinder im Wald** – sehen gleich aus, teilen dieselben Interessen und – viel wichtiger – dieselben Abneigungen.
- **Katze und Hund** – sehen oberflächlich so aus, als hätten sie sich niemals treffen können. Sie streiten andauernd über irgendetwas und vermeiden Intimität dadurch, dass sie in einer Kriegszone leben.

Du kannst Elemente dieser entgegengesetzten Paare in deiner eigenen Beziehung oder der von anderen erkennen.

## Jagd nach dem Unbewussten

Dr. Ayala Malach Pines[366] hat die Attraktion des Unbewussten und die Potenziale für Heilung und Wachstum in ihrem außerordentlichen Buch *Falling in Love* treffend zusammengefasst (Wiedergabe mit ihrer Erlaubnis):

- Mehr als logische Erwägungen bestimmen die unbewussten Kräfte, in wen wir uns verlieben.
- Eine intime Beziehung bietet die besten Möglichkeiten, ungeklärte Probleme aus der Kindheit zu lösen.
- Die unbewusste Wahl fällt auf die Person, mit der wir Kindheitserfahrungen nachspielen können; daher kombiniert die Person die bedeutendsten Eigenschaften von beiden Eltern.
- Negative Eigenschaften der beiden Eltern haben einen größeren Einfluss auf die Liebeswahl – besonders bei zwanghaften Lieben – als die positiven Eigenschaften, denn die Verletzungen und Entbehrungen bedürfen der Heilung.

- Je traumatischer die Kindheitsverletzung und je größer die Ähnlichkeiten zwischen den Liebenden und dem verletzenden Elternteil, umso intensiver ist die Erfahrung des sich Verliebens.
- Während des Verliebens findet eine Rückkehr zur ursprünglichen Symbiose mit der Mutter statt, einer perfekten Einheit ohne Ego-Grenzen. Dies ist der Grund, warum wir uns nur in eine Person zur selben Zeit verlieben. Die Rückkehr zum verlorenen Paradies erzeugt die Erwartung, dass der Geliebte all unsere kindlichen Bedürfnisse erfüllen wird.
- Weil das Sichverlieben durch ein inneres romantisches Bild bestimmt wird empfinden es die Liebenden, als würden sie sich schon seit einer Ewigkeit kennen. Und da es die Wiederbelebung einer bestimmten und machtvollen Kindheitserfahrung involviert, empfinden es die Liebenden, als ob der oder die Geliebte die ‚einzig Wahre' ist, und dass der Verlust der Geliebten unerträglich sein muss.
- Wenn sich Paare verlieben, so ist ihre unbewusste Wahl gegenseitig und sich ergänzend, und ermöglicht es beiden Partnern, ihre eigenen Kernthemen auszudrücken. Gemeinsam erschaffen sie ihr Kernthema als ein Paar, jenem Thema, um das sich die meisten ihrer späteren Konflikte drehen.
- Die Verbindung zwischen ungeklärten Kindheitsproblemen und späteren Problemen zu verstehen, reduziert Schuld und Schamgefühle und hilft beiden Partnern, die Verantwortung für ihren Anteil an dem Beziehungsproblem zu übernehmen.
- Paare, die auf die Gefühle des Anderen achten, Empathie ausdrücken und einander die Dinge geben, nach denen sie verlangen, können den romantischen Funken unbegrenzt am Leben erhalten.
- Empathie ausdrücken und des anderen Menschen Wünsche erfüllen, ist der beste Weg, um zu wachsen. Während Partner wachsen, so wächst auch ihre Beziehung. Und Wachstum ist die Antithese zum (Beziehungs-)Burn-out.

Viele Quellen bieten überwältigende Beweise, dass gesunde Liebesbeziehungen zwischen gleichen und entgegengesetzten Partnern die besten Möglichkeiten bereitstellen, um unsere unbewussten psychologischen Wunden und andere emotionale Narben auf jeder Stufe unserer Entwicklung zu heilen. Diese Beziehungen führen uns immer näher dahin, unserer angeborenen Fähigkeit gegenüber zu erwachen, bedingungslos zu lieben, unserem wahren Lebenssinn zu folgen und das volle Potenzial zu erkennen, welches in unserer Seele verborgen liegt.[367]

Eine missbrauchende, schädigende und nicht erfüllende Partnerschaft zu beenden, kann in dem gesunden Prozess der Entwicklung gerechtfertigt und notwendig sein. Einen emotional und/oder spirituell herausfordernden, sonst jedoch unterstützenden, liebenden und passenden Partner zu verlassen – oder Liebesbeziehungen insgesamt zu vermeiden, weil man ‚viel erleuchteter' ist oder ‚um das Leben mehr zu genießen' – ist nicht die Antwort auf unsere existenziellen Fragen, Probleme und Herausforderungen. Es ist stattdessen die verantwortlichere Entscheidung, in einer gesunden Beziehung zusammenzuleben und die Ressourcen miteinander zu teilen, da sie uns zu einer langfristigem Glück, emotionaler Gesundheit, sexueller Befriedigung, spirituellem Wachstum und umweltbewussten Leben führt.[368]

# Die acht Formen der Liebe

Die unterschiedlichen Ausprägungen der drei Kernelemente von Liebesbeziehungen, die wir oben beschrieben haben (Intimität, Leidenschaft und Abhängigkeit) erzeugen acht grundlegende Formen der Liebe, die Menschen erfahren können.[369] Einige der Beziehungen sind an sich platonischer Natur oder können sich wie Liebe anfühlen, sind es aber nicht – zumindest nicht in einer gesunden Weise. Andere beschreiben tatsächliche Liebesbeziehungen und integrieren und harmonisieren letztlich alle drei Seiten des Dreiecks in einer gesunden Weise. Unten folgt eine Beschreibung der acht Formen der Liebe:

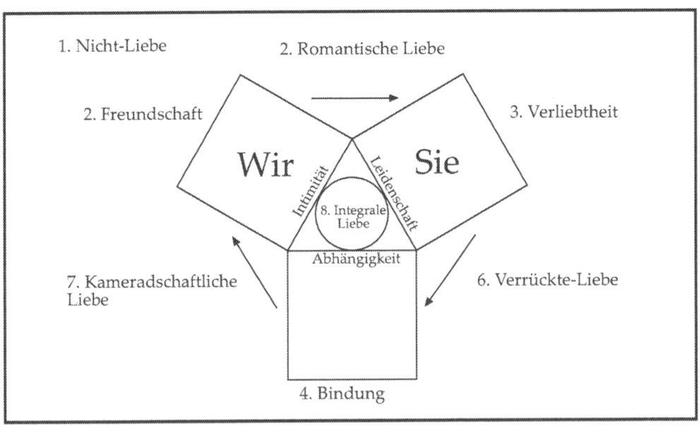


**Grafik 29: Die acht Formen der Liebe**

1) **Nicht-Liebe** besteht dann, wenn es keine gemeinsame Erfahrung von Intimität, Leidenschaft oder Abhängigkeit zwischen zwei Individuen gibt. Manchmal treffen sich zwei Personen regelmäßig in der Schule,

bei der Arbeit, in sozialen Gruppen oder in anderen Umgebungen, ohne eine besondere Attraktion zueinander zu empfinden, bevor sie sich als potenzielle Partner bemerken. Eine oder mehrere Seiten des Liebes-Dreiecks können sich über die Zeit entwickeln und sich zwischen ihnen abgleichen. Darum kann sich ‚Nicht-Liebe' über die Zeit in andere Formen der Liebe entwickeln, wenn zwei Personen regelmäßig unterhaltsame oder sinnstiftende Aktivitäten zusammen unternehmen und ihr erster Eindruck voneinander entweder neutral oder zumindest nicht negativ ist.[370]

2) **Freundschaft** entwickelt sich, wenn zwei Personen beginnen – durch eine intellektuelle, auf Interessen basierende oder spirituelle Resonanz in ihrem unteren linken Quadranten – Intimität miteinander zu teilen. Die Qualität und Tiefe ihrer Freundschaft wird durch die Harmonisierung ihrer entsprechenden inneren Linien (kognitiv, kommunikativ, Werte, Moral, spirituell usw.) ebenso wie durch miteinander geteilte Interessen und Hobbys bestimmt. Freundschaft ist häufig für eine Frau die Voraussetzung, eine sexuelle Beziehung zu beginnen, während Männer dazu tendieren, mehr von ihrer physischen/sexuellen Attraktion im rechtsseitigen Quadranten angetrieben zu werden, die nach dem Sex zu Freundschaft führen kann (oder nicht). Verletzlichkeit, Wahrhaftigkeit[371] und Ehrlichkeit sind wichtige Faktoren für die Entwicklung von reifen Freundschaften durch Integrität, da Integrität die wesentliche Zutat dafür ist, Vertrauen aufzubauen.[372]

3) **Verliebtheit[373]** wird erfahren, wenn eine *leidenschaftliche* körperliche Anziehung – ausgelöst durch die Erfüllung der primären Fantasie des Mannes oder der Frau in den rechtsseitigen Quadranten – der einzige Faktor ist, der ein Individuum zu einem Mitglied des anderen Geschlechtes hinzieht, und ihr oder sein Körper dann die ‚Verliebtheits'-Hormone ausschüttet, die wir in Kapitel 5 besprochen haben. Für Männer reicht gewöhnlich die Wahrnehmung einer sexuell verführerischen Frau (ein passendes Sexobjekt) aus, um Leidenschaft zu erfahren und um sich zu verlieben. Für die meisten Frauen ist eine Kombination von Macht, sozialem Status, Reichtum, Witz, Humor und Intelligenz (da die meisten Frauen Erfolgsobjekte wollen), verbunden mit körperlicher Attraktivität und Güte ihr gegenüber sowie dominantem aggressiven Verhalten anderen gegenüber (Schutz) die Voraussetzung, um sich zu verlieben.

Anders als die linke Intimitätsseite des Dreiecks, die eine gegenseitige Resonanz zwischen zwei Menschen erfordert, um sich zur Freundschaft zu entwickeln, kann die Verliebtheit eine Einbahnstraße sein. Es kann ziemlich leidvoll sein, wenn die leidenschaftlichen sexuellen Sehnsüchte einer Person nicht mit der gleichen Inbrunst von dem Objekt der Begierde erwidert werden. In jedem Fall aber kann die erwiderte oder nicht erwiderte Verliebtheit zu sexueller Abhängigkeit, zerstörerischem Verhalten, emotionalem Chaos, sozialer Isolation, Depression und finanziellem Ruin führen.

Eine gesteigerte Sexualität der Individuen kann zu tieferen Gefühlen der Verliebtheit bei den Personen führen, die sich verlieben: Zum Beispiel Männer, die ihren Kopf wegen viel jüngeren, kurvenreichen und attraktiven Frauen verlieren (z.B. der arme Goethe, der sich mit 73 wegen Ulrike von Levetzow, die 18 war, quälte), oder Frauen wegen machtvoller Männer (z.B. Monica Lewinsky und Bill Clinton). Ähnlich der Neigung von bestimmten Menschen, alkohol- oder drogenabhängig zu werden, während dies bei anderen nicht der Fall ist, verlieben sich manche Menschen viel häufiger, während andere Menschen diese Form der Liebe selten oder niemals erfahren.

4) **Verpflichtung** und Bindung zwischen zwei Partnern taucht durch verschiedene Formen der *Abhängigkeit* auf, die aus einer gemeinsamen unbewussten Passung zwischen den Partnern resultiert. Der energetische Zug/Stoß erscheint den Liebenden, die davon negativ beeinflusst werden oder auf positive Weise davon berührt sind, immer geheimnisvoll,[374] aber tatsächlich ist dieses Phänomen nicht schwer zu verstehen.

Es gibt zwei zugrunde liegende Dynamiken für das Auftauchen der Abhängigkeit, die häufig miteinander verwechselt werden. Eine stammt von pathologischen (ungesunden) Trennungen, Verleugnungen, Unterdrückungen oder Abspaltungen, die Gefühle des Mangels, der Bedürftigkeit und Schwäche (siehe unterdrückte Schatten und Anima/Animus-Komplex oben) erzeugen, die die Liebenden dann aufeinander projizieren. Die andere stammt von Gefühlen der Fülle, des Überflusses und der Ganzheit – gemeinsam mit dem Verlangen, das eigene Glück zu teilen und in einer Partnerschaft zu wachsen, zu ergänzen, zu harmonisieren, durch Zusammenwirken Vorteile zu erzielen und verstanden zu werden (siehe Grund- Unbewusstes, eingebettetes und auftauchendes Unbewusstes). Elizabeth Gilberts Großvater sagte einmal: „Manchmal ist das Leben zu hart, um Single zu sein, und manchmal ist es zu gut, als dass man es nicht teilen wollte", was sehr schön die beiden Motive illustriert, die zur gegenseitigen Verpflichtung zweier Personen führt. Da beide Dynamiken dazu neigen, unbewusst abzulaufen und in Art und Ausmaß in unterschiedlichen Bereichen und Phasen des Lebens zu variieren (Geld, Sexualität, Zeit, Familie, Spiritualität, Weltsichten, das Weibliche, Männliche etc.), so kann kein Partner sicher wissen, welcher Anteil des verborgenen Selbst die unbewusste Attraktion verursacht, und welche der fünf allgemeinen Facetten der Abhängigkeit, die unten aufgeführt werden, das Resultat sind:

a) **Voneinander abhängige** Beziehungen entwickeln sich zwischen Individuen mit schweren Pathologien (gewöhnlich ein Kindheits-Trauma) oder anderen Formen von Psychosen,[375] die normalerweise die Behandlung durch einen professionellen Therapeuten erfordern, um geheilt zu werden.[376] Diese Liebenden sind oftmals miteinander verschmolzen (zusammen mit der dies begleitenden Trennungsangst und Eifersuchtsattacken) oder spielen endlose ‚Verführen und Verweigern'-Spiele.

b) Mildere Formen von Schatten und Neurosen[377] können eine Form von Nähe und Bindung zwischen voneinander **abhängigen** Paaren erzeugen. Konflikte in dieser Form von Liebesbeziehungen werden häufig ignoriert, auf die Unterschiede zwischen Männern (die vom Mars kommen) und Frauen (die von der Venus kommen) attribuiert, als unvermeidbare Tatsachen jeder Beziehung akzeptiert oder – bestenfalls – durch empathischen Dialog und Kompromiss gelöst, was durch Selbsthilfebücher, Workshops oder einen Ehe- und Familientherapeuten unterstützt wird.

c) Frauen, die ein gewisses Maß an emotionaler und finanzieller Freiheit erreicht haben, betreten die Stufe der **Unabhängigkeit** und verlassen ihre Partner (oder veranlassen diese, sie zu verlassen), um allein zu leben und um ihre volle Autorität (Animus Stufe vier) in Anspruch zu nehmen. Dies zwingt eine stets steigende Anzahl von Männern, neue Bedeutung und neuen Sinn in ihrem Leben zu finden, und zwar unabhängig von einem weiblichen Partner. Einige Menschen – besonders Frauen in der New Age und Feminismus-Bewegung, aber auch pathologisch agentische Männer – sehen den Vollzug der Unabhängigkeit als die höchste Ebene jeder persönlichen und spirituellen Entwicklung an, da sie danach streben, autonom, ganz, vollständig und selbstverwirklicht ohne einen Partner zu leben. Jedes Verlangen, in einer gesunden Liebesbeziehung zu sein, das in ihnen oder bei anderen auftaucht, wird als Schwäche und Rückschritt zu der ‚nicht-entwickelten' oder voneinander abhängigen Partnerschaft betrachtet, der sie gerade entkommen sind. Dies motiviert Individuen, die auf dieser Ebene stecken geblieben sind, sich weiter in Richtung pathologisch agentisches Aufsteigen oder Absteigen zu bewegen, anstatt Unabhängigkeit als eine gesunde und notwenige (und letztlich vorübergehende) Voraussetzung zu betrachten, um die nächste Stufe der menschlichen

Beziehungs-Interdependenz zu erreichen.

d) Individuen auf der **interdependenten** Stufe begreifen, dass niemand wirklich unabhängig von anderen existiert,[378] und dass eine ausbalancierte und harmonische Persönlichkeitsentwicklung auf allen Ebenen unseres Seins (Körper, Geist, Herz und Seele) immer dadurch möglich wird, dass wir die gesunden Aspekte der femininen/maskulinen Polaritäten in den inneren und äußeren Quadranten in Beziehungen integrieren.[379] All dies gewinnt höchste Priorität: Materielle Ressourcen zu teilen, indem man zusammenlebt; andere Ansichten wertzuschätzen, die von einer gemeinsamen Ebene des Bewusstseins stammen; heilige Sexualität zu praktizieren; Schattenarbeit zu machen;[380] anderen zu dienen sowie das Verlangen, dem eigenen wahren Zweck gegenüber zu erwachen. Anders als Individuen auf der unabhängigen Stufe, die vorgeben, ganz und vollständig zu sein – und darum Beziehungen vermeiden, die ihr Ego (ihr falsches Selbstgefühl) herausfordern könnten – wertschätzen voneinander abhängige Paare ihre Unterschiede als ein Nebenprodukt ihrer ‚Ambition zur Ganzheit',[381] und heißen andere Ansichten als Mittel zur Heilung, zum Lernen, zum persönlichen Wachstum, zur spirituellen Verwirklichung und zum Dienst an anderen willkommen.[382]

e) Singles und Paare, die zu den transpersonalen Stufen des Bewusstseins und tieferen Ebenen der spirituellen Verwirklichung vorgedrungen sind, können immer noch eine hingebungsvolle Sehnsucht zu ihrem ‚göttlichen Anderen' erfahren, fühlen dabei jedoch keine emotionale und sexuelle Bedürftigkeit. Sie haben Frieden geschlossen und gründen sich auf ihrem essenziellen ‚Sein' und sehnen sich weder verzweifelt nach einer Partnerschaft, noch vermeiden sie sie. Sofern sie sich in einer Liebesbeziehung mit einem Gleichen und Gegensätzlichen befinden, erfahren sie das, was man **‚Zwischen-Sein'** nennen könnte, in dem jeder Partner einfach ist, ohne das Verlangen, den anderen zu ändern, sich ihm anzupassen oder dass er oder sie sich anpasst. Keiner der beiden giert nach jemand anderem, noch fürchten sie sich davor, verlassen zu werden, was die Möglichkeit einer reifen Monogamie[383] und bedingungsloser Liebe öffnet, die per Definition schon frei ist von Bedürfnis und Angst.[384]

5) **Romantische Liebe** entwickelt sich zwischen Partnern, die Intimität und sexuelle Passion miteinander teilen, aber keine tiefere Verbindung durch eine gegenseitig unbewusste Passung erfahren. Dies ist

die Art der Liebe, nach der sich die meisten Frauen sehnen und die in zahllosen Filmen, Romanen und Love-Songs romantisiert wird. Diese Frauen träumen von einem unterstützenden, reichen, mächtigen und großzügigen Partner mit ähnlichen Interessen, ähnlicher Lebensweise und Werten wie ihren eigenen, der zudem ihre leidenschaftliche sexuelle Attraktion teilt (Chemie), sie aber nicht herausfordert zu heilen, zu wachsen und einer tieferen Verwirklichung gegenüber zu erwachen.[385] Mit anderen Worten, sie wollen jemand ohne Probleme, der sie liebt, wertschätzt, ihr Ego ignoriert und für das akzeptiert, was sie, mit all ihren emotionalen Wunden und Dysfunktionen, sind. Diese Art der Liebe wird romantisch genannt, da die Partner danach streben, alle unangenehmen Aspekte, Arbeit und Herausforderungen zu vermeiden, die unvermeidlich in längeren Beziehungen auftauchen, anstatt den Konflikt als eine Möglichkeit für Heilung, Wachstum und Erwachen willkommen zu heißen. Sobald sich die Hormone, die die Leidenschaft für einen oder beide Partner erzeugt haben, abgenutzt haben – was gewöhnlich zwischen 3 und 24 Monaten dauert – verfallen romantische Liebesbeziehungen in Freundschaft, sofern es ein ausreichend großes Maß an übereinstimmenden Interessen und Intimität gab, oder brechen vollkommen auseinander, wenn die unbewussten Facetten des Selbst vom Boden des Dreiecks hochkriechen und keiner der Partner mit ihnen in einer effektiven Weise (normalerweise durch Therapie und/oder spirituelle Praxis) umgehen will.

6) **Verrückte Liebe** (auch Manie genannt) entwickelt sich, wenn zwei Personen durch eine starke sexuelle Attraktion *Leidenschaft* entwickeln, aber keine Freundschaft haben, die auf geteilten Werten, gemeinsame Lebensweise, Interessen und Weltsichten basiert. Diese Art der Liebe wird im Wesentlichen von erhöhten Pegeln von Testosteron, Dopamin und Noradrenalin sowie verringerten Pegeln von Serotonin[386] angetrieben und kann Menschen aus allen sozialen Schichten treffen. Diese Liebesbeziehungen werden durch emotionale und gegenseitige sexuelle Abhängigkeit charakterisiert, die nicht viel mit rationaler Überlegung zu tun hat. Sie wird ‚verrückte Liebe' genannt, da die betroffenen Liebenden zunächst ‚verrückt nacheinander sind', und jeder nicht involvierte Beobachter empfindet das bald folgende Drama, das häufig mit emotionalem und körperlichem Missbrauch einhergeht, als verrückt.[387] Verrückte Liebesbeziehungen sind immer noch positiv, da sie die Individuen, die stets solche Beziehungen haben, dazu zwingen, durch ihre schmerzhaften Kämpfe und verheerenden Trennungen höhere Ebenen des Bewusstseins zu erreichen. Dies kann sie dazu führen, gesündere romantische und sogar integrale Liebesbeziehungen zu formen.

7) **Kameradschaftliche Liebe** entwickelt sich, wenn ein Paar *Intimität* und *Verbindlichkeit* teilt, aber keine sexuelle Leidenschaft (mehr) erfährt. Diese Art der Liebe trifft man häufig bei konventionellen (Bernstein/Orange) sowie älteren Paaren an. Sie mögen aus religiösen oder kulturellen Konventionen und Zwängen (wie etwa arrangierte Ehen) zusammengekommen sein, oder um Kinder zu bekommen und diese in einer Familie aufzuziehen (konformistische Stufe), oder sie erkannten die Nutzen, die eine Heirat für ihren sozialen Status, ihre Karriere und den materiellen Erfolg hat (rationale Stufe). Kameradschaftliche Liebe kann auch aus Freundschaft erwachsen, doch nur selten aus romantischer oder verrückter Liebe. Paare, die kameradschaftliche Liebe erfahren, können sich zu einer integral informierten Liebesbeziehung entwickeln, wenn sie die Probleme und Dinge ansprechen, die sie daran hindern, ein leidenschaftliches Sexleben zu haben, indem sie körperliche Probleme durch Übung, Partneryoga, gesunde Ernährung oder Meditation sowie durch das Lösen von emotionalen Blockaden unter Zuhilfenahme von Selbsthilfebüchern,[388] einem Sex-Therapeuten, Intimitäts-Workshops und tantrischen Übungen überwinden.[389]

8) **Integrale Liebe** entwickelt sich, wenn ein Paar gesunde Intimität, Leidenschaft und Abhängigkeit erfährt und diese Aspekte in einer ausbalancierten und harmonischen Weise integriert. Partner, die diese Art von Liebe miteinander teilen, fühlen sich unglaublich gesegnet und glücklich, dass sie sich gefunden haben – häufig ohne zu wissen, warum ihre Beziehung so befriedigend ist, oder indem sie spätere/höhere Entwicklungsstufen (Bewusstsein zweiten Ranges, Anima/Animus-Komplex Stufe 5, transzendente Sexualität und Spiritualität über die psychische Ebene hinaus) erreicht haben, die es ihnen erlauben, bewusst eine integral informierte Liebesbeziehung zwischen Gleichen und Gegensätzen zu formen.[390]

**Grafik 30: Jeder Liebende erfährt in verschiedenem Ausmaß Leidenschaft, Intimität und Abhängigkeit.**

# Dreiecke aneinander anpassen

Wenn du für jeden Partner ein Dreieck zeichnest, welches jeweils den Grad der Intimität, Leidenschaft und Abhängigkeit zeigt, den sie in einer Partnerschaft erfahren (jeweils durch die Länge der Seiten des Dreiecks), so werden die Dreiecke natürlich unterschiedlich aussehen. Man kann dann die Dreiecke übereinanderlegen, um zu sehen, wie gut sie zueinander passen.

Wo sich die drei Seiten überlagern, wird die Beziehung als ausbalanciert, harmonisch und belohnend erfahren; wo sie nicht übereinanderliegen, wird sich das Paar herausgefordert, hin- und hergerissen und in seinen Bedürfnissen unbefriedigt fühlen.

**Grafik 31: Beispiele von übereinandergelegten Dreiecken, um die Form und Qualität der erfahrenen Liebe einzuschätzen.**

## Drei Paare von Dreiecken

Zusätzlich zu dem Paar von Dreiecken, welches die tatsächliche Wirklichkeit der zwei Personen in einer Partnerschaft repräsentiert, kann man ein zweites Paar für die Ideale und ein drittes Paar für die Intentionen (im Gegensatz zum tatsächlichen Verhalten) jedes Liebenden erstellen.

Die Ideale stammen aus Erfahrungen vorheriger Liebesbeziehungen wie etwa großartigem Sex, eine tiefe emotionale Bindung, belohnende Aktivitäten zu teilen, intellektuell stimulierende Gespräche zu führen oder eine göttliche spirituelle Resonanz zu haben, oder aber sie werden durch Freunde, romantische Filme oder Bücher inspiriert. Niemand kann vollkommen frei sein von der Erwartung bestimmter Ideale, die sich steigern in dem Ausmaß, indem die tatsächliche Beziehung von den positiven Erinnerungen früherer Partnerschaften und den Bindungen an unrealistische romantische Liebesmärchen und sexuelle Fantasien abweicht. Beide Partner werden dann früher oder später versuchen, ihren Partner an ihre eigenen Ideale anzupassen. Wie das Sprichwort lautet: ‚Ich liebe Dich, Du bist vollkommen ... und nun veränder Dich!' Daher auch die empfohlene Zen-Praktik des ‚Anfängers-Geistes', um diese Erinnerungen loslassen zu können.[391]

Männer erwarten so von ihrer Partnerin, an ihnen weniger zu nörgeln und sie mehr bei ihrer Vision zu unterstützen, weniger launisch zu sein, abzunehmen, ihre Brüste zu vergrößern und im Bett entgegenkommender zu sein. Frauen erwarten von ihrem Partner, emotional verfügbarer zu sein und sich weniger über seinen Job zu beschweren, mehr Geld zu verdienen, mehr zu trainieren, sie im Haus mehr zu unterstützen, sich um die Kinder zu kümmern, mehr Zeit mit ihr zu verbringen, sie häufiger auszuführen, nicht anderen Frauen hinterherzuschauen und als ihr Liebhaber noch behutsamer zu sein.

Das dritte Dreiecks-Paar repräsentiert die Intentionen jedes Partners. Der Unterschied zwischen diesen Intentionen und der tatsächlichen Wirklichkeit (erstes Dreiecks-Paar) repräsentiert die Integrität der Beziehung. Zum Beispiel mag eine Frau intendieren, mit einem Mann für immer zusammenzubleiben – und beendet die Partnerschaft trotzdem, wenn er einen Termin nicht einhält, sich nicht so verhält oder weniger verdient, wie sie es von ihm erwartet (oder wie er ihr versprochen hat). Ein Mann mag intendiert haben, seiner Partnerin treu zu sein, sich finanziell um sie zu kümmern, und emotional erreichbar zu sein, nur um seine Gefühle zu verbergen und seine Aufmerksamkeit, Zeit und Geld auf seine Hobbys oder andere Frauen zu richten, sobald sich der spannende Effekt der ‚Liebes-Hormone' verflüchtigt hat.

### Polyamore Beziehungen

Die Dynamik zwischen den Dreiecken wird bei polyamorischen Beziehungen wirklich interessant, bei denen mehr als zwei Partner – jeder von ihnen mit ihren eigenen drei Dreiecken – auf liebende Weise miteinander involviert sind … nur um dich ein bisschen zu verwirren, falls du es nicht schon bist.

## Zusammenfassung

In diesem Kapitel haben wir drei Kernelemente der Liebesbeziehung (Leidenschaft, Intimität und Abhängigkeit) in acht Formen der Liebe integriert. Wir erkannten, dass sich die tatsächliche Partnerschaft durch 1) den ‚Wir'-Quadranten unten links und 2) den ‚Es'-Quadranten unten rechts manifestiert, sowie 3) die fünf Facetten des Unbewussten, die durch die verschiedenen Formen der Abhängigkeit zu Bindung führen. Die Intensität der Leidenschaft, Intimität und Abhängigkeit wird von jedem Partner anders erfahren und formt drei Paare metaphorischer Dreiecke, die auf die erfahrenen, erwarteten und intendierten Grade von Intimität, Leidenschaft und Verbindlichkeit eines jeden Partners zeigen. Die verschiedenen Formen der Dreiecke zeigen auf acht allgemeine Formen der Liebe (Nicht-Liebe, Freundschaft, Verliebtsein, verrückte Liebe, Liebesaffäre, Kameradschaft und integrale Liebe).

# Kapitel 10: Unterschiede der Bewusstseinsentwicklung bei Mann und Frau

*Ist es möglich, über das Bedürfnis, eine romantische Liebesbeziehung zu haben, hinauszuwachsen? Nein, das wäre als würde man mit sich selbst Schachspielen.*[392] – Ken Wilber

Menschen wundern sich manchmal, warum Partner, die sich lieben, viele Interessen miteinander teilen und in ihrer Entwicklung zueinander passen und doch von Zeit zu Zeit Beziehungsprobleme haben. Die Gründe dafür liegen in den unterschiedlichen Weisen, durch die Männer und Frauen durch die Entwicklungsstufen des Bewusstseins gehen und den daraus resultierenden unbewussten Pathologien, die sie entlang des Weges entwickeln.

Da der physiologische und biologische Aufbau des Mannes auf Produktion und Beschützen und der der Frauen auf Reproduktion und Fürsorge ausgelegt ist, ist auch ihre evolutionäre Rolle in der Bewusstseinsentwicklung hinsichtlich des Wachstums durch die Stufen unterschiedlich. Kurz gesagt: Männer neigen dazu, als Reaktion auf die Ansprüche der Frauen in Form von *Transzendieren* und *Ausschließen* zu wachsen, während sich Frauen an die männlich erzeugten Stufen durch *Transzendieren* und *Einschließen* anpassen. Im Verlauf des Transzendierens erzeugen Fehler im Prozess des Ausschließens (d.h. Differenzierung) und Miteinschließens (d.h. Integration) unbewusste Pathologien durch verschiedene Formen von Verdrängung, Abtrennung, Verleugnung und Bindung, die später in herausfordernden Situationen als negative emotionale Reaktionen wieder auftauchen, besonders bei intimen Liebesbeziehungen. Lasst uns jede dieser Dynamiken einmal genauer betrachten:

## Die männlich-weibliche Ko-Kreation des Bewusstseins

Die generelle Begründung, warum sich das Bewusstsein des Menschen überhaupt entwickelt, kann man in seiner konstanten Suche nach besseren Antworten auf die Fragen und Herausforderungen des Lebens finden. Die unmittelbarsten Herausforderungen beziehen sich auf unser tägliches Überleben, wie etwa Nahrung, Unterschlupf und Sicherheit zu finden. Warum wir kulturelle Normen und soziale Fähigkeiten wie Sprache, Kunst, Wissenschaft, Religion, Ethik usw. entwickelt sowie technologische Fortschritte gemacht haben, **die weit** über die Befriedigung unserer grundlegenden Überlebensbedürfnisse hinausgehen, kann zudem heute durch den einzigartigen Prozess der sexuellen Selektion erklärt werden.[393]

In den 1980ern bestätigten evolutionäre Psychologen und Anthropologen die frühe darwinsche Vorstellung, dass sich die Größe und Komplexität des menschlichen Hirns, und daher auch unsere geistigen Fähigkeiten und unser Bewusstsein, durch Männchen entwickelte, die nicht nur ihre (äußerlichen) physischen Fähigkeiten als Beschützer und Fürsorger für Weibchen beweisen, sondern auch ihren (inneren) Verstand nutzen konnten, um mit immer mehr linguistischen, künstlerischen und sozialen Fähigkeiten um die schönsten[394] (und darum anspruchsvollsten) Weibchen zu kämpfen, um sie zu werben und sie zu beeindrucken. Im Gegenzug dazu suchten sich die Weibchen nicht nur die größten und stärksten Männchen für die Fortpflanzung aus, sondern auch die intelligentesten, kreativsten, unterhaltsamsten, lustigsten, erfinderischsten und ethischsten. Darum hatten Männchen mit den besten physischen UND geistigen Tauglichkeitsfaktoren bessere Chancen, ihr genetisches Material an die nächste Generation weiterzugeben als ihre schwächeren und dümmeren Konkurrenten.[395] Der Prozess der sexuellen Selektion durch Frauen hatte einen viel größeren Einfluss auf die menschliche Evolution als die natürliche Selektion durch das ‚Überleben des Angepasstesten', da man erst einmal gezeugt und geboren werden muss, um die Überlebenstauglichkeit unter Beweis zu stellen.

Wegen der emotionalen und politischen Brisanz ist die Rolle, die die sexuelle Selektion in der Evolution des menschlichen Bewusstseins und der gemeinsamen Erschaffung unserer sozialen, kulturellen, ökonomischen und ökologischen Realität spielt, weitestgehend unbekannt, wird ignoriert oder ist ein soziales Tabu.[396]

Die heutige Zurschaustellung von männlicher körperlicher und geistiger Fitness, wie etwa Statussymbolen, akademischen und professionellen Titeln, Sporttrophäen, Kunstwerken (Musik, Malerei, Schriften, Skulpturen etc.), Architektur, athletischer Leistungsfähigkeit und erfolgreicher Karriere sind die zugrunde liegenden und häufig unbewussten Reaktionen auf den Prozess der sexuellen Selektion, der manchmal mit der Entwicklung und Zurschaustellung des Pfauenschwanzes verglichen wird. Die Schwanzgröße, welche tatsächlich ein Handicap für das tägliche Überleben des Pfaus darstellt,[397] hat keine andere Funktion, als andere Männchen einzuschüchtern und Pfauenhennen einen Indikator für seine Tauglichkeit als Partner zu bieten. Dasselbe gilt für die Fähigkeit des Mannes, Zeit und Geld für eine Frau aufzuwenden (wie z.B. sie zu einem Gourmet-Dinner in einem teuren Wagen auszuführen, ihr einen Luxusurlaub zu schenken oder ihr einen großen Diamantring zu kaufen),[398] um damit Konkurrenten zu vertreiben und ihr seine Tauglichkeit als Partner zu beweisen, ohne dass es ihm dabei irgendeinen tatsächlichen Überlebensvorteil bietet.[399]

Indem attraktive Weibchen die tauglichsten Männchen als ihre Partner wählten, forderten sie nicht nur unsere Vorväter heraus, immer höhere Bewusstseinsstufen zu verwirklichen, sondern lenkten auch ihre Entwicklung, indem sie jene Bemühungen erkannten und belohnten, die ihr und ihren Kindern (und darum der Menschheit) am besten dienten.[400] Es ist daher eine ‚Huhn oder Ei'-Frage, was als Erstes da war: Die männliche Kreativität, die sich um die Bedürfnisse und das Verlangen der Frauen kümmerte, oder die weibliche Intuition zu wissen, welche Herausforderungen sie stellen und welche Bemühungen sie belohnen und welche bestrafen soll.[401]

Diese Dynamik zwischen den Geschlechtern erklärt auch, warum es nur wenig großartige weibliche Erfinder,[402] Erforscher, Künstler, Kommandeure, Philosophen, Chefs, Religionsgründer oder Staatsführer in der menschlichen Geschichte gab. Frauen brauchen nicht kreativ und dominant sein, um Männer anzuziehen; sie müssen lediglich gesund, vital, aufreizend, empfänglich, offen, verfügbar, unterstützend und wertschätzend sein. Wie es eben so heißt: ‚Hinter jedem erfolgreichen Mann steht eine Frau' (vermutlich eine schöne und anspruchsvolle Frau) oder, wie es Alison Armstrong formuliert hat: „Wenn eine Frau sexy, bezaubernd und hinreißend ist, werden sich Männer in sie verlieben und bereit sein, ihre Zeit und ihr Geld für sie zu verschwenden."[403]

Bis zum heutigen Tag behält diese Dynamik der sexuellen Belohnung und Bestrafung ihre Funktion bei, da moderne Männer danach streben, ihr Bewusstsein zu entwickeln, um die Herzen und die Hingabe von zunehmend begehrenswerten und anspruchsvollen Frauen zu gewinnen, oder um mit den emotionalen Herausforderungen der Unsicherheit, der Scham, nicht gut genug zu sein, von Ablehnung, Beziehungskonflikten, Trennungen und Scheidungen umgehen zu lernen.[404]

## Von archaisch zu transpersonal

Folgend nun ein grundlegender Überblick der geschichtlichen Mann/Frau-Dynamik, welche den Prozess der ursprünglichen Identifikation mit der Bewusstseinsebene, der Differenzierung sowie der Integration auf der nächsthöheren Stufe miteinschließt, oder, wie es Jean Gebser formulierte: „Das Selbst einer Stufe wird zum Werkzeug der Nächsten."[405] Beachte, dass nicht alle Menschen zu den höheren Stufen gelangen, dass aber jedes Individuum eine bestimmte Stufe erreicht hat. Es gibt zudem auch Parallelen zu der

Entwicklung des Kindes, deren Darstellung jedoch über den Rahmen dieses Handbuches hinausgehen würde.[406]

Auf der archaischen infraroten Stufe sind Männer und Frauen mit ihrer Umwelt verschmolzen und werden von instinktiven Überlebensmechanismen angetrieben (Nahrung, Wärme, Unterschlupf, Sex), die im Wesentlichen unbewusst ablaufen. Mit der langsam auftauchenden Selbstbewusstheit erkannten Weibchen, dass sie von der Umwelt getrennt sind und sich von den Männchen unterscheiden, wodurch sie sich ungeschützt zu fühlen begannen.

Als Reaktion darauf entwickelten sich einige Männer und rückten auf die abergläubische magentafarbene Stufe mit ihren magischen Vorstellungen und eng geknüpften Familienklans vor, um die Weibchen vor feindlichen Eindringlingen, gefährlichen Tieren, den Kräften der Natur und böswilligen Geistern zu schützen. Dies bot den Frauen ein Gefühl der Sicherheit, bis sie mehr Freiheit wollten.

Als Reaktion darauf entwickelten sich einige Männer und rückten auf die egozentrische rote Stufe vor, in der und durch die sie ihre unabhängige Macht in Anspruch nehmen konnten. Dadurch gewannen sie die Bewunderung der Frauen, die einen Beschützer suchten,[407] der es ihnen erlaubte, aus der Sicherheit und den Begrenzungen ihres Familienklans oder Stamms auszubrechen und sich in die Welt hinaus zu wagen, bis sie einen beständigeren Lebensstil wollten.

Als Reaktion darauf entwickelten sich einige Männer und rückten auf die konformistische bernsteinfarbene Stufe vor, in der sie stabile und hingebungsvolle Versorger von Nahrung und sicherem Heim/Gemeinschaften für ihre Frau und Kinder wurden, zudem hart arbeiteten und den Regeln von rechtem und falschem Verhalten folgten (wie etwa den Zehn Geboten).[408] Dies befriedigte ihre Gefährtinnen, bis sie mehr Komfort, Luxus und Freizeit haben wollten.

Als Reaktion darauf entwickelten sich einige Männer und rückten auf die rationale orangene Stufe vor, in der sie ihren Verstand nutzten, um um Macht, Geld und Status zu wetteifern, um ihrer Partnerin mehr Freiheit, Geld, ein größeres Heim, einen teuren Diamant-Ring, ein sichereres Auto, ein extravagantes Boot, internationale Reisen, Zugang zu höheren gesellschaftlichen Kreisen usw. zu bieten. Dies befriedigte die Frauen, bis sie eine tiefere emotionale Bindung zu vermissen begannen und sich selbst verwirklichen und ihre eigene Autorität einfordern wollten (Animus Stufe 4). Frauen auf dieser Stufe verlassen heute häufig ihren Partner, besonders wenn er darin scheitert, ausreichend Geld zu verdienen, welches sie ausgeben können (Verlierer),[409] oder reich genug ist, um sich von ihm ‚gut scheiden' zu lassen.[410]

Als Reaktion darauf entwickelten sich einige Männer und rückten auf die pluralistische grüne Stufe vor, in der sie ihr empfindsames Selbst (Anima) erforschten, in Berührung mit ihren Gefühlen kamen, emotional erreichbar wurden, Spiritualität als einen Weg zum Glück entdeckten und begannen, sich um das Wohlergehen der ganzen Menschheit und unseres Ökosystems zu sorgen. Sie sind häufig verwirrt, wenn Frauen sie als empfindsame und präsente Freunde oder Aktivisten wertschätzen, aber nicht als potenziellen Lebenspartner, der durch seine Männlichkeit (Beschützen/Versorgen) anführen könnte, während er sich durch seine Weiblichkeit mit anderen verbindet.[411]

Als Reaktion darauf entwickelten sich einige Männer und rückten auf die integrale blaugrüne Stufe vor, auf der sie erkannten, dass postmoderne grüne Frauen zu passender Zeit und Situation in Bezug auf jede der vorhergehenden Entwicklungsstufen des Bewusstseins in einer gesunden weiblichen und männlichen Weise getroffen werden wollen. Doch selbst wenn sich Frauen auf eine einzigartige Weise von einem blaugrünen Mann getroffen fühlen, der ihre primäre Fantasie erfüllt und der auch eine unbewusste Passung ist, so werden sie immer noch mehr begehren – eine tiefere, authentischere Verbindung, ohne irgendeine egoistische Bedürftigkeit oder Dominanz auf einer der beiden Seiten.

Als Reaktion darauf begannen sich einige Männer zu entwickeln und auf die transpersonale türkise Stufe vorzurücken, in der sie ihr Ego transzendierten und sich daraufhin in ihrer tiefsten Essenz sicher fühlen und weder Frauen brauchen noch ablehnen. Heute leben diese Männer ihren tiefsten Lebenssinn in einer liebenden, ausbalancierten und harmonischen Weise mit oder ohne eine Partnerin, ohne mit anderen Männern um Frauen zu wetteifern.

Nur die Zukunft wird zweigen, auf welche Weise Frauen Männer auf dieser Entwicklungsstufe herausfordern werden und wie Paare die zukünftigen Bewusstseinsstufen gemeinsam erzeugen werden.[412]

## Transzendiere und schließe ein/aus

Die Geschlechter spielen nicht nur unterschiedliche Rollen in der gemeinsamen Erschaffung der Bewusstseinsentwicklung, sondern entwickeln sich und gehen auch auf unterschiedliche Weise durch die Stufen. Männer, die dazu neigen, auf eine Sache konzentriert (Agenz) und im Allgemeinen wachstumsorientiert (Aufsteigen) zu sein, schreiten voran, indem sie die begrenzten Perspektiven der vorhergehenden Stufen wie etwa Negation, Abgrenzung und Unterdrückung **transzendieren** und **ausschließen**. Frauen, die dazu neigen, relational (Kommunion) und im Allgemeinen erfüllungsorientiert (Absteigen) zu sein, neigen dazu, die vorherige Stufe durch Bindung, Verschmelzung und Erhaltung zu **transzendieren** und **einzuschließen**.

Die Konsequenz dessen ist, dass Männer beständiger von der höchsten Bewusstseinsebene aus handeln, die sie erreicht haben, und es dabei schwer finden, Verhaltensweisen, Werte und Weltsichten der Menschen auf tieferen oder höheren Stufen zu tolerieren (sinngemäß: „Lass unsere Ansichten anderen aufzwingen, indem wir sie auf unseren Standard heben oder indem wir sie auf unsere Ebene runterbringen").[413] Frauen, die durch die Evolution darauf konditioniert sind, Kinder aufzuziehen (die natürlicherweise alle auf der infraroten Stufe beginnen) und sich einem männlichen Beschützer/Versorger anzupassen, fließen dabei eher unbewusst zwischen den Stufen, die sie transzendiert haben.[414] Dies lässt ihre Persönlichkeit komplexer als die der Männer erscheinen, was in vielen Mann/Frau-Witzen und Literatur, Filmen und dem Bild unten betont wird.[415]

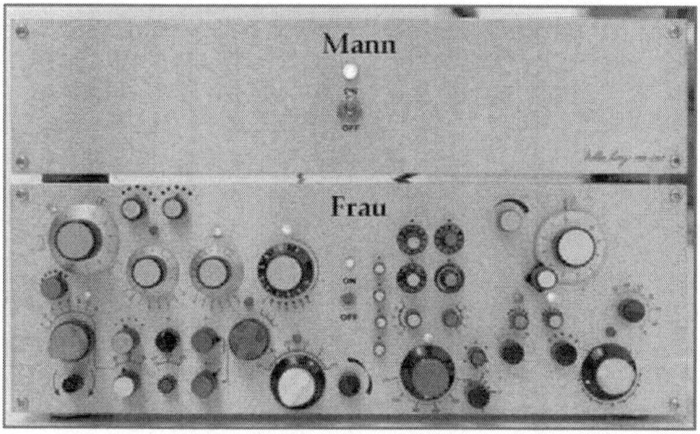


**Grafik 32: Ein Witz über die unterschiedliche psychologische Komplexität von Männern und Frauen.**

Zum Beispiel kann eine postmoderne grüne Frau von Zeit zu Zeit irrationale existenzielle Ängste erfahren (Infrarot), ihrem Horoskop trauen, um Entscheidungen zu fällen (Magenta), selbstsüchtig ihren Partner entmannen, um ihre eigenen emotionalen Wunden zu beschützen (Rot), sich familien- und heimorientierte Magazine bestellen, um ihre Fähigkeiten als Mutter und Ehefrau zu verbessern (Bernstein), eine Karriere in der Unternehmenswelt verfolgen, um finanziell unabhängig zu werden (Orange) und eine Umweltorganisation unterstützen, um die globale Erderwärmung zu stoppen (Grün). Diese Fluidität zwischen den Stufen erklärt auch, warum die meisten Frauen im Bewusstsein ersten Ranges nicht hierarchisch denken und entweder die Vorstellung der vertikalen Stufenentwicklung bei Erwachsenen insgesamt ablehnen (und Wachstum und Entwicklung eher als eine weiche horizontale Expansion als einen schwerfälligen vertikalen Aufstieg auf der hierarchischen Leiter erfahren) oder annehmen, dass nur Männer nach der Adoleszenz durch die individuellen Stufen der Entwicklung gehen, nicht jedoch die Frauen.[416]

Weil sich Männer im Bewusstsein ersten Ranges auf andere Menschen vorwiegend von ihrer höchsten Bewusstseinsebene aus beziehen, resonieren sie mit ihrer Partnerin (oder anderen Menschen, was das angeht) nur auf dem größten übereinstimmenden Nenner, den sie mit ihr teilen.[417] Eine postmoderne grüne Frau mit einem Ehemann auf der orangenen Ebene fühlt sich mit ihm zum Beispiel in Übereinstimmung in Bezug auf ihre rationalen und materiellen Bedürfnisse, aber getrennt, wenn sie auf eine niedere oder höhere Ebene wechselt. Sie kann nun die Gefühle, Ansichten und Bedürfnisse – die aus dem Spektrum ihres Bewusstseins stammen, welches außerhalb seiner Reichweite liegt – entweder unterdrücken und sich unerfüllt fühlen, oder an ihm die ganze Zeit nörgeln, dass er sich nicht mit ihr verbindet (weil er emotional nicht erreichbar ist), oder ihre Bedürfnisse durch andere erfüllen, wie etwa in einer konformistischen Kirche (Bernstein), Feminismusgruppe (Grün/Rot), einem Astrologiekurs (Magenta) oder einem heidnischen Kreis (Infrarot/Grün). Mit anderen Worten: Eine Frau fühlt sich mit jeder höheren Stufe, der sie sich angepasst hat, von ihrem Ersten-Rang Partner zunehmend abgespalten. Dies ist einer der Gründe (die anderen sind sozio-ökonomisch und psychologisch), warum es so viele Single-Frauen (und darum auch Männer, die keine Partnerin finden können) auf der orangenen und grünen Stufe gibt.

All dies ändert sich mit dem Bewusstsein zweiten Ranges, wo Beziehungen nicht länger von unbefriedigten Bedürfnissen angetrieben werden, sondern von Seins-Werten. Gesunde weibliche und männliche Qualitäten der vorhergehenden Stufen werden von blaugrünen Männern integriert und von türkisen Männern verkörpert, was es ihnen erlaubt, ihren Partnerinnen und anderen mit Empathie auf jeder Ebene (oder Stufe) des Bewusstseins, die sie erfahren, entgegenzutreten.

**Grafik 33: Die Mann/Frau-Dynamik im Bewusstseinswachstum.**

# Weiblicher Flow und männliche Struktur erzeugen den Fluss

Die Flussmetapher aus dem zweiten Kapitel kann uns nochmals dienen, um die gemeinsame Erschaffung der Entwicklungsstufen zwischen Männern und Frauen bildlich darzustellen. Die Höhe (Aufsteigen) und Breite (Agenz) der Ufer symbolisieren das männliche Wachstum des Bewusstseins während der Anstieg und Abfall (Absteigen) und die Weite (Kommunion) des Wassers die weibliche Anpassungsfähigkeit illustrieren. Gemeinsam erschaffen Mann und Frau den Fluss. Der männliche Aufbau der Ufer (Bewusstsein) ist das Resultat des weiblichen Verlangens zu fließen, zu vertiefen, sich zu öffnen und umfasst (beschützt und umsorgt) zu werden. Die Ebenen der Ufer sind Schicht für Schicht durch den Fluss des Wassers in einer vorbestimmten Weise konstruiert (von archaisch zu transpersonal).[418] Keine Schicht (Ebene) kann übersprungen werden. Die weibliche Höhe wird durch die stets schwankende Oberflächen-Höhe des Wassers symbolisiert, während die höchste Bewusstseinsebene der Männer durch den höchsten Punkt der Ufer angezeigt wird.

Wenn es mehr Wasser gibt, als die Ufer umfassen können, so wird das Weibliche überfließen und sich vom Mann nicht geborgen/nicht unterstützt fühlen, was in ihr Angst erzeugt. Gleichzeitig wird sich der Mann überwältigt und inadäquat fühlen, was in ihm Scham erzeugt. Die Männer können dann entweder höhere Ufer bauen (zur nächsten Bewusstseinsstufe aufsteigen) oder mehr Breite erzeugen (agentischer werden), um den weiblichen Strom zu umfassen. Alternativ kann die Frau versuchen, ihr Strömen zu begrenzen (was bei ihr zu Ablehnung und Frustration führt) oder zu ihrer maskulinen Seite zu schwingen, um ihre eigenen Ufer zu bauen (während sie sich gestresst und ausgebrannt fühlt). Wenn es nicht genug Wasser gibt (weibliche Energie), um das Flussbett zu füllen, zu vertiefen und zu erweitern, wird sich der Mann unmotiviert, nicht herausgefordert, uninspiriert und nicht gewertschätzt fühlen, was ihn mehr in Richtung Weiblichkeit neigen lässt (während er Richtung und Zweck verliert).

Bei den frühen magenta- und rotfarbenen Entwicklungsstufen können wir sehen, wie Männer und Frauen gemeinsame gewundene Flüsse in einer natürlichen und harmonischen Weise durch klar getrennte Geschlechterrollen der männlichen Ufer und des weiblichen Stroms erschaffen.

Auf der bernsteinfarbenen Stufe können patriarchale Strukturen als ein von Menschen geschaffenes System von Kanälen und Schleusen betrachtet werden, welches die Richtung und die Höhe des Wassers, das darin fließt, bestimmt.

Auf der orangenen Stufe fühlen sich Frauen ermächtigt, die Schöpfung und

Richtung ihrer eigenen Wasserwege zu kontrollieren, indem sie zwischen Strömen und Umfassen vor und zurückpendeln, während Männer dabei bleiben, einfach das Ufer zu sein – häufig ohne die Erfüllung des Weiblichen.

Auf der grünen Stufe pendeln Männer zu ihrer weiblichen Seite und werden zu ‚Flow-Boys',[419] während Frauen vollkommen ihre Männlichkeit annehmen und häufig zu verhärteten Feministinnen werden. Dies führt zu einem vollständigen Rollentausch, der der Art und Weise, wie sich die Geschlechter entwickelt haben, entgegengesetzt ist, indem nämlich die Frauen das Ufer sind und die Männer der Strom.

Im Bewusstsein zweiten Ranges erkennen Männer und Frauen, dass sie nicht gleichzeitig Ufer und Strom sein können. Sie kehren zu der natürlichen Verkörperung ihrer sexuellen Essenz zurück, doch in diesem Fall mit der vollen Anerkennung der entgegengesetzten Polarität. Dies erlaubt ihnen, gemeinsam den Fluss mit einem passenden gegensätzlichen und gleichen Partner zu erschaffen, indem sie abwechselnd fließen und umfassen, um ihre Menschlichkeit vollkommen auszudrücken.[420]

## Fehler entlang des Weges

Wie wir im Kapitel 4 gesehen haben, geschieht Wachstum dann, wenn das Subjekt einer Ebene zum Objekt des Subjektes der nächsten Ebene wird. Auf dem Weg treten Fehler auf, wenn das Selbst (Subjekt) entweder unbewusst mit den begrenzten Ansichten der niederen Stufen verschmolzen bleibt, weil sie nicht durch Differenzierung transzendiert wurden, oder darin scheitert, die gesunden Kernfunktionen zu integrieren, die jede Ebene zur Verfügung stellt.

In diesem Kontext beziehen sich *begrenzte Ansichten* auf die Entwicklungslinien wie etwa Moral, Werte und Weltsichten. Gesundes Wachstum bedeutet diesbezüglich, die engen Perspektiven der niederen Ebenen loszulassen, die die Entwicklung tieferer und umfassenderer Liebe, Einsicht, Mitgefühl, Verständnis, Integrität, Bescheidenheit verhindern. In Bezug auf diese Linien ist eine Regression auf und Bindung an die niederen Ebenen ungesund. *Kernfunktionen* beziehen sich auf die wesentlichen körperlichen und kognitiven Fähigkeiten, Fertigkeiten und Strukturen, bei denen gesundes Wachstum bedeutet, die Qualitäten der niederen Ebenen, die dem Individuum dienen – wie etwa die Fähigkeit, zum Bad zu gehen, sich gesund zu ernähren, sexuell funktionstüchtig und kreativ, durchsetzungsfähig, vernünftig, rational, empfindsam zu sein etc. –, zu entwickeln, zu integrieren und zu erhalten. Für diese Linien ist die Trennung von und Hemmung oder Negation der niederen Ebenen ungesund.

Das Versagen darin, begrenzte Ansichten korrekt zu transzendieren und Kernfunktionen zu integrieren führt zu verzerrten Wahrnehmungen und Verhaltensweisen, die oft durch Probleme in intimen Liebesbeziehungen zutage treten, wenn nämlich sonst psychologisch gesunde Menschen emotionalen Aufruhr erleben und sich ungewöhnlich verhalten. In schweren Fällen von Abspaltungen können auch tiefere Dysfunktionen (wie etwa zwanghaftes Verhalten, Phobien, Ängste oder Depression) in unterschiedlichen Intensitäten auftauchen (wie etwa Neurosen, Borderlinestörungen oder Psychosen).[421]

Unten eine kurze Übersicht über den Prozess der Differenzierung und Integration für unser Modell der acht Entwicklungsstufen:

Auf der infraroten Stufe des Bewusstseins ist das Selbst vollständig mit seinem Körper identifiziert und undifferenziert von der Umwelt.

Auf der magentafarbenen Stufe beginnt das Selbst, eine Unterscheidung zwischen Körper und Materie zu beobachten. Das Versagen darin, sich auf dieser Stufe zu differenzieren, kann Schwierigkeiten dabei verursachen, die körperlichen Impulse zu kontrollieren und zu Esssucht oder Sexsucht führen. Ein Versagen der Integration führt zu einer Entfremdung vom Körper, wie etwa, die eigene Sexualität zu unterdrücken.

Während der begriffliche Verstand (Ego) mit der roten Entwicklungsstufe auftaucht, lernt das Selbst, den Körper von den Gefühlen und Emotionen zu unterscheiden und entwickelt ein Gefühl für Autonomie. Darin zu versagen, auf dieser Ebene zu differenzieren, kann zu unkontrolliertem Ausdruck von Emotionen wie Angst, Wut oder Hass führen, wenn sich das Ego bedroht fühlt. Darin zu versagen, diese Stufe zu integrieren, führt zu einem Mangel an Willen ebenso wie zu emotionaler Unerreichbarkeit und Abspaltung. Beide Dysfunktionen dieser Ebene sind wesentliche Beschwerden von Frauen über Männer.

Auf der konformistischen bernsteinfarbenen Stufe lernt das Selbst, eine Zweite-Person-Perspektive einzunehmen, wie z.B. in dem Imperativ *‚Was du nicht willst, das man dir tu', das füg auch keinem andern zu'*. Individuen auf dieser Stufe lernen, die Rollen und Regeln von anderen zu übernehmen. Dies erlaubt es diesen Individuen, mythischen und staatlichen Gesetzen zu gehorchen, die Bedürfnisse ihrer Mitmenschen in Betracht zu ziehen und deren Bedürfnisse vor die eigenen zu stellen.

Darin zu versagen, auf dieser Ebene zu differenzieren, führt zu falschen Glaubenssätzen in Form von Konzepten, Geschichten, Büchern und Mythen darüber, was richtig und falsch ist (z.B. Du bist dumm, hässlich, nicht talentiert, nicht gut, wirst in die Hölle kommen etc.). Darin zu versagen, diese Stufe zu integrieren, führt zu einem Mangel an Rücksicht, Fürsorge, Mitgefühl und Empathie für andere.

Mit dem Auftauchen der rationalen orangenen Stufe lernt das Selbst, die

Welt und sich selbst aus einer Dritten-Person-Perspektive einzuschätzen, und bestimmt unabhängig, was es glaubt. Es entwickelt die Fähigkeit, seine eigene Identität zu definieren, die vielmehr auf Fakten basiert als auf Mythen, Geschichten, Rollen und Regeln, die ihm früher durch andere wie z.B. Eltern, Kameraden, Gesellschaft, Religion usw. zugewiesen wurden. Zu versagen, diese Ebene zu differenzieren, führt zu einer kalten, rationalen, materialistischen, unmenschlichen und mechanistischen Sicht auf sich selbst, andere und die Welt. Zu versagen, sie zu integrieren, führt zu einem Mangel an Objektivität und Einsicht in die Wirklichkeit und das Selbst.[422]

Auf der grünen pluralistischen Stufe wird sich das Selbst der holistischen Körper/Geist/Seele-Verbindung bewusst und dass es Teil eines größeren Ökosystems/Netzes des Lebens ist, und wie die kulturelle Vierte-Person-Perspektive die Gedanken und Beobachtungen formt, die die subjektiven Realitäten der Individuen erschaffen. Darin zu versagen, diese Ebene zu differenzieren, kann zu einer naiven Annahme der Güte aller Wesen/der Natur führen wie auch zu einer Unfähigkeit dazu, starke Moralurteile zu fällen. Zu versagen, diese Ebene zu integrieren, lässt das Selbst mit einer nihilistischen oder zynischen Perspektive auf die Welt und andere zurück. Dies kann eine Identitäts- und Midlife-Krise verursachen.

Die blaugrüne Stufe zweiten Ranges öffnet das Selbst für die Ansichten, Beiträge, Begrenzungen, Schwächen und unvermeidbarerweise auch die Entwicklungen all der vorhergehenden Stufen. Zu versagen, diese Ebene zu differenzieren, führt zu arrogantem, manipulativen, nicht authentischem und abschätzendem Verhalten anderen gegenüber. Zu versagen, diese Ebene zu integrieren, verleitet das Selbst dazu, die unterschiedlichen Erfahrungen des Menschen sowie seine Ansichten und Beiträge nicht wertzuschätzen.

In der letzten transpersonalen, türkisen Stufe (höhere Stufen sind möglich) findet eine Erleuchtung statt, die die Illusion eines getrennten Selbstes transzendiert, obwohl doch ein gesundes Gefühl des hoch funktionellen Körpers/Geistes erhalten bleibt, der sich auf die manifeste Welt der Objekte bezieht. Zu versagen, diese Ebene zu differenzieren, führt zu der Unfähigkeit, im Alltag normal zu funktionieren, einer pathologisch idealistischen Weltsicht oder einem psychotischen Mangel an Demut, wenn sich das Selbst auf einen wahnhaften gottes-ähnlichen Guru-Status[423] emporhebt, bei dem frühere ‚a-duale' Stufen der Entwicklung mit ‚nondualer' Bewusstheit verwechselt werden. Zu versagen, diese Ebene zu integrieren, lässt das Selbst mit einem Gefühl der Trennung, Leere und Angst vor seiner Sterblichkeit zurück.[424]

Um kurz zu unserer Metapher zurückzukehren, so treten Fehler entlang des Weges auf, während sich der Fluss formt, wenn der Schlamm am Ufer den freien Strom des Wassers behindert (Versagen, begrenzte Ansichten zu transzendieren), oder wenn kleine Flussausläufer in den Ufern dem Wasser erlauben, abzulaufen (darin zu versagen, Kernfunktionen zu integrieren).

# Leiter, Kletterer, Aussicht

Ken Wilber nutzt häufig die Metapher einer Leiter, eines Kletterers und seiner Aussicht (Höhe), um das Wachstum des Bewusstseins und seiner Gefahren und Schwächen zu illustrieren.[425] Die **Leiter** repräsentiert die potenziellen Stufen von archaisch zu transpersonal und darüber hinaus, die stets in derselben Weise vom Niedersten zum Höchsten Schritt für Schritt erklommen werden. Die Sprossen der Leiter zeigen auf die Kernfunktionen, die für die gesunde Entwicklung des Selbst integriert werden müssen. Der **Kletterer** repräsentiert das Selbst, durch das all die Handlung stattfindet, mit seinen Quadranten, Antrieben, Linien, Typen und Zuständen. Die **Aussicht** kennzeichnet die spezielle Weltsicht und die Anzahl der Perspektiven, die auf jeder Ebene eingenommen werden können und die mit jeder Sprosse, die erreicht wird, transzendiert werden. Darin zu versagen, Kernfunktionen zu **integrieren,** führt zu unvollständigen oder gebrochenen Sprossen. Darin zu scheitern, begrenzte Ansichten zu **transzendieren**, bewirkt, dass Teile des Selbst mit niederen Ansichten und falschen/verzerrten Glaubenssätzen stekken bleiben.

Die Sprossen der Leiter (Stufen des Bewusstseins) wurden durch die Geschichte hindurch vorbereitet von Männern als Reaktion auf weibliche Belohnungen. Heutige Männer sind immer noch inspiriert und herausgefordert von attraktiven Frauen, die Leiter emporzuklettern, um ihren stets ansteigenden Erwartungen und Forderungen zu entsprechen, während Frauen (bildlich gesprochen) ihnen darin folgen. Frauen im Bewusstsein ersten Ranges haben die Tendenz, sich unbewusst auf den Sprossen der Leiter, die sie emporgeklettert sind, hoch und runter zu bewegen, während Männer beständig auf der höchsten Sprosse bleiben, die sie erreicht haben. Im Bewusstsein zweiten Ranges werden sich Frauen ihrer Auf- und Abbewegung bewusst, während Männer die Fähigkeit entwickeln, sich auf die begrenzten Ansichten jeder Sprosse von anderen Menschen zu beziehen und diese zu akzeptieren. In Türkis wird eine gesunde Vereinigung und Verkörperung der weiblichen und männlichen Qualitäten aller Sprossen und Ansichten für beide Geschlechter zur Realität.

# Psychologische Heilung

Wie wir oben sahen, steigt nicht nur mit jeder höheren Ebene des Bewusstseins die Fähigkeit, etwas anzunehmen und zu lieben, sondern es vermehren sich auch die Gelegenheiten, darin zu scheitern, angemessen zu integrieren und zu differenzieren. Da Frauen dazu neigen, zu transzendieren und miteinzuschließen und allgemein viel empfindsamer und verletzlicher sind, so tragen sie häufig auch mehr emotionale Last in die höheren Stufen, als es Männer tun. Es ist darum keine Überraschung, dass sich viele verwundete orange und grüne Frauen danach sehnen, mit einem Mann zusammen zu sein, der gleichermaßen ein erfolgreicher Beschützer und Versorger UND emotional erreichbar, mitfühlend und gütig ist. Die letztere Fähigkeit hat sich häufig noch nicht bei orangen Männern entwickelt, die dazu neigen, emotional unerreichbar zu sein, während das erste Erfordernis nicht mehr so sehr eine Priorität für grüne Männer hat, die es eher vorziehen, ihre Anima anzunehmen und einem spirituellen Pfad zu folgen, als hart zu arbeiten und aggressiv in der akademischen oder wirtschaftlichen Welt zu kämpfen.

Anstatt moderne und postmoderne Männer für das zu akzeptieren, was sie sind, sie auf ihrem Pfad zu unterstützen und ihre eigenen psychologischen Wunden zu heilen, beenden oder vermeiden viele Frauen auf diesen höheren Stufen Partnerschaften, anstatt sie als eine Möglichkeit für ihre eigene Heilung und ihr Wachstum zu betrachten. Dies vor allem, wenn schmerzhafte Emotionen wie Wut, Angst, Schmerz, Unsicherheit, Langeweile, Schuld, Eifersucht oder Hass (siehe die Liste der Gefühle, wenn Bedürfnissen nicht entsprochen wird in Kapitel 3) in ihnen aufflammen.

Als einfache Daumenregel können wir sagen, dass Liebende, die einander glücklich machen können, sich auch genauso unglücklich machen können. Alle emotionalen (positiven und negativen) Reaktionen auf die Wirklichkeit des Partners zeigen auf eine unbewusste Pathologie[426] und können nur geheilt werden, wenn das Verhalten (Beobachtung) von dem Affekt (Emotion), der erzeugt wird, getrennt wird, und indem man die Verantwortung für ALLE Gefühlen übernimmt, anstatt sie auf sie oder ihn zu projizieren („Du hast mir das angetan" oder „Du machst mich so glücklich"). Der Unterschied, entweder auf andere Menschen Gefühle zu projizieren oder selbst die Verantwortung dafür zu übernehmen liegt darin aufzuhören, zu re-agieren und Emotionen (das Wort ‚Motion', welches auf ‚Motivation' zeigt, ist im Wort ‚Emotion' eingebettet) als einen Aufruf zu Heilung und Erwachen zu nutzen, bedingungslos zu lieben und unseren authentischen Lebenssinn (Selbstverwirklichung) auf jeder Entwicklungsstufe in einer gesunden Partnerschaft zu leben.

Gleichzeitig heißt die Verantwortung für die eigenen Gefühle zu übernehmen nicht, ein rückgratloser Fußabtreter zu werden und alle Arten von irrationalen Verhaltensweisen zu akzeptieren, die nicht unserem tiefsten Sinn entsprechen. Es heißt vielmehr aufzuhören, Forderungen zu stellen und/oder unseren Partner für ihre Wahrheit/Wirklichkeit zu bestrafen/beschuldigen, wenn unsere Bedürfnisse nicht befriedigt wurden. Wir können dann unsere eigenen UND die Bedürfnisse und Verhaltensweisen anderer akzeptieren und in einer liebenden Weise handeln, anstatt das unsere Handlungen von emotionalen Wunden und den Ängsten, wieder verletzt zu werden, bestimmt werden.

Die Fähigkeit, eine Partnerschaft als eine Möglichkeit für persönliches Wachstum wertzuschätzen, erfordert, dass ein Paar eine ähnliche Ebene der Entwicklung des Bewusstseins und der Spiritualität teilt und darin übereinstimmt, Konflikte als eine Möglichkeit zu betrachten, die eigene wesentliche Natur/Seele durch Heilung und Wachstum zu entdecken. Wenn beide zu weit voneinander entfernt sind, wird ihre Beziehung entweder langweilig werden oder in unlösbaren Konflikten enden.

Intime Liebesbeziehungen zwischen passenden Individuen werden darum von vielen Therapeuten und modernen westlichen spirituellen Lehrern[427] als die beste Möglichkeit betrachtet, die emotionalen Wunden zu entdecken und zu heilen, die unbewusste Bindungen und Abspaltungen erzeugt haben, und um die Tiefe und Verkörperung der psychologischen Gesundheit und spirituellen Verwirklichung jedes Partners zu testen. Ein Leben auf allen Ebenen des Seins (materiell, körperlich, intellektuell emotional und spirituell) zu teilen kann jeden Partner darin unterstützen, die begrenzten Ansichten der früheren Stufen loszulassen, die nicht vollständig transzendiert worden sind (wie etwa „Die Welt ist ein gefährlicher Ort" oder „Ich bin nicht verantwortlich für meine Handlungen") und die Verantwortung für die Kernfunktionen zu übernehmen, die nicht angemessen integriert wurden (wie etwa „Ich bin der Herrscher meines Körpers, nicht sein Sklave" oder „Ich bin der Miterschaffer meiner Beziehungen und nicht das Opfer anderer noch meiner Umstände").[428]

Abhängend von der Entwicklungsstufe, auf der die Pathologie zunächst auftrat, können unterschiedliche Formen von Therapie (oder sogar medikamentöse Behandlung) und/oder spirituelle Praktiken den Heilungsprozess unterstützen, der das Unbewusste ins Bewusstsein bringt.[429] Die passende Form von Therapie und einen qualifizierten Therapeuten auszuwählen ist darum für den Erfolg der Behandlung essenziell.[430]

Viele ausgezeichnete Beziehungsratgeber mit Titeln wie *Vollkommene Liebe, Love and Awakening, Undefended Love, Real Love,* oder *Love without Hurt,*[431] die von Therapeuten geschrieben wurden, sprechen das herausfordernde Problem vieler Partnerschaften an. Wir werden darum die weitere Erkundung von dysfunktionalem Verhalten, Pathologien, emotionaler Heilung und spirituellem Wachstum, den Händen der Experten überlassen (siehe Appendix I für Buchvorschläge)

## Zusammenfassung

Um die männlich-weibliche Dynamik auf einer tieferen Ebene zu verstehen, zeigten wir, dass Männer ihr Bewusstsein als Reaktion auf begehrenswerte Frauen erweitern, indem sie ihre niederen Bewusstseinsstufen transzendieren und ausschließen, während Frauen sich an die von Männern erzeugten Stufen anpassen, indem sie sie transzendieren und miteinschließen. Fehler auf dem Weg führen zu Pathologien, die viele finanziell abgesicherte und emotional unabhängige postkonventionelle orangene und grüne Frauen dazu führt, intime Beziehungen mit Männern insgesamt zu vermeiden. Wenn sie ihre Pathologien heilen und Stufe vier ihres Animus-Komplexes transzendieren, so können sie zum Bewusstsein zweiten Ranges gelangen, wo sie sich integral informierten Männern öffnen können, um gemeinsam eine gesunde Partnerschaft zu erzeugen, die gleichzeitig eine Möglichkeit für verantwortungsbewusstes Leben, weiteres Wachstum und den Dienst an anderen sein kann.

## Zusammenfassung Teil II

Obwohl es fast schmerzhaft technisch und unromantisch ist, uns selbst und Frauen als einzelne Holons mit vier Quadranten und Antrieben, verschiedenen Entwicklungslinien, hierarchischen Entwicklungsstufen, temporären Zuständen und gegebenen Persönlichkeitstypen zu betrachten, erlaubt es uns, die unterschiedlichen Weisen zu verstehen, in der sich soziale Holons in Liebesbeziehungen formen und ihre Qualität und Zukunftsfähigkeit vorherzusagen.

Die Persönlichkeitsmatrix verwebt die acht vertikalen Entwicklungsstufen des Bewusstseins mit den femininen/maskulinen Polaritäten (später sinnbildlich dargestellt als Fluss und Ufer) und Persönlichkeitstypen auf einer vertikalen Achse und den fünf Stufen der spirituellen, sexuellen und Anima/Animus-Komplexentwicklung auf einer horizontalen Achse.

Das Konzept des Holons mit den vier Antrieben erklärt, wie Liebende gleichzeitig ein Ganzes und doch Teil einer Partnerschaft sein können. Die vier Quadranten beschreiben die vier grundlegenden Dimensionen, die alle individuellen Holons (wie etwa Menschen) besitzen. Wenn sich zwei menschliche Holons verlieben, erzeugen sie ein soziales Holon (Liebesbeziehung) durch 1) ihre kollektive innere Dimension, die Intimität ermöglicht, 2) ihre kollektive äußere Dimension, die Leidenschaft ermöglicht, und 3) ihre fünf Formen des Unbewussten, was verschiedene Formen der Abhängigkeit erschafft. Diese drei Dimensionen wurden durch ein Trio von metaphorischen Dreiecken der Liebe illustriert, welche die Wirklichkeit, das Ideal und die Integrität der Beziehung für jeden Partner repräsentiert. Die Länge jeder Seite des Dreieckes repräsentiert das Ausmaß der Intimität, Leidenschaft und Abhängigkeit, was unterschiedlich geformte Dreiecke erschafft, die auf die acht grundlegenden Formen der Liebe zeigen, nämlich von Nicht-Liebe hin zu *integralen Beziehungen*.

# Teil III: Das integrale Beziehungsmodell in der wirklichen Welt anwenden

*Erfahrung ohne Theorie ist blind, aber Theorie ohne Erfahrung ist bloß intellektuelles Spiel.* – Immanuel Kant

Wie ich in der Einleitung zu diesem Handbuch sagte: Die Karte ist nicht das Gebiet. In den ersten beiden Teilen untersuchten wir die Wachstumspotenziale von Männern und Frauen als Individuen, und wie sie romantische Liebesbeziehungen formen.

Da du nun integral informiert bist, hast du eine Landkarte, um das Gebiet einer gesunden und zukunftsfähigen Liebesbeziehung mit einer passenden Partnerin zu erschaffen. In Teil II dieses Handbuches werden wir untersuchen, wie du Beobachtungen, Fragen und Persönlichkeitstests nutzen kannst, um ihre Perspektiven, Entwicklungslinien und Persönlichkeitstypen einzuschätzen, die dich mit dem ausstatten, was Wilber ihre *kosmische Adresse* nennt. Diese Einsichten in ihre Psyche, verbunden mit deiner Selbsteinschätzung, werden es dir möglich machen, eine Kompatibilitäts-Matrix zu erzeugen, die dich mit grundlegenden Informationen über die Qualität und Zukunftsfähigkeit deiner Partnerschaft versorgt. Du kannst dann entscheiden, ob du diese Herausforderungen bewältigen willst, indem du an dir und – wenn sie will – mit ihr an der Beziehung arbeitest, sie mit Liebe und Integrität beendest oder Mitgefühl für sie und dich selbst entwickelst, wenn sie dich verlässt. Wenn du Single wirst oder schon bist, so kannst du die integralen Dating-Strategien in Kapitel 12 verwenden, um eine Partnerin zu finden und anzuziehen.

# Kapitel 11: Woher komme ich, woher kommt sie?

*Wichtig ist, dass man nicht aufhört zu fragen. Neugier hat ihren eigenen Seinsgrund. Man kann nicht anders als die Geheimnisse von Ewigkeit, Leben oder die wunderbare Struktur der Wirklichkeit ehrfurchtsvoll zu bestaunen. Es genügt, wenn man versucht, an jedem Tag lediglich ein wenig von diesem Geheimnis zu erfassen. Diese heilige Neugier soll man nie verlieren.* – Albert Einstein

In diesem Kapitel **werden wir die vorhergehenden Diskussionen integrieren und eine kosmische Adresse für dich und deine Partnerin erzeugen. Ohne eine Bewusstheit über eure kosmische Adresse** stolpert ihr buchstäblich im Dunkeln herum, wenn du eine Beziehung mit ihr führen willst.

## Was ist eine kosmische Adresse?

Wie sich die Liebenden gegenseitig erfahren, wird bestimmt durch ihre kosmischen Adressen, die eine Kombination ihrer Persönlichkeiten (siehe Persönlichkeits-Matrix in Kapitel 7) mit einer oder mehreren Perspektiven der vier Quadranten sind, von dem aus ein individuelles Holon die Welt betrachtet.

Die kosmische Adresse ist kein einzelner Punktwert, sondern sie ist die Ansammlung der Charakteristika, die wir in diesem Buch besprochen haben – seine und ihre primäre Fantasie, Entwicklungslinien, Entwicklungsstufen, spirituelle, sexuelle und Animus/Anima-Entwicklung, Zustände, Persönlichkeitstypen und Perspektiven der vier Quadranten.

Kurz: Wir können eine individuelle kosmische Adresse wie folgt definieren:

Persönlichkeit + Perspektive[432]

In der Alltagssprache könnten wir sagen: „Woher komme ich, woher kommt sie? Wie sieht sie mich, wie sehe ich sie? Wie treffen wir uns?“

## Ihre Perspektive und Entwicklungsstufe identifizieren

Um korrekt deine eigene kosmische Adresse zu identifizieren, erfordert es eine kritische Selbsteinschätzung, was manchmal recht schwer sein kann, da man nie die Macht der Verleugnung unterschätzen sollte. Wie dem aber auch sei, wenn du soweit gelesen hast und die Ideen dieses Buches in dir resonieren, dann hast du höchstwahrscheinlich ein Bewusstsein zweiten Ranges erreicht und bist fähig eine Vier-Quadranten-Perspektive einzunehmen! Verschiedene Online-Tests, Feedback von anderen und Hilfestellung von Profis können dich mit weiteren Informationen für deine Selbsteinschätzung versorgen, wenn du noch mehr Klarheit bekommen willst.

Um ihre kosmische Adresse zu identifizieren, musst du sorgfältig ihre äußeren objektiven OR- und interobjektiven UR-Dimensionen beobachten, wie etwa ihr körperliches Aussehen, ihre Körpersprache, ihre Kleidung und ihr soziales Umfeld UND einen Dialog mit ihr anstreben über ihre innere subjektive OL- und intersubjektive UL-Wirklichkeit, wie Gefühle, Gedanken, Glaubenssätze, Werte und Weltsichten. Besonders was die Erforschung des Letzteren angeht, wirst du ihre Aufmerksamkeit gewinnen (und sie deine), was unvermeidbar einen Effekt auf euch beide und eure subjektiven Wahrnehmungen haben wird.[433] Dies führt zu einer weiteren komplizierten Angelegenheit, nämlich der Welt der *Intersubjektivität*.

## Intersubjektivität

Wenn zwei oder mehr Menschen auf einer subjektiven Ebene miteinander durch ihren unteren linken kulturellen Quadranten interagieren, indem sie zum Beispiel eine konsensuelle Bedeutung oder gegenseitiges Verständnis oder Resonanz erschaffen, so sprechen wir von Intersubjektivität.

Wir nehmen normalerweise an, dass etwas im *objektiven Sinne wahr* ist, wenn es immer und überall eine Tatsache bleibt, und zwar unabhängig von menschlichen Interpretationen, Gedanken und Gefühlen – ob dies aber tatsächlich unter allen Umständen möglich ist, ist eine tiefere philosophische Frage. Objektivität ist gewöhnlich der Bereich der Wissenschaft, die die physikalische Welt (also Energie, Quarks, Zellen, Organismen, Gesellschaften, Ökosysteme oder das Universum) und menschliches Verhalten aus einer Perspektive oben rechts (OR) betrachtet. Wenn die Methodologie, die genutzt wurde, um eine Theorie zu formen, von anderen Forschern wiederholt wurde und stets zu denselben Resultaten kommt, so sagen wir, dass eine Theorie wahr zu sein scheint. Beispiele dafür sind: Diamanten schneiden immer Glas, Wassermoleküle sind stets aus einem Sauerstoff-Atom und zwei Wasserstoff-Atomen zusammengesetzt, oder aus den Sozialwissenschaften wissen wir, dass menschliche Entwicklung stets in sequenziellen, hierarchischen Schritten geschieht.

Objektivität ist daher, in einem gewissen Sinne, stets schwarz oder weiß, ja oder nein, wahr oder falsch. Daher beziehen sich OR- und UR-Wahrheiten in einer Partnerschaft auf deine und ihre objektiven Charakteristika, Verhaltensweisen und sozioökonomische Realität: Bist du ein Mann oder eine Frau? Bist du 180 cm oder 190 cm groß? Warst du an jenem Ort zu dieser Zeit oder nicht? Hast du Milch mitgebracht oder nicht? Wie viel Geld hast du auf dem Konto? Bist du Vater eines Kindes oder nicht?, und so weiter und so fort.

Auf der anderen Seite bezieht sich *Subjektivität* auf die inneren Erfahrungen eines Holons, wie etwa Wahrnehmungen, Gedanken, Gefühle, Intuitionen, Interpretationen, Verlangen, Bedürfnisse, Glaubenssätze, Intentionen, Wille, Motive etc. – die Welt der linksseitigen Quadranten. Diese Erfahrungen sind für das Individuum wahr, und wenn sie authentisch durch ihn oder sie kommuniziert werden, so sprechen wir von subjektiver Wahrhaftigkeit (vs. objektiver Wahrheit).[434]

Die meisten unserer alltäglichen Interaktionen mit der äußeren Welt werden auf eine ‚Subjekt-Objekt'- oder ‚Ich-Es'-Weise vollzogen.[435] Subjekte beobachten, denken und interagieren mit der Welt der Objekte in einer ‚objektiven Weise' (oder nehmen sie zumindest an). Solange du mit einem Objekt interagierst, das über keine subjektive Innerlichkeit verfügt, wie etwa ein Auto oder ein Computer, ist alles ganz einfach. Obwohl du sogar deinen Computer hassen kannst, wenn er kaputt geht, oder deinen Wagen liebst, wenn er ganz ruhig mit 140 Kilometern pro Stunde läuft, so wird das durch deine Subjektivität nicht beeinflusst.[436] Diese Dinge verfügen nicht über eine subjektive Innerlichkeit, um die man sich sorgen müsste. Doch wenn das Objekt, mit dem du interagierst, ein inneres Bewusstsein hat, wie etwa eine Frau, und ihr interagiert miteinander (gewöhnlich durch linguistischen Austausch, aber auch durch subtilere Formen der Resonanz wie z.B. Körpersprache, Intuition, psychische und spirituelle Verbindungen),[437] dann beeinflusst ihr ‚interaktiv' eure subjektiven Wahrnehmungen voneinander und betretet unvermeidlich den Bereich der Intersubjektivität (Ich-Du).[438] Dies bringt neue Erfahrungswelten und Bedeutungen hervor, die weder vollkommen subjektiv sind (da Subjektivität sich stets auf die Innerlichkeit eines Individuums bezieht) noch vollkommen objektiv (da diese Wirklichkeit nur zwischen interagierenden Subjekten besteht).

Divergenzen (unterschiedliche Arten, Dinge zu betrachten) im intersubjektiven Erleben tauchen auf, wenn Menschen sich selbst oder anderen gegenüber nicht ehrlich oder wahrhaftig über ihre innere Welt sind (was eine Pathologie genannt wird), oder wenn sie widerstreitende Definitionen und Interpretationen einer Situation oder Verhaltensweise haben.[439]

Mit anderen Worten, sobald du mit einer Frau interagierst (wie etwa Beobachtungen und Sprache zu nutzen, um ihre kosmische Adresse zu identifizieren), dann verändern sich eure beiden subjektiven Realitäten, und diese neue Realität wird intersubjektiv zwischen euch beiden erzeugt.

## Verschiedene Welten für verschiedene Menschen

Es gibt drei weitere Facetten des integralen Modells, welche dir helfen können zu verstehen, warum eine Frau die Welt anders betrachtet als du. Sie werden 1) Flachland, 2) Ko-Emergenz und 3) der Mythos des Gegebenen genannt.

1) **Flachland**: Obwohl alle individuellen Holons (wie Menschen) über vier Quadranten verfügen, heißt das nicht, dass auch alle (an-)erkannt werden. Nicht alle zu erkennen heißt, eine ‚Flachland'-Perspektive einzunehmen, da eine solche Perspektive nicht alle Dimensionen des Holons, welches betrachtet wird, integriert. Es scheint dann flach (zweidimensional) anstatt multidimensional zu sein.[440] Ein Therapeut zum Beispiel kann deine Beziehungsprobleme auf deine Unfähigkeit im oberen linken Quadranten reduzieren, in Kontakt mit deinen Gefühlen zu treten; ein Freund kann sie auf die Tatsache reduzieren, dass du 30 Kilo zugenommen hast (OR-Quadrant); deine Mutter mag schon immer gewusst haben, dass eine Ehe zwischen einem Katholiken italienischer Abstammung und einer protestantischen Skandinavierin Ärger bereiten wird (UL-Quadrant); und ein Erfolgscoach wird deine Probleme auf deine lausige finanzielle Situation und deine schlampige Lebensführung zurückführen (UR-Quadrant), während in Wirklichkeit alle Aspekte zusammenhängen. Sie sehen nicht, dass du emotionale Probleme hast (OL-Quadrant), die durch deine strikte religiöse Erziehung verursacht wurden (UL-Quadrant), sodass dein Körper fett wurde (OR-Quadrant), weil du dich durch Essen selbst trösten wolltest, was dich auch daran hindert, dich in dem Beruf zu übertreffen (UR-Quadrant), zu dem du dich hingezogen fühlst – und alle vier Aspekte haben einen negativen Einfluss auf die Beziehung mit deiner Frau.

2) **Ko-Emergenz**: Die vier Quadranten mit ihren jeweiligen Entwicklungslinien tauchen stets gemeinsam auf. Dies bedeutet, dass Wachstum oder Rückschritt in einem Quadranten gewöhnlich alle anderen Quadranten beeinflusst. Zum Beispiel wird eine Verbesserung der Gehirnfunktion und körperlichen Gesundheit in deinem Körper (OL) dazu führen, klarer zu denken und zu fühlen (OL), was deine Fähigkeit verbessert, mit anderen einen Konsens anzustreben (UL), was an sich zu mehr Karrieremöglichkeiten (UL) führt.[441]

3) **Mythos des Gegebenen**: Unsere Welt verändert sich beständig, so wie sich unsere kosmische Adresse verändert. Es gibt keine einzelne Welt da draußen (*Mythos des Gegebenen* genannt),[442] die jeder Mensch auf dieselbe Weise wahrnehmen kann. Stattdessen bringt die kosmische Adresse unterschiedliche Welträume hervor, die wir dann bewohnen. Dies wird nirgends offensichtlicher als in Liebesbeziehungen, wo zwei individuelle Subjekte mit unterschiedlichen objektiven Körpern, unterschiedlichen kulturellen Hintergründen und sozialem Umfeld versuchen, sich in harmonischer oder komplementärer Weise einander anzupassen, nur um zu realisieren, dass sie sich und die Welt die ganze Zeit unterschiedlich interpretieren. Dies kann entweder große Konflikte verursachen oder zu wunderbaren Einsichten, Synergien und Wachstumsmöglichkeiten führen. Wie es Elisabeth Lesser so schön ausdrückte: „Ich habe meine Wirklichkeit und er hat seine Wirklichkeit, und wo sich die beiden überlagern, liegt die Wirklichkeit unserer Beziehung.“[443]

## Beobachtungen, Fragen und Antworten

Es ist mittlerweile offensichtlich, dass die Realität einer Person ein komplexes Bild von subjektiven Wahrnehmungen, unbewusster Konditionierung und objektiven Realitäten ist, das sich stets verändert (das Einzige, was konstant ist, ist der Wandel). Durch eine Kombination aus sorgfältigen Beobachtungen, richtigen Fragen, aktivem Zuhören,[444] auswerteten Antworten und Persönlichkeitstypen-Tests (Enneagramm, Myers-Briggs, Liebes-Sprachen) kannst du eine verallgemeinernde Orientierung über die kosmische Adresse deiner Partnerin erhalten, was es dir ermöglicht, ihr mit mehr Integrität, Empathie, Liebe und Mitgefühl entgegenzutreten.

## Perspektiven

Wir werden unsere Untersuchung der kosmischen Adresse mit den vier Perspektiven beginnen, die du in Bezug auf sie einnehmen kannst (und die sie dementsprechend auch in Bezug auf dich einnehmen kann):

Die OR-Perspektive repräsentiert, wie sie objektiv betrachtet aussieht, sich anfühlt, riecht, schmeckt, bewegt, anhört und verhält etc. Sie kann zum Beispiel eine 160-cm große, 40 Jahre alte, hellhäutige, braunhaarige, lächelnde Frau mit Sommersprossen und einer hohen Stimme sein, deren Haut den Geruch einer wohlriechenden Rose hat.

Deine subjektive OL-Perspektive repräsentiert, was du in Bezug auf deine Partnerin denkst, glaubst und fühlst und wie du deine Wahrnehmungen von ihren inneren und äußeren Dimensionen interpretierst. Du kannst sie als sympathisch oder störend, intelligent oder dumm, einladend oder bedrohend, sexy oder dumpf, blühend oder strebend, spirituell oder materiell etc. betrachten. Sie mag dich beruhigen oder nervös, interessiert oder indifferent, glücklich oder traurig machen.

Deine intersubjektive UL-Perspektive repräsentiert, wie du dich mit ihr verbindest, um ein gegenseitiges Verständnis zu erschaffen. Du kannst dich um sie sorgen oder nicht, sprechen oder zuhören, ihre Sprache sprechen oder nicht, mit ihr resonieren oder nicht, ihr gegenüber empathisch oder indifferent, hingebungsvoll oder unverbindlich sein.

Die soziale UR-Perspektive repräsentiert, wie sie sich objektiv betrachtet kleidet, ihren Job, welches Auto sie fährt, wie sie lebt, welche Hobbys und materiellen Güter sie hat etc. – alles, was du an ihr in Bezug auf ihre Geschlechterzugehörigkeit, ihr soziales Umfeld und ihren persönlichen Lebensstil beobachten kannst. Sie kann eine alleinerziehende Mutter sein, die einen Business-Anzug trägt, als Bankmanagerin arbeitet, 60.000 € pro Jahr verdient, ein Kabriolett fährt, am Stadtrand wohnt, Golf spielt, Biografien liest und gerne im Garten arbeitet.

Bemerke also, dass deine Wahrnehmung von ihr von der Bewusstseinsstufe abhängt, von der aus du schaust, sowie von der Perspektive, die du einnimmst. Wenn Du 170 cm bist, wird sie groß aussehen mit ihren 180 cm. Wenn du 70 Jahre alt bist, wirken ihre 40 Jahre jung auf dich. Wenn du einen Doktortitel hast, wird ihr Bachelor dich nicht sonderlich beeindrucken. Wenn du daran arbeitest, die globale Erderwärmung umzukehren und die Armut in der Welt zu verringern, wird dir ihre materialistische familiäre Ausrichtung unverantwortlich vorkommen. Wenn sie normal gebaut ist und schönes Haar hat und du untersetzt und kahlköpfig bist, wird sie für dich umwerfend aussehen, während ein größerer, weniger gebildeter und egozentrischer Bodybuilder sie vollkommen anders beobachten wird.

## Bewusstseinsstufe (Höhe)

Um ein Gefühl von der höchsten Bewusstseinsstufe zu erhalten, von der aus sich deine Partnerin selbst und die Welt erfährt, musst du alle vier Quadranten in Betracht ziehen. Wir werden mit einer Betrachtung ihrer äußeren Erscheinung (OR) beginnen und dann in Richtung des Uhrzeigersinns zu den UR-, UL-, und OL-Quadranten vorgehen, da dies die gewöhnlichste Art und Weise ist, durch die sich Menschen kennenlernen und gegenseitig einschätzen (es sei denn, sie haben einen schriftlichen Austausch, bevor sie sich tatsächlich treffen). Die Fragen für jeden Quadranten werden durch kurze

Interpretationen ergänzt, die dich mit Hinweisen auf die Entwicklungsstufe von Magenta zu Blaugrün versorgen, da dies die wahrscheinlichsten Ebenen sind, die du bei einer Frau antreffen wirst.

Wenn du deine Beobachtungen machst und ihre Antworten interpretierst, bemerke bei jedem Quadranten, ob sie zu den männlichen Polaritäten (Aufsteigen/Agenz) oder den weiblichen Polaritäten (Absteigen/Kommunion) neigt. Beobachte auch, durch welchen der vier Quadranten sie dich einschätzt und sich mit dir verbindet, denn dies wird unvermeidlich ihr Verhalten und ihre Antworten auf deine Fragen beeinflussen.

## Vom oberen rechten Quadranten ihre Entwicklungsstufe beobachten

Ihr oberer rechter Quadrant, der ihren physischen Körper repräsentiert, kann dir einen vagen ersten Hinweis liefern. Wie sieht ihr Körper aus, ist sie in guter Form, kümmert sie sich um sich selbst? Wie ist ihre Körpersprache, Stimmlage, Länge der Haare, und wie drückt sie sich körperlich aus? Um eine akkurate Einschätzung zu erhalten, ist es wichtig, deine Beobachtungen in einen kulturellen und sozialen Kontext zu stellen. Um zu einem tieferen Verständnis über ihr Aussehen zu kommen, frage sie Dinge wie:

*Was magst du/magst du nicht an deinem Körper?*

*Wie hältst du dich fit und gesund?*

*In welcher Form kümmerst du dich um deinen Körper?*

*Wie gesund ist dein Körper?*

### Interpretationen

Eine Frau, die anhand ihrer Beschreibungen insgesamt wenig Bezug zu ihrem Körper zu haben scheint und sich nicht in ihrem Körper wohlfühlt, Sport vermeidet und gegebenenfalls stark unter Essstörungen leidet, deutet auf Magenta.

Eine Frau, deren Äußeres ‚Schau-mich-an' (verführerische Kleidung, Tattoos, auffälliges Make-up, grell lackierte lange Fingernägel etc.) ausdrückt, kombiniert mit einer Haltung, die in etwa besagt: ‚Ich will, dass mich Männer anschauen' oder ‚Ich will mit jedem Sex haben außer mit Dir', zeigt auf Rot.

Eine Frau, die ihren Körper z.B. als den Tempel Gottes oder als gottgegeben betrachtet, oder die in Bezug auf ihren Körper sehr schamhaft ist und unter Umständen körperliche Empfindungen und Sensationen als etwas Gefährliches oder Teuflisches begreift, häufig kombiniert mit konservativer Erscheinung und Verhalten, zeigt auf Bernstein.

Eine Frau, die versucht, sich an das gegenwärtige gesellschaftliche Körperideal anzupassen und ihren Körper in irgendeiner Weise aufzuwerten, zu tunen, zu trainieren und fit, jung und gesund zu halten, deutet auf Orange.

Eine Frau, die eine gesunde und natürliche Beziehung zu ihrem Körper zum Ausdruck bringt und lockere ,Wohlfühl'-Kleidung lieber trägt als die sex- und karrierebetonte Kleidung von Rot und Orange, deutet auf Grün.

Eine Frau im Bewusstsein zweiten Ranges wird positive Energie von ihrem gesunden Körper ausstrahlen und ein authentisches Selbstgefühl ausdrükken. Sie hat die Fähigkeit je nach Situation und Anforderung die unterschiedlichen Rollen der vorhergehenden Stufen wahlweise anzunehmen, ohne dadurch einen inneren Widerspruch zu erfahren.

## Vom unteren rechten Quadranten ihre Entwicklungsstufe beobachten

Beobachtungen über ihre Kleidung, Accessoires (Schmuck etc.) und Lebensstil ebenso wie Antworten auf die unten stehenden Fragen werden dich mit einer Fülle von Informationen über ihre Entwicklungsstufe, basierend auf ihrem ,sozialen' unteren rechten Quadranten, versorgen:[445]

*Warum/wie hast du den Schmuck und die Kleidung gewählt, die du trägst, und was drückt das für dich aus?*

*Wo magst du gerne einkaufen gehen?*

*Wo und wie lebst du?*

*Wo und wie bist du aufgewachsen?*

*Was arbeiten deine Eltern? Wie hat dich das beeinflusst?*

*Auf welche Schulen bist du gegangen, und welchen Schul-/Studienabschluss hast du gemacht?*

*Auf welche Errungenschaften in deinem Leben bist du besonders stolz?*

*Was ist dein Beruf und warum hast du gerade diesen gewählt?*

*Was denkst du über finanzielle Abhängigkeit von einem Partner oder darüber, dein Einkommen und die finanziellen Verantwortlichkeiten zu teilen?*

*Wer sind deine besten Freunde, was magst du an ihnen, und woran sind sie interessiert?*

*Was sind deine Hobbys und Interessen?*

*Wo und wie verbringst du deinen Urlaub?*

*Was und wo magst du gerne essen bzw. was trinken gehen?*

*Was sind deine politischen Ansichten und wie bist du zu denen gekommen?*

*Wie denkst du über Umweltfragen wie etwa globale Erderwärmung?*

*Welche Drogenabhängigkeiten und/oder zwanghafte Verhaltensweisen hast du?*

*Welche Art von Musik, Büchern, TV Shows und Filmen magst du und inwiefern sprechen sie dich an und berühren dich?*

*Was willst du in der Zukunft erreichen?*

*Was sind für dich die Rollen von Männern und Frauen in unserer Gesellschaft?*

*Wie würde sich dein Lebensstil verbessern, wenn du mit einem Mann zusammen wärst?*

*Was sind für dich die Nachteile einer Beziehung?*

*Zu welche Veränderungen in deinem Lebensstil wärst du bereit, und was würdest du in deinem Leben aufgeben, um in einer gesunden Liebesbeziehung zu sein?*

*Unter welchen sozioökonomischen Umständen würdest du eine verbindliche Partnerschaft beenden?*

## Interpretationen

Wenn sie in einem alltäglichen Überlebensmodus lebt, von ihren Freunden, ihrer Familie und/oder einer klanähnlichen Gemeinschaft/Arbeitsplatzumgebung für ihre Ernährung abhängt sowie nur über eine geringe Bildung verfügt und einen niedrigen sozialen Standard hat ist ihre Ebene wahrscheinlich Magenta.

Wenn sie sich von ihrer Familie entfremdet und eine rebellische, chaotische Lebensführung hat, die außerhalb der sozialen Norm liegt, kombiniert damit, dass sie sich von Männern gerne beschützen lässt, so mag sie sich in der roten Entwicklungsstufe befinden. Zusätzliche Hinweise auf Rot sind eine Ablehnung höherer Bildung, ein Interesse an gewalttätigem Sport, Autos und Motorrädern, Drogenmissbrauch und ein Verlangen nach unmittelbarer Befriedigung ihrer vielen Bedürfnisse. Sie verfügt über keine globale Perspektive, interessiert sich nicht für Politik und kümmert sich nicht um andere oder um die langfristigen Konsequenzen ihrer Handlungen – was sie manchmal ‚im Jetzt leben' nennt.

Frauen auf der bernsteinfarbenen Stufe neigen dazu, sich an der Familie zu orientieren, mit einer örtlichen Gemeinschaft zu verbinden und in bescheidenen Häusern in einer Mittelschicht-Nachbarschaft zu leben. Sie streben häufig eine traditionell weibliche Ausbildung an sowie konventionelle Berufe, die weitestgehend Frauen vorbehalten sind, wie etwa eine Vollzeit-Hausfrau, Sekretärin oder Lehrerin oder Verwaltungs-Jobs. Bernsteinfarbene Frauen sind gewöhnlich konservativ, kleiden sich dementsprechend und bevorzugen hausgemachte Mahlzeiten, familienorientierte Unterhaltung, örtliches Reisen und gemeinschaftliche Unternehmungen.

Eine orangene Frau trägt gewöhnlich teure Kleidung, Schmuck und Make-up und verfolgt eine unabhängige, profilierte unternehmensbezogene oder akademische Karriere, die auf einer höheren Studienausbildung basiert. Dies erlaubt ihr einen Oberklassen-Lebensstil mit einem luxuriösen Heim und Auto, internationalen Reisen zu exotischen Reisezielen wie etwa der Karibik oder Hawaii, Amerika, Asien etc., gute Weine und gutes Essen, Zutritt zu kulturellen Ereignissen der High Society und kostspielige Sportarten wie Skifahren, Segeln, Reiten, Tauchen, Fallschirmspringen, Tennis und/oder Golf. Sie hat ein großes Netzwerk von Freunden und Kollegen, die sie in ihrer Karriere und sozialem Fortschritt unterstützen und neigt dazu, politisch liberal zu sein. Sie kann sogar einer New Age ‚Erfolgskirche' angehören, um zu lernen, wie spirituelle Prinzipien wie positives Denken ihr dabei helfen können, in der Welt voranzukommen.

Grüne Frauen werden nicht länger davon angetrieben, hart zu arbeiten, um selbst viel Geld zu verdienen (sie haben aber auch nichts gegen Männer mit viel Geld), da sie dadurch, dass sie eine Scheidung oder Karriere hinter sich haben, finanziell unabhängig geworden sind und eine erfüllungsorientierte Berufung als Künstlerinnen, als Mitarbeiterinnen in einer gemeinnützigen Organisation, als alternative Heilerinnen oder Lehrerinnen – mit einem globalen (aber häufig naiven) Fokus auf Liebe, Frieden, Fürsorge, Holismus und Nachhaltigkeit – verfolgen. Meist bevorzugen sie ein ländliches Leben in einer natürlich schönen Umgebung mit jedem erdenkbaren Komfort (Hybrid-Auto, Whirlpool, großes Haus und Garten, Elektrizität etc.), essen Bionahrung, mögen avantgardistische Formen der Unterhaltung und häufige Reisen in fremde Kulturen (Latein-Amerika, Afrika, Asien) und zu spirituellen Orten auf der ganzen Welt.

Frauen im Bewusstsein zweiten Ranges erkennen die Komplexität und Kostbarkeit von sozialen und ökologischen Strukturen und machen einen aktiven Beitrag zum Wohlergehen anderer durch altruistischen Dienst und umweltverantwortliche Entscheidungen. Sie bevorzugen eine integral informierte Partnerschaft. Solche Frauen zeigen auch gesunde Verhaltensweisen von allen vorhergehenden Stufen.

## Vom unteren linken Quadranten ihre Entwicklungsstufe beobachten

Du kannst Antworten über ihre Entwicklungsstufe in dem kulturellen Quadranten unten links erhalten, indem du beobachtest, wie sie mit anderen in Verbindung tritt und Fragen wie die folgenden beantwortet:

*Wie ist deine Beziehung zu deiner Familie, deinen Kindern, Freunden, Arbeitskollegen und Nachbarn?*

*Wie ist deine Beziehung zu deinem Vater und deiner Mutter?*

*Wie ist deine Beziehungsgeschichte?*

*Was hat dich zuerst an deinen früheren Partnern angezogen, warum/wie endete die Beziehung, und wer hat sie beendet?*

*Was hast du aus dem Ende deiner bedeutenden Beziehungen gelernt, und was willst du in der Zukunft anders machen?*

*Wie ist jetzt deine Beziehung mit deinen früheren Partnern?*

*Was sind für dich die Vorteile und Nachteile einer Beziehung?*

*Durch was fühlst du dich geliebt?*

*Was macht dich traurig?*

*Was für Träume, Visionen und Ziele hast du für die Zukunft?*

*Was sind deine Verantwortlichkeiten anderen Menschen gegenüber und wie weit reichen sie?*

*Inwiefern fühlst du dich anderen über- oder unterlegen?*

*Was hat dein gegenwärtiger oder früherer Partner getan, was für dich Distanz/Intimität erzeugte?*

*Unter welchen Umständen wäre eine Notlüge oder Lügen durch Weglassen für dich ok?*

*Unter welchen ethischen Umständen würdest du eine verbindliche Partnerschaft beenden?*

*Was bedeutet das Wort ‚Integrität' für dich?*

*Wann hast du dich schon mal betrogen gefühlt?*

*Was denkst du über das Abtreibungsrecht?*

*Wofür denkst du, lohnt es sich zu kämpfen?*

*Was sind deine Gedanken und Werte in Bezug auf Geschlechtergleichheit und Feminismus?*

*Wenn es in einem Rettungsboot Platz für 10 Menschen gibt (andernfalls würde es sinken) und 12 Leute versuchen, reinzukommen, wer sollte deiner Ansicht nach ertrinken, und durch wen und wie sollte das entschieden werden?*

*Wann denkst du, ist der zivile Ungehorsam angemessen?*

*Glaubst du an einen Gott, Geist oder eine höhere Macht, und was ist deine Beziehung zu ihm/ihr/es?*

*Was denkst du darüber, dass jede Sekunde ein Kind an Hunger oder an einer behandelbaren Krankheit stirbt, und was sollte die Menschheit deiner Ansicht nach diesbezüglich tun?*

*Was sind die emotionalen Belohnungen und Herausforderungen für dich, in einer Beziehung zu sein?*

*Was bräuchte es für dich, eine langfristige Bindung zu einem Partner einzugehen?*

*Was für Gedanken hast du über deinen aktuellen oder früheren Partner, die du nicht mit ihm geteilt hast?*

*Warum hast du/hast du keine Kinder?*

## Interpretationen

Furcht vor Fremden und Misstrauen allem gegenüber, was unbekannt ist, kombiniert mit Ehrfurcht vor enggeknüpften, klanähnlichen Beziehungen, abergläubischen Vorstellungen und dem ausschließlichen Verlass auf niedere Instinkte deutet auf Magenta.

Wenn sie eine gestörte Beziehung zu ihrer Familie hat, gewalttätige und egozentrische Männerfiguren verehrt, die ihr gegenüber gütig sind, wenn sie stets „Was bringt mir das?" fragt und sich nicht um andere (besonders die Schwachen, weniger Glücklichen und das Establishment) kümmert, so wird sie sich wahrscheinlich in der roten Entwicklungsstufe befinden.

Frauen, die fürsorgliche Rücksichtnahme für ihre Familie und andere Menschen ausdrücken, die ihr Glaubenssystem und ihre moralischen Werte teilen (unsere Familien-Tradition, unsere Religion, unser Land etc.), und zwar in einer konservativen und disziplinierten Weise, mit wenig oder keinem Verständnis, Toleranz oder Mitgefühl für Menschen, die über andere Werte und Glaubensformen verfügen, befinden sich höchstwahrscheinlich in Bernstein.

Wenn sie ihre emotionale Unabhängigkeit ausdrückt, erfolgreiche und mächtige Menschen verehrt, Rationalität dem mystischen oder magischen Denken vorzieht, eine globale Perspektive einnehmen kann und nur wenig Bedürfniss nach Intimität mit Familie und Freunden hat, so hat sie sich zu der orangenen Stufe entwickelt.

Eine grüne Frau neigt dazu, alle Menschen als an sich gleich und gut zu betrachten. Sie liebt ihre Freunde, die einen alternativen Lebensstil verfolgen, aber ist aggressiv denjenigen gegenüber (besonders Männern), die ihre Werte universeller Liebe, Gewaltlosigkeit und Sorge für die Tiere auf unserem Planeten nicht teilen. Dies führt sie andauernd in performative Widersprüche, da sie häufig selbst nicht ihren Werten entsprechend handelt, besonders was ihren Prozess der sexuellen Selektion angeht. Sie ist schnell dabei, weiße patriarchale Männer als Unterdrücker der Schwachen (Frauen, Kinder, niedere soziale Klassen, Stammesbewohner etc.) und als Zerstörer von Gaia (die Erde als ein einziger lebendiger Organismus) zu verurteilen.

Frauen im Bewusstsein zweiten Ranges drücken eine gesunde Balance zwischen ihren eigenen Werten sowie den Werten früherer Entwicklungsstufen aus, zeigen Mitgefühl für alle empfindsamen Wesen (Männer eingeschlossen) und wertschätzen integral informierte Mann-Frau Partnerschaften. Diese Frauen haben ein hohes Maß an Integrität und tun, was sie sagen.

## Vom oberen linken Quadranten ihre Entwicklungsstufe beobachten

Antworten auf die folgenden Fragen über ihre innere obere linke Wirklichkeit bietet dir Hinweise auf ihre Bewusstseinsstufe wie auch ihre spirituelle Verwirklichung (wenn sie sie wahrheitsgemäß beantwortet). Da wir alle Quadranten in Betracht ziehen, kannst du Inkongruenzen zwischen ihren Intentionen und ihrem Verhalten schnell identifizieren.

*Wer bist Du?*

*Was bewegt dich?*

*Was sind deine emotionalen Bedürfnisse?*

*Was sind deine Werte? (Siehe die Liste in Kapitel 3)*

*Was ist für dich schön oder Schönheit?*

*Was ist für dich wahr?*

*Was ist der Sinn des Lebens im Allgemeinen und dein Lebenssinn und deine Mission im Besonderen?*

*Was ist das höchste Ziel, das du dir selber steckst?*

*In welchen Bereichen deines Lebens würdest du gerne wachsen, und was bist du bereit zu tun, um dies zu erreichen?*

*Worin warst du in deinem ganzen Leben stets leidenschaftlich?*

*Wie fällst du Entscheidungen?*

*Was bedeutet Liebe für dich?*

*Was bedeutet bedingungslose Liebe für dich?*

*Auf welche Weise erzeugst du deine eigene Realität?*

*Was bedeutet Spiritualität für dich und verfolgst du einen spirituellen Pfad oder Praxis (siehe unten für mehr Fragen)?*

*Was denkst du über paranormale Erfahrungen und hattest du je welche?*

*Was denkst du über Wunder?*

## Interpretationen

Antworten, die einen Mangel unabhängigen Denkens aufweisen sowie angstvolle, verwirrte und irrationale Ansichten zeigen auf Magenta.

Wenn sie sich nur aus einer egozentrischen Erste-Person-Perspektive betrachten kann, die Kontrolle über ihr Schicksal haben will, ohne dabei andere zu berücksichtigen, sich auf die unmittelbare Befriedigung ihrer Bedürfnisse und Impulse konzentriert, ihre Erfahrungen in gut und schlecht ordnet und sich kaum um ihre Zukunft sorgt, so ist sie in der roten Entwicklungsstufe.

Ein Gefühl von selbstloser Hingabe an ihre Familie und Freunde, Vertrauen in mythische Vorstellungen, ein Gedankensystem, das auf Richtig/Falsch basiert, sowie eine Tendenz, die Gefühle und das Wohlbefinden anderer als wichtiger als das eigene zu betrachten deutet auf eine Frau, die die bernsteinfarbene Entwicklungsstufe erreicht hat.

Eine selbst-motivierte Frau, die positiv und rational denkt, verletzlichen Gefühle nicht teilt, die sich auf die positiven Resultate in ihrer Zukunft konzentriert, ihre Intelligenz und Unabhängigkeit wertschätzt und die sich selbst durch ihre vergangenen Leistungen und den Erfolg, welchen sie in der Gegenwart erlebt, bemisst und definiert, befindet sich in der orangenen Stufe.

Wenn sie eine Aura von unabhängiger weiblicher Kraft verströmt und sich auf ihre emotionalen Empfindlichkeiten und ihre Spiritualität konzentriert, ein Verlangen nach Selbstverwirklichung hat und versucht, einen tieferen Sinn in ihrem Leben zu finden, der Liebe, Frieden, Schönheit und Fülle für alle in der Welt ermöglicht, so hat sie wahrscheinlich die grüne Entwicklungsstufe erreicht.

Frauen im Bewusstsein zweiten Ranges ehren die femininen und maskulinen Qualitäten gleichermaßen, schätzen Wachstumspotenziale, die gesunde Mann-Frau Beziehungen bieten, und erkennen die Beiträge und Schwächen aller vorhergehenden Stufen.

# Ihre spirituelle Zustandsstufe identifizieren

Wie wir in Kapitel 4 gesehen haben, sind spirituelle Erfahrungen temporäre Zustände, die in dauerhaft zugängige Stufen durch Praktiken wie Meditation oder Gebet transformiert werden können. Wie bei jeder Entwicklung ist auch der spirituelle Fortschritt eine Angelegenheit aller vier Quadranten.[446]

Ihre Antworten auf die folgenden Fragen werden dich mit Hinweisen auf ihren gegenwärtigen Zustand versorgen, ihre vergangenen spirituellen Erfahrungen sowie auf eine der fünf möglichen Zustandsstufen der spirituellen Entwicklung, die sie erlangt haben mag:

*Bist du religiös und/oder spirituell, was bedeutet dies für dich und welche Rolle spielt es in deinem Leben?*

*Gibt es für dich einen Unterschied zwischen Religion und Spiritualität und wenn ja, welchen?*

*Hattest du in der Vergangenheit mythische oder Gipfelerfahrungen, wie würdest du sie beschreiben, und wie formen sie deine Wahrnehmungen vom Leben?*

*Was bist du in deiner Essenz?*

*Wessen bist du dir bewusst?*

*Was gibt dir Bedeutung und was leitet deine Entscheidungen?*

*Was sind deine Vorstellungen von der Welt (wann begann die Zeit, was ist außerhalb des Universums)?*

*Was sind deine Glaubensvorstellungen über die Interaktion des Manifesten und des Unmanifesten, dem Physikalischen und dem Metaphysischen oder Gott und Schöpfung?*

*Was sind deine moralischen und ethischen Standards?*

*Glaubst du an Gott und, wenn ja, beschreibe deine Vorstellung von ihm/ihr (wenn nicht, glaubst du an eine andere höhere Kraft, worin besteht sie, und wenn du auch daran nicht glaubst, was glaubst du denn?)*

*Worin besteht deine religiöse und spirituelle Praxis?*

*Betest du und, wenn ja, zu wem betest du und für was betest du, und was sind deine Erfahrungen und Nutzen diesbezüglich?*

*Meditierst du, und wenn ja, was für Formen der Meditation praktizierst du, und was sind die Erfahrungen und Nutzen für dich?*

*Wo, wann, mit wem, wie häufig und wie lange praktizierst du?*

*Welche Art von spirituellem Wachstum hast du in der Vergangenheit erfahren und wie möchtest du in der Zukunft vorankommen?*

*Was sind deine Vorstellungen über das Böse und Sünde, und was verursacht das menschliche Leiden?*

*Was bedeutet Erleuchtung für dich und glaubst du, sie ist möglich?*

*Bist du erleuchtet, oder wer ist erleuchtet, und woher weist du das?*

*Hast du spirituelle Lehrer oder einen Lehrer? Worin besteht ihre Lehre und was erfährst du durch sie?*

*Was für spirituelle oder religiöse Bücher magst du und was lernst du von ihnen?*

*Was bedeutet Präsenz und Hingabe für dich?*

*Was ist deine Vorstellung in Bezug auf den Tod und was passiert danach?*

## Interpretationen

Sie hat noch keine spirituelle Bewusstheit entwickelt, wenn sie das Leben als an sich bedeutungslos und die Welt als einen mechanistischen Ort von Ursache und Wirkung betrachtet, der vollständig durch Wissenschaft erklärt werden kann und auch wird. Dies gilt auch, wenn sie vollkommen mit ihrem Körper, den Objekten in ihrem Bewusstsein, der materiellen Welt, ihren Besitztümern und ihrem sozialen Status identifiziert ist.

Sie befindet sich in **Zustandsstufe 1** oder der groben/psychischen Ebene ihrer spirituellen Entwicklung, wenn sie von einer höheren Macht oder Ordnung spricht (Gott, Geist, Schöpfer etc.), die alles, sie eingeschlossen, geschaffen hat. Ihre spirituelle Praxis konzentriert sich darauf, sich dieser Macht anzupassen, häufig durch abergläubische oder mythische Vorstellungen, Rituale und Bittgebete. Sie wird sich selbst und andere als sündhaft, böse, falsch, schlecht oder ‚nicht spirituell' betrachten, wenn eine Situationen ihr Leid verursacht, sowie als heilig, gut oder richtig, wenn sich die Dinge ihren Vorstellungen entsprechend entwickeln. Frauen auf dieser Stufe sprechen häufig über ihre Erfahrungen mit Geistern, Engeln, Dämonen, Göttern und anderen höheren Wesen und glauben an die Macht von heiligen Orten, Objekten und Artefakten. Einige glauben, dass Gedanken die physikalische Wirklichkeit und positive/negative Resultate erzeugen können, etwa einen Parkplatz zu manifestieren, den Verlauf einer Krankheit zu beeinflussen, Geld zu verdienen und Frieden in die Welt zu bringen.[447] Sie werden auch den Schamanismus erwähnen sowie Energie-Heilung wie Reiki sowie ihre Neigung zu Stammesvölkern und Naturreligionen. Es gibt viel Verwirrung in Kreisen des New Age was diese weitestgehend abergläubische und narzisstische Zustandsstufe und die höheren Formen der Verwirklichung angeht (siehe oben unter prä/post Verwechslung).

Sie befindet sich in **Zustandsstufe 2** oder der subtilen Ebene ihrer spirituellen Entwicklung, wenn sie über die illusionäre Natur des Ego oder Verstandes spricht, und wie nicht beobachtete Gedanken, Wahrnehmungen, Annahmen und Interpretationen ein traumähnlich falsches Selbst- und Weltgefühl erzeugen. Ihre spirituelle Praxis konzentriert sich auf Achtsamkeit durch kontemplatives Gebet und Meditation. Indem sie sich an einem höheren Bewusstsein oder Geist ausrichtet, glaubt eine Frau auf dieser Stufe an die Macht der Intention, Intuition, der kreativen Vorausschau, des positiven Denkens, Synchronizitäten und göttlicher Führung, um mehr Liebe, Frieden, Erfüllung, Fülle, Harmonie, Freiheit und Erfolg in ihr Leben zu bringen.

Sie befindet sich in **Zustandsstufe 3** oder der kausalen Ebene der spirituellen Entwicklung, wenn sie im Moment vollkommen bewusst bleiben und das akzeptieren kann, was ist, ohne irgendwelche Bedürfnisse, Bindungen, Begehren oder Abscheu zu haben. Sie kann eine Resonanz mit mystischen

Zweigen traditioneller Religionen und New Age Spiritualität ausdrücken, die die illusionäre Natur der Zeit (Vergangenheit und Zukunft) betonen und spricht davon, sich voll hinzugeben und ‚im Jetzt' zu sein.[448] Ihre spirituelle Praxis konzentriert sich darauf, den Geist zu beruhigen, bis zu dem Punkt, dass all ihre Handlungen aus dem Ort der Stille entstehen, ohne an ein bestimmtes Resultat gebunden zu sein.[449] Auf dieser Stufe endet jede Identifikation mit materiellen Objekten oder mentalen Konzepten.

Sie hat **Zustandsstufe 4** oder die Zeugenebene erlangt, wenn sie erkennt, dass das Selbst, das die vorhergehenden Zustandsstufen erfahren hat, nicht von der Erfahrung selbst verschieden ist. Sie wird dann auf die tantrische Union der Leere und der Form– oder von Aufsteigen und Absteigen – hinweisen und zeigt auf das Paradox, über Spiritualität zu sprechen, da darauf nur gezeigt, aber nicht davon gesprochen werden kann und mag gewisse Gedichte und heilige Texte zitieren, die versuchen, dies zu tun.[450]

Solltest du zufällig eine Frau auf der nondualen **Zustandsstufe 5** treffen, so wird sie höchstwahrscheinlich nicht über ihre Spiritualität oder das Streben auf einem spirituellen Pfad/Lehre sprechen, da es nicht getrennt von ihrem Sein oder allem anderen existiert. Sie wird aber, wie auch immer, über einen unglaublichen Sinn intuitiven Wissens und über Empathie, Mitgefühl, Weisheit und Integrität verfügen. Frauen auf dieser Zustandsstufe sind hingebungsvoll, aber nicht gebunden, und strahlen ihr Licht in die Welt in einer authentischen, ungehemmten, liebenden, verantwortungsbewussten und fürsorgenden Weise aus. Sie sind zur selben Zeit unglaublich stark/funktional und gütig/freundlich und lehnen weder das ab, was ist, noch verlangen nach dem, was nicht ist (Erleuchtung mit eingeschlossen). Sie verwechseln nicht die nonduale Stufe, die sie erlangt haben, mit der infantilen Stufe der Verschmelzung (die a-dual ist) und sind weder an Form noch an Leere gebunden.

## Ihre sexuelle Stufe identifizieren

Wenn sie offen ist, über ihre Sexualität zu sprechen (was ein Hinweis an sich ist), dann kannst du einen Eindruck über ihre sexuelle Entwicklungsstufe bekommen, indem du unten aufgeführte Fragen stellst.[451] Bitte sei einfühlsam, da Sexualität häufig eine ungeschützte und private Sache für Frauen ist, weil viele von ihnen von Männern als Sexobjekte behandelt wurden, und eine von sechs amerikanischen Frauen irgendwann in ihrem Leben auch sexuell angegriffen wurde.[452]

*Wie wohl fühlst du dich, wenn du über deine Sexualität sprichst? Bitte lass es mich wissen, wenn ich etwas sage oder frage, das für dich zu intim ist.*

*Was ist deine sexuelle Ausrichtung?*

*Was denkst du über Nacktheit zuhause und in der Öffentlichkeit?*

*Welche Rolle spielt Sex für dich in einer Beziehung?*

*Was sind deine Verhaltensmuster in sexuellen Beziehungen?*

*Hast du gegenwärtig einen Liebhaber oder Sexpartner und, wenn ja, kannst du mir etwas über deine Erfahrungen und Gefühle mitteilen?*

*Wie definierst du guten Sex?*

*Gibt es Zeiten, bei denen du nur schmusen möchtest oder gar nicht berührt werden möchtest?*

*Was bedauerst du in Bezug auf die sexuellen Aspekte in deinem Leben?*

*Wer sollte den Sex einleiten?*

*Wie fragst du nach dem, was du sexuell willst und wie reagierst du, wenn du es nicht bekommst?*

*Wie häufig, wie lange und wo magst du Sex haben?*

*Soll das Licht beim Sex an oder aus sein?*

*Woher weißt du, wann die richtige Zeit dafür ist, mit einem neuen Partner sexuell zu sein und erwartest du Verbindlichkeit?*

*Bist du monogam, und wie definierst du sexuelle Treue/Untreue?*

*Wie denkst du über Geburtenkontrolle?*

*Was denkst du über Safer Sex und darüber, sich auf sexuelle übertragbare Krankheiten zu testen?*

*Wann hast du dich das letzte Mal auf HIV und andere sexuell übertragbare Krankheiten getestet?*

*In welcher Weise denkst du, dass Sexualität eine Partnerschaft beeinflusst?*

*In welchem Bezug stehen Sex und Liebe zueinander?*

*Bevorzugst du spontanen Sex oder vorher arrangierte Treffen?*

*Gibt es Dinge, die du verbessern, lernen oder erfahren willst in deiner Sexualität?*

*Wie viel und welches Vorspiel brauchst du und bevorzugst du zu geben oder zu nehmen?*

*Was brauchst du, um dich zu erregen?*

*Welche sexuellen Positionen magst du, und welche nicht?*

*Welche Art der sexuellen Befriedigung begehrst du am meisten?*

*Was denkst du über: oralen Sex, Masturbation, analen Sex, Sex-Spielzeuge (welche?), Öl und Gleitmittel, Pornos schauen, Bondage, Hinternversohlen, Verbalerotik, Dreier und Orgien und Sex in der Öffentlichkeit?*

*Wie wichtig sind für dich Küssen und oraler Sex?*

*Welcher sexuellen Blockaden bist du dir bewusst und welche sexuellen Praktiken sind für dich nicht akzeptabel?*

*Was sind deine erogensten Zonen?*

*Hast du Orgasmen, durch was kommst du, wie schnell kommst du und wie häufig?*

*Wovor fürchtest du dich in Bezug auf sexuelle Begehrtheit oder Adäquatheit?*

*Gibt es irgendwelche sexuellen Verhaltensweisen, mit denen du dich unwohl fühlst?*

*Wie weit würdest du gehen und experimentieren?*

*Hat sich deine Sexualität über die Jahre entwickelt und wenn ja, inwiefern?*

*Unter welchen Umständen hast du in der Vergangenheit Sex zurückgehalten?*

*Wurden deine sexuellen Grenzen jemals als Kind oder in deiner Jugend überschritten? Wenn ja, wie hat das deine Sexualität beeinflusst?*

*Was haben deine sexuellen Partner getan, durch das du dich unwohl oder abgeturnt gefühlt hast?*

*Hast du je irgendwelche Drogen oder Mittel genommen, um deine sexuelle Erfahrung zu steigern und wie war das für dich?*

*Was sind deine sexuellen Fantasien, die du noch nicht verwirklich hast?*

*Möchtest du, dass dein Partner eher aktiv oder passiv ist?*

*Wie gehst du mit einer Situation um, wenn ein Partner Sex will und der andere nicht?*

*Was denkst du über Masturbation? Bei dir selbst und wenn es dein Partner macht mit dir oder ohne dich?*

*Wie groß ist dein Interesse, Verständnis und deine Erfahrung mit heiligem, tantrischem oder transzendentem Sex?*

*Hast du irgendwelche Fetische?*

## Interpretationen

Sie befindet sich in **Stufe 1** ihrer sexuellen Entwicklung, wenn es ihr zuwider ist, auch nur über Sex nachzudenken, und schon gar darüber zu sprechen. Es gibt aber auch Frauen auf einer höheren Stufe, die einfach nicht über Sex reden wollen. Hier gibt es nicht viel hinzuzufügen, da du sie auf dieser Stufe nicht fragen kannst, daher musst du es herausfinden ‚indem du es machst', sobald du mit ihr körperlich intim bist.

Anzeichen für **Stufe 2** ihrer sexuellen Entwicklung sind Antworten wie „Ich möchte es lieber tun als darüber zu reden", oder „ich mag ficken". Sie wird evtl. Worte benutzen, die auf aggressive Machtspiele hinweisen wie „ihn nehmen, genommen zu werden, ficken, Fickfreund, One-Night-Stand, verrückten Sex haben“ etc., und betrachtet Männer als Sextäter, die „von jeder Frau nur das eine wollen“. Frauen auf dieser Stufe haben gewöhnlich kein Interesse an Übereinkünften in Bezug auf gewisse Praktiken, Geburtenkontrolle oder sexuell übertragbare Krankheiten.

Wenn sie sich auf **Stufe 3** befindet, wird sie Sex als etwas betrachten, dessen sie sich mit dem Partner erfreut, der mit ihr hinsichtlich bestimmter Praktiken und Grenzen übereinstimmt, was ihre Treffen emotional und körperlich sicher und gegenseitig erfreulich gestaltet. Sie kann Dinge sagen wie „Ich mag Sex“, „Sex ist großartig“, „Ich hatte großartigen Sex“, „Er ist ein guter Liebhaber“ und weiß ganz genau, was ihr Freude bereitet und was sie nicht tun oder bei sich getan haben will.

Auf **Stufe 4** ihrer sexuellen Entwicklung beginnt sie Sex mit Liebe zu verbinden, eine Herzverbindung herzustellen. Sie wird von „Liebe machen“ sprechen und von tieferer Herzöffnung aus Liebe durch geteilte Sexualität, davon Blockaden zu überwinden, Sexualität als Praktik für emotionale Heilung zu nutzen und sich gegenseitig als sexuelle Wesen zu respektieren und ehren.

Auf **Stufe 5** wird Sex für sie zu einem spirituellen Energieaustausch, der zu einer gegenseitigen Erfahrung der Verschmelzung in eine göttliche Vereinigung oder Einheit führt. Sie kann über Tantra, heiligen, transzendenten oder göttlichen Sex sprechen oder darüber, im Körper präsent zu bleiben, sich hinzugeben, Kundalini oder eine tiefe Resonanz auf der Ebene aller sieben Chakras zwischen sich und ihrem Partner zu haben. Jede Form des unbegrenzten authentischen sexuellen Ausdrucks, der von einem Ort der reinen Essenz stammt und das Gefühl der Trennung, Scham oder anderer Limitationen transzendiert, sind für sie begehrenswert.

## Ihren Animus-Komplex identifizieren

Wie wir in Kapitel 4 gesehen haben, befindet sie sich auf einer der fünf möglichen Stufen ihrer Animus-Komplexentwicklung, die du durch ihr Verhalten und die Antworten auf die folgenden Fragen bestimmen kannst. Einige der vorhergehenden Antworten und Beobachtungen haben dir möglicherweise schon Hinweise gegeben.

*Was ist für dich ein Mann?*

*Was erwartest du von einem Mann in einer Beziehung?*

*Nenne zehn Dinge, durch die du dich geliebt, geehrt und als Frau respektiert fühlst!*

*Was denkst du über die Mann/Frau Gleichheit?*

*Welche Unterschiede gibt es für dich zwischen Mann und Frau?*

*Gibt es unterschiedliche Rollen für Männer und Frauen in einer Beziehung und unserer Gesellschaft, und wie sind sie?*

*Welche Rolle hat dein Vater in deinem Leben gespielt, und wie ist deine Beziehung zu ihm heute?*

*Wer sind die bedeutendsten Männer in deinem Leben, welche Rolle haben sie gespielt und wie haben sie dich beeinflusst?*

*Welche Rolle hat deine Mutter in deinem Leben gespielt, und wie ist deine Beziehung zu ihr heute?*

*Wie war die Rollenverteilung zwischen dir und deinem Partner in früheren Beziehungen?*

*Was macht Männer für dich attraktiv?*

*Welche Art von Männern sind für dich unattraktiv?*

## Interpretationen

Sie wird sich in **Stufe 1** (Männer als fremde Außenseiter) befinden, wenn sie eine ambivalente Beziehung mit ihrem Vater und anderen bedeutenden Männern in ihren jungen Jahren hatte. Zusätzliche Hinweise sind tumultartige Liebe/Hass-Beziehungen mit früheren Partnern, längere Perioden in ihrem Leben ohne einen männlichen Partner, sexuelle Beziehungen mit Frauen, und wenn sie zwischen einem verzweifelt anklammernden Verlangen nach deiner Liebe und dann furchtsamer Ablehnung, wenn du ihr zu nahe kommst, hin und her schwingt.

Hinweise auf Animus **Stufe 2** (Männer als Vater, Gott oder König) sind eine kritische oder ablehnende Vaterfigur, in Bezug auf die sie fühlte, nie gut genug gewesen zu sein. Sie spricht freundlich über gütige Männer, die sie verehren, unterstützen und gut behandeln, und negativ über solche, die sie kritisieren, herausfordern oder ablehnen. Frauen auf dieser Stufe kämpfen zuweilen mit dem Altern, sind emotional bedürftig, streben kontinuierlich nach Bestätigung und Versicherung ihrer Liebenswürdigkeit und fürchten sich davor, Dinge falsch zu machen.

Hinweise auf **Stufe 3** des Animus-Komplexes (Männer als Helden) sind Antworten, die loyale, unterstützende, generöse und liebende Männer bevorzugen, die eine Verpflichtung eingegangen sind, Frau und Kinder zu ehren und zu unterstützen. Sie hatte wahrscheinlich eine stabile Kindheit und eine gute Beziehung zu ihrem Vater und ihrer Mutter, oder hat zumindest die meisten ihrer emotionalen Wunden geheilt. In ihren Augen sollten Männer richtig und falsch zu unterscheiden wissen, hart arbeiten, gute Väter und familienorientiert, heroisch beschützend (wenn es sein muss auch aggressiv anderen gegenüber) und ihr gegenüber wohlmeinend sein.

Frauen auf **Stufe 4** (Männer als unabhängige Wesen) sind recht einfach zu identifizieren, da sie über ihre finanzielle und emotionale Unabhängigkeit sprechen, die sie durch ihre eigene Arbeit oder durch erfolgreiche Scheidungen nach einer langen Ehe erreicht haben. Sie drücken das Verlangen aus, zu erforschen, wer sie sind (unabhängig von einer verbindlichen Partnerschaft mit einem Mann) und wollen allein leben, häufig mit einem Hund oder einer Katze. Wenn eine Frau auf dieser Stufe darüber nachdenkt, eine Partnerschaft zu haben, ruft sie häufig aus: „Wo sind all die guten Männer hin?", und natürlich ist kein Mann in ihrer Reichweite für sie gut genug. Erfolgreiche, unterhaltsame, selbstsichere und glückliche Männer, die Empathie, Verständnis und Unterstützung zeigen, während sie ihre eigenen Ziele und Interessen verfolgen, ohne einen weiblichen Partner für Sex, Bestätigung, Unterstützung zu brauchen, werden von Frauen auf dieser Stufe sehr geschätzt, die manchmal unverbindliche sexuelle Beziehungen mit jüngeren Liebhabern haben. Die meisten Öko-, Radikal-, und Sozial-Feministinnen – die Männer und für was sie stehen ablehnen – findet man auf dieser Stufe (oder Stufe 1).

Sie hat **Stufe 5** ihrer Animus-Entwicklung erreicht (Männer als gleiche Partner), wenn sie den Nutzen einer verbindlichen Beziehung mit einem integral informierten Mann erkennt, den sie als Gleichen und Gegensatz erkennt. Eine Frau auf dieser Stufe sieht den Vorteil einer gesunden, verbindlichen Ehe als ein Fundament für ihr eigenes Wachstum, ihre spirituelle Entwicklung, ihr körperliches wie sexuelles Wohlbefinden und einen sozialen, ökonomischen und ökologisch verantwortlichen Lebensstil. Ihr Fokus liegt auf den inneren Qualitäten in einer verbindlichen Beziehung anstatt nur auf weltlichen Besitztümern und sozialem Status. Eine Single-Frau auf dieser Stufe findet man selten; sie weiß genau, was sie in einem Lebenspartner sucht und sucht aktiv Männer, die Ihresgleichen sind. Sie hat normalerweise kein Problem damit, einen passenden Partner innerhalb ein paar Wochen zu finden, um eine Partnerschaft zu beginnen, sofern sie attraktiv und positiv auf Sex eingestellt ist,[453] da Männer durch die Evolution natürlicherweise darauf konditioniert sind, von gesunden Frauen ausgewählt zu werden, die sie ehren und wertschätzen.[454]

# Ihren Typ identifizieren

Die brauchbaren und populären Typologien, die wir im integralen Beziehungsmodell nutzen (NLP, fünf Liebessprachen, Enneagramm und Myers-Briggs) können am besten durch die entsprechenden Bücher erlernt werden. Sobald du deinen und ihren Typ kennst, ist es von großem Vorteil, ein Verständnis darüber zu entwickeln, wo ihr harmoniert und euch ergänzt und wo ihr euch möglicherweise streiten werdet. Diese Untersuchung kann auf eine spielerische und entspannte Weise unternommen werden, und es ist besonders fruchtbar, wenn ihr euch beide auf derselben Entwicklungsstufe befindet. Sie kann auch Astrologie und weitere Typologien mit in die Diskussion einbringen, was zu tieferen Einsichten und einem interessanten Dialog über deine Psyche führen kann. Du wirst ziemlich schnell erkennen, ob ihre Interpretationen aus einer abergläubischen, egozentrischen, mystischen, rationalen, pluralistischen, integralen oder transpersonalen Entwicklungsstufe stammen.

### Ihre kosmische Adresse verfeinern

Die kosmischen Adressen von Menschen werden sogar noch klarer, wenn wir die femininen/maskulinen Polaritäten und die temporären Bewusstseinszustände integrieren. Indem wir dies tun, kommen wir zu einer integralen Sicht, die Quadranten, Linien, Ebenen, Zustände und Typen integriert. Es wird klar – wie wir auch schon in der Einleitung zu diesem Buch bemerkt haben – dass jeder von seinem eigenen Standpunkt aus Recht hat, wie sich diese Standpunkte unterscheiden, und wie die unterschiedlichen Ansichten die Wahrnehmung und Interpretation der Welt eines jeden Menschen formen, einschließlich unserer menschlichen Liebesbeziehungen. Die obere linke Perspektive einer femininen Person mit einer grünen Entwicklungsstufe in einem wütenden Zustand und einem Enneagramm Typ 2 unterscheidet sich von einer Perspektive oben rechts einer maskulinen Person auf der orangenen Ebene in einem ruhigen Zustand mit Enneagramm Typ 5.

Natürlich ist die kosmische Adresse ein konstanter Fluss – vielleicht sogar noch mehr bei Frauen mit ihrer unbewussten Fluidität zwischen den Bewusstseinsstufen, ihren menstruellen Zyklen, der Menopause und emotionaler Unbeständigkeit, als es für Männer der Fall ist.[455] Niemand kann tatsächlich dieselbe kosmische Adresse einnehmen. Wir können auch vollständig die Welt aus der Perspektive einer anderen Person betrachten, aber wir können und sollten versuchen, dies empathisch zu tun.[456] Es ist darum wichtig, keine Vorannahmen zu machen[457] oder sich zu stark an Dinge zu binden, die Frauen in der Vergangenheit gesagt oder getan haben, sondern ihnen in der Gegenwart mit Offenheit und einem Zen-ähnlichen ‚Anfänger-Geist' entgegenzutreten.

## Zusammenfassung

In diesem Kapitel haben wir uns mit dem Thema der Intersubjektivität beschäftigt, und wie du eine verallgemeinernde Orientierung über Beobachtungen, Fragen/Antworten und Persönlichkeitstests bekommst über 1) eine oder mehr der vier Perspektiven von der aus sie sich selbst, dich und eure Partnerschaft betrachtet, 2) die höchste Stufe des Bewusstseins, die sie erreicht hat, 3) ihre Zustandsstufen der horizontalen, spirituellen, sexuellen und Animus-Entwicklung, und 4) ihre Persönlichkeitstypen. All dies führt dich zu ihrer kosmischen Adresse zu einem bestimmten Moment in der Zeit.

# Kapitel 12: Dich selbst und deinen Partner auf der Kompatibilitäts-Matrix lokalisieren

*Manchmal ist das Leben zu schwer, um Single zu sein, und manchmal ist es zu gut, um es nicht zu teilen.* – Elisabeth Gilbert

Aus all den Elementen, aus denen sich die kosmische Adresse zusammensetzt, ist die Bewusstseinsebene – oder Höhe – der bedeutendste Faktor, um die Qualität und Zukunftsfähigkeit deiner Partnerschaft einschätzen zu können. Die Bewusstseinsebene definiert, wie Individuen jeden Aspekt ihrer Existenz betrachten und bewerten (primäre Fantasie, Linien, Ebenen, Zustände und Typen), und zeigt auf die Anzahl der Perspektiven (erste, zweite, dritte, vierte etc. Person), die ein Individuum fähig ist einzunehmen. Unabhängig davon, wie sehr du dich zu einer Partnerin hingezogen fühlst und Intelligenzen, Interessen, Lebensführung, Träume, gegenseitig passende Pathologien und ähnliche Ebenen der vertikalen (spirituellen, sexuellen und Animus/Anima-Komplex) Entwicklung mit ihr teilst (die alle sehr wichtig sind), so wird doch die Qualität und Erfolg deiner Partnerschaft primär von deiner und ihrer Entwicklungsstufe bestimmt.

Wenn wir die acht Stufen der männlichen Bewusstseinsentwicklung, die ich oben beschrieben habe, auf die vertikale Achse der linken Seite der Matrix legen und die weibliche Ausdehnung oben, dann erhalten wir 64 mögliche Kombinationen von Vereinbarkeiten und Unvereinbarkeiten. Um diese Matrix zu verwenden, suche einfach die höchste Bewusstseinsstufe in der oberen Reihe für die Frau und in der linken Spalte für den Mann. Das überschneidende Feld dazwischen wird dich mit einer Kurzbeschreibung der Beziehung versorgen, die sich höchstwahrscheinlich zwischen euch entwickeln wird oder schon existiert.

Zum Beispiel kann eine orange Frau einen blaugrünen Mann als einen Mentor, Freund oder Liebhaber haben. Eine bernsteinfarbene Frau kann mit ihrem roten Ehemann unzufrieden sein und sich scheiden lassen.

| Mann \ Frau | Infrarot | Magenta | Rot | Bernstein | Orange | Grün | Blaugrün | Türkis |
|---|---|---|---|---|---|---|---|---|
| Türkis | Fürsorger/ Abhängig | Fürsorger/ Abhängig/ magische Verbindung | Keine Partnerschaft | Freundschaft | Mentor/ Freundschaft/ Liebende | Mentor/ Freundschaft/ Liebende | Ko-Kreation/ Gegensätze | ‚Zwischen-Sein' |
| Blaugrün | Fürsorger/ Abhängig | Fürsorger/ Abhängig | Keine Partnerschaft | Freundschaft | Mentor/ Freundschaft/ Liebende | Mentor/ Freundschaft/ Liebende | Ko-Kreation/ Gleiche und Gegensätze | Ko-Kreation/ Gegensätze |
| Grün | Fürsorger/ Abhängig | Fürsorger/ Abhängig Prä/Trans-Verwechslung | Prä/Trans-Verwechslung | Keine Partnerschaft | Verwirrung Frustration Scheidung | Femininer/ Maskuliner Rollentausch Scheidung | Mentor/ Freundschaft/ Liebende | Mentor/ Freundschaft/ Liebende |
| Orange | Fürsorger/ Abhängig | Keine Partnerschaft | Frau als Trophäe | Gegensätze/nicht Gleiche, Scheidung | Unabhängigkeit Gleiche/ nicht Gegensätze Scheidung | Verwirrung Frustration Scheidung | Mentor/ Freundschaft/ Liebende | Mentor/ Freundschaft/ Liebende |
| Bernstein | Fürsorger/ Abhängig | Keine Partnerschaft | Frustration/ Scheidung | Ko-Kreation/ Gegensätze nicht Gleiche | Gegensätze/nicht Gleiche, Scheidung | Keine Partnerschaft | Freundschaft | Freundschaft |
| Rot | Keine Partnerschaft | Roter Missbrauch von Magenta | Ko-Abhängigkeit/ Heirats-/Scheidungs-Zirkel | Frustration/ Scheidung | Frau als Trophäe/ ‚Boy-Toy' | Prä/Trans-Verwechslung | Keine Partnerschaft | Keine Partnerschaft |
| Magenta | Überlebensbund | Überlebensbund | Roter Missbrauch von Magenta | Keine Partnerschaft | Keine Partnerschaft | Fürsorger/ Abhängig Prä/Trans-Verwechslung | Fürsorger/ Abhängig | Fürsorger/ Abhängig/ magische Verbindung |
| Infrarot | Überlebensbund | Überlebensbund | Keine Partnerschaft | Fürsorger/ Abhängig | Fürsorger/ Abhängig | Fürsorger/ Abhängig | Fürsorger/ Abhängig | Fürsorger/ Abhängig |

**Grafik 34: Die Kompatibilitäts-Matrix für Männer und Frauen für unterschiedliche Stufen ihrer Bewusstseinsentwicklung**

Allgemein gesprochen kann man sagen, dass Individuen, die auf ihrer Bewusstseinsebene voll verwirklicht sind, am besten zu einem Partner passen, der dieselbe Entwicklungsstufe hat, dargestellt durch die grauen Felder. Individuen, die sich im Übergang von einer Stufe zur Nächsten befinden, werden sich zu einem Partner hingezogen fühlen, der sich auf der Ebene befindet, auf die sie sich zubewegen. Die größten Konflikte entstehen zwischen Erster-Rang-Partnern, die sich auf unterschiedlichen Ebenen befinden und dort voll verwirklicht sind (Grün kämpft gegen Orange, das Bernstein vehement ablehnt, das ziemlich frustriert wegen Rot ist.)[458] Menschen mit größeren Abweichungen in ihrer Bewusstseinsentwicklung im ersten Rang haben miteinander kaum übereinstimmende Werte, abgesehen von der Prä/Trans-Verwechslung zwischen Orange/Grün und Rot. **Die Konflikte zwischen Partnern, die sich auseinander gelebt haben oder erkennen, dass sie sich auf unterschiedlichen Ebenen der Entwicklung nach der Verliebtheitsphase befinden, können nicht einfach durch bessere Kommunikation oder andere Mittel der Versöhnung gelöst werden. Ihre Beziehungen sind im Wesentlichen zum Scheitern verurteilt … tut mir leid das so zu sagen.**

Unten folgen einige verallgemeinernde Orientierungen über die Qualität und Dynamik der Beziehungen zwischen Paaren auf bestimmten Entwicklungsstufen.

## Infrarot

Moderne Erwachsene, die sich ausschließlich auf der infraroten Stufe befinden, können gewöhnlich keine gesunde Partnerschaft aufrechterhalten. Sie können Sex mit anderen auf der infraroten Stufe haben und sich mit Menschen auf Magenta verbinden. Männer auf Rot und Magenta missbrauchen zuweilen infrarote Frauen sexuell. Wegen ihrer fortgeschrittenen Moralentwicklung werden Menschen auf späteren Stufen höchstwahrscheinlich keinen infraroten Partner haben wollen. Manchmal aber kümmern sie sich um infrarote Menschen in einem Obdachlosenheim, der Kirche oder in einer psychiatrischen Anstalt.

## Magenta

Zwei Individuen auf der magentafarbenen Stufe können in einer sehr grundlegenden Weise eine Partnerschaft haben, nämlich um ihre grundlegenden Bedürfnisse zu befriedigen. Frauen auf Magenta werden von roten Männern missbraucht und in eine Form von Prostitution oder andere Form von Abhängigkeit gezwungen. Grüne Frauen romantisieren häufig magentafarbene Männer als erdverbunden oder schamanistische Geistführer, die in seltenen Fällen spirituell und sexuell hoch entwickelt sein können. Sexuell und spirituell entwickelte magentafarbene Frauen können zuweilen Medien oder sexuelle/natürliche Heilerinnen sein und sind deshalb für grüne oder transpersonale Männer wegen dieser Fähigkeit attraktiv.

## Rot

Individuen auf der roten Stufe entwickeln normalerweise ko-abhängige Beziehungen mit ihresgleichen oder Menschen auf Grün. Rote Frauen suchen furchtlose, heldenhafte, potente Beschützer, und rote Männer suchen sexuell verfügbare heiße ‚Puppen', die ihnen Respekt erweisen. Ausbrüche von negativen Emotionen und körperlicher Missbrauch sind in solchen Partnerschaften üblich. Rote Paare haben einen niedrigen moralischen Standard und eine höhere Rate von Untreue und Trennungen, da sie schnell ihren Partner verlassen, wenn ihnen ein aufregenderer Partner über den Weg läuft. Für Orange und Grün kann Rot erfrischend sexy, verführerisch, ungehemmt, kreativ, spontan und lebendig wirken. Grüne Männer und Frauen sind besonders anfällig dafür, in die Falle der Prä/Trans-Verwechslung zu fallen, wenn sie einen präkonventionellen mit einem postkonventionellen Partner verwechseln. Da rote Frauen zunächst als liebenswert, hingebungsvoll (was tatsächlich aber eine Form von Bedürftigkeit ist) und sexy erscheinen, werden Männer, die verliebt sind, einfach von ihnen geblendet. Die Bedürftigkeit von roten Frauen kann ziemlich verführerisch sein und dabei leicht als wahre Liebe missverstanden werden, während sie letztlich alles nehmen, was sie können, besonders von naiven grünen Retter-Typen, die Rot als unterdrückte Opfer der Gesellschaft betrachten. Für weniger attraktive orangene Männer sind rote Frauen manchmal die einzig verfügbaren Sexpartner, da bernsteinfarbene Frauen zu konservativ, orangene Frauen zu maskulin, fordernd und beschäftigt und grüne Frauen zu entmannend sind. Auf die eine oder andere Art und Weise enden sie darin, rote Frauen zu bezahlen, und zwar entweder als Prostituierte, als Trophäen-Frauen, in Sex-Workshops oder als teure Verabredungen. Jüngere rote Männer werden zuweilen zu ‚Boy Toys' für ältere orangene Frauen (‚Cougars'), die sie jederzeit wieder abservieren und sie mit gebrochenem Herzen zurücklassen, sofern die Männer emotional und/oder finanziell abhängig geworden sind. Menschen auf der roten Stufe, die in ihrer spirituellen und sexuellen Entwicklung zu höheren Stufen gekommen sind, sind manchmal schwer zu identifizieren und werden leicht mit Menschen verwechselt, die insgesamt entwickelter sind.

Da Rot nur eine Erste-Person-Perspektive einnehmen kann, sind Streitereien stets getränkt mit aggressiven Beschuldigungen des anderen, und normalerweise gewinnt die körperlich und emotional stärkere Person (gewöhnlich der Mann).

## Bernstein

Menschen, die auf der bernsteinfarbenen Entwicklungsstufe verwirklicht sind, neigen dazu, mit jemandem eine Beziehung zu haben, der ihre konservativen mythischen Werte und Vorstellungen teilt. Sie verachten Rot, da es ihnen zu undiszipliniert erscheint, und betrachten die meisten orangenen und grünen Menschen als zu liberal, opportunistisch oder als sündhaft (man denke nur an die Diskussion um das Recht der Abtreibung und über die Todesstrafe). Durch ihren Fokus auf Familie und Gemeinschaft, soziale Zwänge, kulturelle/religiöse Normen und starke Unterstützungssysteme bleiben die meisten Beziehungen in Bernstein stabil, bis ein Partner stirbt, sich einer zu Orange entwickelt oder sich die Frau zur Animus-Stufe 4 bewegt. Wenn sich Menschen in mittleren Jahren in Bernstein scheiden lassen oder einer von beiden stirbt, so findet der Andere gewöhnlich schnell einen neuen Partner aus seinem sozialen Umfeld.

Da Bernstein eine Zweite-Person-Perspektive einnehmen kann, werden Konflikte meist durch Kompromisse oder die weibliche Unterordnung unter die patriarchale männliche Perspektive gelöst.

## Orange

Theoretisch betrachtet haben Menschen auf Orange die größte Auswahl an Gefährten, besonders wenn sie körperlich und finanziell attraktiv sind. Da sie den engen Moralvorstellungen von Bernstein entkommen sind, können sie mit einem orangenen Partner eine erfolgreiche Beziehung führen, sich magentafarbene und rote Menschen als sexuelle Spielgefährten, Trophäenfrauen oder ‚Boy Toys' leisten, sich der Unterstützung und der Loyalität eines Partners erfreuen, der sich gerade aus Bernstein herausentwickelt hat, können eine grüne Partnerin in ihrem Verlangen nach Selbstverwirklichung unterstützen oder von Blaugrün Akzeptanz erfahren, da Blaugrün häufig keine andere Partnerauswahl hat, da es sich noch mit Grün abquält, also jener Ebene, der es gerade entkommen ist. Die meisten orangenen Frauen betreten hier ihre Animus-Stufe 4 und wollen ihre eigene Karriere und ihre Unabhängigkeit von Männern verfolgen, was eine große Anzahl von orangen Frauen dazu führt, sich scheiden zu lassen. Mit ihren vollen professionellen und sozialen Terminkalendern, hohem Einkommen, ihrem fitnessorientierten Lebensstil, Reisen, Tierschutz und einer Auswahl von Vibratoren haben sie entweder keine Zeit für eine Partnerschaft, kein Interesse mehr an Männern oder finden keine ‚guten Männer' mehr da draußen. Orangene Männer finden auf der anderen Seite häufig jene androgynen, stark angetriebenen und anspruchsvollen orangenen Frauen nicht mehr sexuell attraktiv und wissen nicht, wie sie mit ihrer unabhängigen Haltung umgehen sollen.[459] Dies macht Orange, zusammen mit Grün, zu der Gruppe mit der größten Anzahl von Singles.

Konflikte in Orange werden entweder gelöst, indem man anerkennt verschiedener Meinung zu sein, oder indem man eine Lösung findet, die für beide Parteien positiv ist.

## Grün

Grün ist die verwirrendste Stufe, wenn es um romantische Partnerschaften geht. Männer auf dieser Stufe fühlen sich häufig durch das stete Konkurrieren in Orange ausgebrannt, wollen nicht mehr die erfolgreichen Versorger für ihre anspruchsvollen Frauen sein und beginnen, ihre weibliche Seite sowie Sexualität, Spiritualität und einen sozial und umweltbewussten Lebensstil anzunehmen. Sie werden zu empfindsamen New Age Typen oder ‚Flow Boys'. Zur selben Zeit schwingen grüne Frauen zu ihrer maskulinen Seite und versuchen ihre Vision der Autonomie und Selbstverwirklichung unabhängig von Männern zu verwirklichen. Während beide Geschlechter auf dieser Stufe die Sorge für alle menschlichen Wesen teilen, neigen grüne Frauen dazu, Männer und das Patriarchat als die wesentliche Ursache für Konflikte, Gewalt, Ungerechtigkeiten Frauen und Kindern gegenüber sowie für die Umweltprobleme in der Welt zu betrachten, was viele Frauen dazu führt, zu männerhassenden sozialen oder radikalen Ökofeministinnen zu werden. Da sie noch nicht ihre primäre Fantasie transzendiert haben, verstricken sich grüne Frauen konstant in paradoxen Konflikten zwischen ihrer sexuellen Attraktion zu erfolgreichen Männern mit Macht, Status und Wohlstand (die ihnen einen sorgenfreien Lebensstil ermöglichen können) und ihren grünen Werten und ihrer Furcht davor, wieder in eine finanzielle und emotionale Abhängigkeit, der sie gerade entkommen sind, zurückzufallen. Das Resultat kann eine entmannende Haltung Männern gegenüber sein, die nicht wissen, wie sie mit den paradoxen postmodernen Weltsichten und komplexen Emotionen dieser Frauen umgehen sollen.[460]

Grüne Männer sind häufig verblüfft darüber, dass ihnen buchstäblich die Eier abgeschnitten werden, obwohl sie den weiblichen Forderungen nachgekommen sind, mehr Zeit in ihrem Leben zu haben, in Kontakt mit ihren Gefühlen gekommen sind, gelernt haben, mitfühlende Kommunikationspartner zu sein und emotional erreichbar wurden, um ein empfindsamer Partner zu sein.

Das Problem wurzelt in der Differenz von ‚transzendieren und einschließen' vs. ‚transzendieren und ausschließen'. Zu unterschiedlichen Zeiten wollen grüne Frauen, dass Männer erdverbunden (Magenta), aggressiv, spontan, ungehemmt und kreativ (Rot), loyal und hingebungsvoll (Bernstein), erfolgreich und angetrieben (Orange) **und** empfindsam und fürsorgend sind (Grün), während die Männer selbst auf dieser Stufe übermäßig auf ihre Gefühle und Sorgen um Andere achten. Für orangene Frauen wirken grüne Männer wie Verlierer, die es aufgegeben haben, nach Erfolg zu streben, während bernsteinfarbene Frauen grüne Männer letztlich als Hippies betrachten (oder annehmen, dass sie sich in einer Midlife Krise befinden) und ihnen nicht trauen können. Die Erlösung für grüne Männer und Frauen kommt häufig in Form von Rot, welches auf der Oberfläche wie Grün aussehen und sich verhalten kann. Grüne Männer verfügen teilweise über genug finanzielle Mittel, um eine sexy rote Frau zu beeindrucken, die sich seiner Fürsorge, seines Verständnisses und seiner Unterstützung erfreut, während sich grüne Frauen häufig zu der rohen ‚bad-boy' Maskulinität roter Männer hingezogen fühlen (was grüne Männer umso mehr verwirrt). Beide betrachten Rot als Opfer von orangener Kaltherzigkeit und bernsteinfarbener Unterdrückung. Nachdem Grün sich in Rot verliebt und es ‚rettet', lauert die Enttäuschung über die emotionale und finanzielle Bedürftigkeit von Rot, seine Gefühllosigkeit hinsichtlich der Werte und Bedürfnisse des Partners sowie die Untreue und der daraus resultierende Herzschmerz direkt hinter der Ecke.

Eine interessante Möglichkeit in Grün ist die Praxis der Polyamorie, die ebenso Rot anzieht, aber aus anderen Gründen (Rot nimmt den Sex und wirft die Liebe, offene Kommunikation, Ehrlichkeit, Verantwortlichkeit, Fürsorge, Mitgefühl und das Mitteilen von Gefühlen aus dem Fenster).

Konflikte in Grün werden dadurch gelöst, dass man Gefühle austauscht, die darunterliegenden Kindheitswunden erforscht (häufig mithilfe eines Therapeuten), Bedürfnisse ausdrückt und Anliegen erörtert (siehe den Abschnitt über gewaltfreie Kommunikation in Kapitel 3). Dies führt häufig zu endlosen Diskussionen, ohne irgendeine praktische Lösung zu finden.

## Blaugrün

Für eine kleine Gruppe von Menschen, die auf der blaugrünen Stufe sind – und wenn du soweit gelesen hast, bist du womöglich einer von ihnen – taucht das große Aha-Erlebnis über die Grenzen von defizitangetriebenen Partnerschaften ersten Ranges und den daraus resultierenden Problemen auf. Diese Einsicht fühlt sich extrem befreiend an und ermöglicht es Männern und Frauen, ihre Beziehungen mit allen Menschen zu verbessern. Unglücklicherweise kann Blaugrün schnell frustriert sein und sich isoliert fühlen, da es nicht länger mit den begrenzten Weltsichten der Menschen im Bewusstsein ersten Ranges resoniert, die es als arrogant, manipulativ, herablassend, passiv-aggressiv oder zynisch wahrnimmt – und manchmal auch aus guten Gründen. Da es nur wenig Menschen im Bewusstsein zweiten Ranges gibt, und sogar noch weniger Frauen (fast alle integralen Pioniere[461] sind Männer), ist es für blaugrüne Männer eine besondere Aufgabe, eine passende Partnerin zu finden. Blaugrüne Männer können ihre Bewusstheit zweiten Ranges nutzen, um sich mit einer oder mehreren Frauen von verschiedenen Stufen ersten Ranges zu befreunden. Frauen, die die blaugrüne Stufe betreten, öffnen sich Männern wieder und wertschätzen ihren einzigartigen Beitrag für die Menschheit, so wie auch Männer im zweiten Rang die Frauen ehren und wertschätzen. Dies beendet den Kampf der Geschlechter und öffnet die Tür für wahrlich interdependente Beziehungen.

Konflikte in Blaugrün werden durch das Verständnis der Intersubjektivität, die Fähigkeit, multiple Perspektiven einzunehmen und indem man kreative Lösungen findet gelöst, die sowohl die emotionalen wie auch praktischen Bedürfnisse für das Wachstum beider Partner berücksichtigen.

## Türkis und darüber

Auf dieser und allen höheren Stufen (Indigo, Violet, Ultraviolett und klares Licht),[462] verlagert sich die primäre Fantasie auf Partner, die sich um Körper, Geist, Herz und Seele in einer ausbalancierten und harmonischen Weise kümmern, um ihrer wahren Lebensbestimmung zu folgen, während sie sich ökonomisch, umweltbewusst und sozial verantwortlich verhalten, alle lebenden Wesen bedingungslos lieben und anderen in altruistischer Weise dienen. Für Türkis werden Partnerschaften zu einem Akt authentischen Liebens zwischen zwei Menschen ohne sich selbst oder andere zu verdrehen, um liebenswert zu sein. Als ein Resultat verschwinden pathologische Sehnsüchte und Ängste davor, in einer Partnerschaft oder allein zu sein. Männer konkurrieren nicht länger um finanziellen Status und soziale Macht zulasten anderer und des Ökosystems, um die ‚Liebe', Gesellschaft und den Sex mit einer Frau zu verdienen, während das weibliche Hingezogensein zu Männern nicht länger unbewusst durch ihr früheres Verlangen nach einem verantwortungslosen Beschützer und Versorger dominiert wird, sondern eher nach einem verantwortungsbewussten Partner.

Wie der Begriff ‚Transpersonal' nahelegt, erlaubt dies Paaren, die wie von Gott gewollt füreinander bestimmt sind, sich gegenseitig in ihrem Wachstum zu unterstützen, auf allen Ebenen ihres Seins zu erwachen und über ihre biologische, kulturelle und soziale Konditionierung hinauszuwachsen.[463] Sie ehren und wertschätzen den jeweils authentischen weiblichen und männlichen Ausdruck ihrer sexuellen Essenz und heißen die natürlich auftauchenden Konflikte zwischen ihnen als Möglichkeiten für weitere Heilung und Wachstum willkommen, ohne sich an ein besonderes Ergebnis zu binden. Paare auf dieser Stufe sind in den Zustand des gemeinsamen Seins eingetreten, was es ihnen erlaubt, vollkommen sie selbst zu sein, während sie sich ganz bewusst der gemeinsamen Schöpfung des größeren Ganzen (dem sozialen Holon) ihrer Partnerschaft gwidmen, die sie als ‚das Wunder des Wir' oder als einen ‚dritten Körper' wahrnehmen.[464] Sobald sie sich einmal ihrem Seelengefährten verpflichtet haben, haben sie keine Veranlassung, ihren Partner zu verlassen oder mehrere Partner zu haben, was sie zu einer reifen Monogamie führt.

Transpersonale Beziehungen sind extrem selten, da es nur wenig Menschen (und vorwiegend Männer) in Türkis und darüber gibt.[465] Türkise Frauen mit einer Animus-Stufe 5 befinden sich gewöhnlich in Partnerschaften, während türkise Männer ohne einen Partner die Wachstumsmöglichkeiten ihres Single-Daseins annehmen und dabei doch vollkommen offen sind, ihre Seelenpartnerin zu umarmen, wenn sie kommt.[466] Sie nutzen Frauen auf früheren Stufen der Entwicklung weder wegen Gesellschaft oder Sex aus, sondern unterstützen sie in ihrem Wachstum und darin, wenn sie es wollen, einen passenden Partner zu finden. Sobald eine Frau auf dieser Stufe einen Mann wählt, so erzeugen sie gemeinsam eine Partnerschaft, die weder auf Angst, Verlangen oder Bindungen basiert noch auf einem Bedürfnis nach emotionaler/finanzieller Sicherheit noch auf konventionellen Verträgen/Vereinbarungen,[467] wie es in den Beziehungen der Entwicklungsstufen ersten Ranges zu beobachten ist.

Konflikte in Türkis werden gelöst durch das Verlangen jedes Partners, die eigenen begrenzten Ansichten zu transzendieren, die die Konflikte überhaupt erst erzeugt haben, und indem sie jeden unbewussten Aspekt ihres Seins ins Bewusstsein bringen.

## Konfliktlösung und Vergebung

Wie wir oben gesehen haben, erzeugt jede Ebene ihre eigenen Konflikte und bietet auch unterschiedliche Arten und Weisen, diese zu lösen. Mehrere Beziehungsexperten und Therapeuten sind nun der Ansicht, dass Unstimmigkeiten in der Beziehung nicht durch bessere Kommunikationsfähigkeiten[468] geklärt werden können, währenddessen andere behaupten, effektive Strategien entwickelt zu haben, um Differenzen zu überwinden und ein gegenseitiges Verständnis/Akzeptanz über bestimmte Techniken zu erzeugen. Dazu gehören etwa das richtige Verständnis der Sprache und des Verhaltens des Partners, aktives Zuhören, Spiegeln, Gefühle mitteilen, Bedürfnisse ausdrücken, Mitgefühl zeigen und effektive Verhandlungstaktiken für ‚Win-Win' Vereinbarungen.[469]

Die erste Gruppe begründet ihre Meinung auf Paaren, die sich auf unterschiedlichen Ebenen ihrer Bewusstseinsentwicklung befinden, während die letztere Gruppe die Effektivität ihrer Methoden bei Paaren, die sich auf derselben Ebene befinden, beweist. Für eine integral informierte Person ist es offensichtlich, dass Rot nicht Bernsteins mythische Regeln von richtigem und falschem Verhalten akzeptieren, sondern eher gewalttätig werden wird, um die Dinge zu klären, sofern sie ihren Partner nicht dazu zwingen können, ihre Ideen zu akzeptieren.[470] Bernstein wird sich gewöhnlich nicht der Gewalt von Rot und den rationalen Argumenten von Orange unterwerfen, um Konflikte zu lösen, sondern eher etablierten (patriarchalen) mythischen Gesetzen und Regeln folgen, wie etwa ‚Was du nicht willst, das man dir tu', das füg' auch keinem andern zu', oder ‚ein Ehemann sollte seine Frau ehren, die ihn im Gegenzug respektieren sollte.' Orange wird die rohe Gewalt von Rot ablehnen, die mythischen Regeln von Bernstein sowie die bedürftige emotionale Empfindsamkeit von Grün verspotten und sich statt dessen auf gemeinsame Interessen (vs. individuelle Positionen) und langfristige Ziele fokussieren, um effektive ‚Win-Win' Übereinkünfte zu erzielen, die zukünftige materielle Vorteile garantieren.[471] Grün wird natürlich alle anderen Ansätze verachten und versucht, sich darauf zu konzentrieren, eine emotionale Verbindung und Akzeptanz für jede Perspektive herzustellen, indem es Wünsche ausdrückt (anstatt Forderungen), die auf objektiven Beobachtungen und subjektiven bedürfnisbasierten Gefühlen basieren, um so ein gegenseitiges Verständnis zu erzeugen – ohne sich dabei an ein bestimmtes Ergebnis zu binden.[472] Anders als Orange und darunter, würde Grün eher NICHT gewinnen und nicht die Beziehung verlieren, was häufig zu späterer Ablehnung und Verbitterung führt, wenn tiefe Konflikte nicht durch grüne Mittel gelöst werden können, z.B. die fundamentalen Unterschiede zwischen Männern und Frauen oder den Umweltschützern und der globalen Industrie.

Der Durchbruch kommt mit Blaugrün, wo zumindest eine Partei die angemessenen Werkzeuge nutzt, um Konflikte auf der Ebene anzusprechen, von der sie stammen – wie etwa beschützende Kraft, um Rot zu zügeln; die Etablierung von (bestenfalls demokratischen) Gesetzen, um funktionale Gesellschaften zu erschaffen; objektive Einschätzung und rationale zukunftsorientierte Lösungen, um praktische Probleme zu lösen; und Empfindsamkeit für die Gefühle und Bedürfnisse von Anderen, um die gesunden Beziehungen zu erhalten, die – wie wir mehr und mehr erkennen – für unsere Gesundheit und unser Wohlbefinden grundlegend sind. Türkis fügt dem schließlich das intuitive Verständnis hinzu, dass jede Form von Konflikt letztlich eine nach außen gerichtete Projektion des egoischen Geistes ist. Daher heißt es den inneren Konflikt als eine Möglichkeit für weitere Ego-Transzendenz und Erwachen willkommen, anstatt in weiteren ‚Ich/Andere' Polaritäten zu denken. Dies erlaubt es Türkis und darüber hinaus, gemeinsam friedvolle Partnerschaften zu formen und Konflikte zu vermeiden und trägt so zu der Heilung der Welt bei.

Effektive Konfliktlösung erfordert auch Vergebung,[473] was häufig eine übersehene Beziehungstechnik ist. Wie auch die Konfliktlösung ist die Vergebung einfacher zu erreichen zwischen Menschen mit derselben Entwicklungsstufe: Rot vergibt leichter seinen Kameraden, die gehorsam sind, kann aber nicht die Erniedrigungen durch Bernstein verzeihen; Bernstein kann die Fehlverhaltensweisen vergeben, wenn sie eingestanden werden und wenn um Vergebung gebeten wird, doch kann es Orange nicht verzeihen, dass es die mythischen Weltsichten hinterfragt; Grün kann vergeben, wenn eine emotionale Verbindung wieder hergestellt ist, doch es fällt ihm schwer, der von ihm als abschätzend, überlegen und arrogant wahrgenommenen Haltung Blaugrüns zu vergeben; während Türkis nicht zur Feindseligkeit neigt (und es daher hier auch nichts gibt, was man verzeihen könnte) kann es Gefühle in einer mitfühlenden Weise ausdrücken, wenn es andere doch verletzt haben sollte.

## Sein oder Nichtsein – Das ist die Frage

Diese berühmte Zeile aus Shakespeares *Hamlet*[474] darüber, das Leben zu beenden oder weiter zu leiden, kann auch auf Liebesbeziehungen angewendet werden. Wenn du dich in einer aufgewühlten Beziehung befindest, ist es dann besser zu bleiben oder zu gehen? Wenn du glücklich oder unglücklich Single bist, ist es dann klug, allein zu sein oder zu versuchen, einen Partner zu finden? Die Antwort ist natürlich: Es kommt ganz darauf an!

## In der Beziehung - Glücklich

Glückwunsch für dich und deinen Partner! Wenn du soweit gelesen hast, dann weißt du sicherlich, warum deine Beziehung gesund, glücklich, befriedigend und belohnend ist. Du hast entweder 1) Glück gehabt, 2) deine Erfahrung genutzt, um einen passenden Partner zu finden, und/oder 3) deine Wachstumsarbeit gemacht, um dir eine gesunde Beziehung zu erarbeiten – höchstwahrscheinlich aber eine Kombination aus alldem. Durch dieses Handbuch hast du ein klareres Verständnis deiner individuellen Entwicklungslinien sowie der Möglichkeiten, Herausforderungen und Belohnungen bekommen, die sich ergeben, wenn du dich und dein Partner sich weiter entwickeln.[475] Du wirst fähig sein, frühe Warnzeichen zu identifizieren, wenn ihr euch auseinanderlebt, und einen integral informierten Dialog führen können, der euch wieder zusammenführt, oder der es euch erlaubt, euch freundschaftlich zu trennen, wenn ihr unterschiedliche Richtungen einschlagen wollt. Es erlaubt dir auch, potenziellen Konflikt willkommen zu heißen als eine Möglichkeit, sich gegenseitig bei der Heilung und dem Wachstum zu unterstützen.

## In der Beziehung - Unglücklich

Wenn eure Liebesdreiecke nicht ausbalanciert und harmonisiert sind, dann hast du keine wirklich erfüllende Beziehung. Wenn es euch an Intimität mangelt (linke Seite), dann seid ihr höchstwahrscheinlich auf unterschiedlichen Ebenen eurer Bewusstseinsentwicklung und/oder spirituellen Entwicklung und/oder habt unterschiedliche Interessen, Bedürfnisse, Träume und Ziele. Wenn es euch an sexueller Leidenschaft mangelt (rechte Seite), dann entsprecht ihr nicht länger der primären Fantasie des anderen, seid auf unterschiedlichen Stufen eurer sexuellen Entwicklung, habt eure feminine/maskuline Polarität verloren oder habt einen unterschiedlichen Lebensstil. Wenn ihr nicht länger eine Bindung erfahrt (unten), dann habt ihr entweder die emotionale Heilung und Schattenarbeit abgeschlossen, die euch emotional überhaupt erst zueinander zog, oder (wahrscheinlich eher) seid von euren Gefühlen getrennt, unterdrückt negative Emotionen und vermeidet Konflikte, deren Lösung für eure Heilung und euer persönliches Wachstum nützlich wäre. Wenn die linke und rechte Seite eurer Liebesdreiecke im Wesentlichen ausbalanciert sind und ihr euch gelegentlich streitet (wende die 80/20 Regel an, dass 80% der Beziehung harmonisch sein sollten und bis zu 20% unstimmig sein können), so wird es förderlich sein, zusammenzubleiben und die darunterliegenden Wunden zu heilen.

Wenn du in einer Partnerschaft bist und ihr euch auf unterschiedlichen Stufen des Bewusstseins befindet, dann solltest du das Wachstumspotenzial für den weniger entwickelten Partner versuchen sicher einzuschätzen. Gerechterweise kann niemand gebeten werden, kontinuierlich Rückschritte zu machen, um die andere Person glücklich zu machen. Wenn ihr mehr als eine Stufe bei einer der vier Linien, die wir oben in der Persönlichkeits-Matrix integriert haben (Bewusstsein, spirituell, sexuell, Anima/Animus Entwicklung) auseinanderliegt, wird es für euch beide förderlich sein, die Partnerschaft in einer friedlichen Weise zu beenden. Dies gilt besonders, wenn du in Bernstein oder darüber bist und eine rote Partnerin hast.

Wenn du eine Stufe weiter bist und deine Partnerin sich dorthin entwickelt oder anders herum, dann ist es weise, wenn der weiterentwickelte Partner bleibt und für seine oder ihre Transformation liebende Unterstützung bietet.

Wenn ihr auf derselben vertikalen und horizontalen Ebene seid und Konflikte wegen Kommunikationsproblemen, Geschlechtsunterschieden, wegen der femininen/maskulinen Polaritäten, Pathologien oder Schatten und Komplexen habt, dann ist es sicherlich klug, die Beziehung zu erhalten und zu heilen – wenn nötig mithilfe der Unterstützung eines Therapeuten oder, in weniger schlimmen Fällen, indem man in Workshops mitmacht oder zusammen an einem anwendbaren Beziehungsratgeber arbeitet (siehe Appendix I für Buchvorschläge). Andernfalls werden dieselben Probleme in deiner nächsten Beziehung auftauchen oder dich in deinem Single-Dasein verfolgen.

Es ist für Männer auf jeder Ebene herausfordernd und manchmal unmöglich, eine Partnerschaft mit einer Frau zu haben, die sich zu Stufe 4 ihres Animus-Komplexes entwickelt hat. Es sei denn, sie ist willens zu bleiben und er kann ihr alle Freiheit geben, die sie verlangt, um sich weiterzuentwickeln, ansonsten wird sie ihn verlassen oder ihm sein Leben verleiden. In jedem **Fall IST ES NICHT SEINE SCHULD**. Rote Männer in solch einer Situation bedrohen Frauen häufig körperlich, Männer in Bernstein mögen für Jahre Scham/Schuld Taktiken verwenden, um ihre Frauen zu binden, Männer in Orange versuchen häufig, ihre finanzielle und/oder intellektuelle Macht zu nutzen, um sie dazu zu bringen, zu bleiben oder eine Scheidung so teuer und schmerzhaft wie möglich für sie zu machen, und grüne Männer neigen dazu, manipulative emotionale Erpressung zu nutzen, damit sie bleibt. All diese Strategien werden sie aber auf längere Sicht nur entfremden. Der einzige Weg für die Partner in Stufe 4 der Animus/Anima Entwicklung, zusammenzubleiben liegt darin, auf derselben Entwicklungsstufe zu sein und den Übergang zu Stufe 5 als einen bewussten Prozess durchzumachen.

Es mag auch andere gute Gründe geben, in einer unglücklichen Beziehung zu bleiben, wie etwa, sich um andere zu kümmern (Kinder, Eltern/Gemeinschaft) oder auch ökonomische oder politische Gründe, doch letztendlich tut man weder sich selbst noch dem Partner einen Gefallen, eine hoffnungslos unbefriedigende Beziehung zu verlängern, die keinen von beiden erfüllt.

## Single - Glücklich

Tatsächlich glücklich und erfüllt ohne einen Partner zu sein, ist unzweifelhaft die beste Voraussetzung, um eine neue Liebesbeziehung zu beginnen, denn das Handeln wird nicht von emotionaler, ökonomischer, sexueller oder sozialer Bedürftigkeit bestimmt, sondern von einem Gefühl der Zufriedenheit, Fülle, Befriedigung und Ganzheit. Menschen in dieser Phase ihres Lebens haben gewöhnlich Stufe Vier ihrer Animus/Anima-Entwicklung und Orange oder darüber erreicht, was an sich eine ziemliche Errungenschaft ist und gefeiert werden sollte. Unglücklicherweise, besonders in New Age Kreisen, werden diese Stufen von Frauen häufig als die ultimative Ebene der Persönlichkeitsentwicklung betrachtet, die bequemerweise übersehen, dass jede integrierte Persönlichkeitsentwicklung sich in intimen Beziehungen ausdrückt, und dass alle lebenden spirituellen Lehrer, die Format haben, in verbindlichen Beziehungen leben.[476] Es ist darum für sie eine gute Idee, nach möglichen Pathologien Ausschau zu halten, die sich entweder als Ängste ausdrücken, in einer Beziehung zu sein, oder als ungesundes Verlangen/ Bindung, allein sein zu wollen. Beides kannn Ausdruck von Leugnungen, Verdrängungen oder von Narzissmus sein. Sobald die darunter liegenden Wunden geheilt sind und sie erkennen, dass menschliche Wesen stets Teil und stets Ganzes sind, können sie sich öffnen, einen passenden Mann wieder in ihr Leben zu lassen.

## Single – Unglücklich

Es kann ein schmaler Grat sein zwischen der Bedürftigkeit, die von einem Mangel und Defizit stammt, welche unsichere Menschen durch Sex und Beziehung füllen wollen, und dem Verlangen von reifen Singles, die die Freude und Fülle ihres Lebens, Körpers, Geistes, Herzens und ihrer Seele mit einem anderen menschlichen Wesen in einer intimen Liebesbeziehung teilen wollen. Das Erstere wird deutlich bei dem verzweifelten Zwang, sich ständig mit dem anderen Geschlecht zu verabreden, was das Leben der betroffenen Menschen stark beeinflusst und jede ihrer Aktivitäten überschattet. Das Gefühl der Dringlichkeit, das sie haben, verursacht bei ihnen sich wiederholende Zyklen von Höhenflügen, wenn sie sich verlieben, sich an die Partnerschaft klammern, mit gebrochenem Herzen zurückbleiben, wenn man von einem Liebhaber verlassen wird und verzweifeltem Suchen, wenn man allein ist. Diese Leute sind perfekte Kandidaten für die ‚SLAA' – *Sex and Love Addicts Anonymous.*

Das Letztere repräsentiert ein gesundes Verlangen der Seele, einen Partner zu finden, und wird als Offenheit potenziellen Partnern gegenüber erfahren, die gut für ihn/sie sind. Dieses Verlangen führt zu einem bewussten Versuch, sie oder ihn anzuziehen, während man seinen eigenen Lebenssinn lebt.

## Zusammenfassung

In wen wir uns verlieben, wird im Wesentlichen durch unbewusste Prozesse in unserem limbischen System und Reptiliengehirn bestimmt. Die Hormone, die ausgeschüttet werden, wenn die primäre Fantasie der Individuen erfüllt wird und wenn die Chemie stimmt, verursachen einen kurzzeitigen Rückfall auf niedere Bewusstseinsstufen oder den Aufstieg auf höhere Bewusstseinsstufen und führen auch dazu Warnhinweise von Unstimmigkeiten zu ignorieren. Sobald die Flitterwochen vorbei sind kehrt jeder Partner unvermeidlich auf seine ursprüngliche Stufe zurück. Wenn das Paar Glück hat – oder zumindest einer der beiden integral informiert war – so haben sie passende Bewusstseinsstufen, was die Grundvoraussetzung für jede effektive Konfliktlösung und die gemeinsame Erschaffung einer dauerhaften, gesunden Partnerschaft ist. Es ist darum ganz wichtig für Männer, sich der Bewusstseinsstufe und Wachstumspotenziale ihrer selbst und ihrer Partnerin bewusst zu sein, um entscheiden zu können, ob eine Partnerschaft eine glückliche Zukunft haben kann oder in einer Trennung enden wird.

# Kapitel 13: Das integrale Beziehungsmodell nutzen

*Deine Aufgabe ist nicht, Liebe zu suchen, sondern lediglich all die Barrieren in Dir selbst zu suchen und zu finden, die sich in Dir dagegen gebildet haben.* – Rumi

Menschen gehen aus verschiedenen Gründen mit jemandem vom anderen Geschlecht aus, z.B. um einen Lebenspartner zu finden, Kinder zu haben, neue Freunde zu finden, um Spaß zu haben, einen Sex-Partner zu finden (hauptsächlich Männer) ausgeführt zu werden (hauptsächlich Frauen) über einen früheren Partner hinwegzukommen, herauszufinden, was sie von einem Partner wollen, ihren ‚Marktwert' einzuschätzen, Einsamkeit zu vermeiden oder ihren Selbstwert zu steigern.[477]

Heute versuchen die meisten Singles, Menschen zu ködern, die außerhalb ihrer Liga sind (was bedeutet, dass sie eine unrealistische primäre Fantasie haben). Diese Singles werden nur durch ihre hormonellen chemischen Prozesse geleitet (die durch die Kombination von sexueller Anziehung und gegenseitig passenden Pathologien ausgelöst wird) und sind sich ansonsten unklar über zusätzliche Passungskriterien – besonders ihre Bewusstseinsebene – die notwendig sind, um eine gesunde, dauerhafte Liebesbeziehung aufzubauen.

## Der integrale Ansatz

Ein integral informierter Mann, den es danach verlangt, in einer gesunden Partnerschaft zu sein, hat einen Vier-Quadranten-Ansatz, um eine Partnerin, die eine passende kosmische Adresse und ähnliche Interessen, Leidenschaften, Träume und eine ähnliche Lebensführung hat, zu finden und anzuziehen oder von ihr ausgewählt zu werden.

Die Fragen unten zu beantworten, bevor du dich verabredest, kann dich vor unnötiger Frustration bewahren und dich darin unterstützen, realistisch und fokussiert zu bleiben:

1) Wozu willst du in einer Partnerschaft sein; wie würde sich dein Leben durch eine Partnerschaft verbessern?
2) Was bedeutet eine gesunde Partnerschaft für dich?

3) Über welche Qualitäten verfügst du, welche willst du entwickeln, um für eine gesunde Partnerschaft bereit zu sein?

4) Was sind für dich mögliche Hindernisse für eine gesunde Partnerschaft?

5) Was tust du, um für deinen vollkommenen Partner attraktiver zu werden?

6) Wer/was willst du in der Zukunft werden? Was ist dein Lebenszweck, was sind deine Träume und Ziele?

7) Was bietest du und was suchst du bei einem Partner?

8) Was bist du bereit zu ändern oder aufzugeben für eine gesunde Partnerschaft?

9) Was must du haben, was möchtest du gerne, was kannst du tolerieren und was kannst du nicht ertragen in den folgenden acht Bereichen?[478]

    a) Körperlich/materiell

    b) Intellektuell

    c) Interessen

    d) Werte/Lebensstil

    e) Psychologisch/emotional

    f) Kreativität/Leidenschaften

    g) Spirituell/Essenz

    h) Sexualität

10) Welche Qualitäten willst du entwickeln, um eine gesunde Partnerschaft zu erhalten?

Sobald du mit der Liste deiner Antworten bewaffnet bist, kannst du eine Strategie für Verabredungen entwickeln.

## Strategien

Miteinander Ausgehen wird gewöhnlich definiert als „eine Form des Liebeswerbens und kann jede soziale Aktivität miteinschließen, die von zwei Personen unternommen wird, um die Passung als potenzieller Partner in einer intimen Beziehung oder als Ehepartner herauszufinden."[479] Im Gegensatz dazu meint Flirten „sich romantisch zu verhalten ohne ein ernsthaftes Interesse, eine verbindliche Partnerschaft einzugehen" oder „das Interesse der anderen Person, sich zu verabreden, einzuschätzen, oder um Sex zu haben."[480]

Wie bei allen Interaktionen mit anderen Menschen sind Sichverabreden und Flirten eine Angelegenheit von vier Quadranten: Unsere Träume (OL), körperliche Fitness und primäre Fantasie (OR), kulturelle Konditionierungen und Fähigkeiten, ein gegenseitiges Verständnis zu erzeugen (UL) und sozialer Status und Mittel (UR). Von Männern, die eine Partnerin suchen, wird gewöhnlich erwartet, dass sie auf die Frauen zugehen und ihre Fitness und sozialen Status zeigen (und das Risiko der Ablehnung auf sich nehmen), während von Frauen erwartet wird, ihre körperliche Attraktivität, Offenheit und sexuelle Verfügbarkeit zu zeigen, um Männer anzuziehen (und die Last zu tragen, den rechten Partner zu wählen, indem unpassende Männer abgelehnt werden).

Detaillierte Hinweise über die Dynamik des ‚Spiels der Partnersuche' und Strategien für Männer und Frauen, um das begehrenswerteste Mitglied des anderen Geschlechtes zu finden/anzuziehen/zu wählen, findet man im Übermaß in Selbsthilfebüchern (siehe Appendix I), Websites, Newsgroups und so weiter. Wir werden uns darum nur mit den gewöhnlichsten Weisen beschäftigen, wie man heute einen Partner finden/anziehen kann.

## Das Gesetz der Anziehung

Das Gesetz der Anziehung basiert auf der idealistischen Vorstellung, dass Gedanken unsere Realität erzeugen. Dies stimmt gewiss in dem Kontext, eine positive Haltung dem Leben gegenüber und der Partnerschaft zu haben und klare Intentionen zu formen, anstatt zu glauben, dass man nicht liebenswert, hässlich oder ein machtloses Opfer ist.[481] Wie Henry Ford sagte: „Ob du glaubst, du kannst es, oder es nicht glaubst – du hast recht." Auf der anderen Seite liefern Gedanken (oder das Bewusstsein) nicht magischerweise die Dinge, die sich das Ego wünscht, ganz zu schweigen von der physischen Welt oder einem Partner, wie es in New Age Büchern häufig impliziert wird (*Love will find you* oder *Ein neuer Anfang: Das Handbuch zum Erschaffen Deiner Wirklichkeit*) und Filmen (*The Secret, What the Bleep do we know?*). Einfaches Wunschdenken (ohne eine Ausrichtung mit deinem wahren Lebenssinn/ Essenz, gefolgt von den angemessenen Handlungen) erzeugt selten die erwünschten Resultate.

Das Gesetz der Anziehung scheint am besten für sexuell verfügbare und attraktive Frauen zu funktionieren, wenn sie genügend Möglichkeiten haben, potenzielle Partner über Familie und Freunde, soziale Aktivitäten (Sport, Tanz, Reisen, Konzerte, Bars), Workshops, Gruppen, Arbeit, Schule, Kirche oder das Internet zu treffen. Da Frauen gewöhnlich anziehen und Männer den ersten Schritt machen, ist der beste Rat für Single-Männer, Dinge zu tun, die sie andernfalls auch mit einer Partnerin tun würden, und dabei offen zu bleiben für die Zeichen einer interessierten Frau, und auf sie zuzugehen, wenn sie interessiert ist. Ein Netzwerk von Freunden aufzubauen, einer Gruppe oder Gemeinschaft beizutreten und auszugehen und Spaß zu haben sind alles gute Strategien, um eine Partnerin mit ähnlichen Interessen zu treffen.

### Single-Events

Indem du das Internet nutzt, solltest du fähig sein, örtliche Events, Gruppen und Workshops zu finden, die für Singles ausgerichtet sind. Denke mal über Speed-Dating, Tänze, Seminare, Kirchengruppen und Reisen für Singles nach. Diese Ereignisse bieten dir eine persönliche Erfahrung mit Frauen in den rechtsseitigen Quadranten. Wenn du körperlich attraktiv bist, ein unterhaltsamer, extrovertierter und guter Sprecher, geübter Tänzer, dann ist das sicher genug, um Frauen anzusprechen, dann können dir solche Ereignisse helfen. Der Nachteil von Single-Events ist der Mangel an Informationen über die anderen Quadranten und Intentionen der Frauen, die du nur durch eine Kommunikation einschätzen kannst. Dies kann eine Herausforderung sein, besonders, wenn du nervös oder ängstlich bist, auf Frauen zuzugehen und Fragen zu stellen, oder wenn sie nur zögerlich spricht oder unsicher darüber ist, was sie in einem Partner sucht, oder wenn sie nicht wahrhaftig ist.

## Internet-Dating

Mag es oder nicht, Internet-Dating wird zunehmend populär und wird wahrscheinlich weiter bestehen. Abhängend von der Art und Weise deines Ansatzes, deiner Persönlichkeit, Integrität, Fähigkeiten und deines Stils kann der Gebrauch von Dating-Websites, um einen Partner zu finden, entweder extrem effektiv oder ziemlich frustrierend sein.

Schlüssel zum Erfolg sind 1) deine volle Verfügbarkeit, 2) ein wahrhaftiger Text, wer du bist und wonach du bei einem Partner suchst, 3) die richtige Website auszuwählen, 4) dort attraktive aktuelle Bilder hineinzustellen (ein professionelles Porträt mit einem Lächeln und Bilder, die dich in unterschiedlichen Situationen zeigen und die mit dem Profiltext übereinstimmen), 5) realistische Erwartungen, 6) der effektive Gebrauch von Suchoptionen, 7) alle Frauen zu kontaktieren, die passend zu sein scheinen, 8) befriedigende Antworten auf gute Fragen zu erhalten, bevor man Zeit, Geld und Hoffnung in nicht verfügbare Frauen investiert, 9) mindestens ein vielversprechendes

Telefonat gehabt zu haben, bevor man sich tatsächlich trifft, und 10) nur mit Frauen auszugehen, die an dir interessiert sind und eine passende kosmische Adresse, ähnliche Interessen, eine ähnliche Lebensführung, Leidenschaften und Träume/Ziele für die Zukunft haben.

Bevor Internet-Dating aufkam hatten die meisten Singles nur Zugang zu potenziellen Partnern innerhalb ihrer sozialen Kreise, wie etwa in der Schule, Arbeit, Bars oder der Kirche. Die wahrgenommene Knappheit der potenziellen Partner führte zu einem natürlichen sexuellen Selektionsprozess,[482] bei dem sich jeder Junggeselle mit der attraktivsten Single-Frau zufriedengab, die ihn nahm. Weil die meisten Paare in der Nachbarschaft wohnten, einen ähnlichen kulturellen Background hatten, aus derselben sozialen Klasse kamen, sich vorher für einige Zeit schon kannten, bevor sie sich verliebten und auch ähnliche Interessen teilten, mussten sie sich nicht um unterschiedliche Bewusstseinsstufen, Werte, Lebensstile, Weltsichten oder spirituelle Glaubenssysteme kümmern. Sie waren ganz natürlich aneinander angepasst.

Doch zum ersten Mal in der menschlichen Geschichte, wo sich heute Millionen von Menschen online verabreden, bietet das Internet eine illusionäre Fülle von Partnern und überwindet alle geografischen, sozialen und kulturellen Grenzen, die bislang die Singles voneinander getrennt hatten. Unglücklicherweise sind die meisten Suchenden immer noch ausschließlich darauf konzentriert, ihre primäre Fantasie zu erfüllen, in einen Rausch zu kommen, wenn die Chemie stimmt und Interessen zu teilen, nur um dann ziemlich überrascht, verwirrt und frustriert zu sein, wenn eine Verabredung wegen nicht zueinander passender kosmischen Adressen schief läuft. Einige Partner haben Glück (über 30% der neu verheirateten Paare im mittleren Alter trafen sich online), doch die meisten wiederholen die Muster immer und immer wieder, bis sie frustriert das Handtuch werfen. Die gute Nachricht ist, dass Onlinedating recht effektiv sein kann, wenn man es mit Integrität und mit einer integral informierten Perspektive durchführt.

## Ein Online-Profil erstellen

Der erste Schritt besteht darin, niederzuschreiben, wer du bist, warum du in einer Partnerschaft sein willst, nach welchen Qualitäten du bei einer Frau Ausschau hältst und was für eine Partnerschaft du suchst. Du kannst in einem lustigen, ernsthaften, poetischen oder in einem pragmatischen Stil schreiben. Es gibt da kein Richtig und Falsch, solange du authentisch bist, Rechtschreibfehler und grammatische Fehler vermeidest und positiv, überlegt, respektvoll, unterhaltsam, wirklich und wahrhaftig bist.[483] Wenn du nur so tust, wird sie es früher oder später herausfinden, warum also lügen? Es kann helfen, sich die Profile von anderen Männern anzuschauen oder einen Dating-Coach anzuheuern, um das Profil zu erstellen, das dich am besten repräsentiert. Das Ziel ist, die passendste Frau anzuziehen, und nicht, so viele Antworten wie möglich zu bekommen. Mit anderen Worten: Ziele auf Qualität statt auf Quantität ab.

Finde als Nächstes ein aktuelles Foto, das dein Lächeln und deine Augen zeigt (keine Sonnenbrille!), sowie ein paar weitere Fotos, die dich in verschiedenen Situationen zeigen, die deinen Text unterstreichen. Wenn du gerne wandern gehst, Piano spielst, nach China reist und segelst, dann zeige auch Bilder, die dich alleine in diesen Situationen zeigen (vermeide ausgeschnittene Bilder, wo man noch die Hand oder den Arm einer anderen Person sieht). Die meisten Frauen haben kein Interesse an Bildern von deinem Auto, Motorrad, Boot, deiner Brust oder deinen Genitalien, also spare dir das für später auf.

Die richtigen Dating-Website(s) aus den Hunderten von Möglichkeiten zu wählen, ist als Nächstes dran.[484] Viele Seiten sind auf spezielle Interessengruppen und Demografien ausgerichtet. Preise reichen von frei (*plentyoffish.com, okcupid.com,* oder *craigslist.org*) hin zu Tausenden von Dollar (*ge-dating.com* oder *tableforsix.com*), wobei die meisten etwa $20-$50 pro Monat kosten. Heiratsvermittlungs-Websites wie *eharmony.com* und *chemistry.com* zeigen die Mitgliederprofile nicht öffentlich. Sie versorgen ihre Mitglieder mit ausgewählten Kandidaten, die auf einem elaborierten Persönlichkeits- und Interessenprofil basieren, und erlauben nur direkte Kommunikation mit Zugriff auf Bilder und persönliche Informationen nach einer vorher durchgeführten Auswahl, was recht ermüdend sein kann.

Die meisten anderen Dating-Websites sind öffentlich und ermöglichen unmittelbaren Zugang zu den Profilen und Bildern aller Mitglieder und ermöglichen so unmittelbare Kommunikation. Nach ihrem Zusammenschluss mit *yahoopersonals.com* hat *match.com* über 30 Millionen hauptsächlich konventionell bernstein- und orangene Mitglieder, während Websites wie *greensingles.com, spiritualsingles.com* oder *veggieconnection.com* sich hauptsächlich auf postkonventionelle Demografien und Interessengruppen konzentrieren und auch weniger Mitglieder haben.

Stelle dein Profil online, sobald du genügend Zeit für die Kommunikation und für Treffen mit Frauen hast, die sich melden und befriedigende Antworten auf deine Fragen geben. Nachdem du das erste Mal etwas geschrieben hast, bist du noch ‚Frischfleisch' und bekommst mehr Aufmerksamkeit, was nach ein paar Wochen abebben wird, also sei nicht zu enthusiastisch und denke, nur der Himmel ist die Grenze. Die aktivsten Zeiten sind gewöhnlich von Dienstag bis Samstag, wenn Frauen nach Wochenendverabredungen Ausschau halten, sowie vor Ferien oder Urlauben wie Weihnachten, wenn sich Singles besonders allein fühlen. Die Zeit, selbst aktiv zu werden, kommt, wenn das erste Interesse, das dir entgegenkommt, absinkt. Die meisten Frauen erwarten, von Männern kontaktiert zu werden, insofern musst du ein wenig Arbeit investieren.

## Die Suche

Die beste Herangehensweise ist eine zweifache Strategie, nämlich konzentriert und umfangreich vorzugehen. Nutze detaillierte Suchkriterien, um Frauen zu finden, die am besten zu dem zu passen scheinen, was du suchst. Schließe auch Profile mit ein, die keine Bilder haben, da attraktive Frauen es häufig leid sind, wegen ihres guten Aussehens angesprochen zu werden, manche ihre Identität verstecken wollen (besonders, wenn sie öffentliche Arbeitsstellen haben), schüchtern sind, keine Bilder haben, sich nicht sicher sind, welche Bilder sie nutzen sollen oder nicht wissen, wie man sie hochlädt. Die meisten Männer schreiben Frauen nicht, die keine Bilder haben, insofern steigerst du deine Chancen, eine günstige Antwort zu bekommen, wenn du diese Profile integrierst. Frage nicht nach einem Bild bei deinem ersten Kontakt, sondern zeige vielmehr ein Interesse an ihrem Training und ihren Essgewohnheiten, um eine Vorstellung von ihrem Körpertyp zu bekommen. Auf diese Weise kannst du eine hochattraktive Frau finden, die es transzendiert hat, lediglich ihr Äußeres darzustellen, und die ihre (und deine) inneren Werte und äußeren Qualitäten gleichermaßen wertschätzt.

Wenn sie Bilder hochgeladen hat, orientiere dich nicht ausschließlich an ihnen (sie können alt oder sehr vorteilhaft getroffen sein) und lese sorgfältig ihr Profil (was die meisten Männer nicht tun) durch deine AQAL-Brille. Durch ihren Ausdruck und ihre Bilder geben dir die meisten Frauen Hinweise auf die Art der Liebesbeziehung, die sie sich vorstellen, sowie auch ihre Bewusstseinsstufe. Habe nicht zu viele Vorannahmen und stelle stets offene Fragen (was, warum, wie, wann, wer, ...) die auf ihr Profil passen.

## Was für eine Art Liebe sucht sie?

Nutze dein Wissen von den Dreiecken der Liebe, um das Maß ihrer Leidenschaft, Intimität und Verbindlichkeit herauszufinden, das sie in einer Partnerschaft sucht.

Verliebtsein ist ihre Priorität, wenn sie nur dein Aussehen, Status und materielle Güter erwähnt und dass die Chemie stimmen soll. Sie will Freundschaft, wenn sie die Bedeutung von gleichen Interessen, Dinge zusammen zu tun, guter Kommunikation, Gefühlen, langsamen Vorgehen, sich Kennenlernen und Werte zu teilen, ausdrückt. Eine engere Bindung ist ihr wichtig, wenn sich ihr Profil auf Geduld, die Bereitschaft, durch Dinge zusammen durchzugehen, Hingabe, Schwierigkeiten überwinden, Schattenarbeit und Wachstumsmöglichkeiten in einer Liebesbeziehung konzentriert. Sie sucht eine **Romanze** (Passion + Intimität) wenn sie erwähnt, dass Beziehungen einfach sein und Spaß bringen sollten, und dass sie keine Lust hat, sich mit deinen Problemen, negativen Emotionen oder Abhängigkeiten auseinanderzusetzen. Sie verlangt es nach einer **Liebesbeziehung,** (Intimität + Abhängigkeit) wenn sie nach Hingabe an eine Freundschaft, Vertrauen, Loyalität, Integrität, durch dick und dünn gehen, füreinander Dasein und langfristiger Verbindlichkeit fragt, ohne dabei Sichverlieben, körperliche Intimität/Sex oder dass die Chemie stimmen soll zu erwähnen. Sie will **verrückte Liebe** (Leidenschaft + Abhängigkeit), wenn sie sich auf den ersten Blick verlieben will, wenn es um das Verrückt-Aufeinander-Sein geht und darum, unfähig zu sein, über etwas anderes nachzudenken, leidenschaftlichen Sex, die Vergangenheit zurückzulassen und immer zusammen zu sein – dabei aber nicht geteilte Werte, Interessen oder Intimität erwähnt. Eine Vision einer integral informierten Liebesbeziehung (gesunde Formen von Leidenschaft + Intimität + Abhängigkeit) ist aufgetaucht, wenn sie all die gesunden Dimensionen der Dinge oben erwähnt, einschließlich der femininen und maskulinen Qualitäten auf der Ebene des Körpers, Geistes, Herzens, der Seele und des Schattens.

## Hinweise auf ihre Bewusstseinsstufe

Magenta-Frauen drücken naive, irrationale und abergläubische Vorstellungen über die Welt, sich selbst und Beziehungen aus und glauben an Astrologie, Geister, frühere Leben, Voodoo oder magische Kräfte.

Rote Frauen drücken viele egozentrische Bedürfnisse aus wie Freiheit, Respekt und Spaß haben, ohne sich um andere oder die Zukunft zu kümmern.

Bernstein-Frauen sprechen von konservativen Familienwerten und religiösen Werten, Ehe, ein Heim zu erschaffen, Stolz auf ihr Land, Vorstellungen von Richtig und Falsch und davon, eine gute Person sein zu wollen. Sie wollen einen Mann mit einem sicheren Job, der loyal ist und Richtig von Falsch zu unterscheiden weiß.

Orangene Frauen prahlen mit ihrer Unabhängigkeit, Bildung, ihrem Erfolg, ihren Besitztümern, ihre Karriere, frühem Ruhestand, kostspieligen Sportarten und Hobbys, internationalen Reisen, Kenntnis und Interesse an guter Nahrung und Weinen und ihrem großen sozialen Netzwerk. Sie suchen gewöhnlich große, gut aussehende, erfolgreiche Männer mit keinen oder erwachsenen Kindern, die großzügig, gebildet, fit und gesund sind und eine unabhängige Karriere, ein hohes Einkommen sowie ein hohes Grundkapital haben.

Grüne Frauen hören einfach nicht auf, über bedingungslose Liebe, ihre Gefühle, Spiritualität, Tiere und Natur, Weltfrieden, feministische Werte, Mitgefühl, Nichtbeurteilen, ihre Selbstverwirklichung und Aktivismus zu sprechen. Sie wollen unabhängige, gebildete, weltzentrische, starke und doch feminine, offene, tolerante, erfolgreiche, wohlhabende, nicht beurteilende, emotional erreichbare Männer, die genügend freie Zeit haben, um mit ihnen zu reisen und genügend Geld haben, um sie auf ihrem Weg zu unterstützen.

Wenn du eine blaugrüne Frau online triffst, dann will sie wahre Interdependenz mit ihrem Partner, nimmt feminine und maskuline Qualitäten an, schätzt alle Menschen (Männer eingeschlossen), strebt nach Schönheit und Funktionalität, strebt in der Welt und hat eine Vielfalt von Interessen, ohne dabei fordernd oder bedürftig zu sein. Sie sucht einen Mann, der seine femininen und maskulinen Polaritäten integriert und seine sieben Chakras ausbalanciert hat und der frei ist, eine sinnvolle Partnerschaft zwischen Gleichen und Gegensätzen zu erschaffen, um verantwortungsbewusst zu leben und um einen positiven Beitrag in der Welt zu leisten.

Türkise Frauen, die höchstwahrscheinlich nicht online zu finden sind, da sie viele potenzielle Partner haben, aus denen sie wählen können und die nicht lange allein sind, würden wohl ihre tiefe Verbindung mit aller Schöpfung, Hingabe an das, was ist und dem Verlangen der Seele, von einem gleichen Partner gesehen zu werden, erwähnen. Sie gehen aktiv auf einen Mann zu, der eine tiefe Spiritualität in seine Weltlichkeit integriert hat und der mit sich selbst und allen empfindsamen Wesen im Frieden ist, während er sein Leben mit Intention und Sinn lebt.

## Hinweise auf ihren Animus-Komplex

Eine Ambivalenz gegenüber Männern (kann nicht mit und ohne sie leben), oder eine allgemeine Unsicherheit in Bezug auf Dating deutet auf Stufe 1 (Männer als fremde Außenseiter). Auf Stufe 2 (Männer als Vater, Gott oder König) kann sie erwähnen, dass Männer sie verehren sollen und dass sie mit Güte und Respekt behandelt werden möchte. Auf Stufe 3 (Männer als Helden) ist sie partnerorientiert und will einen Mann, der sich um sie kümmert. Auf Stufe 4 (Männer als unabhängige Wesen) wird sie über ihre Autonomie schreiben, dass sie ihr eigener ‚Mann' ist, und dass sie keine verbindliche Beziehung oder Ehe will. Sie sucht typischerweise einen wohlhabenden und gebildeten Mann als gelegentlichen Liebhaber und großzügigen Reisebegleiter, einen Gefährten, der ihr Bedürfnis nach Freiheit respektiert und darum unabhängig seine eigenen Interessen verfolgt und getrennt von ihr wohnt. Auf Stufe 5 wertschätzt sie Männer als Gleiche und Gegensatz, ohne sie zu brauchen oder abzulehnen, und will eine gemeinsam geschaffene verbindliche Partnerschaft.

## Sexuelle und spirituelle Entwicklung

Du kannst auch Hinweise auf ihre sexuelle und spirituelle Entwicklung finden, aber diese sind meist zu vage, um eine richtige Einschätzung zu bekommen. Daher musst du Fragen stellen, wenn die Zeit dafür reif ist. Es ist sicher ein guter Rat, sie nicht wegen ihrer Sexualität zu befragen oder zu schnell über deine Sexualität zu sprechen, es sei denn, sie übernimmt die Initiative. Frauen wissen (oder nehmen an) dass Männer so schnell wie möglich Sex wollen, und die meisten von ihnen sind beleidigt, wenn sie während des ersten Kontaktes darauf angesprochen werden.

### Ergreife die Initiative

Die meisten Frauen, die Profile erstellen, erwarten, dass Männer den ersten Kontakt mit ihnen aufnehmen. Sende an alle Frauen eine Message, die dir interessant vorkommen. Stelle dich kurz vor, schreibe darüber, was dir an ihrem Profil gefällt und stelle ihr bis zu fünf Fragen über Dinge, die dir ins Auge gefallen sind. Davon abhängend, wie verfügbar sie ist, wie sehr du ihren Erwartungen entsprichst, wie attraktiv du bist und wie weit außerhalb deiner Liga sie ist, werden etwa 5-20% der Frauen, an die du herangetreten bist, günstig reagieren. Nimm einen Mangel an Antworten nicht persönlich. Die meisten Frauen denken, dass nicht Zurückschreiben die höflichste Art ist, ‚Nein danke!' zu sagen. Es hat tatsächlich recht wenig mir dir zu tun. Eine Menge Frauen, die Profile erstellen, sind nicht bereit für eine Partnerschaft. Sie können einfach neugierig sein, mögen die Aufmerksamkeit, trauern noch einer früheren Beziehung hinterher, wollen sich beweisen, dass niemand gut genug für sie ist, haben keine Zeit, sich zu verabreden, suchen vollkommen außerhalb ihrer Liga, oder wollen einfach nur Spaß haben und ausgeführt werden (oder im Falle der Männer, wollen nur Sex), anstatt ernsthafte Fragen zu beantworten. Ein ermutigendes Feedback über ihre Beziehungsgeschichte, Bereitschaft, Intentionen und Zukunftsträume zu bekommen ist darum immens wichtig, bevor man sich trifft, es sei denn, dir machen Verabredungen an sich Spaß.

Wenn du eine positive Antwort auf deine Kontaktaufnahme bekommst, dann stelle einige der Fragen, die in Kapitel 10 aufgeführt sind, bis du Gewissheit darüber hast, dass ihr zueinanderpasst. Die meisten Frauen beklagen sich darüber, dass Männer kein ehrliches Interesse an ihnen zeigen, zu viel von sich selbst sprechen und versuchen, sich gut darzustellen. Es ist nicht dein Ziel, sie mit Geschichten über dich zu beeindrucken. Antworte ihr kurz und knapp, wenn sie spezielle Fragen hat, doch falle nicht in die ‚Interview-Falle'. Strebe einen offenen und entspannten Dialog an, was bedeutet, dass zwei Menschen Fragen, Antworten, Vorstellungen und Meinungen austauschen. Dein Ziel besteht darin, ihre kosmische Adresse zu erkennen, sicherzustellen, dass sie dieselbe Art von Liebesbeziehung anstrebt wie du und herauszufinden, ob ihr ähnliche Interessen, Leidenschaften, Träume/Ziele und eine ähnliche Lebensführung habt.

## Das erste Telefonat

Biete ihr an, sie zu einer Zeit anzurufen, die ihr passt, wenn euer Email-Austausch gut verlaufen ist. Die meisten Frauen mögen es, angerufen zu werden, anstatt anzurufen und werden dir ihre Telefonnummer geben. Wenn das Telefonat gut läuft, dann frage sie, ob sie noch weitere Fragen hat, bevor sie sich wohl genug fühlt, dich tatsächlich zu treffen. Singles, die ernsthaft nach einem Partner Ausschau halten, wollen oftmals wissen, ob da eine gegenseitige körperliche Attraktion besteht, bevor sie mehr Zeit damit verbringen, herauszufinden, ob man zueinander passt und bevor man auf ein ‚richtiges Date‘ geht.

## Das Treffen

Plane zunächst ein einfaches Treffen für eine Stunde in einem Café oder einem ähnlichen Ort. Andernfalls bleibst du stecken in einem langen und kostspieligen Date, bei dem sich herausstellt, dass da keine gegenseitige Attraktion füreinander besteht. Sei zeitig da, warte beim Eingang und biete an, ihr das zu bezahlen, was sie haben will. Setzt euch gegenüber, sodass Augenkontakt möglich ist, deute ihre Augenbewegung und spiegele ihrer Körpersprache, um einen Rapport herzustellen (Siehe Kapitel 6). Selbst wenn dann kein gegenseitiges Interesse besteht, behalte deine positive Haltung, denn jedes Treffen ist eine Möglichkeit, Freundlichkeit und Güte zu zeigen und etwas Neues zu lernen.

## Dating

Finde heraus, was sie gerne beim ersten Date tun mag (was, wo, wann, wie lang, wer bezahlt), wenn ihr beim ersten Treffen miteinander resoniert habt. Mache einen Vorschlag, mit dem du dich selbst wohlfühlst, und wähle etwas aus, dass eurer beider Interessen, Zeit und finanziellem Budget entspricht und euch ermöglicht, euch besser kennenzulernen. Die meisten Frauen mögen es, wenn du die Initiative übernimmst und kreativ bist (schau mal im Internet nach neuen, anderen Ideen als dem klassischen Essengehen, Kino,

Spazierengehen im Park oder einem Tag am Strand). Während des ersten Dates solltest du eine bessere Vorstellung in Bezug auf eure Passung (körperlich, materiell, intellektuell, Interessen, Lebensführung, Werte, sexuell und spirituell) bekommen sowie über das Ausmaß ihres Interesses, Sex mit dir zu haben.

Frauen wissen gewöhnlich, dass Männer meist so schnell wie möglich (manche Bernstein-Männer ausgenommen) Sex haben wollen, und wertschätzen Männer, die sich sexuell sicher fühlen, wissen, was sie wollen, nicht drängen, und die mit einer angenehmen Geschwindigkeit führen („Ich bin soweit, wenn du es bist"). Die meisten Frauen wollen Klarheit über Geschlechtskrankheiten, Verhütung und die sexuelle Geschichte haben, bevor sie mit einem neuen Mann Geschlechtsverkehr haben, daher ist es eine gute Idee, sich darüber zu unterhalten, bevor es im Bett zu heiß hergeht.

Wenn du eine Frau häufiger triffst, wird früher oder später die Frage nach Ausschließlichkeit aufkommen. Nur 10% der verbindlichen Paare erfahren Liebe auf den ersten Blick, so wie es Ken Wilber und Treya in dem Buch *Mut und Gnade* beschrieben haben. Wenn du dir unsicher darüber bist, wann du dich verpflichten solltest, solltest du der einfachen Regel folgen, dich mit zwölf Qualitätsfrauen zu verabreden und dann bei der zu bleiben, die bei dem Dutzend ganz oben steht.[485]

## Strecke deine Fühler aus

Suche in einem weiteren Ausmaß, wenn die unmittelbaren Treffer erschöpft sind. Häufig wissen Frauen nicht, wie sie sich ausdrücken sollen, oder finden das Online-Dating nervig und scheußlich. Ihre Profile beginnen mit „Ich habe das noch nie gemacht ...", „Dies ist wirklich hart ...", „Ich weiß nicht, wie ich mich beschreiben soll ...", oder „Freunde sagen, ich bin ...". Gehe dann zu Schritt drei zurück und sende eine Standard-Botschaft wie:

*Hallo [Name]*

*Mein Name ist [Name]. Danke, dass du dein Profil auf www.xxx.com gepostet hast. Ich würde gerne mehr über dich wissen. Ich hoffe, dass dir mein Profil gefällt. Bitte sag mir, warum du Single bist, warum du eine Partnerschaft willst, was du in einem Mann suchst, was deine Leidenschaften sind und was deine Träume, Ziele für die Zukunft sind.*

*Ich freue mich auf eine Antwort!*

*Hab einen schönen Tag.*
*Liebe Grüße*

*[Dein Name]*

Nutze deine authentische Stimme für diese allgemeine Herangehensweise und sende diese Mitteilung an so viele Frauen, wie du magst, und schau mal, was passiert.

Bitte nutze auch die vielen ausgezeichneten Dating-Selbsthilfebücher (siehe Appendix I) und überlege, ob du Workshops oder einen persönlichen Coach brauchst, sofern du Anleitung benötigst, um eine wundervolle Partnerin zu finden.

## Zusammenfassung

Die meisten Singles haben das Verlangen, an dem einen oder anderen Punkt in einer Partnerschaft zu sein, und ergreifen die Initiative, einen passenden Partner zu finden. Das integrale Beziehungsmodell bietet dir die wesentlichen Werkzeuge, die darunterliegenden Motive für dieses Verlangen zu erkennen sowie die Art der Beziehung, die du mit einer Frau anstreben kannst. Nutze deine AQAL-Brille, um über deine primäre Fantasie hinauszublicken, um eine Partnerin in deiner Liga zu erkennen, die eine passende kosmische Adresse hat und deine Lebensführung, Interessen, Werte und Zukunftsträume teilt. Abhängend von deiner Persönlichkeit und deinen Zielen kannst du dann eine Dating-Strategie entwickeln, die das Gesetz der Anziehung, Single-Gruppen oder Internet-Dating miteinschließt.

## Zusammenfassung Teil III

Ein integral informierter Mann wendet die AQAL-Karte auf das Gebiet der Liebesbeziehungen an, indem er die kosmische Adresse seiner Partnerin durch Beobachtung, Fragen und Persönlichkeitstests identifiziert. Dies gibt ihm Informationen über ihre Perspektive, Entwicklungsstufe, feminine/maskuline Polaritäten, die Stufen der spirituellen, sexuellen und Animus/Anima-Entwicklung wie auch ihren Persönlichkeitstypus. Diese Informationen erlauben ihm zu verstehen, wie sie ihn und ihre Beziehung sieht und erlaubt ihm ihr mit dem Verständnis, der Integrität, Stärke, Güte und dem Mitgefühl, wonach sie sich sehnt, entgegenzutreten. Er kann dann bestimmen, ob er sie als Gegensatz und Gleicher befriedigen kann und mit ihr in einer gesunden Liebesbeziehung wachsen kann, oder ob es für beide besser ist, ihre Partnerschaft in Frieden und Harmonie zu beenden, wenn sie nicht zueinanderpassen oder sich auseinandergelebt haben. Single-Männer können dann ein sinnvolles Leben leben, während sie eine integrale Dating-Strategie entwikkeln, um eine neue Partnerin zu finden, mit der sie weiter heilen, wachsen und verantwortungsbewusst anderen dienen können.

# Nachwort

Nachdem ich über 200 Beziehungsbücher durchgearbeitet habe und ihre Weisheit in dieses Handbuch integriert habe, und indem ich das integrale Beziehungsmodell auf mein eigenes Leben angewandt habe, bin ich zu der allgemeinen Konklusion über Liebesbeziehungen gekommen:

Erfolgreiche Paare (wie beschrieben in *The Exceptional Seven Percent*) teilen eine passende kosmische Adresse, die gleichen Interessen, Lebensführung und Zukunftsträume. Ihre Partnerschaft hat für sie die höchste Priorität – steht also über Kindern, Arbeit, Tieren, Geld, Hobbys, Lebensstil, Reisen, Besitztümern, ihrem individuellen Lebenssinn, Freunden, Religion, Spiritualität wie auch kulturellen, sozialen und Familienzwängen. Die Hingabe solcher Paare zueinander und ihre Beziehung ist ein wiederkehrendes Muster von konformistischen zu transpersonalen Bewusstseinsstufen. Obwohl diese Hingabe an eine Partnerschaft/Ehe wie ein Opfer wirken mag, profitieren doch alle oben genannten Bereiche und Interessengruppen – Kinder eingeschlossen – von der Hingabe der Partner zueinander.

**Erfolgreiche Paare balancieren und harmonisieren auch beständig Agenz und Kommunion**, was unterschiedliche Qualitäten auf jeder Entwicklungsstufe des Bewusstseins ausformt. Diese Fähigkeit, wie viele Beziehungsexperten und spirituelle Lehrer bestätigt haben, ist ein Zeichen von psychologischer Gesundheit und spiritueller Reife. Eine Konsequenz dessen ist, dass erfolgreiche Paare sich gemeinsam vertikal in beide Richtungen entwickeln – Eros und Agape, Himmel und Erde, Weisheit und Mitgefühl, Aufsteigen und Absteigen.

Zu guter Letzt haben sich erfolgreiche Paare verpflichtet, die individuelle und gemeinsame Entwicklungsarbeit zu tun, die jede dauerhafte Beziehung erfordert, und können professionelle Hilfe in Anspruch nehmen, wenn sie irgendwo stecken bleiben.

Eine zweite Gruppe von Individuen besteht aus jenen, deren Bewusstsein sich durch mehrere Liebesbeziehungen entwickelt – mit einem neuen oder mehreren folgenden Partnern für jede vertikale Entwicklungsstufe. An einem gewissen Punkt können diese Individuen in das Bewusstsein zweiten Ranges eintreten, was ihnen erlaubt, eine verbindliche Partnerschaft zu leben.

Eine dritte Gruppe von Menschen (im Wesentlichen moderne und postmoderne Frauen) mit einer unausgeglichenen Persönlichkeit oder unausgereifter spiritueller Entwicklung sind zu eingefleischten Singles geworden, die sich mit pathologischer Agenz zufriedengeben, und haben unrealistische Erwartungen an einen Partner, machen sich selbst absichtlich unattraktiv, zeigen kontinuierlich Muster des ‚Verführen und Verweigerns' oder ziehen ungebundene Beziehungen vor.

Männer, die Frauen für eine gesunde, verbindliche, dauerhafte Liebesbeziehung suchen, sollten sich Frauen der zweiten Gruppe bewusst sein und Frauen der dritten Gruppe am besten vermeiden. Individuen, die eine gesunde Liebesbeziehung mit einem neuen Partner erzeugen wollen, sollten daher 1) ihre Beziehung zum zentralen Punkt in ihrem Leben machen, 2) kontinuierlich mit einem Partner heilen und wachsen, der eine passende kosmische Adresse, Lebensführung, Leidenschaften, Interessen, Ziele und Zukunftsträume hat, 3) die femininen und maskulinen Polaritäten balancieren und harmonisieren, 4) professionelle Hilfe in Anspruch nehmen, wenn die Probleme nicht selbst gelöst werden können, und 5) anderen altruistisch dienen.

## Die Zukunft der Liebe

Es gibt überwältigende Beweise, dass der Prozess der sexuellen Selektion, den wir in diesem Handbuch besprochen haben, sowie die folgende gemeinsame Erschaffung von Mann-Frau Beziehungen – anstelle der häufig angenommenen männlichen Unterdrückung der Frauen – unsere evolutionäre Vergangenheit definiert hat und unsere Zukunft formt. Die ganze Geschichte hindurch haben Männer stets höhere Bewusstseinsstufen (von archaisch zu integral) entwickelt, um so die attraktivsten (gesündesten) Frauen für sich zu gewinnen und von ihnen auserwählt zu werden, die bis heute die Erfolgreichsten (mächtigsten Versorger und Beschützer) mit ihrer Liebe, Unterstützung, Gesellschaft und Sex belohnen. Konsequenterweise entwickeln sich moderne Männer durch die Bewusstseinsstufen, um die stetig ansteigenden Forderungen der Frauen, nach denen sie sich sehen, zu befriedigen.

Nur in den seltenen transpersonalen türkisfarbenen Stufen und darüber fühlen sich Frauen zu jenen Männer hingezogen und belohnen sie, die einen gewaltfreien und umweltbewussten Lebensstil verfolgen, anstatt mit Ihresgleichen um Status und Erfolg zu kämpfen, um die attraktivste Frau zu gewinnen. Gleichzeitig bekommen Männer auf Türkis und darüber die Möglichkeit, mit Frauen eine Partnerschaft zu beginnen, die sozial- und umweltbewusst sind und die ihre defizitangetriebene primäre Fantasie transzendiert haben und für Gender Mainstreaming stehen, das die Unterschiede zwischen den Geschlechtern ehrt, indem es ihnen die gleichen sozialen und politischen Rechte **und** Verantwortlichkeiten zurechnet.

Der potenzielle Übergang in dem Prozess der sexuellen Selektion – gemeinsam mit der Unterstützung für unsere Jugend, dass sie verantwortlicher durch die Bewusstseinsstufe ersten Ranges wächst – kann der einzig mögliche Weg sein, die globalen Probleme und Herausforderungen anzugehen, denen sich die Menschheit in der heutigen komplexen Welt gegenüberstehen sieht, wie etwa soziale Ungerechtigkeiten, Hunger, Gewalt, Kriege, moderne Sklaverei und die Zerstörung unseres Ökosystems, um nur ein paar zu nennen.

**Grafik 35: Globale Herausforderungen, denen sich dich die Menschheit gegenüberstehen sieht**

Gemeinsam sind die Paare zweiten Ranges dazu geschaffen, Rollenvorbilder für die gemeinsame Erschaffung von Mann-Frau Beziehungen zu werden, die gesunde feminine und maskuline Polaritäten auf jeder Stufe der Bewusstseinsentwicklung integrieren. Ihr Ziel besteht nicht nur darin, Menschen darin zu unterstützen, Bewusstsein zweiten Ranges so schnell wie möglich zu entwickeln, sondern auch Singles und Paare zu inspirieren, eine gesunde Partnerschaft zu erzeugen, die es ihnen ermöglicht, sich gemeinsam in Frieden und Harmonie mit der gesamten Schöpfung zu entwickeln.

Möge dich dieses Handbuch ermächtigen, dich ins Bewusstsein zweiten Rangen zu entwickeln, deinen authentischen Lebenssinn in einer freudvollen und verantwortlichen Weise zu leben, eine gesunde Partnerschaft zu erzeugen mit einer voll verfügbaren Frau, die ihren Animus-Komplex und ihre pathologische primäre Fantasie transzendiert hat, und dich befähigen Mitgefühl und Unterstützung zu zeigen für jene Frauen, denen es bislang nicht möglich ist, dies so zu tun.

Danke, dass du das Buch gelesen hast, und wenn du magst, sende mir dein Feedback an: martin@singles2couples.org

# Appendix I: Beziehungsbücher für alle Ebenen/Farben

*In Wirklichkeit ist jeder Leser, wenn er liest, nur ein Leser seiner selbst. Das Werk des Schriftstellers ist dabei lediglich eine Art von optischem Instrument, das der Autor dem Leser reicht, damit er erkennen möge, was er in sich selbst vielleicht sonst nicht hätte erschauen können. Dass der Leser das, was das Buch aussagt, in sich selber erkennt, ist der Beweis für die Wahrheit eben dieses Buches und umgekehrt.– Marcel Proust*

In diesem Appendix werden wir einige ausgewählte Beziehungsratgeber aus einer integralen Perspektive untersuchen. Die besprochenen Autoren unterstützen Singles und/oder Paare mit einer gewissen kosmischen Adresse (Höhe + Perspektive) mit Ratschlägen, die Liebe zu bekommen, die sie sich ersehnen: Entweder, indem man das andere Geschlecht manipuliert, effektiv mit Geschlechterunterschieden umgeht, besser miteinander auf der entsprechenden Bewusstseinsstufe umgeht (die vier Polaritäten ausbalanciert), und/ oder indem man sich auf die nächsthöhere Bewusstseinsstufe entwickelt.

Bücher für Rot nehmen zum Beispiel eine Perspektive oben rechts ein, objektivieren das andere Geschlecht und zeigen, wie man ‚ihre Psyche auszunutzen', ‚einen Millionär ködern', ‚manipulative Regeln anwenden' kann oder betrachten ‚Männer als Abschaum und Frauen als dumm'.

Ratschläge für Bernstein-Singles und Paare konzentrieren sich gewöhnlich auf Akzeptanz (vs. Transzendenz) von Geschlechterunterschieden in dem unteren rechten Quadranten, wie etwa John Grays Buchserie *Männer sind anders. Frauen auch* oder Alison Armstrongs *Making sense of Men,* oder konzentrieren sich auf Geheimnisse und Prinzipien, durch die Ehen fortbestehen können, wie z.B. Gregory Popcak's *The Exceptional Seven Percent* oder John Gottman *The Seven Principles for Making Marriage Work.*

Orange Autoren rationalisieren entweder Liebe auf Gehirnaktivitäten und hormonelle Prozesse in dem oberen rechten Quadranten, wie z.B. Helen Fisher *Warum wir Lieben,* oder bevorzugen psychologische und verhaltenstechnische Maßnahmen in den zwei unteren Quadranten, um Beziehungsprobleme zu lösen – typischerweise, indem sie Männer, die Workaholics sind, anweisen, emotional verfügbar zu werden und Frauen, ihre emotionalen Wunden zu heilen und ihren Partner zu unterstützen, um ihnen zu geben, was sie wollen, z.B. Harville Hendrix *So viel Liebe wie Du brauchst* oder David Schnarchs Klassiker *Die Psychologie sexueller Leidenschaft.*

Grüne Autoren neigen dazu, die unbewussten und spirituellen Dimensionen in dem oberen linken Quadranten anzusprechen, um Singles und Paare zu bemächtigen, ihre Beziehungskonflikte für eine tiefere psychologische Heilung und spirituelle Einsichten zu nutzen, die es ihnen ermöglichen, sich weiter Richtung bedingungslose Liebe zu entwickeln (z.B. John Welwoods *Love and Awakening*, Jett Psaris und Marlene Lyons *Undefendet Love* oder Joyse und Barry Vissels *The Hearts Wisdom*).

Die meisten Selbsthilfe-Beziehungsbücher wurden von Therapeuten und Trainern geschrieben, die verbindliche Beziehungen als essenziell für eine gesunde Persönlichkeitsentwicklung betrachten und versprechen, dass ihr besonderer Ansatz eine hohe Erfolgsrate hat, um Beziehungsprobleme zu lösen.[486] Solange wir im Hinterkopf behalten, dass jeder auf seine eigene Weise Recht hat und die Ratschläge jedes Buches in einen integralen Kontext stellen, können wir die Inhalte wertschätzen als einen Beitrag für ein tieferes Verständnis des gesamten Gebietes der Liebesbeziehungen, und dann das Material wählen, das uns in unserer Heilung und Wachstum am besten unterstützt und uns dabei hilft, unseren Partner zu verstehen.

## Bücher für rote Singles

*Die Kunst, den Mann fürs Leben zu finden: »The Rules«* von Ellen Fein und Sherrie Schneider, ist der berüchtigte Bestseller (über 2 Millionen verkaufte Exemplare), der Frauen lehrt, ‚Mr. Right' so zu manipulieren, dass er von ihr besessen wird, indem sie so tut, als wäre sie schwer zu bekommen. Der erste vorgeschlagene Schritt besteht darin, dass Frauen alles ihnen mögliche tun sollen, um so gut wie nur möglich auszusehen, richtig zu essen, fit zu werden, aufreizende Kleidung zu tragen, lange Haare wachsen zu lassen, kosmetisch-chirurgische Eingriffe zu unternehmen und sich ganz weiblich zu geben. Was dann folgt, sind 35 Regeln.[487] *The Rules* nimmt an, dass Männer Frauen verfolgen wollen und sich letztlich langweilen und das Interesse verlieren, wenn sie zu bereitwillig ist oder ihm nachjagt. Indem man den Regeln folgt, versprechen die Autorinnen (eine von ihnen ließ sich 2001 scheiden), auf die schnellste Weise zur Ehe zu kommen mit einem Mann, den sie lieben und der sie sogar mehr zurückliebt. Dieser Ansatz objektiviert Männer und manipuliert sie in einer egozentrischen Weise.

*Wie Sie jede Nacht eine andere Frau rumkriegen: egal wie Sie aussehen* ist das Spielbuch des berüchtigsten Playboys und Pick-up/Verführungskünstlers Mystery, der in Neil Strauss New York Times Besteller *Die perfekte Masche* (siehe unten) porträtiert wurde. Verführungskünstler streben gewöhnlich nach besserem und kurzfristigem sexuellen/romantischen Erfolg mit vielen attraktiven Frauen (die gemäß ihres Aussehens von 1-10 bewertet werden), und zwar durch Selbstverbesserung und Ausnutzung ihrer selbstsüchtigen Psyche. Die generelle Annahme ist, dass Frauen es mögen, von entspannten, sorglosen, selbstsicheren, fröhlichen, lächelnden, verspielten und unterhaltsamen Alphamännchen verführt zu werden. Indem man aus der Verführung von Frauen eine Kunst macht – was Wissen, Fähigkeiten und Übung bedarf – kann aus einem durchschnittlichen, frustrierten Trottel ein erfolgreicher Verführungskünstler werden.

Die grundlegende Strategie besteht darin, Frauen zu ‚finden, treffen, anzuziehen und zum Abschluss zu bringen'. Schritt eins besteht darin, Orte zu finden, wo sich viele schöne Frauen aufhalten (Clubs, Bars, Museen, Konzerte etc.). Schritt zwei erfordert von den Männern, ihre natürliche Nervosität zu überkommen und so viele Frauen wie möglich anzusprechen – und zwar innerhalb von drei Sekunden, nachdem man sie gesehen hat – und dann eine situationsbezogene Konversation zu beginnen oder bestimmte Verführungssätze zu gebrauchen. Schritt drei besteht darin, eine Persönlichkeit darzustellen, welche der Frau einen Wert vermittelt, indem man 80% des Gespräches übernimmt und eine gewisse Magie sowie Tricks nutzt, die auf außersinnlicher Wahrnehmung beruhen. Da 9nen und 10nen – die Zielobjekte der Verführungskünstler – andauernd von Männern angesprochen werden, werden sie zunächst ignoriert und leicht beleidigt („Sind die Fingernägel echt oder nicht?", „Hast du schon bemerkt, dass sich deine Nase lustig in Falten legt, wenn du sprichst?", „Bist du immer so fordernd?"), während 8ten und darunter positive Aufmerksamkeit bekommen. Dies motiviert die ‚Sexbombe' durch umgekehrte Psychologie, den Verführungskünstler zu verfolgen. Objekte, die negativ reagieren, werden so schnell wie möglich zurückgelassen (sogar die Verführungskünstler werden 90% der Zeit abgelehnt – es ist also alles eine Sache der Menge). Frauen, die positive Signale geben (Lächeln, Berührung der Haare, reagieren auf körperliche Berührung), werden berührt und werden um einen Kuss gebeten, um ihre Willigkeit zu beweisen. Schritt vier besteht darin, das Objekt zu isolieren, wenn sie in einer Gruppe von Freundinnen war, dann eine intimere Konversation mit ihr zu beginnen und sie nach ihrer Nummer und einer Verabredung zu fragen.

*The Game: Penetrating the Secret Society of Pickup Artists* von Neil Strauss (der Buchautor ist und für die *New York Times* und *Rolling Stone* schreibt), beschreibt seine Abenteuer mit Mystery (siehe oben) in der Verführungs-Community, wo er versucht, selbst ein Verführungskünstler zu werden. Dieses unterhaltsame Buch umfasst 12 Schritte: Sich ein Zielobjekt zu wählen, Annähern und Öffnung, Werte demonstrieren, die Hindernisse überkommen, das Ziel isolieren, eine emotionale Verbindung erschaffen, zu einem Verführungs-Ort bringen, die Temperatur zu erhöhen, eine körperliche Verbindung herstellen, den letzten Widerstand überwinden. *The Game* und *Wie Sie jede Nacht eine andere Frau rumkriegen* haben den gleichen Inhalt und versuchen auf ihre Art und Weise unterhaltsam zu sein – wobei *The Game* mehr selbstkritische Einsichten in die Psyche der Verführungskünstler und der Frauen bietet, die sie anziehen. Abgesehen von der traurigen Objektivierung der Frauen und den moralisch schwierigen manipulativen Techniken, um Sex zu bekommen, haben nur die naiven und unbedarften Frauen ein Risiko, sich in wahre Narzissten zu verlieben, während dies reife Frauen, die ihre eigenen gesunden Grenzen setzen und die authentischere und wahrhaftigere Menschen belohnen, schnell durchschauen. Da Männer mit Integrität und guten Intentionen häufig nervös und verlegen sind, eine attraktive Frau in der Öffentlichkeit anzusprechen, können ihnen die gegebenen Ratschläge (mit der nötigen Vorsicht) helfen, ein größeres Selbstvertrauen und mehr Fähigkeiten im Umgang mit Frauen aufzubauen, die generell diese Qualitäten in Männern wertschätzen, wenn sie authentisch sind.

*The Potency Principles: Transforming Sexual Energy into Spiritual Power* von Victor Gold, erzählt die Geschichte des Autors, wie er lernte, Frauen zu befriedigen, indem er sich auf sie konzentriert anstatt auf sich selbst, besonders indem man erotische Vulva- und G Punkt-Massagen gibt und Ejakulation vermeidet oder zurückhält und indem man den PC-Muskel presst. Folgt man Gold, führt dies zu körperlicher Gesundheit und erfüllenden Beziehungen ebenso wie spiritueller Transformation und Bewusstseinsentwicklung. Mr. Gold meint es sicherlich gut damit, reduziert aber Beziehungen grob auf die oberen Quadranten, indem er sich auf den Körper, Sex und seine/ihre innere Erfahrung ohne eine tiefere emotionale Verbindung konzentriert. Indem er mit einer Ersten-Person-Perspektive aus Bernstein schreibt, kann es rote Männer darin unterstützen, von ‚ficken' zu ‚Sex haben' zu kommen. Für Liebende auf den höheren Stufen sind tiefer gehende Bücher über Sexualität und Tantra, wie Margo Anands Klassiker *Tantra: oder Die Kunst der sexuellen Ekstase* oder John Maxwell Tylors *Eros Ascending* empfohlen.

## Bücher für bernsteinfarbene Paare

*Die Kunst des Liebens* von Erich Fromm (welches über sechs Millionen Exemplare weltweit verkaufte) wurde 1956 geschrieben und beginnt mit der Frage, ob Lieben eine Kunst ist, die Wissen und Bemühung erfordert, oder ob es eine angenehme Empfindung ist, die Menschen zufällig erfahren. Auf den folgenden Seiten spricht er sich für das Erstere aus, während er davon ausgeht, dass die meisten Menschen an das Letztere glauben – die also geliebt werden wollen, aber nicht wissen, wie man liebt (was heute sogar noch wahrer zu sein scheint als 1956). Er beschreibt, dass jede Meisterung der Kunst Theorie und Praxis erfordert. Folgt man Fromm, ist unser Bedürfnis nach Liebe (Rückkehr zur Einheit vs. Verschmelzung) die grundlegendste Leidenschaft des Menschen, die aus unserem Gefühl des Getrenntseins stammt und die – ohne die Vereinigung durch Liebe – die Quelle von Scham, Schuld und Angst ist. Die folgenden Seiten beschreiben Entwicklungsstufen bis zu Orange, in der „die Gegensätze der Geschlechter verschwinden und mit ihnen die erotische Liebe" und „Männer und Frauen dasselbe werden ohne entgegengesetzte Pole". Er fährt dann fort, über Abhängigkeit, Aufsteigen (Sadismus) und Absteigen (Masochismus), Agenz und Kommunion, Geben und Nehmen, Fürsorge, Verantwortlichkeit, Respekt und Erkenntnis sowie das Weibliche und das Männliche zu sprechen. Fünf Arten der Liebe (brüderlich, mütterlich, erotisch, Selbst und Gott) unterscheiden zwischen Liebe unter Gleichen, Liebe für die Hilflosen (Mitgefühl), Liebe für eine andere Person (Verschmelzung), Selbstliebe und selbstlose Liebe (Liebe ist ein aktives Streben nach Wachstum und dem Wunsch die geliebte Person glücklich zu machen), verwurzelt in der einen Fähigkeit zu lieben, und den unterschiedlichen Formen der Gottesliebe.[488] Dem einen Kapitel über wahre Liebe und ihr Zerfall in der gegenwärtigen westlichen Gesellschaft folgt ein Überblick über die Praxis der Liebe, die, folgt man Fromm, Qualitäten wie Disziplin, Präsenz, Geduld, Vertrauen, Demut, Sorge um andere, anderen zuhören, Empfindsamkeit, den eigenen Narzissmus überkommen, Vernunft, Mut und Fairness erfordert.

Indem er im Wesentlichen die Perspektive der unteren Quadranten einnimmt, kritisiert Fromm die Weltsichten des skrupellosen kapitalistischen Orange und das narzisstische New Age Grün und prangert den Verlust von bernsteinfarbenen Werten in Beziehungen und der westlichen Gesellschaft an sich an. Die meisten seiner Beobachtungen in diesem visionären Buch gelten jedoch bis zum heutigen Tag und bieten die Grundlage für viele moderne Beziehungsbücher. Es bietet eine große Grundlage für Singles und Paare, die eine integrale Perspektive auf Liebesbeziehungen einnehmen wollen. Ich kann dieses Buch nur sehr empfehlen.

*The Exceptional Seven Percent: The Nine Secrets of the Worlds Happiest Couples* von Gregory K. Popcak beschäftigt sich mit den zwei unteren Quadranten auf eine ganz außergewöhnliche Weise. Basierend auf Maslows Bedürfnishierarchie unterscheidet er fünf große Kategorien der Ehe, die ganz vage den Bewusstseinsstufen von Magenta zu Grün ähneln. Er nennt sie 1) tote Ehen, 2) schiffbrüchige Ehen, 3) Bilderbuchehen, 4) Partnerschaftsehen und 5) spirituelle Ehen. Die Letztere zeigt außerordentliche Qualitäten in neun Bereichen: Geteilte Vision, Treue (nicht nur sexuell), Liebe, Dienst, Rapport, Verhandlung, Dankbarkeit, Freude und Sexualität. Durch Arbeitsblätter und

Fragen können Paare das erzeugen, was er einen ‚Ehe-Imperativ' nennt (ein gemeinsames Ziel), und die Stufe ihrer Ehe für jeden der neun wichtigen Bereiche bestimmen. Was dann folgt, sind Kapitel, um die Partnerschaftsfähigkeiten zu schärfen, die er als wesentlich erachtet für die Zukunftsfähigkeit einer außergewöhnlichen Ehe. Da Maslows Bedürfnispyramide eine horizontale Übersetzung für jede Stufe der vertikalen Bewusstseinsentwicklung repräsentiert (man kann auf jeder Stufe selbst-verwirklicht sein), kann Popcaks Buch Menschen auf jeder Entwicklungsstufe dienen, einschließlich Partnerschaften zweiten Ranges. Sehr zu empfehlen.

*Die 7 Geheimnisse der glücklichen Ehe* von John Gottmann und Nan Silver, ist ein Klassiker für Paare und Therapeuten geworden. Dieses bernsteinfarbene Buch beginnt mit einem starken Argument für die Vorteile von traditionellen Ehen und den Nachteilen, die mit einer Scheidung einhergehen. Nachdem Gottman 49 Paare für jeweils ein Wochenende in einer Apartment-ähnlichen Umgebung beobachtet hatte, war er mit 91%er Genauigkeit fähig vorherzusagen, ob sich seine Klienten bald scheiden lassen oder zusammenbleiben würden, nachdem er sie nur für 5 Minuten beobachtet hatte. Er fand heraus, dass glückliche Ehen nicht von guten Kommunikationsfähigkeiten, effektiven Konfliktlösungen oder gemeinsamen Interessen abhängen, sondern vielmehr nach Intimität und Freundschaft streben (gemeinsame Lebensführung, Persönlichkeit und Werte), was auf 7 Prinzipien beruht: 1) Verbesser deine Liebeskarten – wisse um das alltägliche Leben, Prioritäten, Interessen, Verlangen, Träume, Ziele (etc.) deines Partners, 2) pflege deine Zuneigung und Bewunderung – erinnere dich und wertschätze die positiven Qualitäten deines Partners, 3) wendet euch einander zu anstatt voneinander weg – fülle das emotionale Konto durch aktives Zuhören, Empathie, Zuneigung und Wertschätzung, 4) lass dich von deinem Partner beeinflussen – Ehemänner sollten auf ihre Frauen hören, nachgeben und Macht und den Entscheidungsprozess teilen, 5) löse deine lösbaren Probleme – kommuniziere, sei tolerant und gehe Kompromisse ein – und akzeptiere unlösbare Probleme, 6) vermeide Stillstand – akzeptiere und unterstütze die individuellen Ziele und Träume deines Partners, und 7) erzeuge eine gemeinsame Bedeutung – durch ähnliche spirituelle Werte und Lebenszwecke.

Die allgemeine Botschaft dieses Buches, das sich auf die unteren Quadranten konzentriert, ist, dass Ehemänner ihre Ehe zum Funktionieren bringen, wenn sie weniger dominant und statt dessen verständnisvoller, unterstützender, emotional erreichbarer sind sowie Kompromisse bereit sind zu schließen. Dies ist gewiss ein guter Rat für konventionelle Paare, werden jedoch die meisten modernen und postmodernen Ehefrauen nicht davon abhalten, ihre Beziehungen zu verlassen.

*Frauen sind Männersache* von Shaunti und Jeff Feldhahn ist das perfekte kleine Buch für konventionelle Männer, die noch NIEMALS etwas über Geschlechterunterschiede gelesen oder gehört haben. Aus einer bernsteinfarbenen christlichen Perspektive geschrieben, schlägt es vor, dass „Ehemänner ihre Frauen lieben sollen, so wie Jesus uns liebt – was bedeutet, zu lieben, zu dienen und willens zu sein, alles für sie zu opfern". In sieben kurzen und prägnanten Kapiteln erklären die Autoren, 1) dass sogar nach der Heirat der Mann seiner Frau andauernd versichern muss, dass er sie liebt und dass er sie kontinuierlich umwerben soll, 2) wie ihre schmerzhaften Emotionen aus der Vergangenheit und nichtlineares Denken sie daran hindern, rational zu sein, und dass es nicht seine Schuld ist, wenn sie leidet, 3) dass 70% der (Bernstein-) Frauen emotionale der finanziellen Sicherheit vorziehen und es lieber haben würden, wenn ihre Ehemänner weniger Arbeiten/weniger Geld verdienen würden und dafür mehr Zeit mit ihnen verbringen würden, 4) dass ihre Gefühle über ein Problem wichtiger sind als das Problem selbst, und dass ein Mann nicht versuchen sollte, Lösungen anzubieten, sondern ihr einfach zuhören und Empathie zeigen sollte (es sei denn es ist ein technisches und kein emotionales Problem, wie ein platter Reifen), 5) dass Frauen weniger häufig Sex wollen als Männer und auch mehr Aufwärmzeit benötigen, 6) dass sie andauernde Bestätigung braucht, dass sie die schönste Frau für ihn ist und 7) dass solche Frauen ihre Ehemänner als Helden betrachten, die sie glücklich machen, selbst wenn sie ihm das nicht sagen. Wenn keiner dieser allgemeinen Ratschläge für dich was Neues ist, oder wenn deine orangene Partnerin komplexer und fordernder ist, dann kannst du dein Geld/Zeit für fortschrittlichere Beziehungsbücher sparen.

*Männer sind Frauensache* von Shaunti und Jeff Feldhahn ist das Gegenstück zu dem Buch oben, richtet sich aber an Frauen. Das Buch legt nahe, dass Männer 1) lieber alleine und ungeliebt sein würden, als sich nicht respektiert oder inadäquat zu fühlen, was bei ihnen zu Wut und Rückzug führt, 2) Blender sind, die ihre tiefe Unsicherheit hinter einer selbstsicheren Maske verbergen, 3) sich verpflichtet fühlen, der Versorger zu sein, selbst wenn die Frauen genug Einkommen haben, um sie beide zu unterstützen, 4) sich durch Sex mit ihrer Frau bestätigt fühlen, 5) es mögen, sich aufreizende Frauen anzuschauen – selbst wenn sie verheiratet sind, 6) ebenso wie Frauen eine Romanze wollen, doch sich manchmal nicht sicher sind, wie die Frau umworben werden will, 7) wollen, dass ihre Partnerin fit und gesund bleibt, und 8) wollen, dass sie weiß, wie sehr sie sie lieben. Dieses kleine Buch, das auch den unteren rechten Quadranten fokussiert, kann man gut einer konventionellen Partnerin geben, wenn du willst, dass sie über dessen Ratschläge informiert ist und ihnen folgt, und du nicht weißt, wie du es ihr anders sagen kannst.

*Mars und Venus - die Liebe siegt!* von John Gray ist das jüngste der berühmten Mars und Venus Bücher, die sich auf Geschlechterunterschiede im unteren rechten Quadranten von konventionellen und modernen Singles und Paaren konzentrieren. Es basiert auf neuen wissenschaftlichen Erkenntnissen über die Unterschiede im Hormonhaushalt und im Gehirn von Männern und Frauen, welche zu unterschiedlichen Ursachen und Bewältigungsmethoden von Stress führen. Wie üblich beginnt das Buch mit einer Liste von typischen Beschwerden von Männern und Frauen über das jeweils andere Geschlecht, die auf den evolutionären Unterschieden (Männer sind fokussierte Jäger, Frauen sind multitaskfähige Sammler und Pflegerinnen) und den sich verändernden Geschlechterrollen der vergangenen 40 Jahren beruhen (moderne Frauen, die arbeiten, erwarten, dass Männer mehr wie Ehefrauen sind, während Männer erwarten, dass sie mehr wie fürsorgende Mütter sind). Dem folgt eine ‚er sagt/sie sagt' Tabelle. Folgt man Gray, liegt der erste Schritt, diese Probleme zu lösen, darin, dass Frauen realistischer werden und danach fragen, was sie brauchen, und dass sie Männer für das wertschätzen, was sie beitragen. Männer demgegenüber sollten empfindsamer gegenüber den Bedürfnissen der Frauen sein, anstatt grüne, empfindsame New Age Typen zu sein. Als nächstes spricht Gray an, warum viele erfolgreiche orangene (und darüber) Frauen ihre Partner verlassen und eher Singles bleiben als in einer Liebesbeziehung zu sein, bevor er unterschiedliche Verhaltensweisen (z.B. Frauen reden mehr) mit fragwürdigen Unterschieden in den männlichen und weiblichen Gehirnstrukturen erklären.

In Kapitel 3 bis 5 taucht er in das Thema jener Hormone ein, die Stress verursachen (d.h. Adrenalin und Kortisol), und jene, die Stress abmildern (z.B. Oxytocin) und wie Frauen die Produktion des Letzteren steigern können. Kapitel sechs und neun sind den Kämpfen zwischen Mars und Venus gewidmet, beschreibt die Ursachen der Konflikte und die gewöhnlichen Fehler, die Frauen und Männer während solcher Konflikte machen, und wie man sich Zeit nimmt, um wieder runterzukommen. Für Bernstein und Orange typisch schlägt er vor, dass Männer auf die Gefühle der Frauen hören sollten, während sie ihre eigenen Gefühle mit jemand anderem als ihrer Partnerin durchkauen sollten (d.h. ein Therapeut oder Coach). Dies deshalb, weil Frauen andernfalls zu ihrer maskulinen Seite schwingen und fühlen, dass sie sich um ihn kümmern müssen, was ein ziemlicher ‚sexueller' Abtörner für sie ist. Am Schluss des Buches beobachtet Gray, dass erfolgreiche Frauen immer noch Aufmerksamkeit, Liebe und Sex bedürfen, was alles Oxytocin produziert – das Gegenmittel zu Stress – und wie man eine Romanze lebendig hält.

Wie die meisten Bücher, die Bernstein und darunter aus einer rechtsseitigen Perspektive ansprechen, erzeugt man durch *Mars und Venus - die Liebe siegt!* nicht tiefere Ebenen der Intimität, da Kindheitswunden nicht geheilt und Geschlechterunterschiede nicht transzendiert werden. Es lehrt statt dessen, wie man mit den Konflikten umgeht, und wie man auf einer oberflächigen

Ebene das bekommt, was man will, was gewöhnlich Sex und Anerkennung für Männer ist und Geld, Status und Unterstützung für Frauen.

*Schatz, wir müssen gar nicht reden!* von Patricia Love und Steven Stosny, macht eine interessante Verbindung zwischen den evolutionären Unterschieden der Geschlechter in dem oberen rechten Quadranten und den daraus resultierenden Erfahrungen im oberen linken Quadranten in Form von Angst bei Frauen und Scham bei Männern. Sie ziehen den Schluss, dass eine Verbesserung der Kommunikationsfähigkeiten nicht die darunter liegenden Konflikte anspricht, die viele Paare erfahren. Statt dessen schlagen die Autoren vor, die unterschiedlichen Ansichten und Bedürfnisse des Partners zu akzeptieren (indem man eine Zweite-Person-Perspektive einnimmt) und sich mit ihm oder ihr emotional und sexuell zu verbinden, anstatt einander zu blockieren oder zu versuchen, den Andern zu ändern. Durch Mitgefühl und Handlungen können Partner lernen, liebend zueinander hin zu handeln, ohne die Wurzel der schmerzhaften Gefühle und des dysfunktionalen Verhaltens anzusprechen. Während die Einsichten über die Angst/Scham-Dynamik für Partner auf jeder Höhe hilfreich sein können, passen die vorgeschlagenen Lösungen am besten auf Partner auf Bernstein und Orange.

## Bücher für bernsteinfarbene Singlefrauen

*Making Sense of Men: A Woman's Guide to a Lifetime of Love, Care and Attention from All Men* von Alison Armstrong ist eine überteuerte Zusammenfassung und Werbung ihrer ähnlich überteuerten (aber unterhaltsamen) *Celebrating Men, Satisfying Woman*-Wochenendworkshops, die Frauen lehren, ‚Frösche in Prinzen zu verwandeln – anstatt Prinzen in Frösche zu verwandeln'. Sie lehrt, dass das romantische Verhalten eines Mannes die direkte Reaktion auf die Mittel der Frau ist, dass Männer nicht multitaskfähige Sammler sind, sondern fokussierte Jäger, und das besonders vier Qualitäten in Frauen (glänzendes Haar, gut gebauter Körper, Sinnlichkeit und sexuelle Energie) Männer anziehen, die Sex mit ihnen haben wollen. Sobald eine Frau ihn mit ihrer Selbstsicherheit, Authentizität, Leidenschaft und Empfänglichkeit bezaubert hat, wird er sich in sie verlieben und sie glücklich machen, indem er Zeit mit ihr verbringt, sich um sie sorgt und sie beschützt. Dies ist das perfekte Buch für attraktive und ‚sex-positive' bernsteinfarbene Frauen, die noch nie etwas von Geschlechter-spezifischen Unterschieden gehört haben und die Männer manipulieren wollen, um ihre Bedürfnisse zu befriedigen.

# Bücher für orangene Paare

*Warum wir lieben* von Helen Fisher bietet eine Tiefenanalyse der chemischen Prozesse (im oberen rechten Quadranten) in unserem Körper und Gehirn, die ablaufen, wenn wir uns zu jemandem hingezogen fühlen, uns verlieben, binden und auch verlassen werden. Als Anthropologin hält sie fest, dass unser tiefes Verlangen, dass unsere primäre Fantasie erfüllt wird, durch Millionen von Jahren der Evolution fest in unserem Gehirn verankert ist. Durch Gehirn-Scans und chemische Analysen war sie fähig, die Zustände der sexuellen Lust, Verliebtheit, Romanze, Bindung und Herzschmerz mit bestimmten Hormonen und Gehirnaktivitäten in Beziehung zu setzen. Obwohl (oder gerade weil) das Buch Liebe stark auf den oberen rechten Quadranten reduziert, ist es ein perfektes, faszinierendes und alle anderen Ratgeber ergänzendes Beziehungsbuch.

*Real Love* von Greg Baer bezieht sich auf orangene (und darunter) Paare, die sich für das verpflichten, was er ‚Imitations-Liebe' nennt – die sich um Bekommen (Verlangen, was uns glücklich macht – oder auch nicht) und Beschützen (emotionale Wunden) dreht – versus ‚wirkliche Liebe' oder ‚bedingungslose Liebe'. Sein rationaler Ansatz schlägt vor, unsere Partner glücklich zu machen, indem man jedes Verhalten von ihm oder ihr schluckt, ohne irgendetwas zu erwarten, emotional zu reagieren, zu beschuldigen, zu verbessern oder zu kritisieren – es sei denn, ein Versprechen wird gebrochen. Folgt man Baer, wird man einen Partner anziehen, der uns wirklich sieht, liebt und akzeptiert, wenn wir wirklich ehrlich zu uns selbst sind, ohne dabei unsere Kindheitswunden zu beschützen. In einem interessanten Teil über Wahlmöglichkeit beschreibt er, dass wir entweder mit unserer Beziehung leben können und die Beziehung mögen, damit zurechtkommen oder sie hassen, oder wir können die Beziehung verlassen (zum Beispiel, wenn ein Partner den anderen körperlich misshandelt). Wie der Buchtitel nahelegt, spricht Baer viel über ‚die Wahrheit' und bleibt daher häufig in ‚performativen Widersprüchen' stecken, wenn er annimmt, dass Glück vom Handeln (Verhalten) anstatt vom Sein stammt und er nicht die vertikale Entwicklung oder das Innere (Unbewusstes, Heilung und Wachstum) erkennt. Wie dem aber auch sei, das Buch ist sicher sinnvoll für Menschen, die häufig wütend sind (ein Hauptthema), die leiden und anderen Leid verursachen, indem sie konstant im Widerspruch mit ihrem Leben und ihrem Partner leben.

*So viel Liebe wie Du brauchst* von Harville Hendrix, spricht unbewusste Kindheitswunden an, die entweder zu dem führen, was er ‚unbewusste Ehen' nennt (wo die Partner stets voneinander abhängig sind und die sich um Machtkämpfe drehen), oder zu einer ‚bewussten Heirat', in der das Paar lernt, zu heilen und zu wachsen. Letzteres wird möglich, indem man 1) die Ausstiegsmöglichkeiten schließt (sich selbst dem Heilen und Wachsen widmet, anstatt sich die Option des Verlassens offen zu halten), 2) eine Sicherheitszone erschafft, 3) vergnügliche Unternehmungen macht (Intimität erzeugt), 4) Wissen um sich selbst und seinen Partner durch bessere Kommunikation steigert (aktives Zuhören, spiegeln, Empathie),[489] und 5) Wut beschränkt. Sein bernsteinfarbener/orangener Ansatz bezieht sich auf alle Quadranten, indem er eine ganze Reihe von Disziplinen miteinschließt, einschließlich Verhaltenswissenschaft, Tiefenpsychologie, kognitive Therapie und Gestalttherapie. Dabei ignoriert er jedoch die vertikale Entwicklung. Aus seinen eigenen Erfahrungen mit einer gescheiterten Ehe sowie seiner Arbeit mit Tausenden von Singles und Paaren haben er und seine gegenwärtige Frau die *Imago Couples Therapy* entwickelt, die in zehn Schritten und 16 Übungen im Teil II des Buches beschrieben wird. Hendrix klassisches Buch (nicht zu verwechseln mit den Autoren Kathlyn und Gay Hendrix und den Forschern Clyde und Susan Hendrix – siehe die Bibliografie unten) ist profund und praktisch und hat viele Geschichten und Beispiele. Die Ratschläge und Übungen sind hilfreich für moderne und postmoderne Paare, die wirklich den anspruchsvollen Pfad der gegenseitigen Heilung und Wachstum innerhalb ihrer Partnerschaft beschreiten wollen, anstatt den einfachen Weg der Scheidung zu gehen.

*The New Rules of Marriage: What You Need to Know to Make Love Work* von Terrence Real, ist ein weiteres Buch, das erkennt, wie die Befreiung der modernen Frau am Ende des Zwanzigsten Jahrhunderts Männer, die eine Partnerschaft wollten, herausgefordert hat, nicht nur erfolgreiche Beschützer und Versorger, sondern auch emotional erreichbar zu sein. Das Buch bietet „eine neue Anzahl von Regeln, die Männern helfen, verantwortlicher und emotional erreichbarer zu sein, während es Frauen hilft, weniger ablehnend und effektiver zu werden." Real definiert Intimität als einen „Prozess der Verbindung [übermitteln und empfangen] anhand von fünf Bereichen der menschlichen Erfahrung: intellektuell, emotional, körperlich [sozial], sexuell und spirituell", was im Wesentlichen die vier Quadranten umfasst. Er rät Männern, einen Überblick über diese fünf Bereiche zu gewinnen und ihre Intimitäts-Fähigkeit zu üben. Kapitel zwei konzentriert sich auf die fünf *verlustbringenden Strategien*, die Intimität verhindern: 1) das Bedürfnis, Recht zu behalten, 2) den Partner kontrollieren zu wollen, 3) ungezügelten Selbst-Ausdruck, 4) Vergeltung und 5) Rückzug. Indem man lernt, die *negativen Kernbilder* der Kindheit nicht mehr auf den Partner zu projizieren, können Paare den grausamen Kreislauf der *verlustbringenden* Strategien durchbrechen, indem sie die Übertritte persönlicher Grenzen adressieren, zu denen schreien, beschimpfen, lügen oder erniedrigen, dem anderen sagen, was er tun soll, Vereinbarungen brechen und manipulieren gehört – wenn nötig durch Psychotherapie. Die Entwicklung guter Grenzen (beschützt UND verbunden bleiben) und eines gesunden Selbstvertrauens (deinen inneren Wert als menschliches Wesen) kann so zu der Grundlage für das Ausmaß der Intimität werden, dass der Leser zu erschaffen hofft. Das Versagen darin, dies zu erreichen, wird mit einer Tabelle beschrieben, (und ähnelt den vier ungesunden femininen/maskulinen Polaritäten) die die Koordinaten Großartigkeit (Aufsteigen), Scham (Absteigen), Überschreiten von Grenzen (Kommunion) und Abschottung (Agenz) hat. Die Fähigkeit, die vier Polaritäten in einer gesunden Weise auszubalancieren, führt zu den fünf *gewinnbringenden Strategien:* 1) von Beschwerden zu Anfragen kommen, 2) sich selbst mit Liebe ausdrücken, 3) mit Großzügigkeit reagieren, 4) sich gegenseitig bemächtigen, 5) ehren [was du hast], was im Detail mit Übungen dargestellt wird. *The New Rules of Marriage* funktionieren am besten für orangene Paare, die willens sind, ihre Partnerschaft zu retten und zu verbessern, indem sie lernen 1) ihre Bedürfnisse und das, was sie wollen, zu identifizieren, 2) gut zuhören und großzügig reagieren 3) Grenzen setzen und für sich selbst einstehen, 4) zu wissen, wann man zurückweichen muss, 5) zu wissen, wann man Hilfe braucht, 6) zu wissen, wann man das, was man hat, mit Dankbarkeit und Anerkennung annehmen soll, 7) sich selbst mitteilten und auf den Partner eingehen, und 8) aktiv den anderen wertschätzt, indem man emotional erreichbar wird.

*Die Psychologie sexueller Leidenschaft* von David Schnarch ist ein Klassiker dieses Genres und führt zum ersten Mal Sexualtherapie (Körper) und Paarberatung (Geist) zusammen. Er beginnt das Buch mit der Frage: „Wenn Sex eine natürliche Funktion ist, warum reagieren einige Menschen nicht sexuell oder sind nicht willens zu reagieren?" Die Antwort darauf findet er in den Missverständnissen in Bezug auf sexuelles Verhalten und emotionale Blockaden, die eine tiefere Intimität zwischen den Paaren verhindern, wofür er dauerhafte Heilung und persönliche Entwicklung vorschlägt. Folgt man Schnarch, kann diese Heilung und Entwicklung erreicht werden, indem man sich auf die Gegenwart konzentriert, ohne Kindheitswunden auszugraben. Darum dreht sich das Buch eher um Widerstandsfähigkeit als um Verletzungen, eher um Gesundheit als um alte Wunden und eher um menschliche Potenziale als um Traumas. In einem Prozess, den er ‚Differenzierung' nennt und der Individualität (Agenz) und Zusammensein (Kommunion) ausbalanciert, erkennt er die Bedeutung der selbst-begründeten emotionalen Intimität, bei der man unabhängig von der Bestätigung des Partners Gefühle und Gedanken teilt, was zu befriedigenderem Sex und einer erfüllenden Ehe führt. Am Ende von Teil I des Buches lernen wir, dass „das Gehirn/Herz unser größtes Sexorgan ist", sexuelles Verlangen erzeugt, und eine große Rolle dabei spielt, Erektionen, sexuelle Freude und Orgasmus zu erleben.

Teil II des Buches konzentriert sich auf praktische Strategien für emotionale und sexuelle Verbindung, mit Kapiteln über das Umarmen, bis man entspannt ist, küssen und Liebe machen mit offenen Augen, Orgasmus mit offenen Augen, die mentalen Dimensionen der sexuellen Erfahrung (wie etwa präsent im Körper oder mit dem Partner während des Sex zu bleiben), und schließlich „Ficken, nehmen und genommen zu werden" – einem Kapitel über ungehemmten feuchten Sex.

Teil III des Buches beschäftigt sich u.a. mit dem Dilemma der Wahl zwischen Agenz und Kommunion, bei sich selbst zu bleiben während eines Konfliktes (Selbstbeherrschung, Selbstkontrolle, sich selbst kennenlernen, sich selbst konfrontieren, Intimität, sich um sich selbst kümmern), mit Paaren in dem Schmelztiegel des Wachstums und im letzten Kapitel mit Sex, Liebe und Tod, in dem er sich auf Wilbers Buch *Eros, Kosmos, Logos* bezieht. Aus diesem Buch nimmt er die die vier Antriebe eines Holons (und ignoriert alles andere), die seinem Modell der Differenzierung ähneln und erklärt, warum Paare stets im Bewusstseinswachstum differenzieren und integrieren und so zu einer spirituellen und integralen Bewusstheit und daher integralen Beziehungen kommen

In seiner Zusammenfassung beschreibt Schnarch, dass Partner, die die gleichen Werte teilen (Ebene des Bewusstseins) ihr Verhalten ändern können, ohne ihre individuelle Identität zu verlieren. Dies erlaubt ihnen, für ihren Partner zu wollen, was er oder sie will, anstatt einander verändern zu wollen, und den eigenen Kopf durchzusetzen. Obwohl dieses umfangreiche Buch auf Beziehungen von einer linksseitigen Perspektive schaut und nur zwischen präkonventionell, konventionellen und postkonventionellen Stufen unterscheidet, ist es wohl das integralste Buch dieser Liste und spricht dabei sex-positive und stark auf Wachstum ausgerichtete Paare auf Orange und darüber an.

*Halt mich fest* von Sue Johnson ist ein Bestseller und schließt mit den Worten, dass „ein Gefühl einer sicheren [emotionalen] Verbindung zwischen romantischen Partnern der Schlüssel für eine positive liebende Beziehung ist und eine große Quelle der Stärke für die Individuen in diesen Beziehungen." Inspiriert durch die Erkenntnisse des britischen Psychiaters John Bowlby entwickelte Johnson die *Emotional Focused Therapy* (EFT), die eine einfache Botschaft hat: „Kümmere dich nicht darum, wie man besser argumentiert, analysiere nicht deine frühe Kindheit, mache keine großen romantischen Gesten. Statt dessen erkenne, dass du an deinen Partner emotional gebunden bist und von ihm abhängst, und zwar in derselben Weise, in der ein Kind von seinen Eltern in Bezug auf Ernährung, Beruhigung und Schutz abhängt". Ihre Therapie – die eine 70-75%ige Erfolgsrate haben soll – basiert auf drei Komponenten, die emotionale Verbindungen bestärken: 1) Erreichbarkeit:

Kann ich dich erreichen? 2) Empfänglichkeit: Kann ich mich auf dich verlassen, dass du auf mich emotional reagierst? 3) Bindung: Weiß ich, dass du mich wertschätzen wirst und bei mir bleibst? Diese Komponenten werden in den ‚sieben transformativen Konversationen' ausgedrückt und heißen 1) die dämonischen Dialoge erkennen, 2) die schwierigen Punkte finden, 3) einen schwierigen Moment aufarbeiten, 4) halte mich fest, 5) Verletzungen vergeben, 6) Binden durch Sex und Berührung, 7) deine Liebe lebendig halten. Der Prozess ist ähnlich der gewaltfreien Kommunikation, die darin besteht, mit Gefühlen verantwortlich umzugehen und zu teilen, und den Partner zu fragen, emotionalen Bedürfnissen entgegenzukommen, um eine Verbindung herzustellen. Anders als *Die Psychologie sexueller Leidenschaft* und *Schatz, wir müssen gar nicht reden!* argumentiert *Halt mich fest* für eine undifferenzierte Abhängigkeit (Kommunion), die wechselseitige Arbeit erfordert. Aus einer weiblichen Perspektive und einem Bedürfnis nach emotionaler Sicherheit (und der Furcht davor, dass diese verloren geht) geschrieben, behauptet *Halt mich fest*, dass „eine gesunde Abhängigkeit die Essenz von romantischer Liebe ist", und dass Männer lernen müssen, dass „sich emotional zu verbinden und zu kuscheln ganz wichtig für eine gesunde Liebesbeziehung ist." Es ist daher bestens für orangene Paare geeignet, die sich zu Grün entwickeln und ihre Ehe retten wollen, sowie für Frauen, die eine Partnerschaft mit emotional bedürftigen grünen Männern haben. Menschen im zweiten Rang werden höchstwahrscheinlich den Bindungs- und bedürfnisfixierten Ansatz unausgeglichen und unproduktiv für ihre Heilung und Wachstum finden, während es auch unwahrscheinlich ist, dass Bernstein und darunter fähig sein wird, die erforderliche ‚innere' emotionale Arbeit zu vollbringen.

## Bücher für orangene Single-Frauen

*Is He Mr. Right?* von Mira Kirshenbaum ist das typische Buch für attraktive und wohlhabende orangene Single-Frauen, die den schwer aufzufindenden, gut aussehenden, erfolgreichen und unterhaltsamen heißen Mann treffen wollen, durch den sie sich sicher fühlen können, da er seine negativen Emotionen (Wut) kontrolliert und sich ausschließlich an sie bindet, um ihr seine Zeit und Geld zu widmen.

Wie wir wissen, besteht in unserer modernen Gesellschaft eine große Diskrepanz zwischen den vielen attraktiven und erfolgreichen orangenen Frauen, die nach solchen Männern Ausschau halten, und den wenig verfügbaren Junggesellen, die gleichermaßen die ‚heiß' und ‚sicher' Kategorien erfüllen. Da es keinen Mangel von sogenannten Blindgängern gibt (Verlierer-Typen), die um attraktive orangene Frauen wetteifern, konzentriert sich dieses Buch darauf, jene Männer so schnell wie möglich loszuwerden, die nicht den beiden Kategorien entsprechen. Folgt man Kirshenbaum, ist das Kriterium für Mr. Right NICHT die Passung, sondern wie er sich in fünf Dimensionen anfühlt, nämlich 1) angenehm und nah, 2) sicher, 3) Spaß, in seiner Umgebung zu sein, 4) sexuell attraktiv, 5) respektabel, weil er klug, machtvoll und erfolgreich ist – sowie respektvoll in Bezug auf ihre Ambitionen und Errungenschaften. Wenn sich irgendeine dieser Dimensionen nicht 100% richtig anfühlt, dann soll man den Versager verlassen und weitersuchen – andernfalls ist er ein Guter und alles wird sich von selbst klären. Wenn diese Strategie nicht für Frauen funktioniert, so kann es deshalb sein, weil sie für eine Partnerschaft wegen ungeklärter Probleme aus früheren Beziehungen noch nicht bereit ist, sich nicht genug selbst liebt, unfähig ist, sich mit einer emotionalen Last und finanziellen Belastungen auseinanderzusetzen, oder wegen ihrer Unsicherheit und/oder negativen Druck durch ihre Familie oder Freunde.

Der letzte Teil des Buches konzentriert sich auf die ‚Stufen' (Zustände) von Beziehungen und was man tun soll: 1) bei der ersten Verabredung fragen, wie er seine Zeit verbringt, was er über Frauen denkt, ob er seinen Job mag, ob er Mitbewohner hat, wie seine vorherige Beziehung endete, wie verfügbar er ist, wie auch jede andere Frage, die ihr wichtig ist, 2) sich nicht zu verlieben, bevor es nicht klar ist, dass die Chemie stimmt und dass er heiß UND sicher ist – ansonsten verlasse den Blindgänger, 3) gehe keine Bindung während der Verliebtheitsphase ein, 4) mache nur Sex, wenn es sich für sie richtig anfühlt; nicht ‚Geilheit' mit Liebe verwechseln, und guten Sex als einen wichtigen Mikrokosmos der Beziehung begreifen, 5) nicht zu versuchen, an der Beziehung zu arbeiten, nachdem sich die Dinge nach der sechsmonatigen Verliebtheitsphase verschlechtern und daher am besten den Typen verlassen, 6) nicht mit ihm zu verhandeln, sobald sie bereit ist, ihn zu verlassen, 6) wie man ihn auf die Knie zwingt, damit er um ihre Hand anhält und wie man ihn zum Altar bekommt, und schließlich 8) wie man Lebewohl zu ‚Mr. Maybe' sagt. Dieses Buchgenre (von denen es so viele Bücher gibt – z.B. Barbara de Angelis *Are You the One for Me*, Dr. Phil McGraws *Love Smart: Find the One You Want* oder das Buch von Dale Koppel unten) funktioniert gut für sehr attraktive Karrierefrauen, die positiv auf Beziehungen und Sex eingestellt sind. Sie sind auch ein guter Lesestoff für ‚Verlierermänner', die dauernd von attraktiven Frauen abgelehnt werden und nicht verstehen, warum.

*The Intelligent Woman's Guide to Online Dating* von Dale Koppel ist ein inspirierendes Buch für orangene Karrierefrauen und Männer, die einen wohlhabenden ‚Fick-Partner' oder ‚Freund mit gewissen Vorzügen' suchen. Es bietet sehr nützliche Tipps für einen rationalen und effizienten Ansatz (der rechten Quadranten) für Internetdating. Seine zentrale Botschaft ist: Sitz nicht herum und trauere der Trennung hinterher, dafür ist das Leben zu kurz (die Autorin hat ihr eigenes Profil zwölf Tage, nachdem ihr Mann sie nach 25

Jahren Ehe verlassen hat, hochgeladen). Komm in Form, mache Verabredungen zu deinem zweiten Job, nimm großartige Bilder von dir auf, schreibe eine Liste, was du willst, verfasse ein geistreiches Profil (denke mal darüber nach, in Bezug auf dein Alter, deinen Ehe-Status, Trinkgewohnheiten zu lügen) spanne ein weites Netz, kontaktiere alle Männer, die auch irgendwie interessant erscheinen, sortiere schnell die Verlierer aus (ihr Lieblingswort ist „Nächster!"), lerne aus deinen Fehlern, triff dich so schnell wie möglich für ein kurzes Interview, Spiele das Zahlenspiel so effektiv wie möglich und halte dir die Möglichkeiten offen. Das Buch ist gut geschrieben, enthält viele pragmatische Tipps zum Internetdating, ist kurz, kommt schnell zum Punkt und hat einige kleine lustige Geschichten. Es ist gut für stark angetriebene orangene Frauen und Männer und dient auch Männern, die Frauen identifizieren wollen, bevor sie sich verabreden, ihre Zeit verschwenden und gedemütigt werden.

## Bücher für orangene Singlefrauen und Männer

*Relationship Roulette: Improve Your Odds at Lasting Love* von Carol Diamond erklärt ‚ungesunde' Partnerwahl durch unbewusste Kindheitserinnerungen, die einen Mangel an Liebe erzeugt haben und durch die später Erwachsene einen Partner anziehen, der über eine entsprechende Pathologie verfügt. Einmal verfallen kämpfen diese Paare damit, eine gesunde Nähe zu entwickeln (balancieren Agenz und Kommunion aus). Das Buch bietet auch eine Liste von frühen Hinweisen auf emotional nicht erreichbare Individuen, die sich nicht binden wollen. Um ‚den Schaden rückgängig zu machen', werden die Singles gefragt, ob sie wirklich bereit sind, die Heilungsarbeit zu machen und den nötigen Platz in ihrem Leben zu schaffen, um ihre Ambivalenz in Bezug auf eine gesunde Partnerschaft zu überkommen. Wenn die Antwort ja ist, dann bietet Kapitel vier einige Dating-Tipps, bevor die Autorin sich mit der Definition des Wortes ‚Liebe' in einem historischen Kontext in Kapitel 5 beschäftigt und dabei die griechischen Vorstellungen von Eros, Agape, Philia und Storge[490] ebenso wie die Ansichten von Freud, Jung und Adler über Liebe verarbeitet. Die folgenden Kapitel konzentrieren sich auf Partner, die ungeeignet füreinander sind und bietet Beispiele von verschiedenen (dysfunktionalen) Beziehungen und Lebensarrangements. Kapitel 9 umfasst Kommunikationsprobleme zwischen den Geschlechtern, gefolgt von einigen grundlegenden Ratschlägen, wie man sie überwindet (reflektierendes Zuhören, bewerten, Ehrlichkeit, antworten, anstatt zu reagieren, Respekt zeigen, Projektionen vermeiden, ‚Ich'-Aussagen machen, Verhandlung und Kompromiss, und schließlich nonverbale Verhaltensweisen). Das letzte Kapitel erstellt einen Handlungsplan mit Beispielen, um 1) deine Beziehungsmuster zu erkennen, 2) die Veränderungen zu erkennen, die du machen willst, 3) deine Ziele zu stecken, 4) einen Handlungsplan zu erstellen, und 5) deinen Plan umzusetzen. Dieses kurze und gut zu lesende Buch konzentriert sich auf die unbewusste Konditionierung in den inneren Quadranten und bietet viele Geschichten von dysfunktionalen Paaren, um diesen Ansatz des linken Quadranten, Liebe zu finden, zu illustrieren.

## Ein Buch für orangene Single-Männer

*Stumbling Naked In the Dark: Overcoming Mistakes that Men Make with Women* von Bradley Fenton ist ein kurzes Buch, das Männern sexuellen Erfolg verspricht, wenn sie lernen, selbstsicherer zu werden und aus den feindlichen spielartigen Mustern ausbrechen, die häufig erzeugt werden, wenn sie Frauen in einer aggressiven, drängenden Weisen ansprechen. Anstatt egoistische rote Verführungstechniken (siehe oben) zu nutzen, schlägt Fenton vor, alte Verhaltensmuster von Männern (die alles tun, um Sex zu bekommen) und Frauen (die sich davor beschützen, verletzt zu werden) abzulegen, indem man das Gewinnen/Verlieren-Spiel ersetzt durch einen bejahenden, direkten und ehrlichen Ansatz. Indem man die evolutionären Bedingungen von Frauen erkennt, die u.a. darin bestehen, erfolgreiche Fürsorger als Partner zu wählen, lehrt es die Männer, durch die Hinweise der Frauen die Führung zu übernehmen. Das erste Konzept besteht darin, eine indifferente ‚Ich kann es nehmen oder lassen' Haltung anzunehmen, also einen Mittelweg zwischen ‚ein Arsch zu sein, der sich keinen Deut um sie kümmert' und ‚einem Mann, der unsicher und verzweifelt bedürftig ist' einzuschlagen. Das zweite Konzept besteht darin, Vertrauen aufzubauen, indem man es ihr durch besondere Gesprächstechniken ermöglicht, die sich auf ihre Bedürfnisse anstatt ihre sexuellen Wünsche konzentrieren, und indem man NLP Techniken anwendet, wie etwa ihre Körpersprache und ihren Kommunikationsstil zu spiegeln. Das dritte Konzept besteht darin, eine Konversation mit einer ‚Nein'-Übereinstimmung zu beginnen, was es dir leicht macht, ihre Ablehnung zu akzeptieren und sie dazu bringt, häufiger ja zu sagen, indem man ihr die Kontrolle über ihre Entscheidungen ermöglicht. Das vierte Konzept schlägt vor, wie man gute Fragen stellt und aktiv zuhört. Konzept fünf rät, sie am Ende der ersten Verabredung zu fragen, wie sehr sie an dir interessiert ist – von 1 (ist nicht interessiert) bis 10 (sehr interessiert und will dich wiedersehen). Liegt die Antwort zwischen 7 und 9, so schlägt er vor, sie zu fragen, was es erfordert, zu einer 10 zu kommen, und damit anzunehmen, dass sie für körperlichen Kontakt wie etwa küssen bereit ist – was zu Sex führen kann, wenn du dein Verlangen ausdrückst UND ihre Geschwindigkeit respektierst. Das letzte Konzept spricht die Überwindung von Hindernissen auf dem Wege zum Erfolg an wie etwa Furcht, Frauen anzusprechen und eine natürliche Unterhaltung zu beginnen, negative Selbstbilder, das Bedürfnis nach Anerkennung und sexuelle Bedürftigkeit. Dies ist ein nützlicher kleiner Ratgeber für Männer, die grundlegende Ratschläge brauchen, erfolgreicher mit orangenen Frauen zu sein, indem man Techniken anwendet, die sich auf die unteren Quadranten bezieht.

## Bücher für grüne Singles und Paare

*Lerne lieben, lebe glücklich* von Deepak Chopra, untersucht das Thema Liebe aus einer linksseitigen, grünen Perspektive, mit der Grundannahme, dass wir Liebe SIND und dass wir liebenswert sind, als das, was wir sind. Chopra argumentiert – wie so viele andere spirituelle Lehrer – dass unsere Fähigkeit zur menschlichen Liebe eine direkte Reflexion der Tiefe und Verwirklichung unserer psychologischen Gesundheit, spiritueller Verwirklichung sowie das Maß unserer Ego-Transzendenz ist – die drei Bereiche, die uns darin unterstützen, Hindernisse der Liebe wie Angst, Furcht, Egoismus, Unsicherheit und Misstrauen zu überwinden. Sein Buch ist eine wunderbare Ergänzung zu diesem eher technischen integralen Beziehungsratgeber, da es die idealistischen und spirituellen Dimensionen mit emotionaler Tiefe, Einsicht und vielen herzerwärmenden Geschichten anspricht, etwa wenn er sagt, dass „ein Mann und eine Frau die göttliche Liebe in ihrer Liebe zueinander reflektieren können." Er beschreibt einen Pfad, der Geist und romantische Liebe, die psychosomatischen Stressfaktoren der Abwesenheit von Liebe, die vier Zustände der Liebe (Anziehung, Verliebtsein, Werbungsverhalten und Intimität), positives Denken, realistische Erwartungen, Projektionen vermeiden, Gleichheit, Hingabe, die Intimität ermöglichen, Nicht-Bindung, Zulassen, Leidenschaft (für das Leben) und Inspiration/Ekstase kultivieren vereint

Wie immer, wenn man gewisse Quadranten und vertikal Ebenen ignoriert, bekommen wir eine begrenzte Sicht, und dieses Buch ist keine Ausnahme, da es die Perspektiven der rechten Quadranten und die Weltsichten von Orange und darunter ignoriert oder runterspielt (obwohl er die niederen und höheren Ebenen der sieben Chakras erwähnt). Es ist trotzdem ein wundervoller Ratgeber für Liebende in Grün und darüber, die Partnerschaft vor allem als einen spirituellen Pfad betrachten.

*Undefended Love* von Jett Psaris und Marlena Lyons, wird wohl das radikalste Buch sein, welches den oberen rechten Quadranten aus einer grünen Perspektive heraus betrachtet. Dieses Buch ist für fest liierte Paare bestimmt und wurde durch die Arbeit von A. H. Almaas und anderen spirituellen Psychologen inspiriert. Der Fokus liegt dabei darauf, das grundlegende Selbst zu entdecken, indem man alle emotionalen Verteidigungen transzendiert, die bedingungslose Liebe verhindern. Indem die Autoren davon ausgehen, dass unsere wesentliche Kapazität, zu lieben, in uns liegt und nicht von einem liebenden, passenden oder perfekten Partner abhängt, beschreiben sie verschiedene falsche Selbstbilder und Verteidigungstechniken, die wir entwickelt haben, um das Wiedererleben von psychologischen Wunden zu vermeiden, die uns während der Kindheit zugefügt wurden. Dieses Buch bietet viele nützliche praktische Übungen, die den Leser unterstützen, die Verantwortung für seine emotionalen Reaktionen auf die Wirklichkeit des Partners zu übernehmen und um effektiv alte Schmerzen zu entdecken, freizulegen und zu heilen. Dies ermöglicht eine sich steigernde gesunde Nähe (Intimität), die das Buch deutlich von ungesunder gegenseitiger Abhängigkeit unterscheidet. Indem man lernt, auf die Wirklichkeit des Partners zu reagieren und sich von Bedürfnissen (und Bedürftigkeit) zu ‚keine Vorlieben' entwickelt, können wir Partnerschaften gemeinsam erzeugen, die keine Vereinbarungen oder gewisse angenehme Verhaltensweisen von unserem Partner erfordern.

Die Prämisse dieses Buches ist recht herausfordernd, besonders für Frauen, da sein Ansatz Aufsteigend ist (präsent zu sein) sowie gesundes Absteigen (Hingabe) in einer Partnerschaft erfordert. Da es alle anderen Quadranten ignoriert und Paare statt Singles anspricht, spricht es viele grüne Frauen nicht an, die aus den Gründen, die in diesem Buch aufgezeigt sind, Partnerschaften vermeiden. *Undefendet Love* ist ein perfekter Ratgeber, um Paare im zweiten Rang dabei zu unterstützen ihre verbleibenden psychologischen Wunden zu heilen.

*Reif werden füreinander* von David Richo beginnt mit der Prämisse, dass „alle Liebe der Welt uns nicht glücklich machen oder unsere Beziehung zum Funktionieren bringen wird. Dies erfordert Fähigkeiten (und Übung), und diese Fähigkeit ist durchaus erlernbar." Folgt man Richo, so fühlen sich die meisten Menschen geliebt, wenn sie die folgenden Dinge bekommen: 1) Aufmerksamkeit, 2) Akzeptanz, 3) Anerkennung, 4) Zuneigung und 5) ihnen wird die Freiheit gegeben, in Übereinstimmung mit ihren tiefsten Bedürfnissen und Wünschen zu leben. Die Fähigkeit, diese fünf Elemente bedingungslos einem Partner schenken zu können – und auch der Welt – erfordert, sich durch Kindheits- und persönliche Fragen durchzuarbeiten sowie der Übung von mitfühlender Aufmerksamkeit und Ego-Transzendenz, da Beziehungen auf diese Art und Weise in einen Pfad psychologischer Heilung und spirituellen Wachstums transformiert werden. Das Buch bespricht jedes dieser 5 Elemente und wie man sie auf Kindheitswunden, Beziehungen und spirituelle Reifung anwendet – mit dem Ziel, dass der Leser seine Liebesfähigkeit steigert und die Welt davon profitiert. Nach den obligatorischen Kapiteln über die Heilung psychologischer Wunden in Teil 1 des Buches, bietet Teil 2

Empfehlungen 1) wie man einen Partner wählt, der einer Liste von Kriterien entspricht,[491] 2) wie man ‚volle Aufdeckung' über positive und negative Charaktereigenschaften bietet, 3) wie man sich voller Liebe entwickelt (anstatt in abhängig machende Verhaltensweisen zu verfallen) in der Liebesaffäre, mit einer hilfreichen Liste, um den Unterschied zwischen den beiden zu erkennen, 4) wie man sich mit Konflikten auseinandersetzt (wenn nötig mithilfe eines Therapeuten), 5) in Bezug auf introvertierte und extrovertierte Typen und 6) gesunder Konflikt vs. stressreiches Drama, 7) Bedürftigkeit vs. Bedürfnisse, 8) Furcht vor dem Verlassenwerden und vor dem Verschlungenwerden, 9) Eifersucht, 10) Untreue, 11) das Ego loslassen und schließlich 12) wie man eine Beziehung beendet – mit einer Liste, die dabei helfen kann, diese häufig schwierige Entscheidung zu fällen. Teil 3 des Buches ist den spirituellen Potenzialen von Partnerschaften zwischen Seelenpartnern gewidmet, die sich gegenseitig in ihrer Heilung und Wachstum unterstützen.

Wie viele andere Autoren, die Singles und Paare auf der grünen Stufe ansprechen, rät Richo, die vier Antriebe in den inneren Quadranten durch psychologische Heilung und spirituelle Praxis auszubalancieren, was den Sprung ins zweite Rang-Bewusstsein möglich macht, wo gesunde Partnerschaften zwischen Gleichen und Gegensätzen eine Realität werden. Im Gegensatz zu vielen anderen hat er das Talent spirituelle und therapeutische Aspekte mit pragmatischen Aspekten zu verbinden, wie man einen Partner wählt und eine Beziehung zum Funktionieren bringt.

*Durch Liebe reifen* von John Welwood, präsentiert einen ‚psycho-spirituellen' Ansatz für Beziehungen, der sich im Wesentlichen auf die oberen linken Quadranten bezieht. Er glaubt, dass wir einander nur so tief kennen können (und gekannt werden können), wie wir uns selbst kennen. Um eine heilige Beziehung zu erschaffen, die über bernsteinfarbene Pflicht und orangenes Vergnügen hinausgeht, bedarf es einer tieferen Verbindung mit unserer wahren essenziellen Natur – sowohl psychologisch wie auch spirituell. In diesem Lichte wird Liebe zu einem Weg des Erwachens – uns wachrufend aus dem Schlaf alter, unbewusster Muster in die Unmittelbarkeit, präsenter zu leben, in Übereinstimmung damit, wer wir wirklich sind. Indem er Liebe als ‚vollkommen präsent sein' im Moment definiert, ohne Haben oder Tun, bemerkt er, dass die meisten Paare nicht wirklich beieinander sind. Was sie voneinander trennt, sind äußere Zwänge des Lebens und innere Hindernisse wie etwa alte Vorstellungen, emotionale Reaktionen, Ängste und Muster von Leugnung und Vermeidung. Indem man diese Hindernisse konfrontiert, kann man wieder Mitgefühl entwickeln, was das Gegenmittel des menschlichen Leids ist. Folgt man Welwood, darf man keine Zeit verschwenden, denn nur durch zwei Personen kann die Erneuerung unserer Welt beginnen. Die Kapitel, die daraufhin folgen, beschreiben, wie Menschen ein falsches Selbst beziehungsweise eine unbewusste Identität (Ego) während der Kindheit erzeugen, welche beginnt sich zu verteidigen, wenn ein Liebespartner uns zu den Gefängnismauern unserer eigenen Persönlichkeitsstruktur führt. In Kapitel vier unterscheidet Welwood zwischen einer universellen Liebe, die wir vielen Menschen entgegenbringen können, und der einzigartigen Verbindung, die Seelenpartner (die er würdige Gegner nennt) als die ‚Öffnung zu einer weiteren Dimension' erfahren – sich einander sehen und lieben als das, was sie werden können durch den Einfluss des jeweils anderen.' Wie man den inneren Feind überwindet, der all zu häufig nach außen auf unseren Partner projiziert wird, ist das Thema von Kapitel 5, welches er mit einem Zitat von Hermann Hesse beginnt: „Wenn wir einen Menschen hassen, so hassen wir in seinem Bilde etwas, was in uns selber sitzt. Was nicht in uns selber ist, das regt uns nicht auf." Da Seelenpartner das Beste und das Schlechteste in sich selbst und im anderen hervorbringen können, so können sie ihre Partnerschaft für Transformation nutzen, sobald sie erkennen, dass ihre Konflikte in einer ‚vierfachen Wahrheit' wurzeln, nämlich im objektiven Verhalten eines jeden Partners und den verzerrten emotionalen Reaktionen davon. Indem man mit dem Chaos des Konfliktes arbeitet und Licht ins Dunkle bringt, wird dies zu einer neuen Geburt des Bewusstseins führen. Kapitel 10 beschreibt die innere Heirat des femininen *Yin* und des maskulinen *Yang*, die Ausbalancierung von Agenz, Kommunion, Aufsteigen und Absteigen.[492] Das nächste Kapitel ist Männern in Beziehungen gewidmet, denn „trotz ihrer Kompetenz in weltlichen Angelegenheiten sind sie immer noch Primitive in ihren Beziehungen mit Frauen – denn sich wirklich mit einer Frau auseinanderzusetzen bedeutet, die unerforschten Tiefen ihres eigenen inneren Lebens zu erforschen". „Dies ist die neue Grenze für Männer heute." In der ‚Dialektik der männlichen (Animus-) Entwicklung', verlangt Welwood nach „einer anderen Art von Heldentum", welches die Furcht der Männer vor Frauen überkommt, damit sie ihnen mit „offenem Herzen und Verstand" entgegentreten können, dass sie zudem empfänglich für das bleiben, was die Frauen ihnen lehren können." In den letzten zwei Kapiteln erinnert uns Welwood, dass die tiefere Bedeutung der Liebe nicht darin besteht, unsere Bedürfnisse anhand von einem Objekt unserer Begierde zu befriedigen, sondern ein Ersehnen der heiligen Präsenz ist.. Intime Beziehungen sind daher die äußere Reflexion dieser heiligen Liebesbeziehung, und ‚gebrochene Herzen' sind tatsächlich ‚aufgebrochene Herzen', die sich dieser tieferen Realität geöffnet haben. Wie die meisten anderen grünen Bücher ignoriert auch dieses die rechtsseitigen Quadranten, ist aber ein wunderbares Buch für grüne (und darüber) Paare, die die heilige Dimension ihrer Beziehung erforschen und vertiefen wollen.

*Aus der Weisheit des Herzens leben* von Joyce und Barry Vissell, ist das jüngste Buch dieses Paares, welches ihren Reden Taten auch folgen lässt, seit sie sich 1964 trafen, 1968 geheiratet haben und seit 1972 Beziehungsseminare gehalten haben. Viele persönliche Geschichten von ihrer eigenen Reise, von Workshop-Teilnehmern und Klienten verwebend, führen die Vissels die Leser an die Bedeutung einer fest liierten Liebesbeziehung als Seelenspiegel heran, der es Paaren erlaubt, Teile von sich selbst zu sehen, die andernfalls unsichtbar bleiben. Den Kern des Buches machen drei rot-grüne Vorstellungen im oberen Linken Quadranten aus: 1) dass uns Liebe kontinuierlich zu uns selbst bringt, 2) dass jeder von uns sich letztlich in einer Beziehung mit sich selbst befindet, und 3) dass diese innere Beziehung der spirituelle Pfad ist, dem die meisten von uns in der westlichen Kultur folgen. Darum nimmt ihre Lehre auch die Vorstellung an, dass wir uns nicht der Fülle der Liebe öffnen können, solange wir mit dem Finger auf unseren Partner zeigen und uns selbst nicht als die Quelle all unserer Gefühle betrachten, einschließlich unserer Reaktionen, unabhängig davon, was er oder sie tat, sie zu verursachen. Sie folgen damit der maskulinen Logik, dass eine tiefere Einsicht in uns selbst auch eine tiefere Einsicht in andere ermöglicht, und dass das zu wem wir uns hingezogen oder von dem wir abgestoßen fühlen, Aspekte unserer Psyche repräsentiert und wir lernen können diese zu kultivieren und damit umgehen lernen müssen. Während sie anerkennen, dass eine tiefe Verbindung mit einer anderen Seele eines der wertvollsten Schätze darstellt, wenden sie sich häufig auch der Bedeutung von Agenz und der Verbindung des Selbst zu, was manchmal widersprüchlich und verwirrend sein kann, weil sie nicht den Sprung zur Beziehung als neues Ganzes machen. Das Buch, was an sich nicht besonders linear in seinem Ansatz ist und manchmal prärationale Vorstellungen mit postkonventionellen Erfahrungen mischt, hat 23 Kapitel, die Themen umspannen wie Dankbarkeit und Anerkennung, konstruktive Kritik, spirituelle und nicht-spirituelle Partner, vom Spiegel lernen, Ängste und Zweifel überkommen, gegenseitige Abhängigkeit und Interdependenz, Anti-Aggressionstraining, ‚Nein' sagen, Leidenschaft und Mitgefühl, mit Eifersucht und Enttäuschung umgehen, Beziehungsübergänge, anderen dienen und Liebe machen. Jedes Kapitel endet mit Fragen und Hinweisen für Übungen, die es motivierten Paaren erlauben, ihre Herzverbindung zu vertiefen, indem sie ihr Ego (Selbstgefühl, Selbstwert, Selbstliebe etc.) stärken, anstatt es zu transzendieren, und die Partnerschaft für das Leben zentral machen. Dieses Buch ist am besten für grüne (und darüber) Paare, wo sie sich auf einem Pfad der aufsteigenden Ego-Stärkung und er sich auf einem absteigenden Ego-Transzendenz Pfad befindet.

## Bücher für grüne Singles

*Zen oder die Kunst, sich zu verlieben* von Charlotte Kasl, bietet einen kurzen und einfachen Lesestoff für Singles, die eine lebendige menschliche Beziehung anstreben, die auf Authentizität, Gleichheit, Spiritualität und Freude basiert. Sich auf den Buddhismus, Sufismus und das Christentum beziehend, konzentriert sich Teil eins des Buches auf Bewusstheit, Mitgefühl, liebende Güte, was zur Transzendenz von bedürftigen Begierden führt, was sie als Manifestationen des egoischen Geistes beschreibt. Kapitel 6 und 14 beschreiben den Tanz der Einheit (Kommunion) und Getrenntsein (Agenz) gefolgt von der Einsicht, dass sich Dating und Beziehungsratgeber für Rot und Bernstein darauf konzentriert, die Unterschiede zwischen Männern und Frauen zu verstehen und zu akzeptieren, dass orangene Experten die Geschlechter dazu ermutigen, sich selbst authentisch auszudrücken, und dass grüne Lehrer nicht zwischen diesen beiden unterscheiden. Teil zwei des Buches ist der Anziehung eines Partners gewidmet, der ein Gleicher ist auf den Ebenen: körperlich, intellektuell, Interessen, Werte/Lebensführung, psychologisch/emotional, Kreativität/Passion, spirituell, Essenz und Sexualität. Die Kapitel beinhalten praktische Beispiele, was wir in diesen Bereichen zu geben haben und haben wollen, wann wir unserem Hingezogensein zu einer anderen Person trauen können, wie man das Herz von ungelösten Dingen aus der Vergangenheit befreien kann. Teil drei bezieht sich auch den tatsächlichen Verabredungs-Prozess mit Kapiteln darüber, bewusst zu bleiben und langsam vorzugehen, wie man Ängste überkommt, die erste Verabredung, Kinder und Dating, Sexualität sowie Geben und Nehmen. Teil vier handelt von dem Prozess, einen Partner zu wählen, der uns auf dem spirituellen Pfad begleitet, wie man mit Furcht und Ambivalenz umgeht sowie von Tonglen-Meditation für Heilung und Mitgefühl. Außerdem beinhaltet es vier Listen, um eine persönliche Grundhaltung zu erstellen 1) nicht zu akzeptierendes Verhalten von anderen, 2) nicht akzeptables Verhalten von einem selbst, 3) Rationalisierungen und Geschichten, die wir nutzen, um unsere Grundhaltung zu missachten und 4) die Konsequenzen, wenn wir unsere Grundhaltung missachten oder uns nicht um uns selbst kümmern; mit Zwangsvorstellungen umgehen, Astrologie und Grafologie. Das vorletzte Kapitel weist den Leser an, wie man mit einem Partner noch mehr Tiefe erzeugt, um ein ‚dauerhaftes Feuer' zu bekommen, und wie man mit den bittersüßen Momenten der Liebe umgeht, bevor uns das letzte Kapitel an die universelle Gabe eines Liebenden erinnert, mit einer Liste von 14 Punkten, die die Zweifel, Ängste und Freunden, die Partner in ihrer Liebesbeziehung erfahren, einordnet. Geschrieben von einer weiblichen linkshändigen Perspektive spricht das Buch praktische Strategien unten rechts an und wie man Agenz und Kommunion ausbalanciert. Es ist sehr zu empfehlen für grüne Singles beider Geschlechter, die einen Partner, der sich auf dem buddhistischen Pfad befindet, finden wollen.

*Calling in „The One": 7 Weeks to Attract the Love of Your Life* von Katherine Woodward Thomas, beginnt mit der Beichte, dass sie – trotz ihres Bedürfnisses, in einer Partnerschaft zu sein –‚unbewusst' nicht für gute Männer bereit war, bis sie ein Freund fragte, was sie eigentlich dadurch vermeidet, dass sie alleine lebt. Anfang vierzig, kinderlos und nie verheiratet, begann sie, die Verantwortung für ihre Haltung und verborgenen Motive zu übernehmen, die sie dazu veranlassten, Liebe, materielle Fülle und Bindung zu vermeiden. Ein paar Wochen nach dieser Entscheidung nahm sie wieder den Kontakt zu einem alten Liebhaber auf, den sie zweimal abgelehnt hatte, und bekam, bald, nachdem sie ihn geheiratet hatte ein Kind, und hat nun „das glücklich, bis an ihr Ende -Ding" für einige Jahre gelebt.

Aus ihrer eigenen Perspektive und durch ihre Arbeit als Psychotherapeutin, erkannte sie, dass es einen großen Unterschied gibt zwischen einen idealen Partner finden zu wollen und wirklich bereit zu sein, wenn dieser Partner dann auftaucht. Basierend auf dieser Einsicht entwickelte sie einen siebenwöchigen Kurs mit 49 Lektionen, wo Frauen darin unterrichtet werden, den weniger bekannten, einschüchternden und Furcht einflößenden Pfad, der zu Freiheit von der Vergangenheit und Liebe in der Zukunft führt, anstatt immer dieselben alten sicheren Muster zu wiederholen, die stets zu derselben Enttäuschung führen.

Woche eins ‚Sich auf die Liebe vorbereiten' ist dem menschlichen Bedürfnis nach anderen gewidmet und wie man der Liebe Platz schafft.

Woche zwei ‚Vollendungen' enthält Lektionen, wie man die Vergangenheit zurücklässt und unbewusste Muster loslässt.

Woche drei ‚Kernwunden Heilen', bietet Ratschläge dafür, alte Kindheitswunden zu heilen, alte Vorstellungen loszulassen und das getrennte Selbst wieder anzunehmen.

Woche vier ‚Deinen Kurs setzen', umfasst, wie man klare Ziele steckt, den Sinn der Seele erkennt, innere Führung erfährt und weise Entscheidungen fällt.

Woche fünf ‚Das Wichtigste zuerst' konzentriert sich darauf, Bindungen einzugehen, seinen Körper zu akzeptieren, ein weibliches Gefühl des Selbstwertes, sexuelle Heilung und Einsamkeit zu kultivieren.

Woche sechs ‚Ein Leben, das es wert ist, gelebt zu werden', macht Vorschläge wie man glücklich sein kann, indem man mit einem offenen Herzen zuhört und sich selbst ausdrückt.

Woche sieben ‚Eine erfüllte Liebe leben', lehrt, wie man von einem ‚Ich' zum ‚Wir' kommt und wie man ein bezauberndes Leben führt.

Dieses Buch bietet einen spirituellen, idealistischen ‚Gesetz der Anziehung' Pfad zur Liebe, der sich auf den oberen rechten Quadranten bezieht und der attraktive rote und grüne Frauen wie auch empfindsame New Age Typen anspricht.

# Ein Buch für grüne Männer

*Der Weg des wahren Mannes* von David Deida ist eines von mehreren Büchern dieses Autors, das sich auf die spirituellen und sexuellen Dimensionen der femininen und maskulinen Polaritäten zwischen Männern und Frauen konzentriert. Es fordert Männer heraus, sich über das Macho-Arschloch und den New Age-Waschlappen hinaus zu entwickeln, indem man die Herausforderungen des zweiten Ranges meistert und ein authentisches maskulines Leben zu leben, während man das Feminine in sich selbst und in Frauen annimmt. Obwohl es für heterosexuelle Männer mit einer maskulinen Essenz geschrieben wurde, wird dieses Buch meistens von Frauen gelesen, die sich entweder fürchterlich über die Vorschläge Deidas aufregen, dass Frauen nämlich von einem Mann mit einer unerschrockenen Maskulinität genommen und gefickt werden möchten, oder sich danach sehnen, mit einem Partner, wie Deida ihn beschreibt, zusammen zu sein. In der Einleitung beschreibt Deida, wie sich die Gesellschaft von klar getrennten femininen/maskulinen Geschlechterrollen, wie sie noch in Bernstein gefunden werden- zu einer 50/50 Gleichheit entwickelt hat – mit dem verschwinden der sexuellen Attraktion/Polarität – in Orange und einer vollständigen Rollenverdrehung in Grün. Die 52 kurzen Kapitel, die dem folgen, sind in 8 Teile aufgeteilt: 1) Der Weg des Mannes – wie man furchtlos JETZT seinen authentischen Sinn lebt, 2) mit Frauen umgehen – Frauen drücken sich gewöhnlich in momentbezogener ‚nichtlinearer' Sprache aus, die ihre Gefühle/Emotionen ausdrücken anstatt logische finale Positionen einzunehmen, und wie man präsent bleibt und sie im JETZT liebt, 3) mit Polarität und Energie arbeiten – das maskuline Verlangen nach vergnüglicher Einheit mit dem Femininen umfassend, 4) was Frauen wirklich wollen – der sich fest bindende, unerschütterbare Mann ihrer Wahl mit einer direkten göttlichen maskulinen Präsenz und Integrität, der sie trauen kann, 5) deine dunkle Seite – der Antrieb des Mannes nach Freiheit und ‚es zu ficken oder zu täten', 6) feminine Attraktivität – das maskuline Verlangen nach Vereinigung seines Bewusstseins mit der Fülle des Lebens im Allgemeinen und dem Körper der Frau im Besonderen, 7) Körperübungen – wie man die orgasmische Energie kontrolliert und durch bewusstes Atmen die Wirbelsäule hochzieht und 8) Intimitätsyoga von Mann und Frau – wie man den maskulinen Lebenssinn mit dem weiblichen Bedürfnis nach Verbindung und Flow ausbalanciert, was die Liebe zwischen den Paaren nährt sowie ihre Fähigkeit, dem anderen zu dienen.

*Der Weg des wahren Mannes* wird sich den meisten orangenen Männern und darunter entziehen und grüne Männer provozieren, frustrieren und verstören, da es sie herausfordert, in das Bewusstsein zweiten Ranges zu kommen. Wenn deine Partnerin dir dieses Buch vorschlägt, dann ist es ein klares Zeichen dafür, dass sie sich danach sehnt, dass du mit deiner Maskulinität anführst, während sie sich tief mit dir durch deine weibliche Seite verbinden will.

## Zusammenfassung zu Appendix I

Essenziell geben alle Beziehungs-Selbsthilfebücher Ratschläge für Singles und/oder Paare, wie man effektiv Agenz und Kommunion an einer bestimmten kosmischen Adresse ausbalanciert. Das beste Buch zu finden, welches am besten den Quadranten und die Ebene des Bewusstseins/Pathologie anspricht, auf der das Beziehungsproblem auftritt, ist darum wesentlich für seine Effektivität.

# Appendix II: Links und Verweise

Die Links und Verweise, die ich in diesem Buch angegeben habe, besonders in den Endnoten, waren korrekt, als ich dieses Buch schrieb. Für Updates, Berichtigungen, zusätzliche Quellen etc. besuche bitte: www.singles2couples.org/ir.asp

# Bibliografie


Alice, Kathryn. 2007. *Love Will Find You: 9 Magnets to Bring You and Your Soulmate Together.* Marlow & Company.

Almaas, A.H. 1987. *Essenz: Der diamantene Weg zur inneren Verwirklichung.* Arbor Verlag

Almaas, A.H. 1998. *Facetten der Einheit.* Kamphausen.

Amodeo, John. 2001. *The Authentic Heart: An Eightfold Path to Midlife Love.* Wiley.

Anand, Margo. 1989. *Tantra: oder Die Kunst der sexuellen Ekstase,* Goldmann Verlag.

Andreas, Connirae und Steve. 2004. *Mit Herz und Verstand. NLP für alle Fälle.* Junfermann.

Armstrong, Alison. 2003. *Keys to the Kingdom.* Pax Programs.

*Armstrong, Alison. 2007. *Making Sense of Men: A Woman's Guide to a Lifetime of Love, Care and Attention from All Men.* Pax Programs.

Bader, Michael J. 2002. *Arousal: The Secret Logic of Sexual Fantasy.* Thomas Dunne Books.

*Baer, Greg. 2003. *Real Love: The Truth About Finding Unconditional Love & Fulfilling Relationships.* Gotham Books.

Baron, Renee, und Wagele, Elizabeth. 2005. *Das Enneagramm leichtgemacht - Entdecken Sie das System der neun Archetypen - Mit Typentest - (alte Ausgabe).* Schirner.

Barnet, Rosalind and Rivers, Caryl. 2004. *Same Difference: How Gender Myths Are Hurting Our Relationships, Our Children, and Our Jobs.* Basic Books.

Brandenburger, Adam M. and Nalebuff, Barry J. 2007. *Coopetition: kooperativ konkurrieren - Mit der Spieltheorie zum Geschäftserfolg.* Rieck.

Baucum, Don. 1996. *Barron's EZ 101 Study Keys: Psychology.* Barron's Educational Series.

Beck, Aaron. 1999. *Liebe ist nie genug.* DTV Verlag.

Behrendt, Greg and Tuccillo, Liz. 2011. *„Er steht einfach nicht auf dich!": Warum Frauen nie verstehen wollen, was Männer wirklich meinen.* Blanvalet.

Claremont de Castillo, Irene. 1973. *Knowing Women: A Feminine Psychology.* Harper & Row Publishers.

Beck, Don Edward and Cowan, Christopher. 2007. *Spiral Dynamics.* Kamphausen.

Block, Joel D. und Neuman, Kimberly Dawn. 2009. *The Real Reason Men Commit: Why He Will – or Won't – Love, Honor, and Marry You.* Adams Media.

Bloom, Charlie und Linda. 2010. *Secrets of Great Marriages: Real Truth from Real Couples about Lasting Love.* New World Library.

Brings, Felicia und Winter, Susan. 2000. *Older Women, Younger Men: New Options for Love and Romance.* New Horizon Press.

Brizendine, Louann. 2008. *Das weibliche Gehirn.* Goldmann Verlag.

Brown, Byron. 2001. *Befreiung vom inneren Richter.* Kamphausen Verlag.

Buss, David M. 1997. *Die Evolution des Begehrens*. Goldmann Verlag.

Campbell, Susan. 2004. *Truth in Dating: Finding Love by Getting Real*. New World Library.

Campbell, Susan. 2005. *Saying What's Real: 7 Keys to Authentic Communication and Relationship Success*. New World Library.

Chadha, Yogesh. 1997. *Gandhi*. John Wiley & Sons.

Chafetz Saltzman, Janet. 2006. *Handbook of the Sociology of Gender*. Springer.

Chapman, Gary. 2008. *The Five Love Languages: How to Express Heartfelt Commitment to Your Mate*. Northfield Publishing.

Chapman, Gary. 2004. *Die fünf Sprachen der Liebe*. Francke-Buchhandlung.

Chödrön, Pema. 2006. *Friede in schwierigen Zeiten*. Arbor.

Chögyam, Trungpa. 1999. *Spirituellen Materialismus durchschneiden*. Theseus.

*Chopra, Deepak. 2000. *Lerne lieben, lebe glücklich. Der Weg zur spirituellen Liebe*. DTV.

Claremont de Castillejo, Irene. 1993. *Die Töchter der Penelope: Elemente des Weiblichen*. DTV.

Cloke, Bill. 2008. *Love-Making from the Inside Out: A New Approach to Creating and Maintaining a Loving Relationship: How to Transform Conflict, Complaint, and Criticism.*

Cloud, Henry und Townsend, John. 2010. *Liebe braucht Grenzen: Wie Sie Ihre Partnerschaft durch gesunde Grenzen bereichern*. Gerth Medien.

Coleman, Emily und Edwards, Betty. 1980. *Brief Encounters: How to Make the Most of Relationships That May Not Last Forever*. Anchor Press.

Collins, Bryn C. 1997. *Emotional Unavailability: Recognizing It, Understanding It, and Avoiding Its Traps*. Contemporary Books.

Combs, Allan. 2011. *Die Psychologie des menschlichen Bewusstseins*. Phänomen Verlag.

Covey, Stephen R. 2005. *Die 7 Wege zur Effektivität: Prinzipien für persönlichen und beruflichen Erfolg*. Gabal.

DeAngelis, Barbara. 1996. *Wie viele Frösche muss ich küssen?*. Heyne.

de Quincey, Christian. 2005. *Radical Knowing: Understanding Consciousness through Relationship*. Park Street Press.

de Quincey, Christian. 2008. *Consciousness from Zombies to Angels: The Shadow and the Light of Knowing Who You Are*. Park Street Press.

Crenshaw, Theresa L. 1999. *Die Alchemie von Liebe und Lust. Hormone steuern unser Liebesleben*. DTV.

Deida, David. 1995. *Intimate Communion: Awakening Your Sexual Essence*. Health Communications, Inc.

*Deida, David. 2006. *Der Weg des wahren Mannes: Ein Leitfaden für Meisterschaft in Beziehungen, Beruf und Sexualität*. Kamphausen.

Deida, David. 1997. *It's a Guy Thing: An Owner's Manual for Women*. Health Communications.

Deida, David. 2005. *Blue Truth: A Spiritual Guide to Life & Death and Love & Sex*. Sounds True.

Dyer, Wayne. 2005. *Mit Absicht: Den eigenen Lebensplan erkennen und verwirklichen.* Goldmann.

*Diamond, Carol. 2010. *Relationship Roulette: Improve Your Odds at Lasting Love.* Praeger.

Dowling, Colette. 2002. *Der Cinderella - Komplex. Die heimliche Angst der Frauen vor der Unabhängigkeit.* Fischer.

Ellis, Thomas. 2005. *The Rantings of a Single Male: Losing Patience with Feminism, Political Correctness,... and Basically Everything.* Rannenberg Publishing.

Esbjorn-Hargens, Sean und Zimmerman, Michael E. 2012. *Integrale Ökologie.* Phänomen-Verlag.

Eschner Hogan, Eve, with Hogan, Steve. 2000. *Intellectual Foreplay: Questions for Lovers and Lovers-to-Be.* Hunter House.

Etcoff, Nancy. 2001. *Nur die Schönsten überleben. Die Ästhetik des Menschen.* Anchor Books.

Faludi, Susan. 1991. *Backlash: The Undeclared War Against American Woman.* Diederichs.

Faludi, Susan. 2001. *Männer - das betrogene Geschlecht.* Rowohlt.

Farrell, Bill und Pam. 2001. *Men Are Like Waffles, Women Are Like Spaghetti: Understanding and Delighting in Your Differences.* Harvest House Publishers.

Farrell, Warren. 1997. *Warum Männer so sind, wie Sie sind.* Goldmann.

Farrell, Warren. 1995. *Mythos Männermacht.* Zweitausendeins.

Farrell, Warren. 2001. *Women Can't Hear What Men Don't Say: Destroying Myths, Creating Love.* Finch.

Farrell, Warren. 2001. *Father and Child Reunion: How to Bring the Dads We Need to the Children We Love.* Tarcher Putnam.

Farrell, Warren. 2005. *Why Men Earn More: The Startling Truth Behind the Pay Gap—and What Women Can Do About It.* Amacom.

Farrell, Warren und Sterba, James P. 2008. *Does Feminism Discriminate Against Men: A Debate.* Oxford University Press.

*Fein, Ellen and Schneider, Sherrie. 2006. *Die Kunst, den Mann fürs Leben zu finden: »The Rules«.* Piper.

*Feldhahn, Shaunti. 2006. *Männer sind Frauensache.* GerthMedien.

*Feldhahn, Shaunti and Jeff. 2007. *Frauen sind Männersache.* GerthMedien.

* Fenton, Bradley. 2008. *Stumbling Naked In the Dark: Overcoming Mistakes that Men Make with Women.* Simon & Brown.

Ferrini, Paul. 1998. *Creating a Spiritual Relationship: A Guide to Growth and Happiness for Couples on the Path.* Heartways Press.

*Fisher, Helen. 2007. *Warum wir lieben... : ... und wie wir besser lieben können.* Knaur.

Fisher, Helen. 2011. *Warum es funkt - und wenn ja, bei wem: wie die Persönlichkeit unsere Partnerwahl beeinflusst.* Knaur.

Frankl, Victor. 2010. *Der Mensch vor der Frage nach dem Sinn.* Piper.

*Fromm, Erich. 2005. *Die Kunst des Liebens*. Ullstein.

Gendreau, Geralyn (Editor). 2006. *The Marriage of Sex & Spirit*. Elite Books.

Gerson, Mark. 1992. *Coming Into Our Own: Understanding the Adult Metamorphosis*. Delacorte Press.

Gibson, Valerie. 2001. *Cougar: A Guide for Older Women Dating Younger Men*. Key Porter Books.

Gilbert, Elizabeth. 2007. *Eat Pray Love: Eine Frau auf der Suche nach allem quer durch Italien, Indien und Indonesien*. Bloomsbury Taschenbuch Verlag.

Gilbert, Elizabeth. 2011. *Das Ja-Wort: Eine Geschichte vom Heiraten*. Bloomsbury Taschenbuch Verlag.

Gilligan, Carol. 1988. *Die andere Stimme. Lebenskonflikte und Moral der Frau*. Piper.

Gilligan, Carol. 1992. *Meeting At the Crossroads: The Landmark Book about the Turning Points in Girls' and Women's Lives*. Ballantine.

Gilligan, Carol. 2003. *Die Wiederentdeckung der Lust*. Pendor.

Gladwell, Malcom. 2007. *Blink!: Die Macht des Moments*. Piper.

*Gold, Victor. 2008. *The Potency Principles: Transforming Sexual Energy into Spiritual Power*. iUniverse.

Goleman, Daniel. 1997. *EQ. Emotionale Intelligenz*. DTV.

Goleman, Daniel. 2008. *Soziale Intelligenz: Wer auf andere zugehen kann, hat mehr vom Leben*. Knaur.

Gosse, Richard. 1997. *You Can't Hurry Love: An Action Guide for Singles Tired of Waiting*. Marin Publications.

*Gottman, John und Silver, Nan. 2002. *Die 7 Geheimnisse der glücklichen Ehe*. Ullstein.

Gray, John. 1998. *Männer sind anders. Frauen auch*. Goldmann.

Gray, John. 2003. *Auseinander geliebt: wie Paare ihrer Beziehung neue Energie geben können*. Goldmann.

Gray, John. 2009. *Mars, Venus und Partnerschaft*. Goldmann.

Gray, John. 2002. *Mars sucht Venus, Venus sucht Mars*. Goldmann.

*Gray, John. 2010.: *Mars und Venus - die Liebe siegt!*. Goldmann.

Greenwald, Rachel. 2006. *Fang den Mann!*. Goldmann.

Greenwald, Rachel. 2010. *Warum ruft er mich nicht an?*. Goldmann..

Hanauer, Cathi. 2010. *The Bitch In the House. 26 Women Tell the Truth about Sex, Solitude, Work, Motherhood, and Marriage*. Perennial.

Harding, Esther M. 1970. *The Way of All Women*. Shambala.

Hawkins, David R. 1997. *Die Ebenen des Bewusstseins*. VAK.

Hellinger, Bernd; Weber, Gunthard; and Beamount, Hunter. 1998. *Zweierlei Glück*. Carl-Auer-Systeme

Hendrick, Clyde and Susan S. 2000. *Close Relationships: A Sourcebook*. Sage.

Hendricks, Gay and Kathlyn. 1992. *Liebe macht stark*. Mosaik.

Hendricks, Gay und Kathlyn. 2004. *Lasting Love: The Five Secrets of Growing a Vital, Conscious Relationship*. Rodale.

Hendricks, Gay und Kathlyn. 2004. *Attracting Genuine Love: A step-by-step program to bring a loving and desirable partner into your life*. Sounds True.

*Hendrix, Harville. 2009. *So viel Liebe wie Du brauchst: Der Wegbegleiter für eine erfüllte Beziehung*. Götz, Dörfles.

Hendrix, Harville und LaKelly-Hunt, Helen. 2003. *Getting the Love You Want Workbook*. Atria Books.

Hoffman, Edward. 1988. *The Right to Be Human: A Biography of Abraham Maslow*. McGraw Hill.

Hoffman, Glynda-Lee. 2003. *The Secret Dowry of Eve: Woman's Role in the Development of Consciousness*. Parker Street Press.

Holstein, Lana L. 2001. *How to Have Magnificent Sex: The Seven Dimensions of a Vital Sexual Connection*. Harmony Books.

Hooks, Bell. 2001. *All About Love: New Visions*. Harper Perennial.

Hooks, Bell. 2002. *Communion: The Female Search for Love*. Harper Perennial.

Hill, Gareth S. 1992. *Masculine and Feminine: The Natural Flow of Opposites and the Psyche*. Shambala.

Howard, Lew. 2005. *Introducing Ken Wilber: Concepts for an Evolving World*. Author House.

*Johnson, Sue. 2011. *Halt mich fest. Sieben Gespräche zu einem von Liebe erfüllten Leben. Emotionsfokussierte Therapie in der Praxis*. Junfermann.

Joudry, Patricia und Pressman, Maurie. 1993. *Twin Souls: A Guide to Finding Your True Spiritual Partner*. Carol Souther Books.

Jung, Emma. 1996. *Psychologisch gesehen, Band 44: Animus und Anima*. Adolf Bonz.

*Kasl, Charlotte. 2000. *Zen oder die Kunst, sich zu verlieben*. Econ.

Katie, Byron. 2002. *Lieben was ist. Wie vier Fragen Ihr Leben verändern können*. Goldmann.

Katie, Byron. 2012. *Ich brauche deine Liebe - stimmt das?: Liebe finden, ohne danach zu suchen*. Goldmann.

Keagan, Robert. 1994. *In Over Our Heads: The Mental Demands of Modern Life*. Harvard University Press.

Keen, Sam. 2004. *Feuer im Bauch. Über das Mann-Sein*. Bastei-Lübbe.

Kempton, Jared. 2008. *Men are Scum, Women are Stupid*. Partigen Publishing.

Kennedy, Barbara. 2009. *Baby Boomer Men: Looking for Love*. Madison Avenue Publishers.

Kingma, Daphne Rose. 1998. *The Future of Love: The Power of the Soul in Intimate Relationships*. Broadway.

Kingma, Daphne Rose. 2000. *Coming Apart: Why Relationships End & How to Live Through the*

*Ending of Yours*. Conari Press.

Knight, Sue. 1995. *NLP At Work: Neuro-Linguistic Programming: The Difference that Makes Difference in Business*. Nicholas Brealey Publishing.

Koppel, Dale. 2008. *The Intelligent Woman's Guide to Online Dating*. Peterman Samuelson.

*Kirshenbaum, Mira. 2006. *Is He Mr. Right?: Everything You Need to Know Before You Commit*. Harmony Books.

Leeds, Lilo und Gerard, with Real, Terrence. 2008. *Wonderful Marriage: A Guide to Building a Great Relationship That Will Last a Lifetime*. Benbella.

Lewis, Thomas; Amini, Fari; and Lannon, Richard. 2000. *A General Theory of Love*. Vintage.

Louis, Ron und Copeland, David. 2008. *Wer f... will, muss freundlich sein*. Riva.

*Love, Patricia und Stosny, Steven. 2009. *Schatz, wir müssen gar nicht reden!: Wie Sie Ihre Beziehung in weniger als 5 Minuten täglich verbessern*. Campus.

Luskin, Frederic. 2009. *Forgive for Love: The Missing Ingredient for a Healthy and Lasting Relationship*. Harper One.

Malach Pines, Ayala. 2005. *Falling in Love: Why We Choose the Lovers We Choose*. Routledge.

Maslow, Abraham H. 1971. *The Farther Reaches of Human Nature*. Penguin.

Masters, Robert Augustus. 2007. *Transformation through Intimacy: The Journey toward Mature Monogamy*. Tehmenos Press.

McGraw, Phillip C. 2001. *SOS in der Liebe*. Landsberg am Lech.

McGraw, Phil. 2005. *Love Smart: Find the One You Want—Fix the One You Got*. Free Press.

McIntosh, Steve. 2019. *Integrales Bewusstsein*. Phänomen-Verlag.

Merzel, Dennis Genpo. 2008. *Big Mind: Großer Geist - Großes Herz*. Kamphausen.

Miller, Geoffrey. 2010. *Die sexuelle Evolution*. Spektrum.

Mitchell, Stephen. 2003. *Tao Te King: Eine zeitgemäße Version für westliche Leser*. Goldmann.

Moore, Thomas. 2011. *Seelenverwandtschaft*. Claudius.

*Mystery – a.k.a. Markovik von, Erik. 2011. *Wie Sie jede Nacht eine andere Frau rumkriegen: egal wie Sie aussehen*. Goldmann.

Nelson, Noelle. 1997. *Dangerous Relationships: How to Identify and Respond to the Seven Warning Signs of a Troubled Relationship*. DaCapo.

Norwood, Robin. 1991. *Wenn Frauen zu sehr lieben: Die heimliche Sucht, gebraucht zu werden*. rororo.

Page, Susan. 2001. *Ich finde mich toll, warum bin ich noch Single? 10 Strategien, die Ihr Solo-Dasein dauerhaft beenden*. Droemer-Knaur.

Paget, Lou. 2001. *Der perfekte Liebhaber: Sextechniken, die sie verrückt machen*. Goldmann.

Paul, Pamela. 2002. *The Starter Marriage and the Future of Matrimony*. Random House.

Peck, Scott M. 2004. *Der wunderbare Weg: Eine neue spirituelle Psychologie*. Goldmann.

Pickens, W. James. 1993. *Masterclosing*. Gabler.

*Popcak, Gregory K. 2000. *The Exceptional Seven Percent: The Nine Secrets of the World's Happiest Couples*. Citadel Press.

*Psaris, Jett und Lyons, S. Marlena. 2000. *Undefended Love: The way you felt about yourself when you first fell in love is the way you can feel all the time*. New Harbinger Publications.

Real, Terrence. 1999. *Mir geht's doch gut*. Scherz.

Real, Terrence. 2002. *Was kann ich tun, dass du mich hörst?*. Scherz.

*Real, Terrence. 2007. *The New Rules of Marriage: What You Need to Know to Make Love Work*. Ballantine.

René, Lucia. 2009. *Unplugging the Patriarchy: A Mystical Journey into the Heart of a New Age*. Crown Chakra.

Rengel, Peter. 1995. *Living Life in Love: Integrating Western Psychology with Eastern Spirituality*. Imagine Publications.

Reynolds, Brad. 2006. *Where's Wilber AT?: Ken Wilber's Integral Vision in the New Millenium*. Paragon House.

*Richo, David. 2009. *Reif werden füreinander*. Windpferd.

Riso, Don Richard und Hudaon, Russ. 2000. *Die Weisheit des Enneagramms. Entdecken Sie Ihren inneren Reichtum*. Goldmann.

Rosenberg, Marshall. 2007. *Gewaltfreie Kommunikation: Eine Sprache des Lebens*. Junfermann.

Rudman, Laurie A. und Glick, Peter. 2008. *The Social Psychology of Gender: How Power and Intimacy Shape Gender Relations*. Guilford Press.

Ruiz, Don Miguel. 2012. *Die vier Versprechen*. Ullstein.

Ruiz, Don Miguel. 2004. *Vollendung in Liebe*. Ullstein.

Salmon, Caterine und Symons, Donald. 2001. *Warrior Lovers: Erotic Fiction, Evolution and Female Sexuality*. Yale University Press.

Scantling, Sandra R. 1998. *Extraordinary Sex Now: A Couple's Guide to Intimacy*. Doubleday.

*Schnarch, David. 2009. *Die Psychologie sexueller Leidenschaft*. Piper.

Schucman, Helen und Thetford, William. 1975. *A Course in Miracles*. Viking.

Sheehan, Donna und Reffell, Paul. 2009. *Redefining Seduction: Women Initiating Courtship, Partnership and Peace*. Redefining Seduction.

Sheehy, Gail. 1998. *Understanding Men's Passages: Discovering the New Map of Men's Lives*. Ballantine Books.

Sheehy, Gail. 2007. *Sex und Frauen über 50*. Pendo.

Sherven, Judith and Sniechowski, James. 2001. *Be Loved for Who You Really Are: How the Differences between Men and Women Can Be Turned into a Source of the Very Best Romance You'll Ever Know*. St. Martin's Griffin.

Silverstein, Judith and Lasky, Michael. 2004. *Online Dating for Dummies: The Fun and Easy Way to Find That Special Someone On the Web*. Wiley Publishing.

Singer, Irving. 2009. *Philosophy of Love: A Partial Summing-Up*. MIT Press.

Smith, Huston. 2004. *Die sieben großen Religionen der Welt: Eine Wahrheit, viele Wege*. Goldmann.

Smith, Huston. 2001. *Why Religion Matters: The Fate of the Human Spirit in an Age of Disbelief.* Harper.

Sobel, Alan. 1989. *Eros, Agape, and Philia: Readings in the Philosophy of Love*. Paragon House.

Stanger, Patti. 2009. *Become Your Own Matchmaker: 8 Easy Steps for Attracting Your Perfect Mate.* Atria Books.

Stills, Judith. 1993. *Excess Baggage: Getting Out of Your Way*. Penguin Books.

Stills, Judith. 1996. *Loving Men More, Needing Men Less*. Penguin Books.

Sternberg, Robert J. and Weis, Karin. 2006. *The New Psychology of Love*. Yale University Press.

Stoeker, Fred and Stoeker, Jason. 2009. *Hero: Becoming the Man She Desires*. Water Brook.

Stosny, Steven. 2006. *Love without Hurt: Turn Your Resentful, Angry or Emotionally Abusive Relationship into a Compassionate, Loving One*. Da Capo Press.

*Strauss, Neil. 2005. *The Game: Penetrating the Secret Society of Pickup Artists*. William Morrow.

Symons, Donald. 1997. *The Evolution of Sexual Desire.* Oxford University Press.

Tannen, Deborah. 1998. *Du kannst mich einfach nicht verstehen: Warum Männer und Frauen aneinander vorbeireden*. Goldmann.

Tate, Brett. 2007. *The Professional Bachelor: How to Exploit Her Inner Psycho*. TPB Publishing.

Tavris, Carol. 1992. *The Mismeasure of Women: Why Women Are Not the Better Sex, the Inferior Sex, or the Opposite Sex*. Simon & Schuster.

Taylor, John Maxwell. 2009. *Eros Ascending: The Life-Transforming Power of Sacred Sexuality.* Frog Books.

Taylor, Maurice and McGee, Seana. 2000. *The New Couple: Why the Old Rules Don't Work and What Does*. Harper.

Temple-Thurston, Leslie. 2000. *The Marriage of Spirit: Enlightened Living in Today's World.* Core Light Publications.

*Thomas, Katherine Woodward. 2004. *Calling in "The One": 7 Weeks to Attract the Love of Your Life*. Three Rivers Press.

*Time*. 2009, October 26. *The State of the American Woman: Why they are more powerful – but less happy*. Time, Inc.

Tolle, Eckhart. 2010. Jetzt! Die Kraft der Gegenwart. Kamphausen.

Tolle, Eckhart. 2003. *Stille spricht*. Arkana.

Tolle, Eckhart. 2005. *Eine neue Erde*. Arkana.

Ulanov, Ann and Barry. 1994. *Transforming Sexuality: The Archetypal World of Anima and Animus*. Shambala.

Vissell, Barry and Joyce. 1989. *Der gemeinsame Weg*. Droemer.

*Vissell, Joyce and Barry. 2005. *Aus der Weisheit des Herzens leben*. Via Nova.

Weinberg, George. 2002. *Why Men Won't Commit: Getting What You Both Want without Playing Games*. Atria Books.

Wade, Jenny. 1996. *Changes of Mind: A Holonomic Theory of the Evolution of Consciousness*. State of New York University Press.

Wade, Jenny. 2004. *Transcendent Sex: When Lovemaking Opens the Veil*. Paraview Pocket Books.

Wallerstein, Judith S.; Lewis, Julia M.; and Blakeslee, Sandra. 2002. *Scheidungsfolgen - die Kinder tragen die Last*. Votum.

Walsh, Roger and Vaughan, Frances. 1993. *Paths Beyond Ego: The Transpersonal Vision*. Tarcher Putnam.

Warren, Neil Clark. 1997. Wie *finde ich den Partner fürs Leben? Zehn Prinzipien für die Wahl des richtigen Partners*. Gerth Medien.

Webb, Michael. 2000. *The Romantic's Guide: Hundreds of Creative Tips for a Lifetime of Love*. Hyperion.

Welwood, John. 1985. *Challenge of the Heart: Love, Sex, and Intimacy in Changing Times*. Shambala.

Welwood, John. 1996. *Dem Herzen folgen*. Droemer.

*Welwood, John. 2002. *Durch Liebe reifen*. DTV.

Welwood, John. 2000. *Toward a Psychology of Awakening: Buddhism, Psychotherapy, and the Path of Personal and Spiritual Transformation*. Shambala.

Welwood, John. 2007. *Vollkommene Liebe und wie sie vielleicht sogar in einer Beziehung gefunden werden kann*. Arbor.

Wilber, Ken. 2001. *Das Atman Projekt*. Junfermann.

Wilber, Ken. 2001. *Integrale Psychologie*. Arbor.

Wilber, Ken. 2009. *Mut und Gnade*. Fischer.

Wilber, Ken. 2006. *Eros Kosmos Logs*. Fischer.

Wilber, Ken. 1997. *Eine kurze Geschichte des Kosmos*. Fischer.

Wilber, Ken. 2007. *Integrale Spiritualität*. Kösel.

Wilber, Ken. 2009. *Die integrale Vision*. Kösel.

Wray, Robert A. 1999. *The Guide: A Man's Field Guide to Dating*. netImage.

Young, Ben and Adams, Samuel. 1990. *The 10 Commandments of Dating: Time-Tested Laws for Building Successful Relationships*. Nelson.

Young-Eisendrath, Polly and Wiedeman, Florence. 1987. *Female Authority: Empowering Women through Psychotherapy*. Guilford.

Young-Eisendrath, Polly. 1993. *Du bist ganz anders, als ich dachte*. Droemer Knaur.

Zinczenko, David. 2006. *Men, Love & Sex: The Complete User's Guide for Women*. Rodale.

Zukav, Gary. 2010. *Spiritual Partnership: The Journey to Authentic Power*. Harper One.

* Besprochen im Appendix I

# Endnoten

(Die Seitenzahlen beziehen sich stets auf die amerikanischen Ausgaben; Anm. d. Ü.)

1. Siehe Institute of American Values (www.americanvalues.org/) *Why Marriage Matters, Second Edition: Twenty-Six Conclusions from the Social Sciences,* und Patricia Love und Steven Stosny *Schatz, wir müssen gar nicht reden!,* Seite 3: „Forschung und klinische Erfahrung haben uns gezeigt, dass Ehe und verbindliche Liebesbeziehungen für Männer wichtiger in Bezug auf ihre Gesundheit und Wohlbefinden sind als für Frauen. Geschiedene Männer arbeiten nicht so gut und leben nicht so lang, oder ‚überleben' auf eine Weise, die der Lebensqualität von verheirateten Männern entspricht. Sie haben ein beträchtlich höheres Risiko in Bezug auf Alkoholismus, Selbstmord, physische und mentale Krankheiten, Arbeitslosigkeit, Auto- und andere Unfälle. Sie verlieren den Kontakt zu ihren Freunden, gehen nicht mehr in die Kirche oder zu anderen sozialen Veranstaltungen und isolieren sich letztlich vollständig, abgesehen von der Gesellschaft, die sie in Bars finden können. Kurz: Sie verlieren Sinn und Zweck. Ohne einen Partner verlieren Männer oft ihren Lebenssinn."

2. Siehe John Gray, *Why Mars and Venus Collide,* Seite 230: „Geschiedene Frauen sind häufig glücklicher, weil sie endlich die Verantwortung für ihr eigenes Glück übernommen haben". Beachtlich ist auch die sinkende Anzahl von verheirateten Frauen in den vergangenen Jahrzehnten:

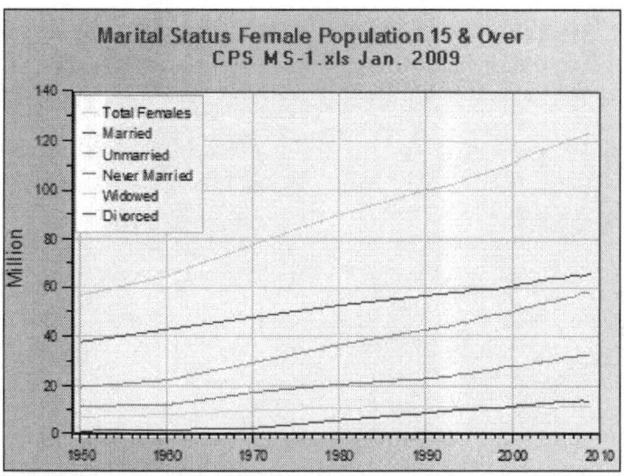


Quelle: www.biblenews1.com/marriage/marriags.htm#Total%20Marriages

3. John Gray in einem Interview mit Ken Wilber: „Mein erstes Buch, *Auseinander geliebt,* das 1993 veröffentlicht wurde, war ein viel klügeres Buch als meine späteren *Mars und Venus*-Bücher. Aber es war zu ausführlich geschrieben für die breite Öffentlichkeit, und es gab zu wenig Leute, die die Geduld und die Muße hatten, so ein Buch zu lesen. Also schrieb ich eine etwas verwässerte Version, die mehr Spaß machte und leichter verdaulich war, weniger Argumente hatte und etwas war, was die Menschen unmittelbar in ihrer Beziehung anwenden konnten. Diese einfacheren Bücher, angefangen mit *Männer sind vom Mars, Frauen sind von der Venus,* wurden zu einem Pop-Phänomen mit über 40 Millionen verkauften Exemplaren." Siehe www.integrallife.com/editorial/resurrecting-postmodern-sex-life

4. Siehe www.factfinder.census.gov/servlet/ADPTable?_bm=y&-geo_id=01000US&-ds_

name=ACS_2008_3YR_G00_&-_lang=en&-_caller=geoselect&-format= and Helen Fisher, *Warum wir lieben: die Chemie der Leidenschaft,* Seite 217.

5. In Deutschland gibt es (laut Wikipedia) keine eindeutigen Statistiken. 2005 lebten etwa „26 Prozent aller deutschen Frauen ohne Partner (im Vergleich zu 18 Prozent der Männer): 8,651 Millionen alleinstehende und 2,236 Millionen alleinerziehende Frauen" Quelle: http://de.wikipedia.org/wiki/Alleinstehender, (Anmerkung des Übersetzers)

6. Siehe Helen Fisher, *Warum wir lieben: die Chemie der Leidenschaft* Seite 217 und www.datingsitesreviews.com/staticSeites/index.php?Seite=Online-Dating-Industry-Facts-Statistics

7. Siehe www.center.americanvalues.org/?p=5

8. Siehe www.divorcerate.org/ für Details über Altersverteilung von geschiedenen Männern und Frauen ebenso für Statistiken für Erst-, Zweit-, und Drittehen. Siehe www.divorcereform.org/nyt05.html für eine Erklärung der Variationen solcher Statistiken.

9. Siehe Gregory K. Popcak *The Exceptional Seven Percent* Seite 4 and 5, wo er die Ergebnisse von mehreren Forschern wie etwa Dr. Judith Wallerstein (Autorin von *Gute Ehen*) zitiert, die herausfand, dass 15% aller Ehen und 7% aller Erst-Ehen außerordentlich sind; Lilo und Gerald Leeds *Wonderful Marriage* Seite 2: „Nachforschungen zeigen, dass nur 7% aller Ehen als großartige Ehen betrachtet werden können"; www.divorcemag.com/statistics/statsUS.shtml für Statistiken bezüglich Ehe und Scheidungen; sowie die Forschung von Steven L. Noch und W. Bradford Wilcox, University of Virginia: *What's love got to do with it? Equality, equity, commitment, and women's marital quality.*

10. Siehe John Tierney *The Big City; A New Look At Realities Of Divorce* veröffentlicht am 11. Juli 2000 in der NY Times: „Forscher, die geschiedene Paare interviewt haben, haben wiederholt in Fällen herausgefunden, bei denen die Scheidung nicht beiderseitig erwünscht war, dass Frauen zweimal eher diejenigen sind, die die Scheidung wollen. Nach der Trennung sind die Frauen gewöhnlich glücklicher als ihre Ex-Partner. Auch Margaret Brinig, Notre Dame Law School und Douglas Allen, Simon Fraser University *These Boots Are Made for Walking: Why Most Divorce Filers Are Women*, und Patricia Love, Steven Stosny *Schatz, wir müssen gar nicht reden!* Seite 162, und AARP *The Divorce Experience: A Study of Divorce At Midlife and Beyond* http://assets.aarp.org/rgcenter/general/divorce_1.pdf

11. Siehe Patricia Love, Steven Stosny *Schatz, wir müssen gar nicht reden!* Seite 46: „Die verheerenden Effekte der Scheidung auf Männer sind ein starkes Argument für die Tatsache, dass die Partnerin ihnen den Sinn des Lebens ermöglicht." Ebenso Laurie A. Rudman und Peter Glick *The Social Psychology of Gender* Seite 223 – 225: „Gedanken daran, die Beziehung zu beenden, sind besonders für Männer schwierig."

12. Siehe www.fathersforlife.org/suicides/US_suicide_deaths.htm und Warren Farrell *Does Feminism Discriminate Against Men?* Seite 8.

13. Siehe www.archives.cnn.com/2000/HEALTH/03/15/divorce.suicide.wmd/ und www.afsp.org; in 2004 gesamte männliche Selbstmorde in den Staaten 25,907 von 145,973,538 = 17.8 auf 100,000; gesamte weibliche Selbstmorde 6,730 of 150,533,523 = 4.5 auf 100,000.

14. Siehe Warren Farrell *Warum Männer so sind, wie sie sind* Seite 105 – basiert auf Studien von Donald Symons, Autor von *The Evolution of Human Sexuality.*

15. Siehe Bücher im Appendix I dieses Handbuches mit Büchern wie *Is He Mr. Right* und dem Kapitel über „Wie man die Blindgänger loswird" oder *An Intelligent Woman's Guide to Online Dating,* in der die Autorin beschreibt, wie sie über 100 Männer ablehnte (und ihnen manchmal das Herz brach), bis sie „Mr. Right" fand. Ihr Lieblingswort ist „Nächster!"

16. Altersverteilung nach Sex, 2000

| | Männer | | Frauen | |
|---|---|---|---|---|
| | Anzahl | Prozent | Anzahl | Prozent |
| Gesamtbevölkerung | 138,053,563 | 49.06% | 143,368,343 | 50.94% |
| 0-4 | 9,810,733 | 3.49% | 9,365,065 | 3.33% |
| 5-9 | 10,523,277 | 3.74% | 10,026,228 | 3.56% |
| 10-14 | 10,520,197 | 3.74% | 10,007,875 | 3.56% |
| 15-19 | 10,391,004 | 3.69% | 9,828,886 | 3.49% |
| 20-24 | 9,687,814 | 3.44% | 9,276,187 | 3.30% |
| 25-29 | 9,798,760 | 3.48% | 9,582,576 | 3.41% |
| 30-34 | 10,321,769 | 3.67% | 10,188,619 | 3.62% |
| 35-39 | 11,318,696 | 4.02% | 11,387,968 | 4.05% |
| 40-44 | 11,129,102 | 3.95% | 11,312,761 | 4.02% |
| 45-49 | 9,889,506 | 3.51% | 10,202,898 | 3.63% |
| 50-54 | 8,607,724 | 3.06% | 8,977,824 | 3.19% |
| 55-59 | 6,508,729 | 2.31% | 6,960,508 | 2.47% |
| 60-64 | 5,136,627 | 1.83% | 5,668,820 | 2.01% |
| 65-69 | 4,400,362 | 1.56% | 5,133,183 | 1.82% |
| 70-74 | 3,902,912 | 1.39% | 4,954,529 | 1.76% |
| 75-79 | 3,044,456 | 1.08% | 4,371,357 | 1.55% |
| 80-84 | 1,834,897 | 0.65% | 3,110,470 | 1.11% |
| 85+ | 1,226,998 | 0.44% | 3,012,589 | 1.07% |

17. Siehe Patricia Love und Steven Stosny *Schatz, wir müssen gar nicht reden!* Seite 49: „Die meisten Beziehungsbücher und Ehe-Programme sind darauf ausgelegt, Frauen anzusprechen, die mehr als 90 % davon kaufen oder unternehmen."

18. Siehe www.hai.org für kraftvolle *Love, Intimacy, and Sexuality* Workshops. Ebenso viele *Tantric Sex-Workshops,* die normalerweise Wartelisten für Männer haben.

19. Wie es eine eingefleischte weibliche *Science Of Mind*-Ministerin, die *Undefended Love* Gruppen betreut, formuliert: „Männer, die zu diesen Gruppen kommen, sind selten an der Arbeit interessiert, sondern daran, Frauen aufzugabeln." Frauen können sich manipuliert, kontrolliert oder missbraucht fühlen, wenn ein Mann erwähnt, dass er Beziehungsbücher liest und versucht, deren Inhalte anzuwenden. Letztlich fühlen sie sich unwohl, weil sie ihren „Wettbewerbsvorteil" oder ihre „Autorität" als ein Beziehungsexperte in einer Partnerschaft verlieren, wenn ein Mann gleich oder besser informiert ist und bessere Beziehungsfähigkeiten hat als sie.

20. Die französische *Encyclopédie* war der erste Versuch einer systematischen Analyse der „Ordnung und den Verflechtungen des menschlichen Wissens" im späten 18ten Jahrhundert. Diderot nannte es einen Versuch, alles Wissen, was über die Erde verstreut ist, zu sammeln, seine allgemeine Struktur unter den Menschen, mit denen wir leben, bekannt zu machen und es jenen zu vermitteln, die nach uns kommen, um Menschen nicht nur weiser,

sondern auch „tugendhafter und glücklicher" zu machen. Wilber hat dieses Unternehmen einen bedeutenden Schritt weiter vorangebracht, nicht nur indem er vieles des essenziellen Wissens und der Weisheit, die heute in Ost und West verfügbar sind, zusammengetragen hat, sondern indem er es auch in eine zusammenhängende Karte, Bezugsrahmen und Modell eingepasst hat.

21. Bill Clinton nannte Ken Wilber „brillant" und erwähnt ihn in seinen Reden (siehe www.youtube.com/watch?v=GEjKr2gA8Wk). Wilber hat auch Leute wie Al Gore, Tony Blair und George W. Bush beraten.

22. Siehe zum Beispiel Sean Esbjörn-Hargens' und Michael Zimmerman's bedeutendes Buch *Integrale Ökologie.*

23. Siehe zum Beispiel Alex Grey's integrale Kunst und Wilbers Essay unter www.alexgrey.com/essay/kenwilber.html in welchem er sagt „Ich kam mit Ken Wilber's phänomenalen philosophischen Genie vor etwa siebzehn Jahren in Kontakt."

24. Wenn dich dieses Handbuch dazu inspiriert, mehr über das AQAL-Modell zu lernen, solltest du einige von Ken Wilbers Büchern lesen. Für eine kurze und einfache Übersicht: *Integrale Vision*. Für mehr Details: *Eine Kurze Geschichte des Kosmos.* Wilbers jüngste Gedanken: *Integrale Spiritualität* (das manchmal sehr anspruchsvoll ist). Auch sehr empfehlenswert sind Allan Combs neues Buch *Die Psychologie des menschlichen Bewusstseins* und Lew Howards Buch von 2005 *Introducing Ken Wilber* (welches sich aber nicht mit dem wichtigen Wilber-Combs Raster und den Acht Zonen beschäftigt, die später in *Integrale Spiritualität* vorgestellt wurden, aber dennoch einen einvollständigen und einfachen Überblick bietet.) Für eine Sammlung von kritischen Artikeln über Wilbers Theorie siehe www.integralworld.net.

25. Integrität haben meint, entsprechend seinen Werten und Glaubensvorstellungen zu leben, auch im Angesicht von Unglück und Widerstand, und zu sagen, was man tut und zu tun, was man sagt.

26. Abraham Maslow erkannte und beschrieb die Hierarchie von menschlichen Bedürfnissen. Einfach gesagt besagt es, dass wir alle ein Bedürfnis haben zu leben (überleben), zu lieben (uns in Beziehungen wohlzufühlen), zu lernen (wachsen) und ein Vermächtnis zu hinterlassen (etwas in der Welt zu bewirken, durch das wir erinnert werden). Er erkannte, dass sich diese Bedürfnisse in einer hierarchischen Weise entfalten und nannte diesen Prozess Selbstverwirklichung. Eckart Tolle untertitelte sein Buch *Eine neue Erde* mit *Bewusstseinssprung anstelle von Selbstzerstörung.* David Deidas *Der Weg des wahren Mannes: Ein Leitfaden für Meisterschaft in Beziehungen, Beruf und Sexualität* ermuntert Männer, ihren wahren Lebenssinn in einem spirituellen Kontext zu entdecken und zu leben.

27. Siehe Irvin Singer *Philosophy of Love* Seite xvii: „Ich erkannte, um Liebe und die dazugehörenden Bedingungen zu verstehen, es erforderlich ist, auch die Probleme zu untersuchen, die etwas mit der Bedeutung des Lebens als Ganzes und der Schöpfung von Werten im Allgemeinen zu tun haben".

28. Diese Aussagen haben nicht die Intention, Schwule oder Lesben zu diskriminieren. Ihre Welt ist dem Autor einfach nicht bekannt. Die meisten Prinzipien dieses Handbuches können aber auch auf ihre Beziehungen angewendet werden.

29. Siehe zum Beispiel Jenny Wade *Transcendental Sex* Seite 181: „Liebende berichten davon, den Kontakt zu der Alltagsrealität zu verlieren, wenn sie eines mit dem unergründlichen, unaussprechlichen Mysterium werden, das so umfassend und so frei von Inhalt ist, dass es nur erkannt werden kann, wenn eine Person wieder [zur Dualität] zurückkehrt."

30. Lao-Tse, der erste taoistische Philosoph schrieb im ersten Vers des Tao Te King: „Das

Tao, über das gesprochen werden kann, ist nicht das ewige Tao." Er sagte: „Jene, die wissen, sprechen nicht, jene die sprechen, wissen nicht". Siehe auch Rumi und Hafiz für wunderbare Poesie über das Verlangen des Herzens und der Seele, zu dieser Einheit zurückzukehren, sowie Eckhart Tolle's kleines Buch *Stille spricht*.

31. Berühmtes Zitat von Stephen Hawking, seit dreißig Jahren Professor der Mathematik in der University of Cambridge und Autor von populären wissenschaftlichen Büchern wie *Eine kurze Geschichte der Zeit*.

32. Unsere tiefe Sehnsucht nach Liebe als eine Rückkehr zur Einheit und Nicht-Trennung kann auch als das Verlangen erklärt werden, zu der Verschmelzung zurückzukehren, die wir mit der Mutter vor der Geburt hatten.

33. Siehe Hillary Mayell, National Geographic News, February 16, 2005.

34. Siehe www.en.wikipedia.org/wiki/Punctuated_equilibrium für ein Vergleich zwischen der Darwin'schen Evolutionstheorie and Cladogenese. Siehe auch Rupert Sheldrakes *Morphic Resonance* Seite 131-143 in Bezug sein Modell der formativen Verursachung.

35. Sexuelle Selektion (auch *Survival of the Prettiest* genannt) geschieht durch Partnerwahl, bei der sich das Männchen und Weibchen mit den besten Tauglichkeits-Indikatoren (z.B. der Schwanz eines Pfaus) miteinander paaren, um Nachwuchs mit den besten Überlebenschancen zu erzeugen. Natürliche Selektion geschieht durch das Überleben der tauglichsten nach der Geburt. Es gibt überwältigende Beweise dafür (vgl. Geoffrey Miller *Die sexuelle Evolution, Partnerwahl und die Entstehung des Geistes*), dass sexuelle Selektion eine viel größere Rolle in der Evolution des Spezies spielt als die Natürliche Selektion.

36. Siehe www.archaeologyinfo.com/species.htm für eine tiefe Betrachtung der menschlichen Evolution.

37. Katharine Milton, eine physikalische Anthropologin der University of California, Berkeley und eine Autorität in Bezug auf Primatenernährung beschreibt, dass unsere menschlichen Ahnen, die die offene Savanne in Afrika vor zwei Millionen Jahren durchwanderten, begannen, regelmäßig Fleisch in ihre Ernährung zu integrieren, um den ernsthaften Qualitätsniedergang der Pflanzennahrung auszugleichen. Dies war eine neue Fleischernährung, voll von dicht gedrängten Nährstoffen, die den Katalysator für die menschliche Evolution bereitstellten und besonders das Wachstum des Hirns förderten.

Ohne Fleisch, so Milton, wäre es unwahrscheinlich gewesen, dass sie genug Energie und Nährstoffe von den Pflanzen, die es in der afrikanischen Umwelt zu der Zeit gab, gehabt hätten, um zu den aktiven, sozialen und intelligenten Kreaturen zu werden, zu denen sie wurden. Zurückweichende Wälder hätten sie von den reichhaltigen Blättern und Früchten ferngehalten, von denen sich in Wäldern lebende Primaten ernähren, so Milton.

Ihre These ergänzt die Entdeckung von UC Berkeley Professor Tim White und anderen, dass die frühe menschliche Spezies seit etwa 2,5 Millionen Jahren Tierfleisch schlachtete und aß. Miltons Artikel integriert Ernährungsstrategien mit der Evolution der menschlichen Physiologie und argumentiert, dass Fleischessen Routine war. Es wurde in dem Journal *Evolutionary Anthropology* (Vol.8, #1) veröffentlicht.

Milton sagt, dass ihre Theorien nicht die heutige vegetarische Ernährung berücksichtigt, die vollkommen ausreichen kann, betrachtet man das heutige Wissen um die Nährstoffe.

38. Die meisten Anthopologen glauben, dass die Strategie der Monogamie von vormodernen menschlichen Weibchen gewählt wurde. Sie sicherte die Loyalität eines männlichen Beschützers und Versorgers, anstatt mehrere Männchen ratlos stehen zu lassen, wer denn

ihre Kinder gezeugt hat, sodass sich keiner von ihnen ihr gegenüber verpflichtet fühlt. Es ist also ziemlich wahrscheinlich, dass starke Männer kleine Harems hatten und das attraktive Weibchen in eine serielle Monogamie eintraten und damit mehr als nur einen Mann hatten, solange diese empfängnisbereit waren. Die Annahme, dass Menschen natürlicherweise nicht darauf programmiert sind, monogam zu sein, macht von einem evolutionären Standpunkt keinen Sinn, da Menschen eine relativ lange Schwangerschaftszeit haben und es lange dauert, bis der Nachwuchs aufgewachsen ist. Siehe zum Beispiel Geoffrey Miller *Die sexuelle Evolution, Partnerwahl und die Entstehung des Geistes,* Seite 194 – 198 und Artikel im Internet.

39. Kernfamilie meint eine Frau und Mann mit Kind (oder Kindern), versus alleinstehende Eltern, eine kinderlose Familie oder alleinlebende Singles, die mit ihren Eltern leben, oder jede andere Familienkonstellation.

40. Siehe Helen Fisher *Warum wir lieben: die Chemie der Leidenschaft* Seite 132, Daniel Goleman *Soziale Intelligenz* Seite 198-210, Harville Hendrix *Soviel Liebe wie Du brauchst* Seite 6, Erich Fromm *Die Kunst des Liebens* Seite 1-2, John Gottman *Die sieben Geheimnisse der glücklichen Ehe* Seite 37 -38 … (um nur einige zu nennen).

41. Siehe Catherine Salmon und Donald Symons *Warrior Lovers.* Sie zeigen, wie die starken Kontraste zwischen romantischen Liebesgeschichten und Pornografie den unterschiedlichen männlichen und weiblichen Fantasien zugrunde liegen. Diese Unterschiede spiegeln die menschliche Entwicklungsgeschichte wider sowie die grundverschiedenen Selektionsanforderungen, die Männer und Frauen erfahren. Die Autoren begutachten die fundamentale Bedeutung der evolutionären Geschichte in der menschlichen Psychologie, diskutieren, wie sich männliche und weibliche Psychologie unterscheidet, und zeigen dann, wie Sexunterschiede in erotischer Kunst dies illustrieren. Dieser Unterschied zeigt sich auch in der Tatsache, dass homosexuelle Männer während ihrer Lebensspanne durchschnittlich zwischen 100 und 1000 Sexualpartner haben, während lesbische Frauen nur selten mehr als 100 haben.

Siehe auch Nancy Etcoff *Survival of the Prettiest* Seite 58, Donald Symons, *The Evolution of Human Sexuality,* David M. Buss, *The Evolution of Desire,* und Robert J. Sternberg und Karin Weis (editors) *The New Psychology of Love* Seite 65 – 86.

42. Siehe Geoffrey Miller *Die sexuelle Evolution, Partnerwahl und die Entstehung des Geistes* Seite 258 -291, Helen Fisher *Warum wir lieben: die Chemie der Leidenschaft* Seite 143 – 145, und www.news.bbc.co.uk/2/hi/science/nature/733747.stm

43. Mit der Entwicklung der Landwirtschaft wurde zum ersten Mal während der Entwicklung der Menschheit die Nahrungsmittelproduktion zu einem Aufgabenbereich der Männer, da schwangere und stillende Frauen nicht den schweren Pflug handhaben konnten. Auf diese Weise konnte mehr Nahrung produziert werden, und die Frauen konnten sich darauf konzentrieren, für Haus und Kinder zu sorgen.

44. Patriarchat meint wortwörtlich ‚Hierarchie von Priestern' (die Väter genannt wurden) oder einfach ‚Herrschaft des Vaters.' Es bezeichnet die Struktur von Familien, Gemeinschaften und Gesellschaften, wo Väter (Männer) die vorwiegende Verantwortung für die Wohlfahrt (Beschützen und Versorgen) übernahmen. Das Wort Patriarchat wird häufig verkehrt genutzt, um missbrauchende männliche Kontrolle und Dominierung von Frauen und Kindern (und anderen Männern) anzuzeigen, während es tatsächlich ein gemeinsam geschaffenes, nützliches System war, um das Überleben von Männern, Frauen und ihren Nachkommen sicherzustellen. Der Gegensatz zu dem Patriarchat ist das Matriarchat. Theoretisch entwickeln sich Matriarchate, wenn Menschen in einer friedvollen Umwelt mit

Nahrungsüberfluss leben. Heute wird jedoch angenommen, dass Matriarchate tatsächlich niemals existiert haben. Einige Feministen schwärmen von dem Matriarchat als die bessere Alternative zu dem Patriarchat. Das Matriarchat wird manchmal mit matrifokalen Gesellschaften verwechselt.

Siehe Laurie A. Rudman und Peter Glick *The Social Psychology of Gender* Seite 32 and 33, und www.en.wikipedia.org/wiki/Matriarchy

45. Siehe Ken Wilber *Eine kurze Geschichte des Kosmos,* Seite 47.

46. Philosophie ist die Liebe zur Weisheit. Ihre Disziplinen beschäftigen sich damit, wie wir leben sollen (Ethik/Moral), welche Arten von Dingen existieren (Ontologie), sowie mit der Natur/Grenzen des Wissens (Epistemologie).

47. Die griechischen Philosophen Sokrates, Plato und Aristoteles haben die Grundlage des westlichen Gedankengutes geschaffen, einschließlich Moral, Religion und damit die daraus resultierende Zivilisation. Der Einfluss von Plato ist und war ungebrochen. Seine Akademie in Athen, die um 387 vor Chr. eröffnet wurde, war der Vorläufer der heutigen Hochschulen und Universitäten. Es war eine Schule, die sich der Philosophie, dem Gesetz und der wissenschaftlichen Erforschung – im Wesentlichen Mathematik – gewidmet hat, und sie währte bis 529 nach Chr., als sie und andere nicht-christliche Schulen von dem Kaiser Justitian geschlossen wurden. Alfred North Whitehead schrieb in *Prozess und Realität* Seite 39: „Die beste und sicherste allgemeine Charakterisierung der europäischen philosophischen Tradition besteht darin, dass sie aus einer Reihe von Fußnoten zu Plato besteht. "

48. Siehe www.en.wikipedia.org/wiki/List_of_inventors. Bemerke, dass praktisch alle von ihnen Männer sind. Das gilt auch für Kunst, Philosophie, Wissenschaft, Landwirtschaft und Religion etc.

49. Siehe Ken Wilber *Eine kurze Geschichte des Kosmos* Seite 40 – 51 für eine detailliertere Beschreibung der menschlichen Evolution.

50. 1792 veröffentlichte Mary Wollstonecraft *A Vindication of the Rights of Woman,* was ein Aufruf für die Gleichheit der Geschlechter in bestimmten Lebensbereichen wie Erziehung und Moral war. Sie sagte jedoch nicht ausdrücklich, dass Männer und Frauen gleich sind.

51. Die unterschiedlichen Wellen des Feminismus sind:

Die **erste Welle des Feminismus** befürwortete die gleichen Rechte für Frauen was Verträge, Eigentum und Wahlrecht anging, und opponierte den Besitz von verheirateten Frauen durch ihre Ehemänner.

Die **zweite Welle des Feminismus** beschäftigte sich damit, jede Form von Diskriminierung gegen Frauen abzuschaffen, mit der Neigung, den Frauen vorzuschreiben, was für sie gut und schlecht ist, und dabei häufig zu implizieren, dass Männer schlecht sind.

Die **dritte Welle des Feminismus** bestand neben der zweiten Welle und begann mit der Debatte unter Frauen, ob Frauen anders sind als Männer oder nicht. Sie warf die Frage nach klassen- und rassebezogenen Subjektivitäten auf.

**Postfeminismus** nimmt an, dass gleiche Rechte und Möglichkeiten erreicht wurden, und das jede Form von Perspektive, die die Geschlechter trennt, anstatt sie zu vereinen, nicht feministisch ist, sondern sexistisch.

**Liberaler Feminismus** behauptet die Gleichheit von Männern und Frauen über politische und rechtliche Reformen. Er fokussiert die Fähigkeit der Frau, ihre Gleichheit durch ihre eigenen Handlungen und eigene Entscheidungen zu zeigen und aufrechtzuerhalten.

**Radikaler Feminismus** behauptet, dass eine männliche Autorität und Machtstruktur für die Unterdrückung der Frauen und ihrer Ungleichheit verantwortlich ist, und dass so lange dieses System und seine Werte vorhanden sind, die Gesellschaft sich nicht in einer grundlegenden Weise verändern kann. Radikaler Feminismus ist im Wesentlichen anti-männlich.

**Sozialistischer Feminismus** verbindet die Unterdrückung der Frauen mit marxistischen Ideen der Ausbeutung, Kapitalismus und Arbeit. Sozialistische Feministen betrachten Frauen, als das Resultat in ihrer ungleichen Stellung am Arbeitsplatz und zu Hause, als unterdrückt.

**Öko-Feminismus** nimmt an, dass die Unterdrückung der Frauen von denselben Ideologien herrührt, die auch die Zerstörung unserer Umwelt zu verantworten haben. Öko-Feministen argumentieren, dass machtvolle Männer das Land kontrollieren und das Land für ihren eigenen Profit und Erfolg und auch Frauen für ihre Befriedigung ausbeuten. Wie radikale Feministen neigen Öko-Feministen dazu, Männer zu hassen und werden deshalb häufig auch radikale Öko-Feministen genannt.

52. In den USA als Ganzes um 1920.

53. Frauen hatten 19 % aller Grundstudium-Abschlüsse während des beginnenden 20sten Jahrhunderts. Um 1984 hatte sich die Zahl auf 49% erhöht. Frauen erhöhten auch die Anzahl ihrer Hochschulabschlüsse. Mitte der 80er Jahre hatten Frauen 49% aller Master-Abschlüsse und 33% aller Doktorabschlüsse. 1985 waren 53% aller College-Studenten Frauen, wobei ein Viertel von ihnen über 29 Jahre als war. Siehe www.wic.org/misc/history.htm

54. Der Mythos, dass Frauen für die gleiche Arbeit weniger bezahlt werden, wurde aufgedeckt von Warren Farrell in seinem Buch *Why Men Earn More: The Startling Truth Behind the Pay Gap—and What Women Can Do About It"*. Er stellte die Frage, warum Unternehmen ihre Konkurrenten nicht aus dem Geschäft drängen, indem sie Frauen anheuern, wenn diese nämlich für dieselbe Arbeit weniger bezahlt werden. Er fand heraus, dass die durchschnittliche Frau weniger arbeitet und keine Jobs annimmt, die sehr stressreich, wettstreitend, anstrengend und gefährlich sind. Statt dessen sind sie viel mehr erfüllungsorientiert. Am Ende stellte sich heraus, dass es eine Frage von Angebot und Nachfrage war. Es ist zudem ein Paradox, dass Frauen im Allgemeinen erwarten, dass ihre Ehemänner bedeutend mehr Geld verdienen als sie selbst, doch im Großen und Ganzen dasselbe Geld verdienen wollen. Letztlich verdienen heute alleinstehende, kinderlose Frauen im Durchschnitt 20% mehr als ihre männlichen Kollegen.

55. Die Pille, wie sie genannt wird, wurde von Dr. Gregory Pincus erfunden und 1960 von der US Food & Drug Administration zugelassen. Schwangerschaft war damit nicht länger ein zwangsläufiges Resultat während einer Ehe und später für alleinstehende Frauen (die Pille war in manchen Staaten ursprünglich illegal und wurde nur verheirateten Frauen verschrieben); es gab ihnen die Wahlmöglichkeit, auf die Männer so gut wie gar keinen Einfluss haben.

56. 1969 durch den damaligen Gouverneur von Kalifornien, Ronald Reagan, als gesetzmäßig anerkannt und später in den anderen US-Staaten übernommen.

57. Siehe *These boots are made for walking: Why most divorce filers are women* eine Studie von Margaret Brinig und Douglas Allen (American Law and Economics Review, Vol. 2, pp. 126-169, 2000) die besagt: „Wegen der finanziellen und sozialen Nöte, denen man sich nach einer Scheidung gegenüber sieht, nehmen die meisten Menschen an, dass seit der Einführung der verschuldungsunabhängigen Scheidung vor allem Männer die Scheidung einleiten. Es sind aber eher die Frauen, die die Scheidung beantragen, trotz einer tiefen Bindung den Kindern gegenüber und der Tatsache, dass viele Scheidungen den Kindern schaden. Mehr

noch, viele geschiedene Frauen enthüllen in großer Anzahl, dass sie nun glücklicher sind als in ihrer Ehe. Sie berichten von Erleichterung und Gewissheit, dass es richtig war, die Ehe zu verlassen. Dieses fundamentale Rätsel legt nahe, dass die Antriebe zu einer Scheidung einer Neuuntersuchung bedürfen, und dass die Kräfte, die den Nettonutzen der Heirat beeinflussen, ziemlich kompliziert und möglicherweise sogar asymmetrisch zwischen Männern und Frauen sind. Dieser Aufsatz betrachtet den Scheidungsantrag der Frauen als rationales Verhalten, basierend auf der relativen Macht des Ehepartners in der Ehe, ihre Möglichkeiten nach der Scheidung und ihre Erwartungen in Bezug auf das Sorgerecht. Siehe auch www.divorcereform.org/rates.html.

58. Feminismus kämpfte und erreichte im Großen und Ganzen gleiche Rechte und Möglichkeiten für moderne und postmoderne Frauen im Vergleich zu Männern, doch befürwortete er nicht dieselben Rechte für Männer, verglichen mit Frauen. Der Feminismus verlangte auch nicht dieselben Verantwortlichkeiten für Frauen. Feministen fahren darin fort, von Männern zu verlangen, erfolgsorientierte Versorger zu sein, ihr Leben am Arbeitsplatz und in Kriegen als Beschützer zu riskieren, das Risiko der Ablehnung auf sich zu nehmen, Frauen zu umwerben, Türen zu öffnen, und den Diamantring zu kaufen, während Frauen gleichzeitig auf ihrem Recht beharren, erfüllungsorientiert zu sein und ihre innere emotionale Stärke und äußere sexuelle Macht zu nutzen, um Männer zu übervorteilen.

59. Siehe jedes Buch von Warren Farrell für Details, besonders aber *Mythos Männermacht* und *Does Feminism Discriminate Against Men,* wo er Macht neu definierte als „Kontrolle über jemandes Leben", und sagt, „Männer lernen, Macht als etwa zu definieren, durch das sie sich verpflichtet fühlen, mehr Geld zu verdienen, das Frauen ausgeben, während sie früher sterben." Farrell argumentiert, dass „die Schwäche des Mannes in der Fassade der Stärke liegt, während die Stärke der Frau in der Fassade der Schwäche liegt." Er schließt, dass wir eigentlich keine Frauenbewegung oder eine Männerbewegung brauchen, sondern statt dessen einer Gender Transition-Bewegung, die Männer und Frauen von starren Gender-Rollen der Vergangenheit befreit. Siehe auch Gail Sheehy *Understanding Men's Passages* Seite 18: „Ein guter Versorger zu sein, ist immer noch die hauptsächliche Weise für den Mann, sich selbst zu definieren. Was sich dramatisch verändert hat, ist, dass weniger Männer und mehr Frauen diese Rolle erfüllen können." Terrence Real *The New Rules Of Marriage,* Seite 6: „Der Grund dafür, dass es zwischen Männern und Frauen in den letzten Jahrzehnten so schwierig war, kann heruntergebrochen werden auf: In der letzten Generation haben sich Frauen radikal verändert, und Männer haben es, im Großen und Ganzen, nicht. Dies ist keine Kritik an den Männern. Es ist einfach eine Tatsache."

60. Siehe Laurie A. Rudman und Peter Glick *The Social Psychology of Gender* Seite 25 - 28.

61. Entsprechend www.bls.gov/news.release/cfoi.t04.htm starben 2007 insgesamt 5071 Männer und 417 Frauen an ihrem Arbeitsplatz in den Vereinigten Staaten. Siehe auch Patricia Love und Steven Stosny *Schatz, wir müssen gar nicht reden!* Seite 65

62. Amerikanische männliche/weibliche Verluste während der Kriege:

**Erster Weltkrieg:** 116.516 Männer starben. Mindestens 359 Frauen starben, hauptsächlich durch Grippe und Auto-und Flugzeugunfälle.

**Zweiter Weltkrieg:** 405.399 Männer starben. 543 Frauen starben, hauptsächlich durch Auto- und Flugzeugunfälle. Sechszehn Army-Schwestern starben durch feindliches Feuer.

**Koreakrieg:** 36.574 Männer starben. 17 Frauen starben, hauptsächlich durch Auto-und Flugzeugunfälle.

**Vietnamkrieg:** 58.190 Männer starben. 8 Frauen starben, eine durch feindliches Feuer, eine durch Selbstmord und der Rest durch Auto-und Flugzeugunfälle.

**Golfkrieg**(Operations Desert Shield und Desert Storm): 367 Männer starben. 16 Frauen starben, hauptsächlich durch Auto-und Flugzeugunfälle und feindliches Feuer.

**Irakkrieg:** Bis zum 3. Mai 2008: 3.965 Männer starben, 94 Frauen starben durch feindliches Feuer, und 378 wurden bei Kampfhandlungen verwundet.

5.396 Männer starben bei der Arbeit in den U.S.A. in 2006. Im Vergleich dazu: 444 Frauen.

Quellen: Women in Military Service for America Memorial Foundation; Defense Department. www.fas.org/sgp/crs/natsec/RL32492.pdf

www.purplemotes.net/tag/life-expectancy/

63. Siehe Brett Tate *The Professional Bachelor* Seite 216 – 226 für eine männliche Perspektive über Frauen, die gut aus einer Scheidung rauskommen. Folgt man Tate, werden jedes Jahr durch die Scheidung etwa 45 Milliarden Dollar von Männern zu Frauen transferiert.

64. Der Assistant Secretary-General und Special Adviser des *Secretary-General on Gender Issues and the Advancement of Women* wurde mit der Unterstützung und Kontrolle der Umsetzung des Gender Mainstreaming beauftragt, einer global akzeptierten Strategie, um Gender-Gleichheit zu ermöglichen. Gleichheit zwischen Frauen und Männern bezieht sich auf gleiche Rechte, Verantwortlichkeiten und Möglichkeiten für Frauen und Männer sowie Mädchen und Jungs. Gleichheit meint nicht, dass Männer und Frauen dasselbe werden sollen, sondern dass die Rechte, Verpflichtungen und Möglichkeiten von Männern und Frauen nicht davon abhängen, ob sie männlich oder weiblich geboren wurden. Gender-Gleichheit impliziert, dass die Interessen, Bedürfnisse und Prioritäten von Männern und Frauen in Betracht gezogen werden, indem man die Vielfalt von unterschiedlichen Gruppen von Männern und Frauen anerkennt. Gender-Gleichheit ist keine Frauen-Angelegenheit, sondern sollte die Männer ebenso angehen wie die Frauen. Gleichheit zwischen Frauen und Männern ist gleichermaßen ein Menschenrechtsthema wie auch eine Grundbedingung für – und Indikator von – einer dauerhaften menschenzentrierten Entwicklung. Siehe www.un.org/womenwatch/osagi/gendermainstreaming.htm

65. Siehe www.time.com/time/specials/packages/article/0,28804,1930277_1930145_1930309-2,00.html

66. Siehe Jean Houston in einem Interview bei www.womenontheedgeofevolution.com, wo sie sagte: „Es ist wichtig, dass sich Frauen zur vollen Partnerschaft mit Männern in allen menschlichen Angelegenheiten erheben, anstatt durch die Muster traditioneller Rollen bestimmt zu werden, die heute nicht mehr so gut funktionieren, da Ökonomie und Ökologie kollabieren. Dies ist die Zeit von Frauen, MIT Männern zusammenzukommen, um ihnen zu zeigen, was Frauen leisten können, wie etwa Sensibilität für Prozesse, Muster der Verbindungen und – vor allem – wundervolle kreative Strategien für Angelegenheiten in örtlichen Gemeinden; nicht mit Macht, sondern mit Liebe. Dies gibt uns eine große und unterschiedliche Perspektive auf Beziehungen. Männer und Frauen brauchen sich gegenseitig ganz dringend."

67. Wir werden auf die vier Quadranten, die das erste Element in Wilbers ursprünglichem AQAL Modell darstellen, in Teil II, Kapitel 7 eingehen.

68. Ein Taille-Hüft-Verhältnis (THV) mit 0,7 für Frauen und 0,9 für Männer korreliert stark mit allgemeiner Gesundheit und Fruchtbarkeit. Frauen innerhalb des 0,7 Bereiches haben einen optimalen Östrogenpegel und sind weniger anfällig für große Krankheiten wie etwa Diabetes, Herz-Kreislaufkrankheiten und Gebärmutterkrebs. Männer mit einem THV um 0,9 sind gewöhnlich gesünder und fruchtbarer und haben weniger Prostata und Hoden-

krebs. Siehe Helen Fisher *Warum wir lieben: die Chemie der Leidenschaft* Seite 107 und Nancy Etcoff *Nur die Schönsten überleben*, Seite 140 – 143.

69. Siehe zum Beispiel Helen Fisher *Warum wir lieben: die Chemie der Leidenschaft* Seite 108-113, David Deida *Intimate Communion* Seite 45, Alison A. Armstrong *Making Sense of Men* Seite 18 – 33, Ayala Malach Pines *Falling in Love* Seite 83 – 104, Harville Hendrix *Getting So viel Liebe wie Du brauchst: Der Wegbegleiter für eine erfüllte Beziehung* Seite 5.

70. Siehe Nancy Etcoff *Nur die Schönsten überleben* Seite 172 – 176, und Malcom Gladwell *Blink! Die Macht des Moments nach Malcom Gladwell: Eine empirische Untersuchung:* „Es gibt viele Beweise, die zeigen, dass Größe – besonders bei Männern – tatsächlich eine Reihe von positiven, unbewussten Assoziationen auslöst." Gladwell untersuchte die Hälfte der Fortune 500 Unternehmen und fand heraus, dass die Mehrheit der Geschäftsführer große weiße Männer waren.

Der durchschnittliche Geschäftsführer war etwa 1,82 m groß (der durchschnittliche Amerikaner ist 1,79 m)

Unter den Geschäftsführern waren 58 % 1,82m oder größer

In den Vereinigten Staaten sind 14,5 % der Männer 1,82m oder größer

Etwa 30% der Geschäftsführer waren 1,89 m oder größer

Nur 3,9 % der amerikanischen Männer sind 1,89 m oder größer

„Größe spielt für den Karriereerfolg eine Rolle" sagte Timothy Judge, ein Management-Professor der University of Florida, der an dieser Studie mitgearbeitet hat.

71. Helen Fisher *Warum wir lieben: die Chemie der Leidenschaft* Seite 114-116 und David Deida *Intimate Communion* Seite 44.

72. Es ist schwierig, die Gesamteinnahmen der Porno-Industrie genau abzuschätzen. Zahlen variieren zwischen 5 und 10 Milliarden Dollar in den Vereinigten Staaten und 40 Milliarden Dollar weltweit. Durch verfügbare Videotechnologie und das Internet gibt es eine Menge freier „Fan-Websites", die mit Magazinen und DVD-Verkäufen konkurrieren. Nicht jugendfreie erotische Filme sind immer noch die Topseller, was das Entertainment in den Hotelräumen angeht.

73. Berichte zeigen, dass Liebesromane 2008 1,37 Milliarden Dollar umgesetzt haben und mit 13,5 % den größten Teil der verkauften Bücher ausmachten. Warum sind Liebesromane so populär? Die Vielfalt dieses Genres, Titel, die im Wesentlichen auf Frauen abzielen (die etwa 90,5 % aller Liebesromane lesen) und niedrige Preise tragen dazu bei, dass Liebesromane die Nummer 1 Kategorie auf den Bestsellerlisten in 2008 sind. Siehe www.rwanational.org/cs/the_romance_genre/romance_literature_statistics/industry_statistics

74. Mahatma Gandhi kämpfte sein ganzes Leben damit, seine primäre Fantasie zu überwinden und teilte sein Bett mit viel jüngeren und attraktiven weiblichen Anhängerinnen, um sein sexuelles Verlangen in den späteren Jahren zu transzendieren. Siehe Seite 423 in *Gandhi, A Life* von Yogesh Chadha. Gandhi sagte öffentlich, dass er in dem Streben, seinen sexuellen Trieb zu meistern, das Bett mit weiblichen Schülern teilen musste. Er war 77 Jahre alt.

75. Zeit, Geld, Sex (ZGS – manchmal auch „die großen Drei" genannt – nicht zu verwechseln mit „dem Guten, dem Wahren und dem Schönen") wurde als die hauptsächlichen Gründe identifiziert, warum Paare zusammenkommen UND für spätere Konflikte und Trennungen.

76. Siehe Theresa L. Crenshaw *Die Alchemie von Liebe und Lust. Hormone steuern unser Liebesleben* für eine Tiefenanalyse aller Hormone, die die männliche/weibliche Sexualität und Beziehung beeinflussen, und Harville Hendrix *So viel Liebe wie Du brauchst* Seite 47. In *Is He Mr. Right* definiert Mira Kirshenbaum Chemie als 1) angenehm und nah, 2) sicher, 3) macht Spaß mit ihm/ihr zusammen zu sein, 4) sexuell attraktiv, 5) achtbar dadurch, dass er schlau, machtvoll und erfolgreich ist – sowie respektvoll ihren Ambitionen und Errungenschaften gegenüber.

77. Siehe Helen Fisher, *Warum wir lieben: die Chemie der Leidenschaft,* besonders Seite 78 und 195-196.

78. Siehe Helen Fisher, *Warum wir lieben: die Chemie der Leidenschaft,* Seite 153 – 180.

79. Siehe Ayala Malach Pines *Falling in Love* Seite 79, Nancy Etcoff *Survival of the Prettiest,* und viele andere Filme, in denen er zunächst verrückt nach ihr ist (und Sex haben will), während sie sich nicht sicher ist und ihn besser kennenlernen will.

80. Im Jahr 2008 hat die amerikanische Kosmetikindustrie über 20 Milliarden Dollar eingenommen, vorrangig für Haar- und Hautpflegeprodukte, die sehr stark in den Printmedien und dem Fernsehen beworben werden. Die Einnahmen der Modeindustrie belief sich auf etwa 200 Milliarden Dollar.

81. Forschung zeigt, dass Männer, die sexuell erregt sind, bereit sind, höhere finanzielle und physische Risiken einzugehen. Siehe www.huffingtonpost.com/2008/04/04/sex-drives-men-to-take-ri_n_95169.html und www.usatoday.com/tech/science/2008-04-07-sex-financial-risk_N.htm

82. Siehe Geoffrey Miller *Die sexuelle Evolution, Partnerwahl und die Entstehung des Geistes* Seite 206: „Wenn eine Frau daran interessiert ist, die Persönlichkeit, Intelligenz und Erfahrung eines Mannes einzuschätzen, kann es Wochen von Gesprächen erfordern, bevor sie (unbewusst) alle Informationen gesammelt hat, die sie braucht, um sich zu verlieben ... während die männlich-sexuelle Entscheidungen schneller vonstatten geht, weil körperliches Aussehen sehr viel schneller als Charakter eingeschätzt werden kann" und Donald Symons *The Evolution of Sexual Desire* Seite 166: „Da der menschlich, weibliche, elterliche Aufwand normalerweise den männliche Aufwand überschreitet, sind Weibchen wählerischer den Männchen."

83. Siehe Helen Fisher, *Warum wir lieben: die Chemie der Leidenschaft* Seite 116 – 118 und Geoffrey Miller *Die sexuelle Evolution, Partnerwahl und die Entstehung des Geistes,* Seite 85 – 87, wo er scheibt: „Robert Trivers erkannte, dass Frauen weniger Eier (eines pro Monat) als Männer Sperma (300-500 Million pro Ejakulat) produzieren. Daher ergibt es Sinn, dass Männer intensiver darum wettstreiten, Eier zu befruchten, als Frauen, um Sperma zu bekommen, und das Frauen wählerischer als Männer sein sollten. Männer wetteifern in Bezug auf Menge und Quantität von Frauen, während Frauen um die Qualitäten der Männer kämpfen."

84. Warren Farrell argumentiert in seinen Büchern *Father and Child Reunion* und *Does Feminism Discriminate Against Men,* dass Vätern ähnlich viel investieren, da sie ihre Lebensqualität und Lebensdauer verringern müssen, indem sie härter arbeiten, um für ein Kind zu zahlen, dass sie vielleicht nicht gewollt haben, und dass sich gegen ihn wendet, wenn die Mutter ihn hasst. Obwohl dies durchaus wahr sein kann, scheint es lediglich ein verstandesmäßiges Argument zu sein und ergibt nicht viel Sinn aus einer evolutionären Perspektive.

85. Siehe Ayala Malach Pines *Falling in Love* Seite 89.

86. Siehe Patricia Love/Steven Stosny Seite 66 in *Schatz, wir müssen gar nicht reden!*: „Viele

Frauen haben keine Ahnung wie kritisch und erniedrigend sie sich gegenüber Männern verhalten." Und Harville Hendrix *So viel Liebe wie Du brauchst* Seite 76 – 81: „In der Verzweiflung beginnen Menschen negative Taktiken zu nutzen, damit ihr Partner sie mehr liebt. Sie halten ihre Zuneigung zurück und distanzieren sich emotional."

87. Stärke und Vitalität aberkennen. Allison Armstrong von www.understandmen.com nennt es „seine Eier abreißen und ihm nicht wieder zurückgeben." Siehe auch Patricia Love/Steven Stosny *Schatz, wir müssen gar nicht reden!* Seite 65 – 71.

88. Siehe Terrence Real *Mir geht's doch gut!* über männliche Depression.

89. Das PAX-Programm, das von Alison Armstrong geschaffen wurde, lehrt Frauen, wie sie Männer würdigen können, um von ihnen gefeiert zu werden (siehe www.understandmen.com). Siehe auch John Gray *Why Mars And Venus Collide* für Tipps, wie man diesen Konflikt verstehen und lösen kann.

90. Diese Dynamik wurde sehr gut eingefangen in dem Film *Love Actually*, wo Karen ausruft: „Würdest Du warten, um herauszufinden, ob es nur eine Halskette ist, oder ob es Sex und eine Halskette ist, oder, **am schlimmsten**, ob es eine Halskette UND Liebe ist?" Bemerke, dass sie findet, dass eine Halskette OK ist (keine Verbindung), und sogar Sex wäre OK, solange klar ist, was dahinter steckt, aber die Halskette (Unterstützung) UND Liebe (emotionale Untreue) sind nicht akzeptabel.

91. Patricia Love und Steven Stosny schrieben ein exzellentes Buch über die Furcht/Scham-Dynamik zwischen Männern und Frauen, nämlich *Schatz, wir müssen gar nicht reden!*.

92. Irvin Singer (Professor für Philosophy am M.I.T) schrieb in seinem Buch *Philosophy of Love* Seite xvi: „Ich begann meine Arbeiten zu der Philosophie der Liebe zu einer Zeit, als kaum ein angesehener Philosoph in der anglo-sächsischen Welt dieses Thema als seriös oder achtbar betrachtete." Und auf Seite 109: „Ich war vorsichtig darauf bedacht, das Thema zu vermeiden, denn – so wurde mir gesagt – ich würde meine Karriere ruinieren, selbstmordartig meine professionelle Stellung zerstören und von der American Philosophical Association geächtet werden." Geoffrey Miller sagt in *Die sexuelle Evolution, Partnerwahl und die Entstehung des Geistes*: „Prüderie hat die öffentliche Diskussion der sexuellen Selektion an den Rand getrieben – die sich ja um Sex dreht. Viele Leute, besonders Wissenschaftler, sind recht ambivalent bezüglich des Sex: Fasziniert und doch beschämt, besessen und doch schuldbewusst, abwechselnd obszön und puritanisch. Wissenschaftlern ist es immer noch unangenehm, den Studenten sexuelle Selektion zu lehren, darüber mit Journalisten zu sprechen und für die Öffentlichkeit zu schreiben."

93. Siehe Millionaire Matchmaker Patti Stanger in *Become your own matchmaker* Seite 50 – 72. Im Kapitel „mirror mirror" schreibt sie: „ … Du weist, dass ich grob sein kann. Ich sage den Mädchen [die sich einen Millionär angeln wollen], dass sie zu fett oder zu dünn sind, dass ihr Haar zu kraus oder lockig ist oder die falsche Farbe hat. Das mag sich grob anhören, aber Männer bewerten nun mal deinen ‚Fickbarkeits-Faktor'."

94. Siehe Endnote Nr. 51 für die verschiedenen Formen des Feminismus.

95. Ein ziemlich krasses Beispiel kann in dem Dokudrama *Der Untergang* gesehen werden, der die letzten zwei Wochen von Hitler aufzeigt. Im Film treten Frauen auf, die mit ihm leben und Sicherheit und relativen Luxus genießen, und die ihn anflehen, nicht aufzugeben, während draußen Tausende sterben.

96. Siehe besonders Helen Fisher, *Warum wir lieben: die Chemie der Leidenschaft* Seite 103, 114, und der Anfang von Seite 202, Daniel Goleman *Soziale Intelligenz* Seite 199, Laurie A. Rudman und Peter Glick *The Social Psychology of Gender* Seite 211-222, und Ayala Malach Pines

*Falling in Love* Seite 83 - 104, nur um ein paar zu nennen.

97. Für einen ernüchternden Bericht einer intelligenten Frau, die buchstäblich einhundert Männer ablehnte, siehe Dale Koppel *The Intelligent Woman's Guide to Online Dating*.

98. Siehe Ayala Malach Pines *Falling in Love* Seite 100 – 103.

99. Siehe David M. Buss, *Die Evolution des Begehrens* in dem er herausfand, dass „Frauen Männer bevorzugen, die über Geld, Ressourcen, Macht und einen hohen sozialen Status verfügen, während Männer dazu tendieren, eine attraktive, jugendliche Frau zu suchen, die sexuell treu bleibt." Diese Ergebnisse stammen aus einer globalen Erhebung von Buss und seinen Kollegen mit 10.047 Erwachsenen in 37 Kulturen von Australien bis Zambia. Siehe auch Donald Symons *The Evolution of Human Sexuality* Seite 191: „Die Tendenz des menschlichen Weibchen, hohe Statusmännchen zu orten und zu ködern mag eine solche angeborene Regel sein."

100. Siehe Laurie A. Rudman und Peter Glick *The Social Psychology of Gender* Seite 6 – 24.

101. Siehe Warren Farrell *Does Feminism Discriminate Against Men* Seite 60 – 68 für unterschiedliche Listen für Männer und Frauen in Bezug auf typisch zugewiesene Hausarbeiten. Farrell entlarvt den Mythos, dass Frauen „zwei Schichten" arbeiten, während Männer wenig oder keine Arbeit zuhause machen (Folgt man Farrell, arbeiten amerikanische Männer durchschnittlich 59,5 Stunden in der Woche am Arbeitsplatz und zu Hause kombiniert, während Frauen nur auf 56,4 Stunden kombinierter Arbeit kommen.)

102. Sie Laurie A. Rudman und Peter Glick *The Social Psychology of Gender* Seite 89.

103. Siehe John Gray *Why Mars And Venus Collide* und frühere Titel wie *Mars, Venus & Partnerschaft; Männer sind anders. Frauen auch; Männer sind vom Mars, Frauen sind von der Venus; Mars sucht Venus, Venus sucht Mars - Wie Sie Ihren Seelengefährten erkennen; Mars, Venus und Eros. Männer lieben anders. Frauen auch,* Workshops unter www.understandmen.com/ und Spaßvideos und Hilfe bei www.laughyourway.com/

104. Siehe John Gray *Why Mars And Venus Collide* Seite 38 – 41.

105. Sie Ken Wilber *Integrale Spiritualität* Seite 11-15. Wichtig ist, dass das integrale Beziehungsmodell feminine und maskuline Polaritäten nicht als Typen betrachtet, die während der vertikalen Bewusstseinsentwicklung (wie in dem AQAL-Modell definiert) konstant bleiben, sondern als Potenziale, die von beiden Geschlechtern vergegenwärtigt und verkörpert werden können, während sie altern und sich entwickeln. Wie Wilber auf Seite 45 feststellt: „Das maskuline Prinzip identifiziert sich eher mit Agenz und das feminine eher mit Gemeinschaft, aber der Punkt ist, dass jede Person beide Komponenten hat." Sie auch Erich Fromm, *Die Kunst des Liebens*, Seite 34: „Es gibt eine Maskulinität und eine Femininität im Charakter ebenso wie bei der sexuellen Funktion ... und mann muss im Hinterkopf behalten, dass in jedem Individuum beide Charakteristika vorhanden sind."

106. Aufsteigende Qualitäten sind Weisheit, Leere und Stille. Praktiken umfassen Meditation, Kontemplation und Einsamkeit. Der Archetyp ist der weise Vater. Aufsteiger scheinen wie außerweltlich und denken in Absoluta. Sie steigen von Materie zu Geist auf. Es ist die Liebe, die aufsteigt (Eros), hin zu Gott im Himmel, stets strebend, größere Ganzheit und umfassendere Einheit zu erlangen, die Grenzen zu sprengen und nach dem Himmel zu greifen, zu den endlosen Offenbarungen eines größeren Ganzen und Pracht strebend, stets das oberflächliche ablehnend, auf der Suche nach der Tiefe, das niedere ablehnt zugunsten des Höheren.

Der Gott der Aufsteiger ist außerweltlich im Kern, sein Reich ist nicht von dieser Welt. Aufsteigen ist puritanisch, monastisch und asketisch und betrachtet den Körper, das Fleisch und besonders den Sex als archetypische Sünde. Aufsteiger sind pessimistisch in Bezug darauf, Glück in dieser Welt zu finden und meiden die Zeit zugunsten der Ewigkeit.

Absteigen wird als schlecht und sündhaft betrachtet. Die Welt wird als illusorisch, schattenartig und korrupt betrachtet.

Gesundes Aufsteigen besteht in dem Verlangen, zu wachsen und besser zu werden, zu einer erleuchteten Natur zu streben, indem man eine höhere Perspektive zum wahren Selbst und der Natur der Dinge einnimmt. Selbsttranszendenz ist eine persönliche Reise der Selbstentdeckung. Es erfordert persönliche Bemühungen und den Willen zum Wandel, indem man alte Paradigmen loslässt. Spirituelle Sinnsucher erfahren Selbsttranszendenz als Leere, unendliches Bewusstsein, inneren Frieden, Freiheit und Freude, indem sie über die Beschränkungen des Egos hinausgehen und sich einer höheren Quelle bewusst werden.

Ungesundes Aufsteigen (auch Phobos genannt) unterdrückt und trennt sich vom Niederen, anstatt es zu umarmen, indem die Gefühle, der Körper, Sexualität und Gaia verleugnet werden (wie bei vielen aufsteigenden Religionen wie dem Christentum, dem Buddhismus oder Islam). Der ungesunde Aufsteiger fürchtet sich davor, herabgezogen und von dem Niederen vereinnahmt zu werden. Phobos ist die ultimative Quelle der Verdrängung, Leugnung, Furcht und manchmal sogar des Hasses allem gegenüber, was zu dieser Welt gehört wie Leben, Sexualität, Sinnlichkeit, und verleugnet damit häufig Körper und Natur.

107. Sie Ken Wilber *Eine kurze Geschichte des Kosmos* Seite 227 – 235.

108. Absteigen findet sich in Göttin-/erdverbundenen Religionen wie dem Paganismus. Absteigen ist der Pfad des Mitgefühls. Absteiger erkennen, dass sich das Eine (in einem weltlichen Abstieg von Geist zu Materie) als das Viele manifestiert, und daher werden alle Formen mit der Gleichen Güte, Mitgefühl und Gnade behandelt. Das Eine leert sich selbst in die Schöpfung, findet sich in allen Formen und feiert das Sichtbare und Wahrnehmbare. Gegenwärtigkeit, Hingabe, Lebendigkeit, Gefühle und Emotionen sind Ausdrucksformen des Absteigens. Es ist die Liebe, die hinunterreicht, und sich ausdrückt als Verkörperung, körperliche Inkarnation, Beziehungen, relationale und manifeste Umarmung, jedes Wesen in einer vollkommenen und gleichen Gnade berühren, nichts ablehnen und das Viele mit Güte und unmittelbarer Fürsorge zu umarmen. Der Absteiger liebt den sichtbaren, wahrnehmbaren Gott, feiert die Sinne, den Körper, Sexualität und Erde und umarmt eine schöpfungszentrierte Spiritualität.

Spirituelle Sinnsucher erfahren Selbstimmanenz als totale Hingabe an das, was ist – eine vollkommene Verbundenheit mit der Erde und allen Manifestationen, Fülle, Form und Flow.

109. Sie Ken Wilber *Eros, Kosmos, Logos,* Seite 340.

110. Von Agent (agency/Agenz), was „eine Identität, die fähig zu handeln ist" bedeutet.

111. Maskulin heißt „die angemessenen oder gewöhnlich mit dem Mann assoziierten Qualitäten, oder einfach männlich sein". Feminin meint „Charakteristisch oder angemessen oder besonders für Frauen, oder fraulich sein".

112. Siehe David Deida *Intimate Communion* Seite 19 - 36.

113. David Gordon White bietet die folgende Definition: „Tantra ist Gesamtheit asiatischer Glaubensvorstellungen und Praktiken, die – ausgehend von dem Prinzip, dass das Universum, das wir erfahren, nichts anderes ist als die konkrete Manifestation der göttlichen Energie, die das Universum erzeugt und aufrechterhält – rituell die Energien in dem menschli-

chen Mikrokosmos kreativ und in emanzipatorischer Weise kanalisieren will." Siehe www.en.wikipedia.org/wiki/Tantra

114. Siehe John Maxwell Taylor *Eros Ascending* Seite 18 – 19: „Der sexuelle Aspekt war ein kleiner Teil eines größeren Ganzen und erforderte, für einen wahren Studenten, Jahre des Engagements, um sich für einen erleuchtenden, ultimativen Abend der Liebe mit der Tantra-Göttin oder ‚der heiligen Tempelhure' vorzubereiten."

115. Die Linien sind die Zweiten der fünf Elemente Wilbers ursprünglichen AQAL-Modells. Wir werden das erste Element, die Quadranten, in Teil II besprechen.

116. In seinem Buch *Frames of Mind* (1983) legte Howard Gardner nahe, dass es keine einzelne Intelligenz gibt, die auf einen einfachen IQ reduziert werden kann. Er führte sieben Grundintelligenzen auf (und fügte später noch eine Achte hinzu), die sich unabhängig voneinander entwickeln können.

1. Linguistische Intelligenz: Die Fähigkeit, Worte effektiv zu nutzen, entweder oral (z.B. als Geschichtenerzähler, Redner oder Politiker), oder schriftlich (z.B. als Poet, Dramatiker, Verleger oder Journalist)

2. Logisch-Mathematische Intelligenz: Die Fähigkeit, effektiv mit Zahlen umzugehen (z.B. als Mathematiker, Steuerberater oder Statistiker) und gut zu schlussfolgern (z.B. als Wissenschaftler, Computerprogrammierer oder Logiker).

3. Räumliche Intelligenz: Die Fähigkeit, die visuell-räumliche Welt akkurat wahrzunehmen (z.B. als Jäger, Späher, oder Führer) und anhand solcher Wahrnehmungen Transformationen durchzuführen (z.B. als Innendekorateur, Architekt, Künstler oder Erfinder)

4.Körperlich-Kinästhetische Intelligenz: Kompetenz darin, seinen ganzen Körper zu benutzen, Ideen und Gefühle auszudrücken (z.B. als Schauspieler, Mime, Athlet oder Tänzer) und die Fähigkeit, die eigenen Hände zu nutzen, um Dinge zu erzeugen oder zu verändern (z.B. als Handwerker, Bildhauer, Mechaniker, oder Chirurg)

5. Musikalische Intelligenz: Die Fähigkeit musikalische Formen wahrzunehmen (z.B. als Musikliebhaber), zu unterscheiden (z.B. als Musikkritiker), zu transformieren (z.B. als Komponist) und auszudrücken (z.B. als Künstler)

6. Interpersonelle Intelligenz: Die Fähigkeit, von anderen Menschen die Stimmungen, Absichten, Motivationen und Gefühle wahrzunehmen und zu unterscheiden.

7. Intrapersonelle Intelligenz: Selbsterkenntnis und die Fähigkeit, auf Basis dieses Wissen anpassungsfähig zu handeln.

8. Natürliche Intelligenz: Die Fähigkeit, Pflanzen, Tiere und andere natürliche Dinge zu erkennen und zu unterscheiden.

117. Siehe www.wilderdom.com/personality/L4-1IntelligenceNatureVsNurture.html für weitere Informationen über Natur vs. Erziehung.

118. Lew Howard listet 27 Linien der Entwicklung und Intelligenzen in seinem Buch *Introducing Ken Wilber* Seite 23 auf, und Allan Combs bietet eine ähnliche Liste von zehn Linien in *Die Psychologie des menschlichen Bewusstseins*, Seite 47 - 48

119. David M. Buss, *Die Evolution des Begehrens* Seite 36, Helen Fisher, *Warum wir lieben: die Chemie der Leidenschaft* Seite 103, Ayala Malach Pines, *Falling in Love* Seite 48 – 60, und Nancy Etcoff, *Nur die Schönsten überleben* Seite 147 - 149.

120. Bedingungslose Liebe heißt, über die egoischen Bedürfnisse, Bewertungen und selbst-

süchtigen Motive hinaus jemanden akzeptieren und mit ihm mitfühlen zu können und das Beste für sie/ihn zu wollen.

121. Siehe John Welwood *Towards a Psychology of Awakening* Seite 236 – 237: „Voll zum Menschen zu werden bedeutet, mit der Ganzheit dessen zu arbeiten, die wir sind – sowohl unsere bedingte Natur (Erde) und unsere bedingungslose Natur (Himmel). Auf der einen Seite entwickeln wir eine Reihe von angewöhnten Persönlichkeitsmustern (Interessen, Lebensstil, Leidenschaften, Träumen etc.) ... auf der anderen Seite ist das menschliche Herz ein bedingungsloses und waches Dasein, eine fürsorgende, neugierige Intelligenz, eine Öffnung der Wirklichkeit gegenüber. Jeder von uns vereinigt diese beiden Kräfte."

122. Gregory K. Popcak listet 28 Werte und Ideale auf, Seite 62 in seinem Buch *The Exceptional 7 Percent,* und Abraham Maslow führte 14 allgemeine Seinswerte auf.

123. Siehe Erich Fromm *Die Kunst des Liebens* Seite 20-21.

124. In *1000 Fragen, die Liebe betreffend* identifizieren Eve Eschner-Hogan und Steven Hogan 29 Kategorien von Werten, Bedürfnissen, Qualitäten, Interessen und Leidenschaften und bieten viele Fragen für jedes Thema, die du mit deinem Partner beantworten kannst.

In *If The Buddha Dated* führt Charlotte Kasl 9 Kategorien für die Partnerauswahl auf, Seite 62 –68.

125. Aus *Gewaltfreie Kommunikation* von Marshall Rosenberg Seite 54-55 und Abraham Maslows Bedürfnispyramide.

126. Manfred Max Neef, ein chilenischer Umweltschützer definierte neun grundlegende Erfordernisse, die sich von den ökonomischen „Bedürfnissen" unterscheiden, die unendlich und unstillbar sind. Nach Neef sind diese Bedürfnisse gleichbleibend in allen menschlichen Kulturen und über geschichtliche Zeitperioden. Es gibt keine Bedürfnishierarchie, abgesehen von dem grundlegenden Bedürfnis nach Dasein und Überleben. Diese Bedürfnisse sind Lebenserhalt, Schutz, Zuneigung, Verständnis, Teilnahme, Entspannung (im Sinne von freier Zeit um nachzudenken, oder Müßiggang." Diese Bedürfnisse werden anhand der existenziellen Kategorien vom „sein", „haben", „machen", und „Interaktion" abgeleitet, und von diesen Dimensionen kann eine 36 Zellen Matrix abgeleitet werden.

127. Siehe *Undefended Love* von Marlena Lyons und Jett Psaris Seite 139 – 150.

Eine ‚Notwendigkeit' [need] ist etwas, was man jetzt für sein Leben oder Wohlbefinden benötigt. Ist das Bedürfnis nicht befriedigt, wird man es höchstwahrscheinlich zu seiner höchsten Priorität machen, um es so schnell wie möglich zu befriedigen. Bedürfnisse zu befriedigen erfordert gewöhnlich etwas Äußerliches, wie etwa Luft, Nahrung, Wasser oder ein bestimmtes Verhalten oder Beitrag von anderen.

Ein ‚Bedürfnis' [want] ist etwas, das du letztlich haben willst, wie etwa „ich will geliebt werden" oder „ich will reisen"

Ein ‚Verlangen' [desire] ist etwas, nach dem es einen sehnt, ohne das man jedoch auch leben kann. Man ist offen, es zu empfangen, doch man fühlt nicht den Drang, es aktiv anzustreben oder es von anderen zu verlangen. Z. B. „Ich habe das Verlangen, in einer gesunden Beziehung zu sein."

Eine ‚Vorliebe' [preference] ist die Neigung oder Tendenz in eine gewisse Richtung, doch die Alternative ist auch in Ordnung, wie etwa „Ich ziehe Reis Nudeln vor oder warmes dem kalten Wetter."

‚Keine-Vorliebe' [no-preference] ist ein spiritueller Zustand der Akzeptanz und des nichtwählens, was eine hohe Ebene der Gegenwärtigkeit und Hingabe dem gegenüber ist, was ist.

Es ist fraglich, ob irgendjemand vollständig ohne Notwendigkeiten, Bedürfnisse, Verlangen oder Vorlieben sein kann, wenn er sich voll dem Leben hingibt, ohne etwas zu unterdrükken oder sich davon abzutrennen.

128. David Richo definiert in *Reif werden füreinander* die fünf A´s einer gesunden Beziehung:

**Aufmerksamkeit [Attention]** auf den gegenwärtigen Moment; beobachten, hören und bemerken aller Gefühle, die in der Partnerschaft auftreten.

**Akzeptanz [Acceptance]** von uns selbst und anderen, so wie wir sind.

**Anerkennung [Appreciation]** all unserer Begabungen, unserer Grenzen, unseres Verlangens und unseres schmerzlichen menschlichen Dilemmas.

**Zuneigung [Affection]** zeigen durch Berühren und Festhalten.

Leben und Liebe **erlauben [Allowing]** so wie sie sind, mit all ihrer Ekstase und Schmerz, ohne versuchen, Kontrolle zu übernehmen.

129. Beispiele für unklare Kommunikation zwischen zwei Partnern kann z.B. der Wunsch sein, Kinder zu bekommen, ohne dass wann, wie (z.B. Adoption vs. Schwangerschaft der Ehefrau) und wie viele zu diskutieren. Ein anderes Beispiel ist der Grund, den Elizabeth Gilbert in *Das Ja-Wort: Eine Geschichte vom Heiraten* angibt, um sich von ihrem Ehemann scheiden zu lassen; oder auch finanzielle Themen: Ob es Ok ist, Schulden auf der Kreditkarte zu haben; wie man Geldmittel zuteilt, wenn ein Partner mehr verdient (es gleichermaßen teilt oder der mit dem höheren Einkommen fällt mehr die Entscheidungen); lass´ es uns für ein Haus sparen vs. lass es uns von den Eltern leihen; oder ob es Ok ist, Geld, Autos oder Häuser von reichen Verwandten anzunehmen.

130. Das Konzept der emotionalen Intelligenz reicht bis zu Charles Darwin zurück, und Howard Gardner identifiziert es als interpersonale Intelligenz. Der Begriff ‚Emotionale Intelligenz' wurde als Erstes 1985 in der Doktorarbeit von Wayne Payne benutzt, „A *study of emotion: Developing emotional intelligence"* und wurde dann später popularisiert durch das Buch *Emotionale Intelligenz* von Daniel Goleman.

131. Salovey und Mayer definieren emotionale Intelligenz als „die Fähigkeit, die Gefühle und Emotionen von sich selbst und anderen zu beobachten, sie voneinander zu unterscheiden und diese Information zu nutzen, das eigene Denken und Handeln auszurichten." Siehe auch Daniel Goleman's Bestseller *Emotionale Intelligenz* and *Soziale Intelligenz.*

132. Vgl. Tony Robbins in einem Dialog mit Ken Wilber auf www.integralnaked.org und die Website www.eqi.org/fw.htm die über 3000 Wörter für Gefühle auflistet.

133. Siehe das Buch *Power vs. Force* von David R. Hawkins, Seite 67 – 94 und 145 – 149 oder www.stevepavlina.com/blog/2005/04/levels-of-consciousness/

134. Siehe Louann Brizendine *Das weibliche Gehirn* Seite 18 – 19, 117 – 134, und Patricia Love/ Steven Stosny *Schatz, wir müssen gar nicht reden!* Seite 59-60.

135. Siehe zum Beispiel Terrence Real *The New Rules Of Marriage* auf Seite 7: „Vor allem [suchen Frauen] einen emotional kompetenten Partner, der Interesse und Anerkennung für ihre Gefühle zeigt."

136. Eines der Hauptthemen von John Grays *Mars und Venus* Bücher.

137. Siehe Patricia Love und Steven Stosny *Schatz, wir müssen gar nicht reden!* Seite 60 – 61 im Kapitel ‚Nicht diese Gefühle', Warren Farrell *Women Can't Hear What Men Don't Say* Seite 74: „In Berührung mit seinen Gefühlen zu sein, ist etwas ganz anderes, als seine Gefühle auszudrücken. Mit seinen Gefühlen in Kontakt stehen, gibt dem Mann die Möglichkeit, sie auszudrücken, wenn es angemessen ist. Es ist die Wahl, die ihn bemächtigt – wenn er die richtige Wahl trifft" und ein Cartoon auf Seite 73, wo sich eine Frau bei einem Wahrsager beschwert: „Er spricht nie über seine Gefühle", worauf er antwortet: „Nächstes Jahr um 14h werden Männer beginnen, über ihre Gefühle zu reden; um 14.05 h wird es allen Frauen in Amerika leidtun." Und John Gray *Why Mars And Venus Collide* Seite 196.

138. Emotionen besonders in einer exzessiven und theatralischen Weise auszudrücken.

139. Verwundbarkeit bedeutet das Risiko einzugehen, Informationen, Gedanken und Gefühle zu teilen, was höchstwahrscheinlich eine negative Reaktion oder Kritik von anderen provozieren wird.

140. Siehe David Deida *Der Weg des wahren Mannes*, im Kapitel ‚Ihre Beschwerde ist Inhaltsfrei':„Du musst deiner Frau mehr als einem Orakel als einem Berater zuhören. Sie spricht gewöhnlich in einem sehr sprunghaften und doch aufschlussreichen Stil. Sie legt deine unbewussten Gewohnheiten offen, die dich daran hindern, mit deinem Bewusstsein voll zu erwachen. Dein Unbewusstes verursacht ihr Schmerzen. Wenn sie dir nicht vertrauen kann, dass du dein Leben aus deiner tiefsten Weisheit und höchsten Kapazität führen kannst, kann sie dir nicht ihr Leben anvertrauen. Sie kann dann deiner männlichen Unfehlbarkeit nicht trauen, daher wird sie das dadurch kompensieren, dass sie ihre eigene überentwickelt. Und daraus resultiert für sie Stress."

141. Siehe Eckhart Tolle *Eine neue Erde* Seite 129 – 184, und *Jetzt:Die Kraft der Gegenwart* Seite 33 – 45. Sein Rat, dass Therapie nicht notwenig ist, wenn man lernt, seine negativen Gefühle und Emotionen zu beobachten, ist fragwürdig und kann zur *spirituellen Vermeidung* [*spiritual bypassing*] führen. Siehe Ken Wilber *Integral Spiritualität* Seite 126 – 141.

142. Aus *Gewaltfreie Kommunikation* von Marshall Rosenberg, Seite 43.

143. Siehe *Gewaltfreie Kommunikation* von Marshall Rosenberg.

144. Die Kernprinzipien von GFK sind:

**Vermeide:**

Kritik und jede Form von „sollte"

Verleugnen von Verantwortlichkeit

Ansprüche mit der Androhung von Vorwurf und Strafe

Erklärungen, wer Belohnungen und wer Strafe bekommt.

**Verwechsle nicht Beobachtung mit Einschätzung und Bewertung:**

„Wenn ich sehe, dass Du X tust (sagst) denke/fühle ich, dass Du Y bist (ein Trottel, Idiot, unsensibel, Lügner etc.)"

Mache durchführbare Anfragen in weniger als 15 Worten: „Wenn ich X beobachte, fühle ich Y, denn ich habe ein Bedürfnis für Z. Wärst Du damit einverstanden …"

**Hör zu und paraphrasiere, aber gib keine**: Ratschläge, Vergleiche, Belehrungen; weiche nicht aus oder verbiete zu fühlen,

**Konzentriere dich darauf, wie Menschen sind und was sie wollen:**
Was wird beobachtet?
Das erzeugte Gefühl
Unbefriedigtes Bedürfnis?
Was kann ich tun?

Hinter jeder Botschaft steht eine Person mit einem unbefriedigten Bedürfnis (gewöhnlich geliebt, verstanden, akzeptiert, gehört zu werden).

Konzentriere dich auf alle Gefühle, warte, bis alles ausgedrückt ist.
Wenn Du kein Mitgefühl geben kannst, brauchst Du Mitgefühl.
**Empathischer Rat:**
„Wenn Du X hörst/erfährst, fühlst du dann Y, weil Du Z willst? Würdest Du gerne, dass ich ...?"

145. Eine Alternative und passende Strategie wird in dem Buch *Getting To Yes Without Giving In* von Roger Fisher und William Ury gezeigt.

146. In dem Film *The Fog of War* beschreibt Robert McNamara seine 11 Grundsätze, unter ihnen „Fühle mit deinem Feind mit", „Rationalität wird uns nicht retten", „Es gibt etwas, das über das eigene Selbst hinausgeht", „Glauben und sehen sind manchmal beide falsch." „Sei bereit, dein Nachdenken stets neu zu überprüfen".

147. Es gibt eine Menge sorgfältig durchgeführter Forschung, die die Vorstellung stützen, dass sich die Menschen in ALLEN Entwicklungslinien in Form von sequenziellen Stufen entwickeln. Z. B. muss man erst Algebra lernen, bevor man Kalkülrechnung durchführen kann, oder im Kontext der Moralentwicklung von selbstsüchtig zu fürsorgend zu universell fürsorgend.

148. Für eine umfassende und umwerfende Übersicht über Entwicklungssysteme und ihre Quellen siehe *Integral Psychologie* von Ken Wilber, Seite 197 – 217.

149. Für eine allgemeine Übersicht über Entwicklungslinien und Stufen siehe Ken Wilber *Integrale Spiritualität,* Seite 4 – 11 und 50 – 70, *Integrale Psychologie* Seite 38 – 53, und *Eine kurze Geschichte des Kosmos* Seite 125 – 142, *Spiral Dynamics* von Don Edward Beck und Christopher Cowan (aufbauend auf der ursprünglichen Forschung von Prof. Claire Graves), das CD-Set Spiral Dynamics von Don Beck, *Changes of Mind* von Jenny Wade, *Integrales Bewusstsein* von Steve McIntosh Seite 29 – 96, die Entwicklung von Weltsichten bei Jean Gebser, Selbst-Identität/Ego-Entwicklung von Jane Loevinger und Susanne Cook-Greuter, die Stufen moralischer Entwicklung bei Lawrence Kohlberg und in dem Buch *Die andere Stimme* von Carol Gilligan, und Bewusstseinsentwicklung in *In Over Our Heads* von Robert Kegan.

150. Siehe Ken Wilber *Integrale Spiritualität* Seite 202-205, und Ken Wilber, Terry Patten, Adam Leonard, und Marco Morelli in *Integrale Lebenspraxis.*

151. Bewusstsein in der Medizin meint einfach ‚Wachsein' und wird bemessen an der Beobachtung der Aufmerksamkeit und Ansprechbarkeit eines Patienten. In der Psychologie bezieht es sich häufig auf die menschliche Aufmerksamkeit und Erfahrung, während es in der Philosophie einen weiten Bereich umfasst – von Subjektivität zu Wahl, Innerlichkeit, Volition, Intention oder Ergreifen. „Volition" bedeutet „der Akt, eine Wahl oder Entscheidung zu treffen, oder die Macht zu wählen und zu bestimmen." „Ergreifen" meint „die Handlung des Erfassens oder geistiges Verstehen."

152. Siehe Christian de Quincey *Radical Knowing* Seite 78-90 für eine kurze Einführung ins Bewusstsein, mit der Unterscheidung zwischen psychologischem, philosophischem und spirituellem Bewusstsein. Siehe auch Allan Combs *The Radiance Of Being* Seite 7 – 27.

153. Siehe Christian de Quincey *Radical Knowing* Seite 78.

154. Siehe Allan Combs *Die Psychologie des menschlichen Bewusstseins.*

155. Ego ist lateinisch für "Ich". Sigmund Freud nutze das Wort „Ich" in seinen Schriften, das aber ins Englische mit „Ego" (anstatt korrekt mit „I") übersetzt wurde. Psychologie

spricht von Ego als selbstorganisierendes Prinzip und hebt hervor, dass es wichtig ist, ein gesundes Verständnis des Selbst zu haben und das Ego zu stärken. Der spirituelle Lehrer und Psychologe Jack Engler sagt: „Du musst jemand sein, bevor Du niemand sein kannst." Frauen nutzen häufig das Wort „Ego" in einer negativen Weise um Männer zu beschreiben, die eingebildet sind, zu sehr in ihrem Kopf leben, egozentrisch und narzisstisch sind oder nicht die weiblich-feministische Sicht der Welt angenommen haben – ohne dass sie erkennen, dass sie tatsächlich denselben Fehler machen und ihre eigene begrenzte Weltsicht verteidigen. In der Spiritualität wird der Begriff ‚Ego' häufig genutzt, um einen falschen oder illusorischen Selbstsinn zu bezeichnen, der die getrennte Identität verteidigt und der vollkommen mit den Objekten des Bewusstseins identifiziert ist, sowie seiner engen Weise, die Welt zu betrachten – und sich daher von anderen trennt und alles als Objekte betrachtet, die es zu seinem eigenen Nutzen verwenden kann. Eckart Tolle sagte: „Das Ego kann nicht lieben, es will stets irgendetwas". Spirituelle Bücher wie Eckart Tolles *Eine neue Erde* and *Die Kraft der Gegenwart* (die besonders populär bei Frauen sind), A.H. Almaas's *Diamont Herz*-Buchserie, und im Wesentlichen alle östlichen Traditionen versuchen auf das authentische und funktionelle Selbst zu zeigen, dass jenseits des Ego liegt. Auf www.livereal.com/psychology_arena/what_is_ego.htm findest du viele Definitionen für das Ego.

156. Es wird das ‚harte Problem' genannt, weil es noch nicht erklärt werden konnte, in welchem Bezug das Immaterielle oder Transpersonale zu der Materie (und umgekehrt) steht. Aus Christian de Quincey *Radical Knowing* Seite 22 -24:

Es gibt vier allgemeine Antworten auf das harte Problem:

Die Materialisten behaupten, dass es nur Materie gibt und dass alles andere letztlich durch die mechanistischen Wissenschaften erklärt werden kann und wir nur lange genug nach Lösungen suchen müssen. Materialisten können jedoch nicht solche Erfahrungen wie Sinn, Liebe, Zweck, Bewusstsein oder Geist erklären, zumindest jetzt noch nicht.

Die Idealisten behaupten, dass alles Materielle letztlich eine Illusion des Geistes ist oder vom Geist aus geschaffen wird und daher nicht real ist, oder nur real in dem Sinne, dass wir daran glauben oder es erzeugen. Filme wie *The Secret* und *What the bleep do we (k)now* behaupten, dass wir unsere eigene physische Realität erzeugen. Sie können allerdings nicht erklären, wie dies tatsächlich funktioniert.

Die Dualisten erkennen an, dass es Leere und Form gibt und dass weder das eine noch das andere auf das jeweils andere reduziert werden kann. Sie können nicht erklären, wie beides miteinander verbunden ist und interagiert. Sie behaupten sogar, dass es dasselbe Ding ist, nur aus unterschiedlichen Perspektiven aus betrachtet und dass alles, was nicht materiell ist, letztlich übernatürlich ist.

Panpsychismus behauptet, dass sowohl Geist wie auch Materie gleichermaßen real sind und keines über dem anderen steht, dass alles empfindsam ist (hat eine Form von Erfassen) und dass es entweder viele getrennte Geister gibt oder einen einzigen Geist, der all das verbindet, was ist.

Siehe auch Rupert Sheldrake *Morphic Resonance* Seite 15 – 17.

Denke nur einmal ein paar Generationen zurück. Es gab kein „Dich", sondern nur deine Ahnen. Dann wurden dein Vater und deine Mutter geboren, trafen sich, hatten Sex, und du warst das Ergebnis. Aus der Leere entsprang die (deine) Form. Und nun kannst du über dich selbst nachdenken und (entschuldige, dass ich das sage!), in weniger als 100 Jahren wirst du zurück gehen zu …? Vielleicht verstehst du jetzt, warum es das harte Problem genannt wird.

Die Idee, dass die verbindende Kraft „Liebe" ist, ist wahrscheinlich so gut wie jede andere, und wurde von jedem, der jemals tief geliebt hat, erfahren (siehe Ken Wilber *Mut und Gnade*), denn es bringt die subjektive (leere) und die objektive (manifeste) Welt in direkten Kontakt.

157. Das Wort ‚erzeugt' impliziert in diesem Kontext nicht, dass unser Geist und Bewusstsein physische Objekte oder die Welt um uns herum erzeugt (d.h. die Wellengleichung Schrödingers zum Einsturz bringt), wie es in solchen New Age Filmen wie *What the bleep do we (k)now* oder *The Secret* beschrieben wird. Stattdessen meint ‚erzeugt', dass jedes Individuum die Welt in einer einzigartigen Weise interpretiert und sieht und Teile seiner externen Wirklichkeit durch seine Intentionen verändert. Diese Intentionen können physische Objekte (Kunstwerke) durch menschliche Handlungen erschaffen (wie etwa ein Haus oder Gemälde), können uns zu solchen Orten wie Supermärkten bringen, oder machen uns anfällig für bestimmte Resultate, wie etwa jemanden zu ködern, um ihn zu heiraten. Menschen verwechseln manchmal ihre eigene Rolle und Verantwortlichkeit mit der Rolle, die gegebene Faktoren in diesem Prozess der Ko-Kreation spielen. Die Herausforderung liegt darin, zwischen dem, was gegeben ist (‚kritischer Realismus' genannt) und dem, was durch menschliche Interpretationen geschaffen wird (oder dem *Mythos des Gegebenen*) zu unterscheiden, sowie zwischen dem Ausmaß unseres Einflusses gut zu unterscheiden. Siehe Ken Wilber *Integrale Spiritualität* Seite 175 – 178.

158. Siehe die grundlegende Arbeit von Jean Gebser in Bezug auf die Evolution des menschlichen Bewusstseins, sowie Jean Piaget und Erik Erikson für die Stufen bei der Entwicklung von Kindern, (schön zusammengefasst von Allan Combs in *Die Psychologie des menschlichen Bewusstseins* Seite 21–34 und 49-76.) Siehe auch Susanne Cook-Greuter, *Selbst-Entwicklung: Neun Stufen zunehmenden Erfassens,* das runtergeladen werden kann unter: http://integralesleben.org/fileadmin/user_upload/images/DIA/Info-Material_Seminare/S_Cook_Greuter/9_Stufen_zunehmenden_Erfassens_-SCG___hg_IB.pdf.

159. Siehe die Arbeiten von Abraham Maslow, Jenny Wade, Robert Kegan, Lawrence Kohlberg, Jane Loevinger, Carol Gilligan, und Susanne Cook-Greuter, um nur einige Männer UND Frauen zu nennen, die Entwicklungsforschung durchführten und Entwicklungsmodelle entwarfen.

160. Zwei Beispiele von natürlichen Hierarchien sind: Buchstaben bilden Wörter, Wörter bilden Sätze, Sätze bilden Absätze; Atome bilden Moleküle, Moleküle bilden Zellen, Zellen bilden Organismen uns so weiter. Niemand betrachtet Buchstaben oder Atome als unterdrückt oder beherrscht, obwohl sie ‚niedriger' oder von ‚geringerer Tiefe/Komplexität' als Wörter und Moleküle sind, die sie bilden. Die meisten Menschen erkennen auch den Wert von Hierarchien an, die zu akademischen, musischen oder athletischen Fähigkeiten gehören und die objektiv gemessen werden können, oder die zu dem Funktionieren von Institutionen wie Krankenhäusern, Unternehmen, dem Militär oder der Kirche beitragen. Denn wir, und besonders Frauen, sind alle so vertraut mit den Beherrscher-Hierarchien, Faschismus und fehlgeleitetem darwinistischem Denken (‚survival of the fittest'), dass manche Menschen das Kind mit dem Bade verschütten. Bei Beherrscher-Hierachien zwingen Menschen auf höheren Ebenen und mehr Macht ihre Werte (gewalttätig) auf andere, und dominieren sie, anstatt für sie zu sorgen. Wachstum des Bewusstseins verursacht bei den Individuen stets ein gesteigertes Maß an Fürsorge, Liebe, Mitgefühl und Verantwortung anderen gegenüber und ist daher ein Gegenmittel zu Beherrscher-Hierarchien.

161. Roger Walsh sagt, dass integral-informierte Menschen folgende Eigenschaften zeigen: Fürsorge und Mitgefühl für die Menschen auf früheren Stufen, denn dies sind die Leute, denen wir helfen und dienen können. Liebe jene auf derselben Entwicklungsstufe, denn sie sind unsere Kollegen, unsere Gemeinschaft und unser Sangha. Dankbarkeit jenen gegen-

über auf späteren Stufen, denn sie sind unsere Lehrer, Vorbilder und Leuchttürme. Siehe www.integrallife.com/node/54698

162. In dem Integralen Modell werden diese Stufen häufig ‚Meme' (reimt sich auf ‚Gene') genannt. Während ein Gen vererbbare Eigenschaften von Organismen enthält, enthält ein Mem kulturelle Informationen wie Praktiken, Ideen oder Werte, die verbal oder durch wiederholte Handlungen von einer Person zur nächsten übermittelt werden. Meme oder Ebenen der Entwicklung werden häufig farblich codiert, um Bewertungen und Etikettieren zu vermeiden und um eine Verwechslung mit den Systemen zu vermeiden, die eine andere Zahl von Ebenen und/oder Namen haben. Das Farbsystem und die Entwicklungsstufen können auch mit den sieben Chakras verbunden werden, die subtile Energiezentren in unserem Körper sind.

Spiral Dynamics (SD), Ken Wilber (KW) und das System der sieben Chakras (SC) haben eine geringfügig andere Farbkodierung:

Stufe 1: (SD) Beige = Überleben, (KW) Infrarot = archaisch, (SC) Rot = Wurzel oder Basalchakra

Stufe 2: (SD) Purpur = Sippe/Geister, (KW) Magenta = magisch , (SC) Orange = Heiliges Sex-Chakra

Stufe 3: (SD) Rot = Macht-Götter, (KW) Rot = egozentrisch, (SC) gelblich Solar = Plexus Emotions-Chakra

Stufe 4: (SD) Blau = Macht der Wahrheit, (KW) Bernstein = konformistisch/mythisch, (SC) Grün = Herz/Gefühl-Chakra

Stufe 5: (SD) Orange = Streben, (KW) Orange = rational, (SC) Blau = Selbstausdrucks-Chakra

Stufe 6: (SD) Grün = menschliche Bindungen, (KW) Grün = pluralistisch, (SC) Indigo = Intuitions-Chakra

Stufe 7: (SD) Gelb = Flex-Flow, (KW) Blaugrün = integral, (SC) Violet = reines Bewusstseins-Chakra

Stufe 8: (SD) Türkis = globale Sicht, (KW) Türkis = höherer Geist (SC) nicht vorhanden

163. Die niederen Stufen werden häufig als non-dual erleuchtet wahrgenommen, doch sind sie in Wirklichkeit a-dual und präkonventionell; sie können wie post-postkonventionell nonduale Stufen aussehen, da beide unkonventionell sind (siehe Prä/Trans-Verwechslung und non-duale Bewusstheit unter „spirituelle Entwicklung" in diesem Kapitel).

164. Ken Wilber prägte den Begriff ‚Prä/Trans-Verwechslung' um die Verwirrung vonlprärationalen und transrationalen Stufen der Entwicklung zu bezeichnen, die beide ja nichtrational sind. Jede Verwechslung zwischen den Prä- und Transstufen wie präformal und postformal, präkonventionell und postkonventionell, präpersonal und transpersonal etc. fallen unter diese Prä/Trans-Verwechlung. Siehe Ken Wilber *Integrale Psychologie* Endnoten Seite 244/245, *Integrale Spiritualität* Seite 51-53, und *Eye to Eye* Seite 332 – 373 (in Collected Works).

165. Rot unterschätzt konstant, dass Männer häufiger damit beschäftigt sind, ihre Ideen der Umwelt anzupassen, und weniger erfolgreich darin sind, die Umwelt ihren Vorstellungen entsprechend zu verändern.

166. Siehe Roger Fisher und William Ury *Getting To Yes Without Giving In.*

167. In dem Film *The Fog of War* sagt Robert McNamara, u.a.: „Um Gutes zu tun, muss man sich mit dem Bösen auseinandersetzen" , „maximiere die Effizienz", „Hole die Informationen", „Sag niemals nie"

168. Eine Textzeile aus dem Oscar-prämierten Musical *Swing Time* (1936), die von Präsident Obama während seiner Amtseinführungsrede am 21.1.2009 genutzt wurde.

169. Ein ‚performativer Widerspruch' ist der Mangel an Passung zwischen Inhalt und Ausdruck des Sprechaktes. Die *Wahrheit* einer Aussage ist das Kernelement der Kommunikationsethik. Aussagen, die dem Ausdruck widersprechen, werden ein performativer Widerspruch genannt. Der Satz „Alle Aussagen sind falsch" ist ein performativer Widerspruch, da der Sprecher eine Aussage macht, die der Wahrhaftigkeit des Sprechaktes widerspricht. Es gibt auch Sprechakte, deren Inhalt dem Akt an sich widerspricht. Zum Beispiel begeht jemand, der sagt: „Ich bin stumm" oder „Ich spreche kein Deutsch", einen performativen Widerspruch. Laterales über hierarchisches Denken zu erheben, ist ein weiteres Beispiel dafür, denn der Akt selbst erzeugt eine Hierarchie.

170. Mit der Ausnahme von NOW, die von Betty Friedan gegründet wurde, wurden alle diese Organisationen von Männern erschaffen!

171. Die evolutionären Stufen der Geschlechter von archaisch zu transpersonal, die wir gerade besprochen haben, sind alle in den Schichten unseres Gehirns eingebettet. Siehe z.B. Helen Fisher, *Warum wir lieben* Seite 70, und Jenny Wade *Changes of Mind* Seite 68-75. Jede Stufe ist als Potenzial in jedem Menschen angelegt und wartet darauf, erweckt zu werden, während wir reifen. In einer integral-informierten Beziehung resonieren wir auf all diesen Ebenen mit unserem Partner. Indische Mystiker haben diese evolutionären Entwicklungsstufen vor über 3000 Jahren entdeckt und mit dem Chakra-System beschrieben.

| | | | |
|---|---|---|---|
| 7 | Krone des Kopfes | Gesamtheit des Seins. Spirituale Vollkommenheit. | Violet |
| 6 | Stirn (3tes Auge) | Visualisation. Psychische Vision. | Indigo |
| 5 | Halsgrube | Kommunikation. Kreativer Ausdruck. | Blau |
| 4 | Herz | Universelle Liebe, Mitgefühl, Emphatie. | Grün |
| 3 | Solar-Plexus | Schöpfung des Selbst. Wahrnehmung und Projektion des Selbst. | Gelb |
| 2 | Kreuzbein | Verlangen, sexuelle Energie. | Orange |
| 1 | Wirbelsäulenbasis | Physische Vitalität, Überleben. | Rot |

172. Sri Aurobindo, ein indischer Nationalist und Freiheitskämpfer, Poet, Philosoph und Yogi entwickelte seine Vision und Philosophie des menschlichen Wachstums und einen spirituellen Pfad, den er ‚Integrales Yoga' nannte. Er schrieb: „Der Mensch ist ein Übergangswesen. Er ist nicht fertig. Der Schritt von Mensch zu Übermensch ist die nächste sich ankündigende Errungenschaft der Evolution der Erde. Er ist unvermeidlich, denn es ist die Intention des inneren Geistes und die Logik der Naturprozesse." Jean Gebser nutzte den Begriff, um das Auftauchen einer neuen Bewusstseinsstruktur im Westen zu beschreiben, die er ‚integral' nannte. Wilber übernahm den Begriff ‚integral' für seine Theorie in den späten 90ern, die auf Aurobindo und Gebser (unter anderem) basierte.

173. Clare Graves, Lawrence Kohlberg, Jane Loevinger, Susanne Cook-Greuter und Robert Kegan, um ein paar zu nennen.

174. Ein Begriff, der von Kurt Goldstein benutzt und von Abraham Maslow popularisiert wurde, der einfach meint: „Die volle Verwirklichung des eigenen Potenzials [auf jeder Stufe

der Bewusstseinsentwicklung]."

175. Translation meint, Agenz und Gemeinschaft auf jeder Stufe der Entwicklung auszubalancieren. Siehe www.enlightennext.org/magazine/j41/guru-pandit.asp?Seite=2 „Der Punkt ist, dass alle vier dieser grundlegenden Antriebe gesund sein sollen."

176. Für eine geraume Zeit wurde die Integrale Stufe von den Forschern als die höchste Stufe der Bewusstseinsentwicklung betrachtet, die all die vorhergehenden Stufen integriert. Später wurden noch höhere Stufen entdeckt, z.B. von Susanne Cook-Greuter, was manchmal Verwirrung erzeugt, da ‚integral' nicht mehr für die höchsten Stufen steht. In einem Dialog mit Allan Combs gab Ken Wilber vier Definitionen für Integral: 1) Die höchstmögliche Entwicklungsstufe, 2) die Integration von allen vorhergehenden Stufen, 3) eine horizontale Integration der vier Quadranten (in Teil II dieses Handbuches besprochen) auf einer bestimmten Stufe, 4) integral informiert zu sein.

177. Die Transpersonale Stufe wird manchmal holistisch, transzendent, post-integral, Einheitsstufe, implizite Ordnung, erleuchteter Geist, höherer Geist, Übergeist, Metageist, Trans-globaler Geist oder intuitiver Geist genannt, abhängig von der Entwicklungslinie oder dem Entwicklungsmodell.

178. Siehe A.H. Almaas *Liebe zur Wahrheit*: „'In der Welt, doch nicht von ihr zu sein' bedeutet, dass du fortfährst, dass zu tun, was du tust; dass du fortfährst, deine Karriere als Gärtner, Mutter und so weiter zu verfolgen, doch zur selben Zeit stets erinnerst, dass es nur eine Reflexion von etwas anderem ist; was du dir zutiefst wünschst, ist, einen Teil von dir selbst zu verwirklichen"

179. Siehe Susanne Cook-Greuter's Dissertation *Postautonomous Ego Development: Ego Development: Nine Levels of Increasing Embrace* und Jenny Wade *Changes of Mind*, die die ersten systematischen Herangehensweisen darstellen, die Stufen der höheren Bewusstseinsentwicklung auszuarbeiten, die Ken Wilber in *Integrale Psychologie* aufgelistet hat.

180. Siehe Ken Wilber *Integrale Spiritualität* Seite 51 – 53 und 104.

181. Dies macht es sehr schwer, überhaupt über Spiritualität zu sprechen, ohne daraus ein mentales Konzept zu machen. Ein wunderbares Buch, das dieses Thema behandelt, ist *Spirituellen Materialismus durchschneiden* von Chogyam Trungpa.

182. Siehe Robert Kegan's Buch *In Over Our Heads*, ein Interview mit ihm in *What Is Enlightenment* Magazine Winter 2002, online auf www.wie.org/j22/kegan.asp?Seite=1 , Douglas E. Harding's Klassiker *On Having No Head: Zen and the Rediscovery of the Obvious*, und Eckhart Tolle *Eine neue Erde*.

183. Siehe Ken Wilber *Integrale Spiritualität* Seite 71 – 83, *Ein kurze Geschichte des Kosmos* Seite 179 - 217, und Lew Howard *Introducing Ken Wilber* Seite 196 – 279 für mehr Details.

184. Emotionen sind Gefühle, die durch den Körper ausgedrückt werden, zum Beispiel schreien, weinen, lachen, jubeln, abschrecken, ein rotes Gesicht bekommen, schwitzen, zittern, einen Knoten im Hals. Sie sind von höheren gefühlten Erfahrungen wie Intuition, Ganzheit, Gegenwärtigkeit, Bedeutung, Zweck, Empathie, Mitgefühl, Glauben, Demut, Hingabe, Liebe, Aufgabe zu unterscheiden.

185. Viele New Age oder New-Thought Ideen stammen von dieser Zustandsstufe wie etwa die *Science of Mind* Kirchen (die auf den Arbeiten von Ernest Holmes basieren) und Filme/ Bücher wie *The Secret, Ask and It is Given* (Abraham Hicks) und *What the bleep do we know*, die alle positives Denken und die idealistische Idee fördern, dass Gedanken nicht nur die *Interpretationen* der Realität und unserer Intentionen erschaffen (die dann später gewisse

Wirklichkeiten erschaffen mögen oder nicht), sondern die physische Realität an sich (so wie Krankheiten, soziale Situationen, finanzieller Reichtum oder einen Partner, den wir *manifestieren* etc.). Obwohl es ein wichtiger erster Schritt zur Verwirklichung ist und Menschen bestärken kann, die Verantwortung für ihr Leben zu übernehmen – anstatt sich als Opfer zu fühlen – kann dies eine hochproblematische und moralisch fragwürdige Vorstellung werden, da sie die Menschen für ihr Schicksal voll verantwortlich macht, unabhängig ihrer Rasse, ihres kulturellen Hintergrundes und ihren Fähigkeiten. Sofern es als eine universelle Wahrheit behauptet wird, scheitert sie am sogenannten Ausschwitz-Test, der nahelegt, dass die sechs Millionen Juden, die von den Nazis umgebracht wurden (oder die mehr als 10 Millionen amerikanischen Ureinwohner, die von weißen Siedlern durch Krieg, Hunger und Krankheiten getötet wurden), verantwortlich für ihr eigenes Schicksal sind, weil sie „nicht auf die richtige Weise gedacht und ihr Schicksal bestimmt haben." Diese Vorstellung zeigen nicht nur auf einen ziemlich gestörten moralischen Kompass, sondern wurden auch von ernsthaften Wissenschaftlern bereits widerlegt. Siehe z.B. Dr. David Albert auf CD1 von *Down The Rabbit Hole*, was eine tiefgründige Version/Fortsetzung von *What the Bleep do we Know* ist, oder Einsteins berühmter Ausspruch: „Ich neige dazu zu denken, dass der Mond auch da ist, wenn ich nicht hinschaue."

186. Atmung, die normalerweise unwillkürlich verläuft, kann als eine Brücke zwischen der manifesten und nicht manifesten Welt dienen, wenn wir unser Bewusstsein darauf legen.

187. Abhängigkeiten sind wiederkehrende Zwänge, die negative Konsequenzen für unseren Körper und unser Sozialleben haben, die Macht über uns ausüben und die wir nicht kontrollieren können. Siehe Eckhart Tolle *Jetzt! Die Kraft der Gegenwart* Seite 127: „Jede Abhängigkeit stammt aus der unbewussten Weigerung, dem eigenen Schmerz ins Angesicht zu schauen. Jede Abhängigkeit beginnt mit Schmerz und endet mit Schmerz. Was auch immer die Substanz ist, von der man abhängig ist – Alkohol, Nahrung, Sex, Spielen, Arbeit, Dating, legale oder illegale Drogen – so nutzt man etwas oder jemanden, um den eigenen Schmerz zu überdecken."

188. ‚Psychisch' bezieht sich auf die Fähigkeit, Dinge wahrzunehmen, die unseren normalen Sinnen, die zu unserem Körper gehören (d.h. Dinge, die man sehen, hören, berühren, schmecken oder riechen kann), verborgen sind.

189. Ein Begriff, den C.G. Jung für die Erfahrung erschuf, wenn zwei oder mehr merkwürdige Ereignisse zusammen auftreten und damit einen denkwürdigen Zufall darstellen, wie etwa in einem fremden Land zufällig einen Freund treffen, der nach dem Ort sucht, von dem man gerade gekommen ist, oder über eine Person zu sprechen, und diese Person ruft einen dann an und bezieht sich darauf, was man gerade gesagt hat. Siehe Christian de Quincey *Radical Knowing* Seite 91 – 122.

190. Ralph Waldo Emerson (1803 – 1882) war der einflussreichste amerikanische Autor, der über diese Stufe geschrieben hat, und wird von Wilber ausgiebig in *Eros, Kosmos, Logos* Seite 288 – 301 zitiert.

191. Siehe Terrence Real *Mir geht´s doch gut* in Bezug auf männliche Depression.

192. Viele Bücher wurden geschrieben, um diese Zustandsstufe zu beschreiben, zum Beispiel *Ein Kurs in Wundern* von Helen Schucman, *Sei jetzt hier* by Ram Dass, oder kürzlich Eckart Tolle's Bestseller *Die Kraft der Gegenwart* und *Eine neue Erde*, die Millionen Menschen inspiriert haben.

193. Luzides Träumen heißt, dass man seinen Traum wie einem Film sehen kann. In einer weniger erleuchteten Form kann man den Traum manipulieren, in einer fortgeschrittenen Form kann man ihn einfach bezeugen, ohne an den Inhalt gebunden zu sein. Siehe Roger

Walsh *Paths Beyond Ego* Seite 71 – 86.

194. Du kannst nicht Zeit wahrnehmen, wenn da nicht Stille in dir wäre. Es ist auch hilfreich, zwischen relativer ‚Uhrzeit' (die wir nutzen, um Verabredungen einzuhalten, für die Zukunft zu planen oder um Ereignisse in der Vergangenheit zu erinnern) und ‚psychologischer Zeit' zu unterscheiden, die ein falsches Gefühl vom Selbst erzeugt (dass von den Dingen stammt, die uns in der Vergangenheit widerfahren sind und Sorgen um die Zukunft wie etwa Tod, Krankheit oder alle Besitztümer zu verlieren).

195. Es sollte eine Konferenz für Erleuchtete geben, und jeder, der erscheint, wird automatisch ausgeschlossen.

196. Es ist in den *Upanishaden*, den alten hinduistischen Schriften, niedergeschrieben, dass Sprache Brahman (das höchste Sein) nicht erhellt, sondern dass Brahman Sprache erleuchtet; das, was nicht vom Verstand gedacht werden kann, sondern das, durch das der Verstand fähig ist zu denken; das, was vom Auge nicht gesehen werden kann, sondern das, wodurch das Auge sehen kann; dass, was von den Ohren nicht gehört werden kann, sondern das, durch das das Ohr fähig ist zu hören; und das, dass niemand atmen kann, doch durch das eingeatmet werden kann.

197. Eine Psychose (ein unnormaler Zustand des Geistes) ist ein allgemeiner psychiatrischer Begriff für einen Zustand, der u.a. darin besteht, dass man „den Kontakt mit der Wirklichkeit" verliert. Menschen, die unter einer Psychose leiden, nennt man psychotisch.

198. Siehe Eckhart Tolle, *Die Kraft der Gegenwart* Seite 125: „Auf der physischen Ebene ist man ganz offensichtlich nicht ganz und wird es auch niemals sein. Man ist entweder ein Mann oder eine Frau, das heißt, die Hälfte des Ganzen. Auf dieser Ebene manifestiert sich das Verlangen nach Ganzheit – die Rückkehr zur Einheit – als männlich-weibliche Anziehung, also die das männliche Bedürfnis nach einer Frau und das weibliche Bedürfnis nach einem Mann."

199. Siehe das Diagramm von Huston Smith's *Why Religion Matters* Seite 224 und Kapitel 15, Seite 234 – 254, wo er vier unterschiedliche spirituelle Typen definiert, die sich in allen Weltreligionen finden: 1) Atheisten, die nur an Materie und die subjektiven Erfahrung von biologischen Organismen glauben, 2) Polytheisten, die Geister in vielen Objekten und Phänomenen erblicken, 3) Monotheisten, die ein Höchstes Wesen oder Schöpfer von allem, was ist, annehmen und 4) Mystiker, die erfahren, dass es nur Gott gibt. Siehe auch Ken Wilber *Integrale Spiritualität* Seite 215, und Eckhart Tolle *Eine neue Erde* Seite 16.

200. Siehe Roger Walsh *Paths beyond Ego* Seite 38-55 für ein Dutzend horizontaler Variablen für jede spirituelle Zustandsstufe.

201. See Gregory K. Popcak *The Exceptional Seven Percent* Seite 183 – 204, und David Schnarch *Die Psychologie sexueller Leidenschaft.*

202. Siehe David Deida *Intimate Communion* Seite 59.

203. Siehe www.webmd.com/sex-relationships/features/10-surprising-health-benefits-of-sex. Die Forschung fand heraus, dass Sex 1) von Stress befreit, 2) unser Immunsystem stärkt, 3) Kalorien verbraucht (85 oder mehr in 30 Minuten), 4) die kardiovaskuläre Gesundheit fördert, 5) den Selbstwert steigert, 6) Intimität verstärkt, 7) Schmerz lindert (durch die Ausschüttung von Oxytoxin), 8) das Prostatakrebsrisiko verringert, 9) die Beckenbodenmuskeln stärkt, 10) hilft, besser zu schlafen. Siehe auch Patricia Love und Steven Stosny in *Schatz, wir müssen gar nicht reden!* Seite 148 – 150.

204. Siehe David Deida *Intimate Communion* Seite 59 – 60.

205. See David Schnarch *Die Psychologie sexueller Leidenschaft.*

206. ‚Kundalini' meint wortwörtlich ‚gewunden', wie eine Feder oder eine Schlange, an der Basis der Wirbelsäule. Kundalini zeigt auf das ungenutzte Energiepotenzial oder Kreativitätsreservoir, das die Wirbelsäule aufwärts, häufig während sexueller Aktivitäten, bewegt werden kann. Wenn die Kundalini-Energie durch den Körper strömt, verändert sich das Bewusstsein. Aus psychologischer Perspektive kann es als eine reiche Quelle von psychischer oder libidinöser Energie in unserem Unbewussten verstanden werden.

207. Siehe Poeten wie Rumi, Hafiz, Rainer Maria Rilke, oder Emily Dickinson, und David Deida *Dear Lover*, ein Buch mit 29 wundervollen Liebesbriefen, die jedes Kapitel einleiten.

208. Siehe David Deida *Intimate Communion* Seite 60 – 61

209. Siehe Margo Anand *Tantra: Die Kunst der sexuellen Ekstase* Seite 387 – 421 für diese und andere tantrische Positionen.

210. Siehe Victor Gold's einfaches und sich irgendwie wiederholendes Buch *The Potency Principles* und www.sexualhealingnow.com/ Für eine tiefere Einführung ins Tantra siehe Margot Anand *Tantra: Die Kunst der sexuellen Ekstase* und *The Sexual Ecstasy Workbook.*

211. Männer und Frauen haben den PC- oder Pubococcygeus-Muskel. Er verläuft vom Schambein zum Kreuzbein und formt damit den Beckenboden. Es ist derselbe Muskel, den man benutzt, um das Urinieren zu unterbrechen. Er kann gestärkt werden, indem man ihn für ein paar Sekunden etwa 30-40 Mal am Tag anspannt.

212. Siehe Dennis Genpo Merzel *Big Mind – Big Heart*, für eine Methode, durch die wir uns der vielen und oftmals unbewussten Stimmen in unserem Geist, die miteinander um unsere Aufmerksamkeit kämpfen, wie etwa „dem Beschützer, dem Skeptiker, dem Kontrolleur, dem sorgenvollen Selbst, dem wütenden Selbst, dem Problemlöser, dem verletzten Selbst, dem verletzlichen Kind, dem Strebenden, dem erleuchteten Selbst usw." bewusst werden können, und die den Übenden mit einer ‚Satori'-Erfahrung (einem Zen-buddhistischen Begriff für Verstehen oder Erleuchtung) oder ihrem authentischen Selbst auszustatten vermag.

213. Siehe Leslie Temple Thurston *The Marriage of Spirit* Seite 52: „Diese androgyne Seelenform umfasst maskuline und feminine Frequenzen, sowohl negativ und positiv, wie auch bewusst und unbewusst. Das zweite Schisma liegt darin, die Seele abzuspalten. Es erschafft die Teilung zwischen bewusst-unbewusst, negativ-positiv und maskulin-feminin. Das Individuum ist in maskuline Frequenzen (sofern in einem männlichen Körper), oder feminine Frequenzen (sofern in einem weiblichen Körper) aufgeteilt.

214. Siehe Ayala Malach Pines *Falling in Love* Seite 109 - 120: „Die ‚Bindungs-Theorie' beschreibt, wie Kinder lernen, sich ihrem primären Versorger nah (verbunden) zu fühlen (üblicherweise der Mutter) und sich dabei auch sicher fühlen, ihre Individualität zu erforschen. Wenn der primäre Versorger beständig vertrauenswürdig und empfänglich ist, entwickelt der Säugling ein Gefühl von Sicherheit der Liebe und wird sich als Erwachsener in Liebesbeziehungen auch wohl und zufrieden fühlen. Wenn nicht, wird der Erwachsene Angstmuster und Ambivalenzen zeigen oder sogar intime Liebesbeziehungen vermeiden.

215. Siehe Ayala Malach Pines *Falling in Love* Seite 98 – 100 für eine Theorie darüber, wie Männer ihre emotionale, jedoch nicht ihre physische (sexuelle) Bindung an ihre Mutter unterdrücken müssen. Diese Bindung wird dann im späteren Leben auf Frauen übertragen. Frauen müssen sich sexuell von ihren Müttern lossagen, jedoch nicht emotional, um sich mit dem Vater zu identifizieren. Diese Bindung wird dann im späteren Leben auf Männer übertragen. Siehe John Welwood, *Love and Awakening* Seite 182 – 184, und auf Seite 199.

216. Carl Gustav Jung, (1875 - 1961) war ein Schweizer Psychiater, ein einflussreicher Denker und Begründer der analytischen Psychologie.

217. Anima und Animus sind, in C.G. Jungs Analytischer Psychologie, die Gesamtheit der unbewussten weiblichen psychologischen Qualitäten, die ein Mann besitzt (Anima), und die maskulinen Qualitäten, über die eine Frau verfügt (Animus). Jung war sich nicht sicher, ob der Anima/Animus-Archetypus vollkommen unbewusst war, und nannte es „ein wenig bewusst und unbewusst." Jung nannte das Beispiel eines Mannes, der sich Kopf über verliebt, dann später seine überschnelle Wahl bereut, als er herausfindet, dass er seine eigene Anima geheiratet hat – also die unbewusste Idee des Weiblichen in seinem Kopf und nicht die Frau selbst. Die Anima ist gewöhnlich ein Abbild seiner Mutter und kann auch Aspekte seiner Schwester, Tanten und Lehrer haben. Die Anima und der Animus gehören zu den bedeutendsten autonomen Komplexen von allen. Sie erscheinen als Traumfiguren ebenso wie als Einflüsse in den Interaktionen zwischen den Geschlechtern. Jung sagte, dass seinen eigenen Schatten zu konfrontieren, eine „Schüler-Arbeit" sei, während die Konfrontation mit der eigenen Anima und Animus das „Meisterstück" darstellt. Siehe www.en.wikipedia.org/wiki/Anima_and_animus.

218. In der Psychologie bezieht sich ein *Komplex* auf unbewusste Assoziationen oder starke unbewusste Impulse, die dem Verhalten des Individuums unterliegen. Komplexe können erklären, warum manche Menschen in einer beliebigen Situation wütend oder traurig werden, andere jedoch nicht, und warum eine Person von der Aura einer anderen Person angezogen oder abgestoßen wird, während dies bei anderen nicht der Fall ist.

219. Siehe Harville Hendrix *So viel Liebe wie Du brauchst* Seite 35 – 36: „Es war, als wärst du mit einer anderen Person verschmolzen und ganz geworden" wie auch Seite 48-60.

220. Siehe Harville Hendrix *So viel Liebe wie Du brauchst* Seite 63 – 75.

221. Siehe David Richo *Reif werden füreinander* Seite 156 – 158, Helen Fisher, *Warum wir lieben* Seite 21-22, 97, 152, 173-175, 218, und Peter Rengel *Living Life in Love* Seite 46 über Eifersucht, die ein zerstörender und schmerzhafter Mix aus Wut, Furcht und Verletztsein ist.

222. Siehe Patricia Love/Steven Stosny *Schatz, wir müssen gar nicht reden!* über die Dynamik von männlicher Scham und weiblicher Furcht.

223. Fast alle Paare und viele Therapeuten/Lehrer verwechseln negative emotionale Reaktionen auf die Wirklichkeit einer anderen Person damit, gesunde Grenzen zu setzen. Eine emotionale Reaktion wie etwa Wut oder Angst wird **immer** durch den eigenen Schmerz verursacht. Es ist ein Versuch unserer Psyche, uns davor zu beschützen, den emotionalen Schmerz neu zu erfahren, der uns in unserer Vergangenheit, meistens in unserer Kindheit, zugefügt wurde. Anstatt die emotionale Reaktion auf eine andere Person zu projizieren (gewöhnlich durch Schuldzuweisungen, ‚sollte'- Argumente und ‚Kampf-oder-Flucht' -Reaktionen), können wir lernen, Verantwortung für unsere Gefühle zu übernehmen und „Ich"-Aussagen zu fällen. Dies **heißt nicht**, dass wir das Verhalten einer anderen Person mögen oder akzeptieren müssen, denn das würde aus uns einen Fußabtreter machen. Es meint einfach, dass wir das Verhalten der anderen Person von unserer emotionalen Reaktion auf ihre Realität trennen können. Wir können auch lernen, Empathie und Mitgefühl zu zeigen und die Perspektive der anderen Person einzunehmen. Dann, ohne zu projizieren, können wir unsere eigenen Bedürfnisse und Verlangen ausdrücken und entweder die Situation akzeptieren, verändern oder verlassen.

224. Deepak Chopra's Buch *The Path of Love* umfasst ganz wunderbar die Aspekte der Liebe, Ego-Transzendenz, Geist und Seele. Ein großartiger Artikel über Intimität und das Ego kann hier online gefunden werden: www.livereal.com/relationship_arena/intimacy.htm

225. Scott Peck definierte Liebe in seinem Buch *Der wunderbare Weg* als „der Wille, sich selbst zu erweitern, zu dem Zwecke, das spirituelle Wachstum von sich selbst oder anderen zu fördern." John Welwood nennt in *Love and Awakening* Seite 49 – 59 Seelenpartner als „ebenbürtige Gegenspieler". Das Buch *Undefended Love* von Marlena Lyons und Jett Psaris (basierend auf A.H. Almaas's (Hameed Ali) Diamant-Herz Arbeiten) ist ein exzellentes Werkzeug, die Beziehung zu nutzen, um die eigene Seelenessenz zu erwecken.

226. Der folgende Artikel wurde von Scott Andrews, Gründer von AspireNow, (AspireNow.com) und kann unter www.aspirenow.com/smooth_sailing_how_to_recognize_your_soul_mate.htm gefunden werden.

Er beschreibt treffend, woran man einen Seelenpartner erkennen kann:

„Man kann fast immer Seelenpartner daran erkennen, dass sie zusammen mehr Kraft haben als allein! Dies ist der **erste Weg**, deinen Seelenpartner zu erkennen.

Befindest du dich in einer Beziehung, und du musst rationalisieren, wie sehr dir diese Person hilft (oder dich hindert), dann ist es **nicht** dein Seelenpartner. Nimm das Wort Seele, addiere die Definition dessen mit der Definition von Partner, und schon hat man eine strake Definition für Seelenpartner: „die spirituelle Kernnatur, unsterblich, untrennbar durch den Tod, verbunden, um zusammen zu sein."

Lasst uns im Kontext dieser Definition die **zweite** Weise, deinen Seelenpartner zu finden, betrachten:

Sie sind sich beide ihrer spirituellen Natur bewusst. In den meisten Fällen werden diese beiden ihre Aufmerksamkeit zuerst auf diese höhere Berufung oder Macht (Gott/Geist) gerichtet haben, zweitens auf sich selbst, und drittens auf den Sinn, zusammen zu sein. Ihre Familie, Karriere und andere Dinge werden stets in ihrer Priorität hinter diesen drei Aspekten liegen.

Der **dritte** Weg, Seelenpartner zu erkennen, liegt darin zu erkennen, wie die Reisen dieser beiden zusammenhängen. Alle Seelenpartner sind auf einer spirituellen Lebensreise. Diese Reisen, wenn sich die Seelen für die maximale Wirkung überschneiden, laufen fast immer parallel oder überschneiden sich in einer Weise, dass eine Beziehung entsteht, die sich mehr um die Einheit und das Team dreht als um das Individuum. Sie stellen ihre gemeinsame Reise über ihre individuelle Reise und ihre Bedürfnisse. Der Grund dafür liegt darin, dass der Traum des Individuums komplementär zur Einheit in einer Seelenpartnerschaftsbeziehung ist. Gleichzeitig werden durch die Beziehung die Reisen der Individuen voll unterstützt. Bei Seelenpartnern gibt es Vertrauen und Respekt. Mit Vertrauen und Respekt kommt auch die Fähigkeit, das Streben zu verwirklichen – sowohl als Paar als auch als Individuen.

Der **vierte** Weg, deinen Seelenpartner zu erkennen, besteht darin zu beobachten, wie jeder Partner wirklich Liebe in das Leben des anderen bringt. Bringt eine Person der andere nicht wirkliche Liebe, sondern verursacht Konflikt, Trauer, Angst, Mangel und Verlust, dann ist es hoch unwahrscheinlich, dass diese Person dein Seelenpartner ist. Ein Seelenpartner hilft dir, deine Seele zu erwecken und macht es dir einfacher, die Lektionen zu lernen, die du lernen musst. Ein wichtiger Unterschied liegt darin, dass der Seelenpartner nicht die Lektion ist, sondern dass sie helfen, dass du deine Lektion lernst und den Wachstumsprozess unterstützen.

Der **fünfte** Weg, einen Seelenpartner zu erkennen, liegt darin, dass sie über harmonische und ergänzende Eigenschaften verfügen. Manchmal, wenn die Leute eher vom Ego aus handeln als aus dem Geist heraus, wird die Beziehung eher zu dem, was sie haben (Besitztümer), als wer sie sind (Erfahrungen). Bei Seelenpartnern geht es vielmehr um Erfahrungen als um Besitztümer, weil sie erkennen, dass sie ihre Besitztümer nicht mitnehmen können. Deine Seele besitzt nicht deine Besitztümer, sondern nur deine Erfahrungen" (abgedruckt mit der Erlaubnis des Autors).

227. Siehe Erich Fromm *Die Kunst des Liebens* Seite 88 – 89.

228. Siehe Robert Bly *Eisenhans*, Sam Keen *Feuer im Bauch*, und David Deida, der in *Der Weg des wahren Mannes* Seite 51 schreibt: „Eine Frau scheint häufig die Fähigkeit des Mannes zu testen, in seiner Wahrheit und seinem Sinn zu ruhen. Sie testet ihn, um seine Freiheit und die Tiefe seiner Liebe zu fühlen, um zu wissen, ob er vertrauenswürdig ist. Ihre Tests können in Form von Beschwerden auftreten, Herausforderungen, indem sie ihre Ansichten ändert, ihn anzweifelt, ablenkt, oder indem sie seinen Lebenssinn in einer mehr oder weniger subtilen Weise unterminiert. Ein Mann sollte niemals denken, dass dieses Testen irgendwann einmal aufhört und sein Leben dann einfacher wird. Er sollte vielmehr wertschätzen, dass sie diese Dinge tut, um seine Stärke, Integrität und Offenheit zu fühlen. Sie verlangt es nach seiner tiefsten Wahrheit und Liebe. Während er wächst, so wird es auch ihr Testen tun."

229. Siehe Mark Gerzon *Coming Into Our Own*, und der Film *American Beauty*.

230. Polyamorie bedeutet, mehr als nur eine liebende, intime Beziehung zur gleichen Zeit zu haben, bei vollem Wissen und Einverständnis von allen Involvierten. Polyamore Menschen haben häufig eine primäre Beziehung in Form einer ökonomischen Familienbasis und zudem zusätzliche Liebende. Es wird als eine Alternative zu Betrügen und Scheidung betrachtet, wenn sich eine Person in einer verbindlichen Beziehung in eine andere Person verliebt. Ein weiteres Motiv liegt darin, die primäre Beziehung frisch und lebendig zu halten, indem man die Begeisterung der neuen Liebe in die bestehende Beziehung einbringt. ‚Poly-' Beziehungen können sehr herausfordernd, zeitaufwendig, unterbrechend und potenziell schädigend sein, und nur wenig Paare sind über einen längeren Zeitraum erfolgreich und glücklich mit einem solchen Arrangement. Polyamore Beziehungen werden häufig mit offenen Beziehungen, Swingen oder einfach Betrügen verwechselt. Die Poly-Szene wurde von gut meinenden und reifen grünen Individuen erschaffen und später von Rot infiltriert, was viele Probleme erzeugte hat, die bis heute bestehen.

231. Siehe David Deida's provokatives Buch *Der Weg des wahren Mannes* für Einsichten in eine authentische und empfindsame maskuline sexuelle Essenz, die für viele Frauen anziehend ist.

232. Autorität wird definiert als die Macht, die eigenen Gedanken, Meinungen oder Verhaltensweisen als gut oder schlecht einzuschätzen oder zu bestimmen.

233. Siehe Robert Augustus Masters *Transformation through Intimacy – The Journey Towards Mature Monogamy*. In einer reifen monogamen Beziehung sind sich entgegengesetzte und gleiche Partner aufgrund der eigenen freien Wahl, und nicht aus Furcht, treu.

234. Siehe David Richo *Reif werden füreinander* Seite 113 und 153-155.

235. Ko-Abhängigkeit entwickelt sich, wenn eine Person (die ko-abhängig ist) ein kontrollierendes Verhalten in Bezug auf eine emotional, physische oder ökonomisch abhängige Person (die Abhängige) zeigt, um die Veranlagung der abhängigen Person zu durchbrechen, und zwar bedingt durch ihr eigenes Verlangen, gebraucht zu werden und die Furcht, etwas zu tun, das die Beziehung verändern würde.

236. Siehe Polly Young Eisendrath und Florence Wiedemann *Female Authority* Seite 69 – 74.

237. Siehe Polly Young Eisendrath und Florence Wiedemann *Female Authority* Seite 80 – 111.

238. Siehe Polly Young Eisendrath und Florence Wiedemann *Female Authority* Seite 8: „Die Fähigkeit einer Frau, ihre eigenen Überzeugungen des Wahren, Schönen und Guten (die Ken Wilber in Übereinstimmung mit der *Philosophia Perennis* ‚die großen Drei' nennt – nicht zu verwechseln mit den drei wesentlichen Gründen, warum Partner zusammenkommen und sich wieder trennen, nämlich ‚Zeit, Sex und Geld') im Kontext ihres Selbstverständnisses und Selbstinteresses zu bewerten, ist das, was wir ‚die weibliche Autorität' nennen".

239. Siehe Polly Young Eisendrath und Florence Wiedemann *Female Authority* Seite 112 – 120.

240. Siehe Elisabeth Kübler-Ross *Über den Tod und das Leben danach*, das fünf Stufen der Trauer beschreibt (Leugnen, Wut, Verhandeln, Depression und Akzeptanz), die wir auch erfahren können, wenn wir von unserem Partner verlassen werden, den wir lieben. Siehe auch David Richo *Reif werden füreinander* Seite 199 – 213, Helen Fisher, *Warum wir lieben* Seite 153 – 180, Kathryn Alice *Love Will Find You* Seite 69 – 100.

241. Lebendige und populäre Beispiele von Frauen in ihrer Stufe vier des Animus sind in Elizabeth Gilbert's Bestseller *Eat, Pray, Love* dargestellt, sowie Cathi Hanauer's Kollektion von Geschichten unglücklicher Frauen in *The Bitch in the House*.

242. Siehe Polly Young Eisendrath und Florence Wiedemann *Female Authority* Seite 139 – 143.

243. Siehe Dale Koppel *The Intelligent Woman's Guide to Online Dating*, das eine lebendige Einsicht in die Psyche der Frauen auf dieser Stufe ermöglicht AARP *The Divorce Experience: A Study of Divorce At Midlife and Beyond* http://assets.aarp.org/rgcenter/general/divorce_1.pdf

244. Siehe Polly Young Eisendrath und Florence Wiedemann *Female Authority* Seite 204.

245. Siehe Polly Young Eisendrath und Florence Wiedemann *Female Authority* Seite 222 – 223. Auch Christian de Quincey *Radical Knowing* Seite 176 – 180: „Ich als Subjekt reflektiere mich niemals in Dingen (Objekten), sondern nur in anderen „Ichs", wie Du es bist", und Gail Sheehy *Sex and the Seasoned Woman* Seite 159: „Dr. Judith Wallerstein spottete über den Kommentar unverheirateter Frauen, dass ‚sie keinen Mann brauchen, um sich selbst zu definieren' und argumentiert, dass sexuelle Attraktivität zentral für das Selbstbild der Frau ist; niemand entwickelt ein Selbstbild alln."

246. Interdependenz oder wechselseitige Abhängigkeit erzeugt Synergie, in der das Ganze größer ist als die Summe seiner Teile. Mit anderen Worten sind Männer und Frauen auf dieser Stufe sowohl finanziell und emotional sicher und unabhängig. Sie können gemeinsam eine größere ökonomische Basis erzeugen, indem sie zusammenleben, Ressourcen teilen, sich gegenseitig im Wachstum unterstützen und eine Menge Spaß dabei haben, während sie dies tun.

247. Siehe Polly Young Eisendrath und Florence Wiedemann *Female Authority* Seite 225.

248. Siehe Ayala Malach Pines *Falling in Love* Seite 116 – 121. Die fünf Stufen der Anima/Animus-Entwicklung, die in diesem Handbuch beschrieben werden, ähneln Otto Kernbergs fünf Punkte Skala der Fähigkeit von Menschen, zu lieben, wobei er nicht zwischen Männern und Frauen unterscheidet und sich lediglich auf die Beziehung mit der Mutter konzentriert (ein grundlegender Kritikpunkt). Dies hat die Konsequenz, dass seine Skala eher die männliche Entwicklung widerzuspiegeln scheint:

Totale Unfähigkeit zu lieben.

Sexuelle Promiskuität.

Primitive Idealisierung der Geliebten und kindische Abhängigkeit.

Die Fähigkeit, stabile Beziehungen zu erzeugen, mit der vollen Fähigkeit, sexuelle Befriedigung zu genießen.

Tiefe intime Beziehungen mit einer gesunden Kombination von Sexualität und Empfindsamkeit dem anderen gegenüber.

249. Siehe Ayala Malach Pines *Falling in Love* Seite 137 – 159 für drei verschiedene Theorien über diese Attraktion, 1) Objektrelations-Theorie, 2) Anima/Animus und 3) Evolutionstheorie. Der wesentliche Unterschied zu dem integralen Beziehungsmodell liegt darin, dass die Stufe vier der Animus-Entwicklung bei Frauen zu fehlen scheint.

250. Siehe Eckhart Tolle *Die Kraft der Gegenwart* Seite 127: „Vermeidung in Beziehungen als ein Versuch, Schmerz zu vermeiden, ist auch keine Antwort. Der Schmerz ist sowieso da. Drei gescheiterte Beziehungen in genau so vielen Jahren zwingen dich wahrscheinlich viel eher zur Erleuchtung als drei Jahre auf einer einsamen Insel, oder einsam eingeschlossen in einem Raum."

251. www.eve3.wordpress.com/2007/11/01/the-anima/

252. Siehe Allan Combs *Die Psychologie des menschlichen Bewusstseins* Seite 49-61 für eine umfassendere Betrachtung der Zustände des Bewusstseins und wie sie sich von den Strukturstufen unterscheiden.

253. Für eine umfassendere Erklärung, wie Hormone unsere romantischen Erfahrungen beeinflussen, siehe Helen Fisher, *Warum wir lieben*, Theresa L. Crenshaw *Die Alchemie von Liebe und Lust*, und John Gray *Why Mars And Venus Collide* Seite 53 - 75. In dem Film *What the bleep do we know* kann man während der Heiratsszene ein unterhaltsames animiertes Segment sehen, dass die Funktion von Hormonen im Kontext unserer Abhängigkeit von Liebe illustriert.

254. Aus einer evolutionären Perspektive ergibt es für Paare keinen Sinn, zusammenzubleiben, wenn nach 6 bis 24 Monaten eine Schwangerschaft nicht das Resultat ihrer Bemühungen ist.

255. Siehe Helen Fisher *Warum wir lieben*, Seite 170 – 173, wo sie behauptet, dass Depression vor Millionen von Jahren auftauchte, um verlassene Kinder zu beschützen und um mitfühlende Reaktionen von anderen zu bekommen, wenn Erwachsene unter Verlust und Verlassenwerden litten.

256. Siehe www.genepartner.com/index.php/science „Mit genetisch hochkompatiblen Menschen fühlen wir die seltene Empfindung, dass die Chemie vollkommen stimmt. Dies ist die aufnahmebereite und willkommen heißende Reaktion des Körpers, wenn Immunsysteme miteinander harmonierenden und zusammenpassen. Genetische Passung resultiert in einer gesteigerten Wahrscheinlichkeit, andauernde und erfolgreiche Beziehungen zu formen. Forschung zeigt auch, dass das Sexleben von genetisch passenden Partnern befriedigender als der Durchschnitt ist. Zusätzlich dazu sind die Fruchtbarkeitsraten bei genetisch passenden Paaren höher und sie haben auch gesündere Kinder."

257. Siehe Erich Fromm *Die Kunst des Liebens* Seite 4: „[Die Liebenden] nehmen die Intensität der Verliebtheit, dieses aufeinander Verrücktsein, als Beweis für die Intensität ihrer Liebe, während es tatsächlich nur den Grad der vorhergehenden Einsamkeit beweisen mag."

258. Siehe Ayala Malach Pines *Falling in Love* Seite 215, wie auch der Bericht von Ken Wilber und Terry (Treya) Killam als sie sich das erste Mal trafen—beschrieben in Wilbers Buch *Mut und Gnade* Seite 8 - 12.

259. Menschen sind viel empfänglicher, sich zu verlieben, wenn sie durch große Veränderungen in ihrem Leben gehen, durch die sie sich unsicher und unausgeglichen fühlen, wie etwa die Arbeit oder einen Geliebten zu verlieren, an einen neuen Ort zu ziehen, eine große Krankheit oder Reisen.

260. Siehe Helen Fisher, *Warum wir lieben* Seite 99 – 125, and *Warum es funkt – und wenn ja bei wem?* Seite 144 – 145 über Nähe; Geoffrey Miller *Die sexuelle Evolution* Seite 206: „Wenn eine Frau daran interessiert ist, die Persönlichkeit eines Mannes einzuschätzen, kann es Wochen dauern, bis sie (unbewusst) all die Informationen gesammelt hat, um sich zu verlieben." und Ayala Malach Pines *Falling in Love* Seite 3 – 71. Ihre Forschung legt nahe, dass Individuen, die in relativer Nähe zueinander wohnen, sich eher paaren. Häufige kurze Kontakte (am Postkasten, Coffee-Shop, bei der Arbeit, einem wöchentlichen Seminar, einem Workshop, einer Gruppe, bei Treffen mit Freunden) oder auch langfristigere Kontakte (auf einer Kreuzfahrt, einem Wochenendseminar, zusammen an einem Projekt arbeiten etc.) sowie der Zustand der Erregung wie etwa eine dramatische Veränderung in den eigenen Lebensumständen, eine Achterbahnfahrt oder einen spannenden Film zu sehen, steigern die Chancen für die Ausschüttung der Liebeshormone, wenn der erste Eindruck neutral oder positiv ist. Wenn der erste Eindruck negativ war, dann wird weiterer Kontakt nur die negative Reaktion verstärken, insofern ist es besser, dann loszulassen und weiter seines Weges zu gehen.

261. Deepak Chopra listet in seinem Buch *A Path To Love* Seite 62 – 131 vier Zustände auf: Attraktion, Verliebtsein, Liebeswerben und Intimität.

John Gray listet in seinem Buch *Mars sucht Venus, Venus sucht Mars* Seite 34 – 109 fünf Zustände auf: Attraktion, Unsicherheit, Ausschließlichkeit, Intimität und Verpflichtung.

Geoffrey Miller führt mehrere Zustände in *Die sexuelle Evolution* Seite 179 auf: Verliebtsein, Liebe, Ekstase, Eifersucht oder ein gebrochenes Herz haben, Langeweile und sich bildende Bindung.

David Richo führt drei Phasen in seinem Buch *Reif werden füreinander* auf: Liebeserlebnis Seite 106 – 118, Konflikt Seite 126 – 141, und Bindung Seite 217 – 231.

Eine unbekannte Quelle führt sechs Zustände auf: (1) zwei getrennte Selbste, (2) Symbiose – exklusive Bindung (romantischer Zustand), (3) Differenzierung – Desillusionierung, Bedauern, Zweifel, Angst (4) vom „wir" wieder zu einem „ich" zurückkommen; (5) Wiederannäherung: Zurück zur Intimität und (6) Unabhängigkeit und Interdependenz im Kontext eines größeren „Wir".

262. Siehe Louann Brizendine *Das weibliche Gehirn* Seite 91.

263. Siehe Theresa L. Crenshaw *Die Alchemie von Liebe und Lust* Seite 164 – 174 und 190.

264. Siehe Theresa L. Crenshaw *Die Alchemie von Liebe und Lust* Seite 213 – 217: „Wenn du mit einer Frau während oder nach ihrer Menopause zusammen bist, so ist es wichtig, ihren sich verändernden emotionalen und körperlichen Bedürfnissen gegenüber empfindsam zu sein, und Fürsorge, Fähigkeiten und (wenn notwenig) viel gutes Gleitmittel zu benutzen, um den Sex angenehm, sicher und für beide belohnend zu machen."

265. Siehe Nancy W. Collins und Mason Grigsby *Love At Second Sight* Seite 208 – 209. Ihre Forschung zeigt, dass Männer bei in ihren ersten Ehen nach sexueller Attraktivität (40%)

suchen, während Frauen gute Versorger wollen (30%). Single-Männer über 50 schauen bei der Partnersuche nach gemeinsamen Interessen (34%) und nur 13% suchen Sex, während Sex die Liste anführt bei den weiblichen Erfordernissen (36%). Die gegenwärtige ‚cougar'-Bewegung ist ein weiteres Indiz für diesen Rollenwechsel, bei dem ältere Frauen nach jüngeren Männern des Sexes wegen Ausschau halten.

Testosteron Pflaster und vaginale Östrogen Cremes können helfen, den Sexdrive bei Männern und die Empfänglichkeit und vaginale Gesundheit bei Frauen wiederherzustellen.

266. Siehe Helen Fisher, *Warum wir lieben*, Seite 80 – 83.

267. Siehe Helen Fisher, *Warum wir lieben*, Seite 52 – 53. Auch Forscher der Florida State University untersuchten die Natur der Liebe, indem sie die Gehirne und das Verhalten von männlichen Präriewühlmäusen studierten, besonders ihre lebenslange Monogamie und Aggression gegenüber anderen Weibchen, wenn sie eine Partnerin gefunden hatten. Die Wissenschaftler fanden heraus, dass Männchen den Weibchen gegenüber nur dann treu ergeben waren, nachdem sie sich gepaart hatten. Die Bindung koinzidierte mit einem großen Ausstoß der Wohlfühl-Chemikalie Dopamin in ihren Gehirnen. Brandon Aragona, der diese Studie leitete, zeigte, dass Dopamin die Liebesdroge der Wühlmäuse war, indem er die Chemikalie direkt in das Hirn der Männchen injizierte, die noch keinen Sex mit ihrem Weibchen hatten. Sie verloren unmittelbar das Interesse an anderen Weibchen und verbrachten ihre ganze Zeit mit dem von ihnen erwählten Weibchen. Weitere Experimente zeigten, dass Dopamin einen Teil des Gehirns der Wühlmäuse restrukturierte, der *Nucleus accumbens genannt wird, eine Region, die viele Tiere und auch wir Menschen haben. Der Wandel war so dramatisch, dass wenn gepaarten Männchen neue Weibchen vorgesetzt wurden (obwohl ihre Gehirne immer noch Dopamin produzierten), sie den neuen Weibchen nur Kälte entgegenbrachten.*

268. Siehe Helen Fisher *Warum wir lieben*, Seite 53 – 54.

269. Siehe Theresa L. Crenshaw *Die Alchemie von Liebe und Lust* Seite 131 – 132, und Helen Fisher *Warum wir lieben* Seite 54 - 55.

270. Siehe Helen Fisher *Warum wir lieben*, Seite 188 – 190.

271. Siehe David Richo *Reif werden füreinander* Seite 126 – 152 und die vielen anderen Beziehungsbücher (siehe Appendix I), die sich mit Konfliktlösung beschäftigen.

272. Siehe John Gray, *Why Mars And Venus Collide* Seite 221. „Frauen sehnen sich nach einer Liebesbeziehung, weil eine Liebesbeziehung der machtvollste Oxytocin Produzent ist. Es ist ein wundervolles Gegenmittel zu dem Stress, der damit einhergeht, in einer Testosteronorientierten Welt zu arbeiten. Siehe auch: www.womentowomen.com/sexualityandfertility/healthbenefitsofsex.aspx

273. Siehe Theresa L. Crenshaw *Die Alchemie von Liebe und Lust* Seite 102 – 105 und Helen Fisher *Warum wir lieben* Seite 89 - 91. Männchen sind neben dem Oxytocin auf ein weiteres Bindungshormon angewiesen, nämlich Vasopressin. Es konnte gezeigt werden, dass Dopamin, Oxytocin und Vasopressin eine wichtige Rolle in der menschlichen Gesellschaft spielen, zum Beispiel in der Liebe, bei sozialen Bindungen und Belohnung. Es gibt starke Ähnlichkeiten zwischen Wühlmäusen und Menschen. Vasopressin steht im Zusammenhang mit dem Territorialverhalten und der Aggression anderen gegenüber, nachdem sie Sex mit einem Weibchen hatten und mit ihnen verbunden sind. Siehe www.nationalzoo.si.edu/Publications/ZooGoer/2004/3/monogamy.cfm

274. Siehe John Gray, *Why Mars And Venus Collide* mit vielen Tipps, wie man Stress reduzieren kann, der das Liebeswerben abtötet, Helen Fisher *Warum wir lieben* Seite 181 – 208 mit Tipps, wie man Liebesbeziehungen dauerhaft macht, *Die Psychologie sexueller Leidenschaft*

von David Schnarch, wie man emotionale Blockaden löst, die ein befriedigendes Sexleben verhindern, und *The Exceptional 7 Percent* von Gregory K. Popcak über die neun Geheimnisse der glücklichsten Paare der Welt.

275. Siehe Helen Fisher *Warum wir lieben*, Seite 195-196: „Kein Wunder, dass Frauen weniger depressiv sind, wenn sie Liebe machen und die Flüssigkeit (das Ejakulat) empfangen; möglicherweise werden sie sogar empfänglicher für Liebesaffären."

276. Siehe Helen Fisher *Warum wir lieben*, Seite 86 – 93, und Theresa L. Crenshaw *Die Alchemie von Liebe und Lust* Seite 90 – 97 über Bindungen nach dem Sex.

277. Von www.slaafws.org/ „Wir in der SLAA glauben, dass Sex- und Liebesabhängigkeit eine sich ausbreitende Krankheit ist, die zwar nicht geheilt, aber, wie viele andere Krankheiten, aufgehalten werden kann. Sie kann viele verschiedene Formen annehmen – einschließlich, jedoch nicht ausschließlich, einem zwanghaften Bedürfnis nach Sex, extremer Abhängigkeit von anderen Menschen, oder einer chronischen Beschäftigung mit Liebeswerben, Liebe oder Fantasie. Ein zwanghaftes Verhaltensmuster, entweder sexuell oder emotional oder beides, besteht, wenn Beziehung oder sexuelle Aktivitäten für die Karriere, Familie und den Selbstrespekt zunehmend zerstörerisch werden. Sex- und Liebesabhängigkeit wird, wenn sich darum nicht gekümmert wird, immer schlimmer. Wenn wir einem einfachen Programm folgen, das sich bei Männern und Frauen mit derselben Krankheit als erfolgreich erwiesen hat, dann können wir gesunden."

278. Offene Beziehungen geben den Partnern die Freiheit, sexuell aktiv mit anderen sein zu können, solange keine Liebe oder emotionale Intimität mit eingeschlossen ist, die die primäre Beziehung gefährden könnte. Manchmal gibt es eine ‚Frag nicht – sag nicht'- Übereinkunft.

279. Siehe Dr. Judith Orloff *Emotional Freedom: Liberate Yourself from Negative Emotions and Transform Your Life*. Ihr Ansatz, Furcht zu transformieren, besteht aus zwei Stufen. Überprüfe zunächst, was dir Angst macht und unterscheide zwischen irrationalen Ängsten und zulässigen Intuitionen. Unternimm dann zweitens angemessene Schritte, auf die beschützenden Ängste zu achten und die anderen mit Mut zu transformieren. Manchmal kann man wirkliche Gefahren voraussehen, doch häufiger nehmen einen die unproduktiven Ängste in Beschlag. All eine allgemeine Regel achte deshalb darauf, die Ängste, die an einen niedrigen Selbstwert gekoppelt sind, zu hinterfragen. Zum Beispiel ist es richtig, die Angst zu hinterfragen, dass man emotional zu geschädigt ist, um zu lieben. Sogar emotional Schwerverletzte können ihr Herz wieder öffnen. Wahre Intuitionen werden dich niemals niederhalten oder zerstörerische Haltungen und Verhaltensweisen unterstützen. Ihre Richtlinien, um rechtmäßige Ängste von Irrationalen zu unterscheiden, sind:

Zeichen von zuverlässiger Intuition:

Übermittelt Informationen neutral und nicht emotiona

Fühlt sich in deinem Bauch gut an

Hat einen mitfühlenden, bestätigenden Ton

Gibt einen kristallklaren Eindruck, der erst ‚gesehen' und dann gefühlt wird

Übermittelt eine losgelöste Sensation, wie als würdest du ein Film im Kino schauen.

Zeichen von irrationaler Angst

Ist emotional hoch aufgelanden

Hat einen herzlosen, erniedrigenden wahnhaften Inhalt

Übermittelt keine Bestätigung, die aus dem Bauch kommt oder ein zielorientiertes Gefühl
Reflektierte vergangene psychologische Wunden

Verringert die Zentriertheit und Perspektiven

See www.drjudithorloff.com/Free-Articles/Fear-Intuition.htm

280. Siehe NLP-Bücher wie etwa Sue Knight *NLP at Work* und Andreas und Steve Connirae *Mit Herz und Verstand.*

281. Bücher von Verführungskünstlern wie Neil Strauss's *Die perfekte Masche* und Mystery's *The Pickup Artist* wenden NLP- Techniken an, um Frauen aufzugabeln und zu verführen.

282. Siehe die Grafik über die Augenbewegung. Wenn du eine andere Person beobachtest, kannst du ihrer Augenbewegung folgen und Hinweise dafür bekommen, ob sie fühlen oder denken, und ob sie sich erinnern oder sich etwas für die Zukunft ausmalen.

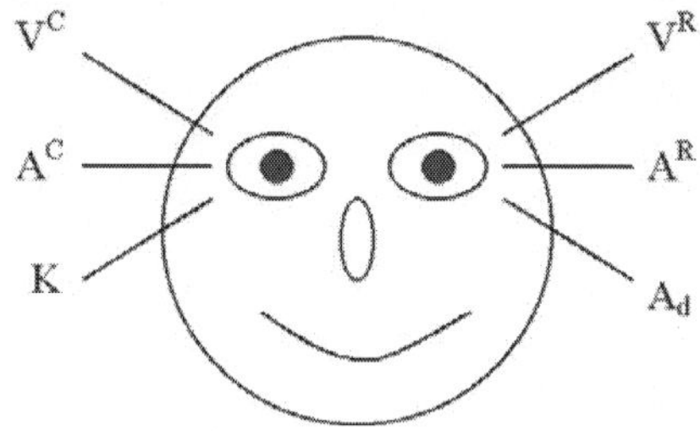


Man kann herausfinden, wie eine Person diese Bewegungen nutzt (sie müssen Rechtshänder sein, andernfalls drehe rechts und links um), indem man ihnen die folgenden Fragen stellt:

**Visuell erinnernd (VR)**
Welche Farbe hatte das T-Shirt, das du gestern getragen hast?
Welcher deiner Freunde hat das kürzeste Haar.

**Visuell konstruierend (VC)**
Wie würde dein Zimmer aussehen, wenn es gelb mit großen Purpurkreisen angemalt wäre?
Kannst du dir ein Tier vorstellen, dessen obere Hälfte ein Tiger und die untere Hälfte ein Elefant ist?

**Auditorisch erinnernd (AR)**
Wie hört sich die Stimme deines besten Freundes an?
Was ist lauter, deine Türklingel oder dein Telefon?

**Auditorisch konstruierend (AC)**
Wie wird sich deine Stimme in 10 Jahren anhören?
Wie würde es sich anhören, wenn du deine zwei Lieblingslieder gleichzeitig abspielen würdest?

**Auditorisch Digital (AD)**
Was erzählst du dir dauernd selbst?
Was denkst du über diesen Artikel?

**Kinästhetisch (K)**
Wie fühlt es sich an, barfuß über kühlen Sandstrand zu gehen?
Wie fühlt es sich an, wenn du deine Finger auf Sandpapier reibst?

Für weitere Informationen siehe Sue Knight *NLP at Work* Seite 61 – 90.

283. Siehe Bradley Fenton *Stumbling Naked in the Dark* Seite 52 – 60, und Sue Knight *NLP at Work* Seite 288 – 307.

284. Siehe *Die fünf Sprachen der Liebe* von Gary Chapman. Chapman illustriert jede Liebessprache mit tatsächlichen Beispielen aus seiner Praxis, und das Buch hat einen Selbsttest.

285. www.greaterquest.com/LoveLanguages.asp

286. Siehe A.H. Almaas *Facets of Unity: The Enneagram of Holy Ideas.*

287. Unter Stress handelt ein Typ 1 wie ein ungesunder 4, eine 4 wie eine 2, eine 3 wie eine 8, eine 8 wie eine 5 eine 5 wie eine 7, und eine 7 wie eine 1. Entsprechend gilt auch die Folge 9->6->3->9. Bei Integration und Wachstum ist die Richtung entgegengesetzt, nämlich 1->7->5->8->2->4->1 und 9->3->6->9. Zum Beispiel neigt eine 7 (Enthusiast) während Stress zum ungesunden Typen 1 (Reformer) und bei gesunder Integration und Wachstum Richtung 5 (Untersucher). Für weitere Information siehe www.enneagraminstitute.com/intro.asp

288. Don Richard Riso und Russ Hudson integrieren die horizontalen Typen (z.B. Enneagram), vertikales Wachstum (Stufen/Ebenen) und Zustände in ihrem Buch *Die Weisheit des Enneagramms* (siehe Seite 75 – 87). Dieses Buch hat einen einfachen Test, den du mit deinem Partner machen kannst. Ein einfaches, verspieltes und lustiges Buch für Paare und die ganze Familie ist *Das Enneagram leicht gemacht* von Renee Baron und Elizabeth Wagele.

289. Zwei Tests, die besonders nützlich scheinen, finden sich bei www.enneagraminstitute.com/ und www.9types.com.

Bei www.enneagraminstitute.com/matrix.asp kann man den Enneagram Typ von sich und seinem Partner eingeben und eine Übersicht über die ‚Stärken und Schwächen' bekommen, die damit einhergehen.

290. Da sich die englischen Begriffe des Myers-Briggs Typindikators auch in Deutschland eingebürgert haben, werden sie auch hier beibehalten: Thinking (denkend), Feeling (fühlend), Judging (urteilend), Perceiving (wahrnehmend/erkennend), Sensing (sensorisch/empfindend/abtastend), intuitiv (intuitiv), Extroversion (nach außen gerichtetes Interesse), Introversion (nach innen gerichtetes Interesse) [Anm. d. Ü]

291. In der Psychologie wird der Begriff ‚extravertiert' dem Begriff ‚extrovertiert' vorgezogen.

292. Die Terminologie kann verwirrend für einige sein – der Begriff ‚beurteilen' impliziert nicht ‚verurteilen', und ‚wahrnehmen' impliziert nicht ‚wahrnehmend'.

293. Um den Test zu machen, gehe zu www.humanmetrics.com/cgi-win/JTypes1.htm oder www.typelogic.com oder google irgendeinen anderen der vielen Tests, die es gibt.

Auf www.typelogic.com/products.html kann man Software runterladen, um die 256 möglichen Kombinationen zu vergleichen. Es kann helfen, deinen allgemeinen Lebensstil und deinen Stil in bestimmten Aktivitätsfeldern zu identifizieren.

294. Siehe www.harrisinteractive.com/harris_poll/index.asp?PID=359

Elf Überzeugungen nach Alter und Geschlecht:

| | Alle Erwachsenen | Sex | | Alter | | | | | |
|---|---|---|---|---|---|---|---|---|---|
| | | Männlich | Weiblich | 18 – 24 | 25 – 29 | 30 – 29 | 40 – 49 | 50 – 64 | 65+ |
| | % | % | % | % | % | % | % | % | % |
| Gott | 90 | 86 | 93 | 84 | 82 | 91 | 90 | 91 | 95 |
| Überleben der Seele nach dem Tod | 84 | 78 | 89 | 85 | 88 | 81 | 86 | 82 | 84 |
| Wunder | 84 | 77 | 90 | 86 | 85 | 82 | 85 | 83 | 82 |
| Himmel | 82 | 75 | 89 | 83 | 71 | 83 | 84 | 80 | 85 |
| Die Wiederauferstehung von Jesus Christus | 80 | 73 | 86 | 76 | 68 | 81 | 82 | 81 | 84 |
| Die jungfräuliche Geburt Jesu | 77 | 70 | 83 | 76 | 60 | 79 | 80 | 78 | 80 |
| Hölle | 69 | 65 | 73 | 74 | 63 | 69 | 72 | 66 | 68 |
| Der Teufel | 68 | 64 | 73 | 68 | 62 | 72 | 72 | 68 | 62 |
| Geister | 51 | 45 | 58 | 58 | 65 | 55 | 57 | 48 | 27 |
| Astrologie | 31 | 25 | 36 | 37 | 43 | 37 | 23 | 32 | 17 |
| Reinkarnation | 27 | 23 | 30 | 30 | 40 | 30 | 25 | 26 | 14 |

295. Ken Wilber findet die Astrologie nur bedingt als Typologie nützlich und gewiss nicht tauglich als eine Voraussage für künftige Ereignisse oder besondere Qualitäten und Verhaltensweisen bei Individuen. Die Erfahrung von vielen Frauen ist da anders, und wir müssen dies respektieren. Ein Pro- und Kontra-Dialog zwischen Roger Walsh und Will Keepin kann hier gefunden werden: www.noetic.org/publications/review/issue43/r43_Walsh.html

296. Siehe www.humandesignhawaii.com/humandesignbasics/fourauratypes.html und www.humandesign4life.com/

297. Siehe Bert Hellinger *Ordnungen der Liebe.*

298. Siehe Helen Fisher (heute Leiterin für chemistry.com) in ihrem Buch *Warum es funkt – und wenn, ja bei wem?* wo sie vier Persönlichkeitstypen beschreibt – der Entdecker, der Aufbauer, der Leiter und der Verhandler, und wie sie zueinander passen.

299. Die Gesamtsumme kosmetischer chirurgischer Eingriffe für Männer und Frauen im Jahr 2008 belief sich auf 11,8 Milliarden Dollar (entsprechend einer Untersuchung der American Society of Aesthetic Plastic Surgery, veröffentlicht am 17.3.2009). Die Anzahl der Brustvergrößerungen lag bei 356.000, Fettabsaugen bei 341.000. Siehe www.business.smh.com.au/business/world-business/cosmetic-surgery-sags-20090317-9084.html

300. Es gibt leichte Variationen unter den Zeitaltern und Kulturen, was als gesund/sexy betrachtet wird; zum Beispiel betrachten wir heute einen gebräunten Körper als sexy, da er darauf zeigt, dass eine Frau im Freien trainiert hat, während vor ein paar Hundert Jahren dies als ein Zeichen dafür galt, dass die Frau einen niedrigeren sozialen Stand hat und

draußen arbeiten muss. Dasselbe gilt für Gewichts/Größe-Proportionen. In einer Zeit, in der Nahrungsmittel allgemein knapp sind, wird eine gut genährte, gewichtigere Frau als gesund und sexy betrachtet, während eine dünne Frau als unterernährt betrachtet wird.

301. An der Statistik unten (von www.en.wikipedia.org/wiki/US_income) kann man sehen, dass nur 7% aller Individuen (also weniger als 3,5 % aller Single-Männer, da kinderlose Single-Frauen gewöhnlich über ein höheres Einkommen verfügen als Männer) mehr als $100.000 pro Jahr verdienen, während die meisten attraktiven Single-Frauen (50+% der erwachsenen Single-Frauen Population) Männer suchen, die bedeutend mehr als $100.000 pro Jahr verdienen und die bereit sind, es für ihre Partnerin auszugeben. Man kann auch sehen, dass das Einkommen von Paaren höher ist als $50.000, und damit höher als das von Individuen, was zeigt, dass Männer mit geringem Einkommen keine Partnerin finden und dass es hart für Frauen ist, Single-Männer zu finden, die ein wünschenswertes Einkommen haben.

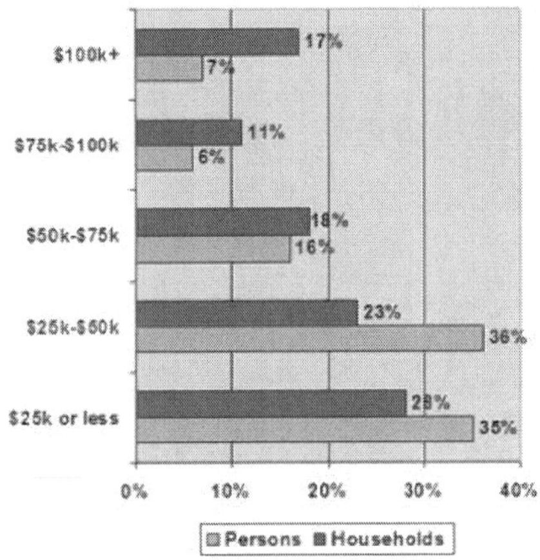


302. Auf dieser Stufe sind Frauen oftmals willens, den Mann finanziell zu unterstützen, wenn es sich wie eine gute Investition für ihre Zukunft anhört, z.B. wenn er für einen höheren Abschluss studiert oder ein vielversprechendes Unternehmen gründet. Wenn sie mit der primären Fantasie konfrontiert werden, argumentieren sie häufig, dass sie ihren gegenwärtigen Partner oder Männer in früheren Beziehungen finanziell unterstützen, und verwechseln damit ‚Unterstützung' mit ‚Investition'. Moderne Scheidungsgesetze beschützen die finanziellen und zeitlichen Investitionen von Ehefrauen und Ehemännern – häufig mit einem ziemlich guten Ertrag der Investition – während natürlich kein Schutz für die männliche Investition in eine Frau besteht oder bestehen kann (also dass sie sich um sich kümmert, sexuell verfügbar ist, ihn in seiner Mission unterstützt und bei ihm bleibt, wenn er zu viel oder zu wenig Geld verdient.)

303. Wahrer Altruismus wird definiert: Menschen, die wir nicht kennen, etwas zu geben, wobei auch die Empfänger nicht wissen, woher sie es bekommen und indem man den Empfänger in seiner Unabhängigkeit unterstützt, anstatt sie abhängiger zu machen.

304. Siehe Nancy Etcoff *Nur die Schönsten überleben*, Seite 65 – 67 und 79 -80: „Männer werden ebenso streng durch ihr Einkommen und ihren professionellen Status bewertet, wie Frauen entsprechend ihres Aussehens."

305. Die Heiratsvermittlerin für Millionäre, Patti Stanger, ist nicht besonders zaghaft in ih-

rem Buch *Become Your Own Matchmaker* auf Seite 50, wo sie Frauen empfiehlt: „Schau Dich ganz genau im Spiegel an", um ihren ‚Fickbarkeitsfaktor' einzuschätzen und „den idealen Dating-Zustand zu bekommen", um einen Millionär zu ködern. Auf den folgenden Seiten klärt sie ihre Lesern über die Effekte auf, die ein aufreizender Körper (glänzendes Haar, weiße Zähne, Make-up, Hautpflege etc.) auf Männer hat.

Alison Armstrong sieht es in ihrem Buch *Making Sense of Men: A Woman's Guide to a Lifetime of Love, Care and Attention from All Men* genauso, wenn sie erklärt, was bei Männern Attraktion erzeugt: „Glänzendes Haar, ein durchtrainierter Körper, Sinnlichkeit und sexuelle Energie".

306. Siehe Valerie Gibson, eine Journalisten aus Toronto und Autorin von *Cougar: A Guide for Older Women Dating Younger Men.* Bemerke, dass sich dieses Buch nicht darum dreht, eine gesunde Langzeitbeziehung zu erschaffen, sondern sich auf das Dating und Sex konzentriert, während *Older Women, Younger Men: New Options for Love and Romance* von Felicia Brings und Susan Winter sich auf verbindliche monogame Beziehungen zwischen Männern und Frauen, die mehr als 10 Jahre älter sind, beziehen. Siehe auch www.richgosse.blogspot.com/2009/08/cougar-conventionother-singles-parties.html:

27-29 August 2009: Unglaubliche Beteiligung bei unserer *National Single Cougars Convention,* bei Dinah's Garden Hotel in Palo Alto! Unglücklicherweise mussten wir Hunderte von enttäuschten Cougars nach Hause schicken, die sich darauf gefreut hatten, der heißesten Veranstaltung in der Stadt beizuwohnen.

307. Siehe Ayala Malach Pines *Falling in Love* Seite 87: „Frauen ziehen es nicht nur vor, zu ihren Ehemännern aufzublicken, sondern neigen auch dazu, sich hoch zu heiraten; Männer neigen dementsprechend dazu, ‚runter zu heiraten'. Dies lässt viele unverheiratete Frauen an der Spitze der Welt der Politik, Wissenschaft und Wirtschaft zurück, und viele unverheiratete Männer im Gefängnis, am Fuße der sozialen Leiter."

308. Die Anzeige illustriert diesen Punkt:

„Ok, ich bin es müde, um den heißen Brei herumzutanzen. Ich bin eine schöne (spektakulär schöne) 25 Jahre alte Frau. Ich bin redegewandt und elegant. Ich komme nicht aus New York. Ich will einen Mann heiraten, der mindestens eine halbe Million im Jahr verdient. Ich weiß, wie das klingt, aber eine Million pro Jahr ist in New York Mittelklasse, daher denke ich nicht, dass ich übertreibe.

Gibt es hier Männer, die $ 500.000 oder mehr pro Jahr verdienen? Ehefrauen, könnt ihr mir Tipps geben? Ich bin mit einem Geschäftsmann ausgegangen, der durchschnittlich etwa 200-250 verdient. Doch hier scheint irgendwie Schluss zu sein. $250.000 bringen mich nicht zum Central Park West. Ich kenne eine Frau in meinem Yogakurs, die mit einem Investmentbanker verheiratet war und in Tribeca lebt, und sie ist nicht so schön wie ich, und sie ist auch kein Genie. Was hat sie also richtig gemacht? Wie erreiche ich das, was sie hat?

Hier sind meine besonderen Fragen:

Wo treffen sich Single-Männer? Gebt mir genaue Angaben – Bars, Restaurants, Sportzentren.

Was sucht ihr bei einer Partnerin? Seid ehrlich Jungs, ihr verletzt nicht meine Gefühle.

Gibt es eine bestimmte Altersspanne, auf die ich es abzielen sollte?

Warum sind einige der Frauen, die auf der Upper East Side einen verschwenderischen Lebensstil leben, so schlicht? Ich kenne wirklich langweilige Frauen vom Typ ‚schlichte

Susanne', die nichts zu bieten haben und die unglaublich reiche Typen geheiratet haben. Ich habe auch umwerfend schöne Frauen in Single-Bars in East Village gesehen. Wieso ist das so?

Jobs, nach denen ich Ausschau halten sollte? Jeder weiß ja: Anwälte, Investment Banker, Ärzte. Wie viel verdienen diese Männer wirklich? Und wo gehen sie aus? Wo gehen die Hedge Fund Typen aus?

Wie entscheidet ihr Ehe vs Freundin? Ich suche NUR EHE.

Bitte haltet euch mit Beleidigungen zurück – ich versuche nur ehrlich zu sein. Die meisten schönen Frauen sind oberflächlich; zumindest bin ich diesbezüglich ehrlich. Ich würde nicht solche Typen suchen, wenn ich nicht zu ihnen passen würde – was Aussehen, Kultur, Bildung angeht sowie ein schönes Haus und Herd zu versorgen.

**Die Antwort von einem Bewerber:**

Liebe Person-431649184:

Ich habe dein Posting mit großem Interesse gelesen und habe lange über dein Dilemma nachgedacht. Ich biete dir die folgende Analyse deiner Situation. Ich verschwende nicht deine Zeit, denn ich bin so ein Typ, wie du ihn suchst; d.h. ich verdiene mehr als $500.000 pro Jahr.

Dein Angebot, aus meiner Perspektive, ist schlicht und einfach ein schlechtes Geschäft. Und zwar darum: Lässt man mal all deinen Bullshit weg, schlägst du einen einfachen Handel vor: Du bringst dein Aussehen und ich mein Geld. Einfach. Aber hier ist der Haken: Deine Schönheit wird verblassen, während mein Geld unbegrenzt anwachsen wird … tatsächlich ist es sehr wahrscheinlich, dass mein Vermögen wächst, aber es ist eine absolute Gewissheit, dass du nicht noch schöner wirst!

Daher, in ökonomischen Begriffen, bist du ein schwindender Aktivposten, während ich ein zuwachsender Aktivposten bin. Du bist nicht nur ein schwindender Aktivposten, sondern die Abnahme deines Wertes nimmt stetig zu! Lass es mich mal so sagen. Du bist nun 25, und du wirst wahrscheinlich noch ziemlich heiß für die nächsten 5 Jahre sein, doch dann mit jedem Jahr weniger. Dann beginnt das Verblassen zusehends. Bist du 35, dann kannst du es knicken.

Deshalb, in Begriffen der Wall Street, würden wir dich als eine Handels-Position bezeichnen, und keine Kaufen-und-Halten-Position … daher der Haken … Ehe. Es wäre kein guter Geschäftssinn, dich zu ‚kaufen' (und das ist es ja, was du willst), daher lease ich dich lieber. Wenn du denkst, dass ich grausam bin, sage ich Folgendes. Sollte mein Geld schwinden, so würdest du mich verlassen; daher bräuchte ich auch eine Ausstiegsmöglichkeit, wenn deine Schönheit schwindet. So einfach ist das. Der Deal, der Sinn macht, ist also ein Rendevous, aber nicht die Ehe.

Davon unabhängig habe ich schon früh in meiner Karriere etwas über effiziente Märkte gelernt. Darum frage ich mich, warum eine junge Frau, die „redegewandt, elegant und spektakulär schön" ist, bislang unfähig war, ihren Suggar-Daddy zu finden. Ich kann es nur schwer glauben, dass du wirklich so schön bist, wie du sagst, wenn dich die $500.000 noch nicht, mal testweise, gefunden haben.

Nebenbei kannst du immer Wege finden, dein eigenes Geld zu verdienen, dann bräuchten wir diese schwierige Diskussion nicht zu haben. Nach all dem Gesagten muss ich gestehen, dass du es auf die richtige Weise angehst. Typisch „ausquetschen und verlassen". Ich hoffe, dies hilft dir, und wenn du ein Leasing eingehen willst, sag Bescheid.

309. Von vielen als Goldgräberin bezeichnet war die Exfrau von Paul McCartney und das frühere Modell Heather Mills in eine lange Schlacht mit dem Ex-Beatle über sein enormes Vermögen verwickelt. Im März 2008 entschied ein Richter, dass ihr $ 48,6 Millionen zustehen (sie hatte ihn auf $ 251 Millionen verklagt). Wenn man in Betracht zieht, dass sie nur für 4 Jahre verheiratet waren (sie heirateten 2002 und McCartney reichte 2006 die Scheidung ein), bedeutet das etwa $12 Millionen pro Jahr, also etwa etwas über eine Million Dollar pro Monat. Siehe www.cnn.com/2008/SHOWBIZ/03/17/mccartney.mills/index.html. Siehe auch Barbara Kennedy *Baby Boomer Men*, ein Buch das erfolgreiche Männer in der Mitte ihres Lebens dazu ermuntert, ihren „letzten Tanz zu machen", Elisabeth Gilbert's Bestseller *Das Ja-Wort* für eine weibliche Sicht auf die Gefahren der Ehe, und George Weinberg, *Why Men Won't Commit: Getting What You Both Want Without Playing Games*.

310. Flachland ist ein Begriff den Wilber nutzt, um eine Ansicht der Realität zu beschreiben, die die linksseitigen, inneren Quadranten mit Entwicklungsstufen des Bewusstseins ignoriert und nur eine rechtsseitige materialistische/wissenschaftliche Perspektive einnimmt. Wilber übernahm den Begriff aus dem Buch *Flachland*, das 1884 von Edwin Abbot geschrieben wurde. Siehe auch den Film *Down the Rabbit Hole* DVD#1 Track 31 für eine schöne Darstellungen, die ‚Flachland' illustriert.

311. Siehe www.en.wikipedia.org/wiki/Personal_income_in_the_United_States.

312. Siehe www.cdc.gov/healthyweight/index.html for healthy Body Mass Index (BMI).

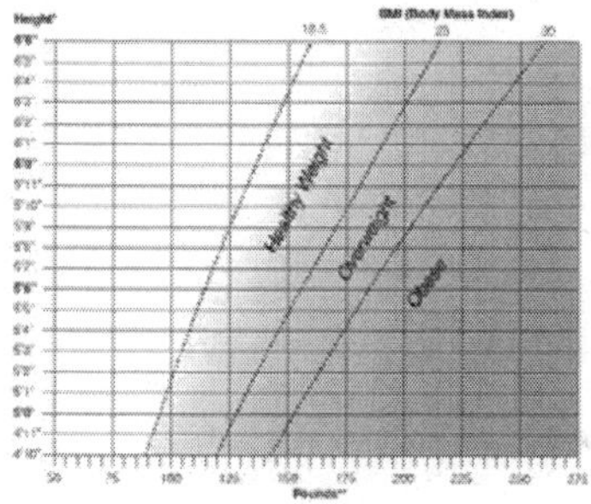


Diese Richtlinien wurden nicht von sexistischen Männern aufgestellt, die wollen, dass Frauen ‚dünn' sind und die sie als Sexobjekte objektivieren, sondern weil es inzwischen bekannt ist, dass es gesünder ist, nicht übergewichtig oder fett zu sein (ebenso wie es ungesund ist, untergewichtig und bulimisch zu sein) Siehe auch Nancy Etcoff *Nur die Schönsten überleben* Seite 195 – 204 und die neue Initiative der First Lady Michelle Obama gegen Übergewicht bei Kindern; www.letsmove.gov/

313. Siehe www.msnbc.msn.com/id/3076615/.

314. Siehe Rabbi Michal Lerner's Blog bei www.tikkun.org/index.php

315. Zum Beispiel waren die pro Kopf Treibhausgase (CO2) im Jahr 2005 23.5 Tonnen in den USA, 11,9 Tonnen in Deutschland und 1,9 Tonnen in Indien. www.en.wikipedia.org/wiki/List_of_countries_by_greenhouse_gas_emissions_per_capita [Amerikanische] Frauen belohnen Männer, die große Autos fahren, große Häuser kaufen, ihnen erlauben, viel Geld für Konsumgüter zu bezahlen und mit ihnen häufig zu reisen; daher sind sie – wenn nicht sogar mehr – genauso verantwortlich wie die Männer für die Ausbeutung der Armen und für die globale Erderwärmung, mit ihren negativen Effekten auf die ganze Menschheit, unser Ökosystem und die Zukunft unserer Kinder.

316. In diesem Kontext bezieht sich sexuelle Entwicklung auf die innere Bewusstheit und emotionale Gesundheit, die die Sexualität einer Person bestimmt, und nicht ihre körperliche Entwicklung der sexuellen Organe und der Ausschüttung der Sexhormone (z.B. Testosteron)

317. Inspiriert durch die ‚Wilber/Combs-Matrix', wie dargestellt in Ken Wilbers *Integrale Spiritualität* Seite 88-93, *Die Integrale Vision* Seite 143 und Allan Combs's *Die Psychologie des menschlichen Bewusstseins* Seite 90 - 102.

318. Die spirituellen und sexuellen Ebenen können als temporäre Zustände oder dauerhafte Stufen erfahren werden.

319. Siehe John Gottman und Nan Silver *The Seven Principals That Make Marriage Work* Seite 8.

320. Ähnlich wie das Enneagramm oder die Typen von Myers-Briggs betrachtet Ken Wilber das Weibliche und Männliche als starre Persönlichkeitstypen (vgl. Disc 5 of 10 der *Kosmic Consciousness Series*, und *Integrale Spiritualität* Seite 11 – 15), die während des Lebens gleich bleiben, während wir sie hier als fließende Polaritäten betrachten, die das Potenzial haben, sich zu verändern, während Männer und Frauen ihr Bewusstsein entwickeln, und die von beiden Geschlechtern bei höheren Stufen des Bewusstseins vollkommen verkörpert werden können. Dies bedeutet nicht, dass Individuen keine sexuelle Essenz haben, in der sie sich auf jeder Entwicklungsstufe am wohlsten fühlen.

321. Androgynität ist ein Begriff, der von dem griechischen Wort *anér* stammt und Mann bedeutet, sowie *gyné*, Frau bedeutend. Er bezieht sich entweder auf die Vermischung von maskulinen und femininen Eigenschaften oder die Ausbalancierung von ‚Animus und Anima'. Es meint insofern nicht eine gesunde Integration der zwei Aspekte, sondern eher eine Neutralisierung.

322. Siehe David Deida *Intimate Communion* Seite 47 – 55 und *Der Weg des wahren Mannes*, Seite 86 – 91 and 117.

323. Siehe Gail Sheehy *Sex und Frauen über 50* Seite 230, wo sie diese Dynamik anspricht und sagt, dass „in den Fünfzigern werden sich Männer und Frauen ähnlicher, mit der Tendenz von Männern, weibliche Attribute zu übernehmen … und von Frauen, männliche Attribute zu übernehmen."

324. In dem Film *The Shift* erwähnt Wayne Dyer eine Studie, die den Wandel der Prioritäten anzeigt, wenn Männer und Frauen von der modernen zur postmodernen Weltsicht kommen:

| | Prioritäten für Frauen | | Prioritäten für Männer | |
|---|---|---|---|---|
| | Moderne | Postmoderne | Moderne | Postmoderne |
| 1 | Familie | Eigene persönliche Stärke | Geld | Spiritualität |
| 2 | Unabhängigkeit | Selbst-Wert | Abtenteuer | Frieden |
| 3 | Karriere | Spiritualität | Leistung | Familie |
| 4 | Sich anpassen | Glücklichkeit | Vergnügen | Gottes Wille/Sinn |
| 5 | Attraktivität | Vergebung | Respekt | Ehrlichkeit/Integrität |

Bemerke, wie Frauen von Kommunion zu Agenz schwingen, und Männer von Agenz zu Kommunion.

325. Die große Mehrheit der spirituellen Traditionen und altruistischen Organisationen wie Greenpeace, Ärzte ohne Grenzen, Amnesty International, WWF und der Sierra Club, nur um ein paar zu nennen, wurden von Männern gegründet.

326. Diese Dynamik wird schön in dem Film *American Beauty* dargestellt, wo sich die orange Ehefrau gezwungen sieht, Erfolg in ihrer Karriere zu haben und sich dann in einen anderen orangenen Mann verliebt, während ihr Ehemann Grün betritt und sich in die rote Freundin seiner Tochter verliebt, und zudem mit seinem bernsteinfarbenen Nachbar in Konflikt gerät, dessen blaugrüner Sohn versucht, mit jedem zurechtzukommen; auch der Film *Nächstes Jahr, selbe Zeit* zeigt diese Dynamik, wo sie eine Feministin wird und dann eine erfolgreiche Geschäftsfrau, während er seinen Erfolgsantrieb verliert, in Kontakt mit seinen Gefühlen kommt und ein Bar-Pianist wird.

327. Siehe zum Beispiel www.newfemininepower.org und Glynda-Lee Hoffmann *The Secret Dowry of Eve*.

328. Das Wilber/Combs-Raster besagt, dass alle spirituellen Zustandsstufen von der jeweiligen Bewusstseinsstufe des Individuums aus interpretiert werden. Eine abergläubische Person kann es auf einen Geist zurechnen, der Kontakt zu ihr aufnahm; eine egozentrische Person wird behaupten, dass sie erwählt wurde, magische Kräfte zu übertragen; eine konformistische religiöse Person wird behaupten, dass sie eine besondere Begegnung mit ihrem Retter oder Gott hatte; eine rationale Person wird es als einen einzigartigen Zustand des Gehirns werten (siehe *Zen And The Brain);* eine pluralistische Person kann es als Einheit mit aller Kreation erfahren; und eine Person im 2. Rang als eine energetische Erleuchtung (Kundalini-Erfahrung) aller sieben Chakras. Siehe Ken Wilber *Integrale Spiritualität* Seite 88 – 93, *Die integrale Vision* Seite 143, und Allan Combs *Die Psychologie des menschlichen Bewusstseins* Seite 90 - 102.

329. Die Inspiration, die Zustandsstufen der spirituellen, sexuellen und Animus/Anima Komplex-Entwicklung in Form eines Rasters anzuordnen, stammt vom Wilber/Combs-Raster.

330. Siehe Jenny Wade *Transcendent Sex*, wo sie beschreibt, wie „gewöhnliche Menschen ohne besonderes Training sich in besonderen spirituellen Ebenen wiederfinden, wenn sie Liebe machen – eine Erfahrung, die so profund ist, dass danach nichts mehr so ist, wie es vorher war. Aus Atheisten werden Gläubige. Alte psychologische Wunden werden geheilt. Und die sexuell Missbrauchten werden wieder ganz".

331. Wilber identifizierte diese vier Dimensionen während eines Drei-Jahres Rückzuges von 1991-1994, als er erkannte, dass alle Entwicklungshierarchien in dieselben groben Kategorien passen. Wie er in *Eine kurze Geschichte des Kosmos,* Seite 38, schreibt: „An einem Punkt hatte ich über zweihundert Hierarchien, niedergeschrieben auf Notizblöcken, die auf dem Boden lagen, und versuchte herauszufinden, wie sie zusammenpassten." Siehe auch *Einfach Das,* Eintrag vom 12. Juni. Die daraus resultierenden vier Quadranten wurden zunächst 1995 in dem 800 Seiten Buch *Eros, Kosmos, Logos* und dann in allen folgenden Büchern veröffentlicht.

332. Der Begriff Holon wurde von Arthur Koestler in seinem Buch *The Ghost in the Machine* eingeführt. Siehe auch Ken Wilber *Eros, Kosmos, Logos,* Seite 48-54 und *Eine kurze Geschichte des Kosmos,* Seite 19-24, für eine genauere Untersuchung der Holons.

333. Siehe Endnote #160 über natürliche Wachstumshierarchien vs. Statushierarchien in Kapitel 4.

334. Wie Aristoteles in seinen Schriften (später *Metaphysik* genannt) sagte: „Das Ganze ist

mehr als die Summe seiner Teile."

335. Die vier Typen der Holons sind 1) individuelle Holons, 2) soziale Holons, 3) Artefakte und 4) Haufen.

Individuelle Holons haben einzelne Teile, aus denen sie bestehen, und ein separates subjektives Inneres, dass eine Form von bewusster Wahl ermöglicht. Menschen fallen in diese Kategorie;

Soziale Holons formen sich, wenn sich individuelle Holons zusammenfügen. Diese Holons haben ein sie definierendes Muster, aber da ist kein einzelnes subjektives Bewusstsein, welches die Entscheidungen fällt. Stattdessen verfügen soziale Holons über gewisse Charakteristika oder intersubjektives Bewusstsein.

Artefakte sind Holons, die von individuellen oder sozialen Holons erzeugt werden, wie etwa das Nest von einem Vogel oder ein Auto. Artefakte haben kein Inneres oder eigene bewusste Wahl, sondern repräsentieren die Bewusstseinsebene ihrer Schöpfer. Wenn Artefakte von ihrer Umgebung getrennt werden, so finden ihre Schöpfer immer noch Wege, um zu überleben.

Ein Haufen ist eine zufällige Ansammlung von Holons, die nicht durch ein individuelles oder soziales Holon erschaffen wurde. Ein Haufen hat kein es definierendes Muster, wie etwa ein Haufen von welken Blättern, eine Wasserpfütze oder eine Sanddüne.

336. Nur individuelle Holons verfügen über vier Quadranten. Alle anderen Holons (soziale Holons, Artefakte und Haufen) können aus der Perspektive jedes Quadranten betrachtet werden. Siehe Wilber *Integrale Spiritualität* Fußnote Seite 146 und Appendix II Seite 255 – 266 für eine genaue Untersuchung.

337. Der philosophische Gedankengang dahinter besteht darin, dass jedes Ereignis eine Innenseite und eine Außenseite hat, und dass etwas Singuläres stets etwas Plurales bedingt; so kommt man zu den vier Quadranten. Diese Vorstellung gilt für die kleinsten Ereignisse im Universum wie etwa Quantenereignisse und Strings, wie auch für das gesamte Universum. Die panpsychischen Ideen von Alfred North Whitehead und Christian de Quincey u.a. gehen in eine ähnliche Richtung.

338. Beim Menschen sind drei dieser vier Dimensionen so bedeutsam, dass sie in den Pronomen jeder großen Sprache ausgedrückt werden – die subjektive erste Person „Ich" (die Person, die spricht), die intersubjektive zweite Person „Du/Wir" (die Person, zu der gesprochen wird), und die objektive dritte Person „Er/sie/es/ihr/sie" (die Person oder Ding, über das gesprochen wird). Alte Philosophen beobachteten auch diese drei fundamentalen Dimensionen der menschlichen Existenz und nannten sie ‚das Gute' (UL), ‚das Wahre' (OR) und ‚das Schöne' (OL); repräsentiert durch 1) Moral (wie man in einer „guten Weise" handelt), 2) Wissenschaft (zu wissen, was objektiv betrachtet wahr ist), und 3) Kunst (wie man Schönheit erzeugt und wahrnimmt). Buddhisten identifizierten diese drei Dimensionen auch und nannten sie der Buddha (OL – Sein), Dharma (OR – Wahrheit) und Sangha (UL – Gemeinschaft). Die vierte Dimension wurde hinzugefügt, um die jüngere Entdeckung zu integrieren, dass Realität sich in komplexen Systemen ausdrückt (beschrieben durch Systemtheorie, das Netz des Lebens, Tiefenökologie, Soziologie, Quantenmechanik etc.); diese Dimension wird die interobjektive Dimension genannt.

339. Die gewöhnliche ‚in mich schaust du hinein '-Interpretation der Intimität kann verwirrend sein, da es keinen Partner braucht um uns zu ‚sehen', um intim zu sein. Siehe David Schnarch *Die Psychologie sexueller Leidenschaft* Seite 112: „Intimität ist wie ein Orgasmus während des Geschlechtsverkehrs – es erfordert zwei Leute, um es zu erschaffen, doch nur

einer von beiden kann sie erfahren."

340. Um dein individuelles OL von deinem kollektiven UL zu unterscheiden, stelle dir für einen Moment vor, dass du seit deiner Geburt in eine Zelle eingesperrt gewesen wärst und niemals eine menschliche Seele gesehen hast, wie es offenbar Kaspar Hauser im frühen 19. Jahrhundert in Deutschland geschah (heute infrage gestellt, aber dennoch eine interessante Geschichte). Du hättest keine Sprache gelernt noch wärst du in irgendeiner Weise kulturell konditioniert worden (Religion, angemessenes Verhalten, Geschlechter-Identität, Glaubensvorstellungen). Ohne diese kulturelle Dimension würdest du dennoch dein Inneres erfahren, dabei aber keine konditionierte Selbstbewusstheit haben, keine Sprache, Gedanken, Werte und Glaubensvorstellungen etc., die alle durch gemeinsame Erfahrungen mit anderen geformt werden (Kultur). Diese kulturelle Konditionierung (UL) legt aber auch fest, wie du an eine Frau herantrittst. Der Film *The Enigma of Kaspar Hauser* von Werner Herzog beschreibt dies lebendig. Der Film basiert auf einem wirklichen Ereignis, das zu der Zeit gut dokumentiert war. Es beschreibt die Geschichte eines Jungen, der in einer kleinen Zelle ohne jeden menschlichen Kontakt bis zu seinem 16. Lebensjahr aufwuchs, und der dann freigelassen wurde und Sprache erlernte, um seine Geschichte zu erzählen.

341. Siehe Ken Wilber *Eine kurze Geschichte des Kosmos* Seite 63 – 122 für eine vollständigere Untersuchung der verschiedenen Entwicklungslinien der vier Quadranten, und *Eros, Kosmos, Logos* in seiner Gesamtheit. Für jedes individuelle Holon nutzt Wilber die Grafik unten für das gemeinsame Auftreten der Entwicklungslinien:

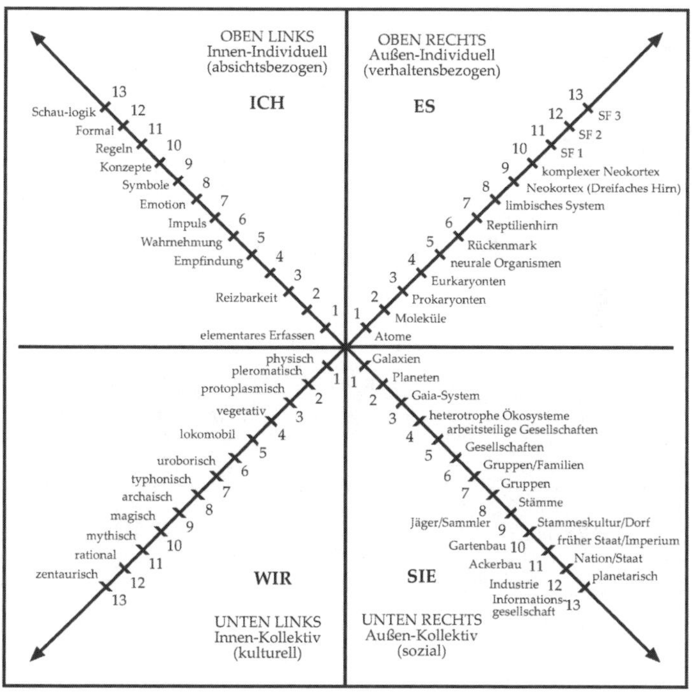


342. Für weitere Eigenschaften der Holons bei Wilber, siehe seine zwanzig Grundaussagen in *Eros, Kosmos, Logos*. Seite 40-85, sowie eine Kritik dieser Grundaussagen auf www.integ-

ralworld.net/meyerhoff-ba-toc.html.

343. Siehe Ken Wilber *Integrale Spiritualität* Kapitel 7, Seite 142 – 162.

344. Hitlers Nazideutschland oder das ‚Tausendjährige Reich' währte genau 12 Jahre. Für ein anschauliches Beispiel dieses Wahnsinns, den diese Unausgeglichenheit erzeugte (und wie Männer und Frauen darauf reagierten), siehe den Film *Der Untergang*, und für ein Beispiel einer so gut wie gesunden Integration der vier Antriebe den Film *Gandhi* und dementsprechende Literatur.

345. Dies ist eine Variation Wilbers AQAL-Modells, das jedem der vier Quadranten vier Antriebe zuweist.

346. Man kann diese Idee auch noch weiter führen, indem man die vier Polaritäten integriert (A = Agenz, K = Kommunion, T = Selbsttranszendenz, I = Selbst-Immanenz) in **ALLE** vier Quadranten, was 16 Möglichkeiten erzeugt:

**Oben Links:**

OLA = Interdependenz, Introversion, Introspektion, Gedanken und Gefühle vor anderen zurückhalten, kompromisslos.

OLK = Emotionale Nähe, Ideen teilen, offene Kommunikation, Teamwork, Kompromissbereit, Fürsorge und Verantwortlichkeit.

OLT = Nach Weisheit, Präsenz und Leere streben.

OLI = Nach Mitgefühl, Fülle und Hingabe streben.

Ein einfacher Weg, einen Bezug zu den vier Polaritäten in dem OL-Quadranten herzustellen, besteht darin, über Kommunikation nachzudenken. OLA will nicht sprechen, OLK will sprechen, OLT will gehört und verstanden werden, OLI will hören und verstehen.

**Unten Links:**

ULA = Individualismus, Survival of the fittest, es gibt nur eine richtige Weise, die Welt zu betrachten.

ULK = Kulturelle Vielfalt, alle lebendigen Wesen haben ein Recht zum Sein, es gibt viele Weisen, die Welt zu betrachten.

ULT = Der Qualifizierteste mit der größten Perspektive sollte führen und die Entscheidungen fällen.

ULI = Der Fürsorglichste mit der tiefsten Verbindung sollte führen und die Entscheidungen fällen.

Eine einfache Weise, einen Bezug zu den vier Polaritäten in dem UL-Quadranten herzustellen, besteht darin, über deine Nachbarschaft nachzudenken. ULA kümmert sich nicht um die Nachbarn und zieht es vor, dass sie so denken und aussehen wie man selbst; ULK kennt und verbindet sich mit den Nachbarn und schätzt die Unterschiede; ULT will sich entwickeln und die Gemeinschaft führen, ULI will in die Gemeinschaft passen.

**Oben Rechts:**

ORA = Du magst es nicht, berührt zu werden, intim zu sein oder körperliche Nähe zu erfahren.

ORK = Du liebst körperliche Nähe, Berührung und Intimität.

ORT = Du betrachtest deinen Körper als einen Diener, der kontrolliert und diszipliniert werden muss in Bezug auf seine Bedürfnisse nach Nahrung, Sex, Entspannung und Komfort.

ORI = Du betrachtest deinen Körper als einen Tempel und Führer, der voller Weisheit ist und auf seine eigenen Bedürfnisse hinweist, denen man sich hingibt.

Eine einfache Weise, einen Bezug zu den vier Polaritäten in dem OR-Quadranten herzustellen, besteht darin, über Sex nachzudenken. ORA will keinen Sex haben, ORK will Sex haben, ORT will oben sein und sich selbst entleeren, ORI will unten sein und gefüllt werden.

**Unten Rechts:**

URA = zieht es vor, Single zu sein, lebt und arbeitet allein, vermeidet Familienereignisse und soziale Zusammenkünfte, die Menschen sollen für sich selbst und ihr Schicksal verantwortlich sein.

URK = erfreut sich an sozialen Zusammenkünften, Team-Worker, soziale Systeme sollten die Armen und Benachteiligten unterstützen, wir sitzen alle im selben Boot.

URT = Strebt danach, die soziale Leiter hinaufzuklettern. Sorgt sich um sozialen Status, Einfluss und will der Führer sein.

URI = Sorgt sich um das Wohlergeben aller in der Familie, Gemeinschaft und Gesellschaft.

Eine einfache Weise, einen Bezug zu den vier Polaritäten in dem UR-Quadranten herzustellen, besteht darin, über den Arbeitsplatz nachzudenken. URA will allein arbeiten und die volle Verantwortung dafür übernehmen, die Ergebnisse zu produzieren; URK will lieber in einem Team arbeiten und Ziele und Verantwortlichkeiten mit anderen teilen; URT erfreut sich an hierarchischen Strukturen mit einer klaren Befehlskette und Verantwortlichkeiten, URI erfreut sich an flachen Hierarchien und will lieber ein Teil des Teams als sein Führer sein.

Da jeder Quadrant von innen und außen betrachtet werden kann (siehe Ken Wilber *Integrale Spiritualität* Seite 33 – 49), kannst du dies sogar noch weiterführen, doch dies würde hier den Umfang dieses Handbuches sprengen; daher belassen wir es bei 8/16 Kombinationen.

347. Für eine detaillierte Diskussion über die Unterschiede zwischen individuellen und sozialen Holons siehe *Integrale Spiritualität* von Ken Wilber, Seite 142 bis 162.

348. Ein interessantes Buch, das zeigt, dass Menschen nicht über längere Zeit ohne soziale Strukturen überleben können, ist *In der Wildnis* von Jon Krakauer.

349. Ken Wilber besteht darauf, dass es verkehrt ist, Holarchien zu konstruieren, die soziale Holons auf individuellen Holons aufsetzen und dass man so auf diese Weise von individuellen Menschen zu Partnerschaften, Familien, Gemeinschaften, Gesellschaften und Nationen kommt. Er argumentiert, dass individuelle und soziale Holons gleichzeitig auftauchen. Soziale Holons formen auch keine natürlichen Hierarchien (Holarchien), da Mitglieder aus ihrem eigenen Willen heraus bei- oder austreten können (natürlich können wir viele Beherrscher-Hierarchien in sozialen Holons beobachten, die wir individuelle Holons aussehen). Siehe *Integrale Spiritualität* Seite 142 – 162 für eine genauere Erklärung und vernichtende Kritik an Systemen, die diesem Fehler unterliegen. Seine Perspektive ergibt Sinn, wenn wir eine Momentaufnahme der Evolution machen und sehen, dass es Gemeinschaften von Menschen ohne Familienstrukturen geben kann, und Holarchien – per Definition – stets zusammenbrechen, wenn man die niederen Teile entfernt. Wenn man dies jedoch dynamisch als einen Prozess in der Zeit betrachtet, so können Gemeinschaften und Gesellschaften

nicht überleben ohne Partner, die sich fortpflanzen und Kinder in einer Form Familienstruktur aufziehen. Von dieser Perspektive scheint es legitim, eine Holarchie zu erzeugen, die von Menschen zu Gesellschaften kommt. Mit anderen Worten ist es gültig – und sogar wesentlich – ein Modell zu haben, dass soziale Holons auf individuellen Holons aufbaut, weil – über die Zeit – es keine Individuen ohne Paare geben wird, die Familien erzeugen und Kinder haben. Und ohne Familien haben wir keine Gemeinschaften und so weiter.

Nach alldem, was wir heute über die menschliche Geschichte wissen, können wir sagen, dass Männer und Frauen, die Kinder in stabilen, gesunden Beziehungen aufziehen (Kernfamilien) – und die in funktionale Gemeinschaften eingebettet sind, die Gesellschaften formen und friedvolle Nationen – am besten das Glück und die Gesundheit der Individuen zu unterstützen scheinen, sowie ein zukunftsfähiges Ökosystem zu erhalten, indem wir leben. Es gibt also keinen Grund, die gesunde Entwicklung von Holarchien nicht anzuerkennen und zu unterstützen, die von individuellen zu sozialen Holons führen. Wir müssen das Kind nicht mit dem Bade verschütten wegen philosophischer Detailfragen und können dennoch die Unterschiede zwischen individuellen und sozialen Holons verstehen.

350. Siehe David Schnarch *Die Psychologie sexueller Leidenschaft* Seite 53 – 74 für eine ausgezeichnete Darstellung, wie man Agenz und Kommunion ausbalanciert, was er ‚Differenzierung' nennt.

351. Siehe Gregory K. Popcak *The Exceptional 7 Percent* Seite 49 – 80 wie man ein ‚Ehe-Imperativ' erschafft, welchen er definiert als eine „tief empfundene, gemeinsame Menge von Werten, moralischen Idealen und emotionalen Zielen."

352. Das Konzept der konventionellen ‚Gegensätze aber nicht Gleiche', das postkonventionelle ‚nicht Gegensätze und Gleiche', und das integrale/post-postkonventionelle ‚Gegensätze UND Gleiche' wurde von Chris Anderson entwickelt, dem Gründer von www.manandwomanbalance.com/

353. Siehe Erich Fromm, *Die Kunst des Liebens* Seite 15: „Die Polarität der Geschlechter verschwindet, und mit ihr die erotische Liebe, die auf dieser Polarität basiert. Männer und Frauen werden sich gleich und sind nicht mehr gleichberechtigt als entgegengesetzte Pole. „

354. Inspiriert durch Leslie Temple Thurston *The Marriage of Spirit* Seite 189 – 196.

355. Ein interessantes und unterhaltsames Buch über die Konflikte, die bei der Beantwortung dieser Fragen auftauchen, ist Elisabeth Gilberts Buch *Das Ja-Wort*; es ist die Geschichte einer Frau auf der rationalen Stufe mit einem Animus Komplex in Stufe 4, die mit Bernstein kämpft und dann auf Stufe drei ihrer Animus-Entwicklung zurückfällt, nachdem sie sich in einen Mann verliebt, den sie geheiratet hatte, um eine Green-Card, eine Aufenthaltsgenehmigung, zu bekommen.

356. Siehe Ken Wilber, *Das Atman Projekt* Kapitel 11.

357. Der Begriff Unbewusstes wird in vielen Kontexten verwendet und hat keine einzelne oder gar präzise Definition. Das verringert seine Bedeutung als ein Konzept, und als Konsequenz dessen wird der Begriff in akademischen und wissenschaftlichen zusammenhängen vermieden. Wie es eben heißt: Man kann nicht nur *ein wenig* schwanger sein, ebenso kann man auch nicht nur ein wenig bewusst sein. Siehe www.en.wikipedia.org/wiki/Subconscious.

358. Siehe Deepak Chopra *The Path of Love* Seite 177, Marlena Lyons und Jett Psaris *Undefended Love* (ein Buch, dass sich auf das unterdrückte Unbewusste in Beziehungen konzentriert und wie man seine wahre Essenz erkennt, besonders Seite 57-59), John Welwood *Vollkommene Liebe* Seite 31 – 48 und Seite 196 (indem wir uns unserer Wut öffnen, entdecken wir

andere Gefühle, die darunter liegen – Trauer, Angst, Schmerz – die nach Aufmerksamkeit streben) und Harville Hendrix *Soviel liebe wie du brauchst* Seite 36-39.

359. Der 3-2-1 Prozess der Teil des *Integral Life Practice (ILP) Starter Kit* (verfügbar unter http://myilp.com/ oder www.amazon.com) ist eine Weise, zu lernen, den eigenen Schatten zu integrieren.

360. Siehe Dennis Genpo Merzel *Big Mind – Big Heart* für eine Untersuchung der vielen (unbewussten) inneren Stimmen, und wie man sie bewusst macht, basierend auf dem ursprünglichen Voice-Dialog von Hal und Sidra Stone.

361. Der folgende Text beschreibt unser Verlangen, über unsere Maske hinaus gesehen zu werden:

**Die Maske**

Bitte höre, was ich nicht sage!

Lass dich nicht von mir narren. Lass dich nicht durch das Gesicht täuschen, das ich mache. Denn ich trage tausend Masken - Masken, die ich fürchte abzulegen. Und keine davon bin ich. So tun als ob, ist eine Kunst, die mir zur zweiten Natur wurde. Aber lass dich dadurch nicht täuschen, um Himmels Willen, lass dich nicht von mir narren. Ich mache den Eindruck, als sei ich umgänglich, als sei alles sonnig und heiter in mir, innen wie außen, als sei mein Name Vertrauen und mein Spiel Kühle, als sei ich ein stilles Wasser und als könne ich über alles bestimmen, so als brauchte ich niemanden.

Aber glaub mir nicht!

Mein Äußeres mag sicher erscheinen, aber es ist meine Maske. Darunter bin ich, wie ich wirklich bin: Verwirrt, in Furcht und allein. Aber ich verberge das. Ich möchte nicht, dass es irgendjemand merkt. Beim bloßen Gedanken an meine Schwächen bekomme ich Angst und fürchte mich davor, mich anderen überhaupt auszusetzen. Gerade deshalb erfinde ich verzweifelt Masken, hinter denen ich mich verbergen kann: Eine lässige, kluge Fassade, die mir hilft, etwas vorzutäuschen, die mich vor dem wissenden Blick sichert, der mich erkennen würde. Dabei wäre dieser Blick gerade meine Rettung. Und ich weiß es. Wenn es jemand wäre, der mich annimmt und mich liebt. Das ist das Einzige, das mir die Sicherheit geben würde, die ich mir selbst nicht geben kann: dass ich wirklich etwas wert bin.

Aber das sage ich dir nicht. Ich wage es nicht. Ich habe Angst davor. Ich habe Angst, dass dein Blick nicht von Annahme und Liebe begleitet wird. Ich fürchte, du wirst gering von mir denken und über mich lachen. Und dein Lachen würde mich umbringen. Ich habe Angst, dass ich tief drinnen in mir selbst nichts bin, nichts wert, und dass du das siehst und mich abweisen wirst.

So spiele ich mein Spiel, mein verzweifeltes Spiel: eine sichere Fassade außen und ein zitterndes Kind innen. Ich rede daher im gängigen Ton oberflächlichen Geschwätzes. Ich erzähle dir alles, was wirklich nichts ist, und nichts von alldem, was wirklich ist, was in mir schreit; deshalb lass dich nicht täuschen von dem, was ich aus Gewohnheit rede.

Bitte höre sorgfältig hin und versuche zu hören, was ich NICHT sage, was ich so gerne sagen möchte, was ich um des Überlebens willen rede und was ich nicht sagen kann. Ich verabscheue dieses Versteckspiel, das ich da aufführe. Es ist ein oberflächliches, unechtes Spiel. Ich möchte wirklich echt und spontan sein können, einfach ich selbst, aber du musst mir helfen. du musst deine Hand ausstrecken, selbst wenn es gerade das letzte zu sein scheint, was ich mir wünsche. Nur du kannst mich zum Leben rufen. Jedes Mal, wenn du freundlich und gut bist und mir Mut machst, jedes Mal, wenn du zu verstehen suchst, weil du dich wirklich um mich sorgst, bekommt mein Herz Flügel - sehr kleine Flügel, sehr brüchige Schwingen, aber Flügel!

Dein Gespür und die Kraft deines Verstehens geben mir Leben. Ich möchte, dass du das weißt. Ich möchte, dass du weißt, wie wichtig du für mich bist, wie sehr du aus mir den Menschen machen kannst, der ich wirklich bin, - wenn du willst.

Bitte, ich wünschte, du wolltest es. Du kannst die Wand niederreißen, hinter der ich zittere. Du allein kannst mir die Maske abnehmen, du allein kannst mich aus meiner Schattenwelt, aus Angst und Unsicherheit befreien, aus meiner Einsamkeit. Übersieh mich nicht. Bitte übergeh mich nicht! Es wird nicht leicht für dich sein. Die lang andauernde Überzeugung, wertlos zu sein, schafft dicke Mauern. Je näher du mir kommst, desto blinder schlage ich zurück. Ich wehre mich gegen das, wonach ich schreie. Aber man hat mir gesagt, dass Liebe stärker sei als jeder Schutzwall und darauf hoffe ich.

Wer ich bin, willst du wissen?

Ich bin jemand, den du sehr gut kennst. Denn ich bin jedermann, den du triffst, jeder Mann und jede Frau, die Dir begegnen.

*Aus „Von der Schwierigkeit zu lieben, Maßstäbe des Menschlichen" von Tobias Brocher Kreuz Verlag Stuttgart, 12. Auflage, 1975, ISBN 3-7831-0465*

362. Kernspin Untersuchungen haben gezeigt, dass die meiste Aktivität in dem Gehirn einer Person, die verliebt ist, nicht im Kortex geschieht, also dem Sitz der Bewusstheit und des logischen Denkens, sondern dem Reptilienhirn und limbischen System (Nucleus Caudatus und Tegmentum), welches der Sitz von machtvollen Emotionen und dem Langzeitgedächtnis ist. Sie helfen uns, eine Person zu wählen, mit deren Hilfe wir unsere ungelösten Kindheitsprobleme bewältigen können. Siehe Ayala Malach Pines *Falling in Love* Seite 178, und Helen Fisher, *Warum wir lieben* Seite 69-72. Zusätzliche Hinweise, dass Liebende miteinander in mysteriöse Weisen resonieren, zeigen Experimenten, die die Beziehung der Gehirn- und Herzaktivität zwischen körperlich getrennten Paaren betrachten (siehe Doktorarbeit *Correlated Heart-Rate Measures in the Study of Nonlocal Human Connectedness* bei www.dorothymandel.com) Obwohl er sich nicht direkt auf Liebende bezieht, bietet Rupert Sheldrakes Forschung zur morphischen Resonanz (also die Hypothese, dass lebende Organismen sich auf das kollektive Gedächtnis ihrer Spezies beziehen und auch etwas dazu beitragen) Antworten, warum Menschen manchmal auf magische Weise aufeinander ‚eingestimmt' sind, was nicht ausschließlich durch ihre Reproduktive, kulturelle, soziale und psychologische Passung erklärt werden kann.

363. Siehe Ayala Malach Pines *Falling in Love* Seite 105 – 159 und 181 – 204, John Welwood *Love and Awakening* Seite 49 – 61 und 126 – 130, Thomas Moore *Seelenverwandtschaft* und Endnote Nr. 226 in Kapitel 4 über Seelenverwandtschaft.

364. Quelle: www.bbc.co.uk/relationships/couples/love_why.shtml

365. Siehe David Richo *Reif werden füreinander,* Seite 121.

366. Paartherapeutin, Professorin und Leiterin des Department of Business Administration der School of Management in der Ben-Gurion University in Israel sowie Autorin von zehn Büchern.

367. Das folgende (gekürzte) Gedicht von Rumi beschreibt wunderschön die unbewusste Passung und das Potenzial des Erwachens in einer langen Partnerschaft.

„Es ist die alte Regel, dass Betrunkene streiten müssen und in Schlägereien geraten.

Dem Liebenden ergeht es ähnlich schlecht. Er fällt in ein Loch.
Doch unten im Loch findet er etwas Leuchtendes
Das mehr wert ist als jede Menge Geld oder Macht
Letzte Nacht ließ der Mond seine Kleider in der Straße fallen
Ich nahm es als ein Zeichen und begann zu singen
Fiel in das Becken des Himmels
Das Becken bricht, alles fällt überall hin
Nichts Weiteres zu tun
Dies ist die neue Regel: Zerschlage das Weinglas
Und fallen hin zum Glasbläsers Atem."

368. Siehe den gekürzten Auszug aus Ken Wilbers Diskussion mit Roger Walsh über seine Präsentation bei der Integralen Konferenz 2008 (http://integrallife.com/node/54698 The State of the Integral):

„Beziehungen, die sich dem Wachstum widmen, bieten eines der besten Bollwerke gegen Stagnation. Wachstumsorientierte Beziehungen bieten uns ehrliches Feedback, um uns gegen blinde Flecke zu schützen. Denn es ist stets einfacher, die Begrenzungen von anderen Leuten zu sehen als die eigenen. Vor zweitausend Jahren fragte Jesus: „Warum siehst du aber den Splitter in deines Bruders Auge und wirst nicht gewahr des Balkens in deinem Auge?" Darum sind Beziehungen, die darauf ausgerichtet sind, psychologische, spirituelle und entwicklungsbezogene Limitationen zu erkennen und zu lösen, unschätzbar. Es gibt keinen Ersatz für Dialog und Feedback. Es gibt jedoch viele Formen von Beziehungen, und möglicherweise ist die beste Methode, das Feedback einer zweiten Person zu bekommen, die intime Beziehung und die Ehe. Eines der besten Tests für Erleuchtung ist das, was der Psychiater Arthur Deikman vorschlägt: „Frag deinen Partner!" Eines der effektivsten Wege, eine Beziehung in einen machtvollen Vermittler für Wachstum zu machen, ist die explizite Übereinkunft, die Beziehung für gemeinsames Lernen und Erwachen zu benutzen. Sobald die Übereinkunft getroffen wurde, gebt ihr euch gegenseitig die Erlaubnis, euch die Wahrheit zu sagen, Feedback zu geben, und das zu tun, was am Besten eurem Lernen, Wachsen, Heilen, und Erwachen dient. Dies ist ein wirkliches Geschenk für jede Beziehung, erfordert aber einiges, wie etwa, wirklich lernen, wachsen, erwachen zu wollen und einen Beitrag zu machen. Diese (Ebene der Wahrhaftigkeit) ist nicht ganz einfach, denn wir haben in unserer Kultur nicht immer die Erlaubnis, die Wahrheit zu sagen. Die meisten Beziehungen basieren zumindest auf der geteilten verdeckten Übereinkunft: „Ich werde dir nicht auf die Füße treten, wenn du mir nicht auf die Füße trittst." Und so beschützen Beziehungen unbewusst die eigenen Ängste, Verteidigungsmechanismen und Neurosen. Wenn du also eine Beziehung von einer gegenseitigen Bewunderungs-Übereinkunft in etwas verwandeln willst, das deinem eigenen Wachstum und Transformation dient, so gebt einander die Erlaubnis, die Wahrheit zu sagen und dann „Schnallt euch an"! Es ist nicht immer einfach, aber es ist sehr wertvoll. Idealerweise wird die Beziehung dann einem Zweck dienen, der größer als der individuelle Zweck ist, größer als das Selbst, und steht im Dienste des Erwachens."
www.in.integralinstitute.org/holons/Walsh_State_of_the_Integral_Enterprise_Part_I.pdf

369. Siehe *The New Psychology of Love,* herausgebracht von Robert J. Sternberg und Karin Weis Seite 149 – 170, *Styles of Romantic Love* von Clyde und Susan S. Hendrick, und Helen Fisher, *Warum wir Lieben* Seite 94, wo sie die Stile wie folgt auflistet:

Eros — eine leidenschaftliche und emotionale Liebe, die auf ästhetischen Freuden basiert; Stereotyp von romantischer Liebe.
Ludus — eine Liebe, die als Spiel oder Sport verstanden wird, Eroberungen.
Storge — eine zärtliche Liebe, die sich langsam aus Freundschaft entwickelt; basiert auf Ähnlichkeiten.
Pragma — Liebe, die vom Kopf angetrieben wird und nicht dem Herzen; unaufdringlich.

Mania — sehr unbeständige Liebe, Obsession; angetrieben von niedrigem Selbstwert.
Agape — selbstlose altruistische Liebe; spirituell, mütterliche Liebe.
Siehe auch Seite 184 – 199 *A Duplex Theory of Love* von Robert J. Sternberg, der sie beschreibt als
Nicht Liebe
Freundschaft
Verknallte Liebe
Leere Liebe
Romantische Liebe
Freundschaftliche Liebe
Törichte Liebe (dumm, albern, bedeutungslos, oder närrisch)
Vollkommene Liebe (vollständig, perfekt, das Höchste).
370. Siehe Ayala Malach Pines *Falling in Love*, Seite 3 – 11: „Wiederholtes einander Ausgesetztsein ist ein weiteres Erfordernis, das sich der romantische Funke in die stete Flamme einer Liebesbeziehung verwandeln kann. Wenn der erste Eindruck negativ ist, ist es am besten, den Kontakt zu beenden." Helen Fisher, *Why Him Why Her?* Seite 144-146, und der Dienstleister www.dateoverforty.com, wo sich Singles über mehrere Wochen bei sozialen Aktivitäten treffen, um sich gegenseitig in einer ‚natürlichen Umgebung' kennenzulernen.

371. ‚Wahrhaftigkeit' bezieht sich auf die subjektive Wahrheit über das Innere einer Person, währenddessen sich ‚Wahrheit' auf eine objektive ‚faktische' Wahrheit im Außen bezieht. Die Antwort auf die Frage, ob du Geschlechtsverkehr mit einer Frau während einer Geschäftsreise hattest, wäre eine objektive, faktische Wahrheit. Ob du dich in sie verliebt hast oder nicht, wäre subjektive Wahrhaftigkeit. Menschen können nur entsprechend ihrer Bewusstseinsebene wahrhaftig sein (und – per Definition – nicht über ihr Unbewusstes) Kinder und Erwachsene sind tief darauf konditioniert, zu lügen, wenn die Wahrheit negative Konsequenzen mit sich bringt. Dies ist häufig eine große Herausforderung in Beziehungen, wenn das Erzählen der Wahrheit oder Wahrhaftigkeit den anderen Partner verletzt und sie oder ihn dazu veranlasst, zu gehen.

372. Siehe Susan Campbell *Truth in Dating: Finding Love by Getting Real,* und *Saying What's Real: 7 Keys to Authentic Communication and Relationship Success.*

373. Liebende, die auf eine Stufe zurückfallen, der jede Form nützlicher Diskriminierung fehlt, oder vollständig von der Leidenschaft oder ‚Liebe' davongetragen zu werden, die zu abhängiger Liebe führt.

374. Viele Mystiker, Poeten, Philosophen, Theologen und sogar Wissenschaftler haben auf dieses Mysterium gezeigt; wie der Mathematiker Blaise Pascal (1623-1662) sagte: „Das Herz hat Gründe, die der Verstand nicht kennt."

375. Die drei wesentlichen Gründe für Psychosen sind entweder funktionell (geistige Krankheiten wie etwa Schizophrenie oder manisch depressiv), organisch (die von medizinischen, nicht-psychologischen Bedingungen stammen, wie etwa Gehirntumoren und Schlafentzug), und psychoaktive Drogen (z.B. Beruhigungsmittel, Amphetamine und Halluzinogene)

376. Unten folgt eine Liste von Psychotherapien. Die Liste enthält einige Ansätze, die sich selbst nicht Psychotherapien nennen würden, die jedoch einen ähnlichen Ansatz dafür haben, die geistige Gesundheit und Wohlbefinden durch Gespräche oder andere Mittel der Kommunikation zu verbessern. Die beste Therapie und Therapeuten zu wählen, ist notwendig für den Erfolg der Behandlung. Siehe Ken Wilber *Integrale Psychologie* Seite 98 - 100 für mehr Informationen.

Adler´ische Therapie
Analytische Psychologie
Kunst-Therapie
Autogenische Psychotherapie
Verhaltenstherapie
Biodynamische Psychotherapie
Bioenergetik
Biosynthese
Kurzzeittherapie
Klassische Adler´sche Psychotherapie
Co-Counseling
Kognitive analytische Psychotherapie
Kognitive Verhaltens-Psychotherapie
Konzentrative Bewegungstherapie
Kontemplative Psychotherapie
Kern-Prozess Psychotherapie
Tiefen Psychologie
Dialektische Verhaltenstherapie
Emotionale Freiheits-Techniken (EFT)
Encounter Gruppen
Augen-Bewegungs-Desensibilisierung
Existenz-Analyse
Systemische Familientherapie
Feministische Therapie
Focusing
Freudianische Psychotherapie
Gestalt-Therapie
Gestalt Theoretische Psychotherapie
Gruppen Therapie
Holotropes Atmen
Humanistische Psychologie
Hypnotherapie
Integrative Psychotherapie
Internales Familien System Model (IFS)
Jung´sche Psychotherapie
Logo-Therapie
Multimodale Therapie
Narrative Therapie
Neuro-Linguistisches Programmieren (NLP)
Objekt-Beziehungstheorie
Personale Konstrukt Psychologie (PCP)
Positive Psychotherapie
Posturale Integration
Primäre Integration
Prozess-orientierte Psychologie
Primärtherapie
Provokative Therapie
Psychedelische Psychotherapie
Psychoanalyse
Psychodrama
Psychodynamische Psychotherapie
Psycho-Organische Analyse

Psychosynthese
Pulsing (Bodywork)
Rationale-emotive Verhaltens-Psychotherapie
Re-evaluation Counseling
Wirklichkeitstherapie
Reich´sche Psychotherapie
Rogerischer Psychotherapie
Rolfing
Sophia-Analyse
Sponsorship
Systemische Therapie
SHEN-Therapie
T-Groups
Transaktions-Analyse (TA)
Transpersonale Psychologie
377. Wie etwa Zwangsneurosen, chronische Ängste oder Phobien.

378. Siehe Polly Young Eisendrath und Florence Wiedemann *Female Authority* Seite 222 – 223: „Daher behaupten wir, dass Persönlichkeit stets eine Tandem-Entwicklung von Selbst/Anderen-Konzeptionen ist und niemals die Entdeckung eines unabhängigen Selbst. Der Trugschluss des Individualismus, eine irreleitende Vorstellungen, dass wir getrennte Einheiten sind, die in einzelnen Körpern stecken wie Maschinen in kleinen Häusern, führt zu endlosen Verwirrungen über menschliche Beziehungen und einer allgemeinen Verdrängung von Abhängigkeit und Empfindsamkeit. Wir haben viele Leute getroffen – besonders Frauen – die tatsächlich glauben, dass alleine zu leben der Ausdruck von psychologischer Unabhängigkeit ist. Mit anderen Worten: Sie haben persönliches Agenz (Wahl etc.) mit der sozialen Bedingung des alleine lebens verwechselt. Die Idee, ‚alleine zu leben', ist dabei an sich selbst eine verzerrte Wahrnehmung über Privatheit, denn Menschen leben niemals allein. Als Organismen haben wir eine Vielfalt von biologischen und psychologischen Bedürfnissen, die uns davor schützen, in Isolation zu leben."

379. Siehe Christian de Quincey *Radical Knowing* Seite 176 – 180: „Ich als Subjekt reflektiere mich niemals in Dingen (Objekten), sondern nur in anderen ‚Ichs' wie etwa dir." Die berühmte Feministin Gloria Steinem, die Irina Dunn zitierte mit „Eine Frau braucht einen Mann wie ein Fisch ein Fahrrad", heiratete 2000 David Bale mit 66 Jahren.

380. Siehe www.integrallife.com/awaken/shadow/practice-3-2-1-shadow-process.

381. Siehe Robert Kegan in *In Over Our Heads* Seite 313: „Paare im 4ten Beziehungsgrad beginnen mit der Prämisse ihrer eigenen Vollständigkeit und betrachten Konflikte als ein unvermeidbares Nebenprodukt von Interaktion von zwei psychologisch ganzen Selbsten, während Paare in der (integralen) 5ten Stufe des Bewusstseins mit ihrer eigenen ‚Tendenz' , Vollständigkeit vorzugeben, beginnen (während sie tatsächlich unvollständig sind), und die den Konflikt als das unvermeidbare und doch umwandelbare Nebenprodukt des Anspruches zur Ganzheit betrachten."

382. Adyashanti, *eine verheiratete* Zen Lehrerin, sagte in einem Interview mit Bert Parlee: „Den Beweis für die Tiefe und Verkörperung deiner Verwirklichung sieht man an deiner Liebesbeziehung. Wenn es in deiner Beziehung zusammenbricht, dann musst du Eigenes an Arbeit tun. Und die Menschen haben eine Menge Schwierigkeiten in ihren Beziehungen."

Eckhart Tolle, (in einer Beziehung mit Kim Eng) schreibt in *Jetzt: Die Kraft der Gegenwart* Seite 127: „ Drei gescheiterte Beziehungen in ebenso vielen Jahren zwingen dich eher zum

Erwachen als drei Jahre auf einer verlassenen Insel eingesperrt in einem Zimmer." Und auf Seite 132: „Die Menschheit steht unter großen Druck, sich zu entwickeln, denn es ist unsere einzige Chance, als Spezies zu überleben. Dies wird jeden Aspekt deines Lebens und besonders deiner engen Beziehungen beeinflussen. Nie bevor waren Beziehungen so problematisch und konfliktbeladen, wie sie es heute sind. Wie ihr bemerkt haben mögt, so sind sie nicht dazu da, um uns glücklich und erfüllt zu machen. Wenn du weiter danach strebst, das Ziel der Erlösung durch eine Partnerschaft zu verfolgen, so wirst du wieder und wieder enttäuscht werden. Doch wenn du akzeptierst, dass Beziehungen dazu da sind, einen bewusst und nicht glücklich zu machen, dann wird dir die Beziehung Erlösung bieten, und du wirst dich an das höhere Bewusstsein anpassen, das geboren werden will. Jene, die an den alten Mustern anhaften, werden zunehmend Schmerz, Gewalt, Verwirrung und Wahnsinn erfahren."

383. Siehe Robert Augustus Masters *Transformation through Intimacy – The Journey Towards Mature Monogamy* auf der Seite vor der Einleitung: „Die Reise von unreifer zu reifer Monogamie ist nicht nur eine Reise von reifender Intimität mit dem Geliebten, sondern auch eine Reise in und durch die Zonen unseres Selbst, die schwer zu durchkreuzen sind, und sei es nur, es mit dem Rest unsere Seins zu vereinen. Doch wie viel diese Reise auch von uns verlangt, so gibt es uns noch mehr zurück, transformiert uns, bis wir in der unwandelbaren Liebe, grundlegenden Leidenschaft und radikal intimen Gegenseitigkeit gefestigt sind, die reife Monogamie betont. Und selbst wenn wir nicht in einer solchen Beziehung enden, so wird allein der Versuch, die Reise unternommen zu haben, uns in dem Belohnen, was auch immer wir tun."

384. Siehe David Deida *Intimate Communion* Seite 263 – 267.

385. Wenn Frauen, die diese Form der Liebe suchen, von Heilung, Lernen, Wachstum und Erwachen sprechen, meinen sie eigentlich, dass *Männer* dies lernen müssen, um sich der weiblichen Perspektive anzupassen, damit sie sie nicht länger emotional herausfordern müssen. Solche Frauen sagen: „Ich bin fertig damit, zu wachsen, ich bin entwickelt und glücklich. Ich liebe mich selbst, als wieder einen Partner zu haben, der mir das Leben versaut." Sie mögen in manchen Fällen Recht haben, wenn sie Männer treffen, die weniger bewusst oder integriert in ihrer Entwicklung sind, doch viel häufiger ist es schlichte Vermeidung, Verantwortung für ihre eigene unausgeglichene Entwicklung zu übernehmen. Und anzunehmen, dass Frauen entwickelter sind als Männer, ist eine Täuschung.

386. Siehe Helen Fisher, *Warum wir lieben* Seite 52 – 56.

387. Frauen verüben häusliche Gewalt genauso häufig wie Männer, wenn sie sich machtlos fühlen, ihre Konflikte durch gewaltfreie Mittel (wie etwa, über die Probleme zu sprechen) zu lösen. Der Mythos, dass Männer gewalttätiger sind als Frauen, stammt von der Tatsache, dass Frauen körperliche Gewalt viel häufiger anzeigen als ihre Partner, während Männer sich dessen schämen und häufig ausgelacht werden, wenn sie bei der Polizei körperlichen Missbrauch anzeigen. Siehe Warren Farrell *Does Feminism Discriminate Against Men* Seite 33 – 39 und *Women Can't Hear What Men Don't Say* Seite 123 – 162.

388. David Schnarch's *Die Psychologie sexueller Leidenschaft* ist ein Klassiker.

389. Jede Form von Tantra-Workshops für Paare oder der ausgezeichnete HAI-Workshop über Liebe, Intimität und Sexualität (www.hai.org) sind zu empfehlen.

390. Siehe *The New Psychology of Love,* herausgegeben von Robert J. Sternberg und Karin Weis Seite 185 unter Intimität über die Qualitäten von integral informierten Beziehungen, was sie beschreiben als::

Verlangen, das Wohlbefinden des Geliebten zu fördern.
Mit dem Geliebten Glück erfahren.
Viel Respekt für den Geliebten.
Fähig sein, sich auf den Geliebten in Zeiten der Not zu verlassen.
Gegenseitiges Verständnis mit dem Geliebten.
Das eigene Selbst und die eigenen Besitztümer mit dem Geliebten teilen.
Emotionale Unterstützung vom Geliebten erhalten.
Emotionale Unterstützung dem Geliebten geben.
Intime Kommunikation mit dem Geliebten.
Den Geliebten schätzen.

391. Siehe Shunryu Suzuki *Zen Geist, Anfänger Geist*, wo er vorschlägt, an das Leben, und darum auch an unsere Beziehungen, auf eine Weise heranzutreten, ohne etwas Besonderes erreichen zu wollen. Oder, wie Eckart Tolle sagte: „Das Ego liebt nicht, es will stets irgendwas."

392. Ken Wilber antwortete auf diese Frage, indem er sagte, dass auf der „manifesten Seite der Straße" die Dinge dazu neigen, sich über das Grobe, Subtile und Kausale in Polaritäten zu manifestieren, und dass die Jungs/Mädchen-Dualität ziemlich grundlegend für unsere Existenz ist. Obwohl man beide Qualitäten, so gut wie man kann, verkörpern will, so kann man nicht gleichzeitig weiblich und männlich sein. Um den Tanz zwischen den beiden Polaritäten zu tanzen, braucht man Mann und Frau. Und wo die zwei – das maskuline Drängen, Klarheit und Antrieb und das feminine Mitgefühl und die Umarmung – in dem ‚Einen Geschmack' zusammenkommen, liegt auf der anderen Seite der Manifestation. Siehe www.in.integralinstitute.org/live/view_ken.aspx#Too_Evolved_for_Relationships

393. Siehe Geoffrey Miller *Die sexuelle Evolution* für eine tiefer gehende Untersuchung der sexuellen vs natürlichen Selektion.

394. Siehe Nancy Etcoff *Nur die schönsten Überleben.*

395. In der heutigen Welt können diese männlichen und weiblichen Ideale von Models, Pornostars, Schauspielern und Charakteren, Büchern oder Videospielen repräsentiert werden. In unserer Kultur, und zunehmend durch das Internet und Satelliten-TV, werden beide Geschlechter konstant mit den idealen Bildern des entgegengesetzten Geschlechtes bombardiert, denen kaum jemand wirklich entsprechen kann. Für Frauen heißt dies: Wenn ich auf eine bestimmte Weise aussehe, dann kann ich den Traummann bekommen, der sich um mich sorgt und der mich in meinem Verlangen nach Selbstverwirklichung unterstützt. Für Männer heißt dies: Wenn ich auf eine bestimmte Weise erfolgreich bin, dann kann ich meine Traumfrau bekommen, die gut an meiner Seite aussieht, meinen sexuellen Fantasien entspricht, meinem Bedürfnis nach Gesellschaft nachkommt und mich in meiner Mission unterstützt. Siehe auch Geoffrey Miller *Die sexuelle Evolution* Seite 8-12.

396. Die primäre Fantasie, zueinanderpassende Pathologien und die männlich/weibliche Ko-Kreation der Entwicklungsstufen des Bewusstseins in einer Gruppe oder öffentlich zu diskutieren, verstimmt die meisten Menschen. Besonders Frauen werden defensiv, wenn sie mit der Tatsache konfrontiert werden, dass sie sich in einen Mann verliebt haben, der ihrer primären Fantasie entspricht und ihre unbewussten Pathologien ergänzt. Die primäre Fantasie von Männern (d.h. sich in sie zu verlieben, weil sie schön ist, und mit ihr Sex haben zu wollen), ist gewöhnlich einfach zu erkennen und zuzugeben, zumindest wenn keine anderen Frauen (Ehefrauen eingeschlossen) in der Nähe sind. Aber kein Mann will glauben, dass sie sich in ihn verliebt hat, weil er ihrer primären Fantasie und unbewussten Schatten entspricht. Die meisten Paare wollen nicht (oder können nicht) über ihre gegenseitig passenden Pathologien sprechen sowie über die daraus stammenden Konflikte, die entweder unterdrückt werden oder hinter geschlossenen Türen ausgetragen werden. Ein

Resultat dessen ist, dass die einzige politisch korrekte Weise, zu erklären, warum sich ein Paar verliebt und zusammenbleibt, in ihrer Freundschaft, den Kindern, und ihrer religiösen, kulturellen und vielleicht spirituellen Verbindung liegt. Single-Männer und -Frauen verteidigen sich häufig bei diesem Thema, weil sie dadurch tief verwundet wurden, als nicht adäquate Erfolgs- oder Sexobjekte abgelehnt worden zu sein und weil sie nicht mit ihrer Pathologie umgehen können, oder weil sie auf andere Weise emotional nicht gesund und spirituell nicht reif genug für eine Beziehung sind. Zu erwähnen, dass fast alle Fortschritte in der Entwicklung des Bewusstseins (gemeinsam mit Kunst, Wissenschaft und Religion) von den Männern kommen, und zwar angetrieben durch ihr Bedürfnis, Sex mit attraktiven Frauen zu haben, ist in der heutigen egalitären Gesellschaft weitestgehend ein Tabu ... Wissenschaftler eingeschlossen, die am besten darin sind, auf ambivalente Weise öffentlich über Sex und den Prozess der sexuellen Selektion zu sprechen/schreiben. (Siehe Geoffrey Miller *Die sexuelle Evolution* Seite 15 and 16), Endnote #92 in Kapitel 2, und Nancy Etcoff in *Nur die schönsten Überleben* Seite 79 – 80, wo sie sagt: „Einfach gesagt gibt es Kräfte, durch die sich beide Geschlechter in solchen Situationen unwohl fühlen. Männer werden anhand ihres Einkommens und professionellen Status genauso so hart bewertet wie Frauen anhand ihres Aussehens."

397. Siehe Nancy Etcoff *Nur die schönsten Überleben* Seite 169 - 170.

398. Die US-Schmuckindustrie ´verdient jährlich um die 30 Milliarden Dollar. Siehe www.hoovers.com/jewelry-retail/--ID__66--/free-ind-fr-profile-basic.xhtml

399. Siehe Geoffrey Miller *Die sexuelle Evolution* Seite 3-4 und 63-65.

400. In einem Interview mit www.womenontheedgeofevolution.com/access/index.php (Passwort ‚women') Barbara Marx Hubbard antwortete auf die Frage nach der Rolle von Frauen in der Evolution der Männer: „Männer tun was Frauen wollen [Belohnung]. Frauen ermöglichen die männliche Veränderung von dem Patriarchat zu ihrer eigenen inneren Essenz. Frauen sind die Führer in der Befreiung der Männer. Wir betrachten Männer nicht als unterlegen oder unterdrückend. Männer können durch Frauen geführt und befreit werden. Ich liebe Männer und war stets von Männern inspiriert, folgte vielen Impulsen von ihnen, indem ich eine Frau war und ihr Genie erkannte. Ich wurde auf logische Weise von den Ideen vieler großer Männer ‚besamt'. Ich war stets inspiriert von den großen Männern, die Evolutionäre waren. Alle waren sie Männer! Ich fühlte mich zu ihren Ideen und ihrer Saat angezogen, und es erwachte in mir der weibliche Ko-Schöpfer. Und dann wurde ich ein Führer für Männer, die noch nicht Evolutionäre und doch brillant waren."

401. Die Einsicht über die innere und sexuelle Macht der Frau ist nicht neu. Im Jahre 411 v. Chr. zeigt ein Schauspiel von Aristophanes wie Lysistrata die griechischen Frauen davon überzeugt, ihren Männern sexuelle Rechte vorzuenthalten, und zwar als ein Mittel, damit sie in Friedensverhandlungen im peloponesischen Krieg eintreten. Siehe www.en.wikipedia.org/wiki/Lysistrata

402. Siehe www.en.wikipedia.org/wiki/List_of_inventors für eine Liste der Erfinder. Dies gilt ebenso für Kunst, Philosophie, Wissenschaft, Landwirtschaft, Religion etc. Siehe auch David Deida *Der Weg des wahren Mannes* Seite 61: „Das Maskuline wächst durch Herausforderung."

403. Alison Armstrong *Making Sense of Men* Seite 56.

404. Ein Beispiel davon kann in dem Film *Und täglich grüßt das Murmeltier* gesehen werden, einem schönen Film, in dem Bill Murray jemanden spielt, der sich von der ‚egozentrischen' zur 'fürsorglichen' zur 'universell fürsorglichen'Stufe entwickelt, um das Herz einer Frau, gespielt von Andy MacDowell, zu gewinnen.

405. Der Prozess des Wachstums oder Transzendenz involviert normalerweise drei Phasen: 1) Identifikation, 2) Differenzierung und 3) Integration.

In der *ersten* Phase der *Identifikation* ist das Selbst (das Subjekt) ‚in Übereinstimmung' oder vollkommen mit seiner Bewusstseinsebene (oder dem Weg, sich selbst und die Welt zu betrachten) identifiziert, wie etwa ein magentafarbener Wahrsager, ein roter selbstsüchtiger Rockstar oder Athlet, ein bernsteinfarbener religiöser Jünger oder ein orangener erfolgssüchtiger Wallstreet-Broker, ein grüner Philanthrop oder Aktivist, ein blaugrüner Unternehmensberater oder ein türkisfarbener spiritueller Lehrer.

Die *zweite* Phase der *Differenzierung* wird ausgelöst, wenn die gegenwärtige Bewusstseinsebene nicht länger befriedigende Antworten auf die Fragen und Herausforderungen bietet, zum Beispiel ein Mann, der versucht, eine begehrenswerte Frau zu gewinnen und zu befriedigen, die er liebt und die ihn abgelehnt hat. Um aus dieser Verwirrung, dem Leid und der Frustration herauszukommen, wird sein ‚Selbst' versuchen, andere Lösungen zu finden, indem es ‚sich selbst' beobachtet, was den Prozess der Trennung (Differenzierung) des ‚Ich' (Selbst/Ego/Subjekt) von dem ‚Es' (Objekt) auslöst.

In der *dritten* Phase integriert und identifiziert sich das Selbst mit den komplexeren und fortgeschrittenen Perspektiven, Werten und Weltsichten auf der nächsthöheren Entwicklungsstufe, bis sie nicht länger die Antworten auf die Lebensfragen und Herausforderungen bieten, und der Prozess beginnt aufs Neue.

Obwohl wir uns manchmal fühlen mögen, als hätten wir die letzte Stufe der Entwicklung erlangt, oder als könnten wir wachsen ohne zu leiden, so scheint doch der Kreislauf der Identifikation, Differenzierung (ausgelöst durch eine Form des Leides oder Herausforderung) und Integration niemals zu enden.

406. Siehe Allan Combs *Die Psychologie des menschlichen Bewusstseins* Seite 25 – 34 über Entwicklung in der Kindheit.

407. Siehe Laurie A. Rudman und Peter Glick *The Social Psychology of Gender* Seite 48: „Je mehr Männer Frauen bedrohen, umso stärker suchen Frauen (ironischerweise) Schutz bei anderen Männern."

408. Bemerke, dass sich acht der zehn jüdisch/christlichen Gebote darauf beziehen, Stabilität für Familie und Gemeinschaft zu erzeugen:

Gedenke des Sabbats: Halte ihn heilig!

Ehre deinen Vater und deine Mutter.

Du sollst nicht töten.

Du sollst nicht Ehebruch begehen.

Du sollst nicht stehlen.

Du sollst nicht falsch gegen deinen Nächsten aussagen.

Du sollst nicht nach der Frau deines Nächsten verlangen.

Du sollst nicht nach seinem Sklaven oder seiner Sklavin, seinem Rind oder seinem Esel oder nach irgendetwas verlangen, das deinem Nächsten gehört.

409. Siehe Nancy Etcoff *Nur die Schönsten überleben* Seite 76.

410. Siehe (als eines von vielen Beispielen) den Film *Ein (un)möglicher Härtefall*, wo die Goldgräberin ausruft (nachdem sie ihren reichen Ehemann auf Video dabei erwischt, wie er

sie betrügt): „Obwohl ich dies nicht wirklich amüsant finde, bin ich doch erfreut, dass du dieses Material gefunden hast. Dies ist mein Fahrschein zu Reichtum, Unabhängigkeit ... und Freiheit."

411. Siehe die Bücher von David Deida – den Ken Wilber den Retter der grünen Männer nennt – besonders *Der Weg des wahren Mannes.*

412. Für weitere Details über den Wachstumsprozess siehe Jenny Wade *Changes of Mind* Seite 262-270, Beck/Cowan *Spiral Dynamics* Seite 71 - 103, Ken Wilber *Ein kurze Geschichte des Kosmos* Seite 131 und Robert Kegan *In Over Our Heads* Seite 32 mit seiner Einsicht, dass das „Subjekt der vorhergehenden Stufe zum Objekt des Subjektes der nächsten Stufe wird."

413 Siehe Jenny Wade *Changes of Mind* Seite 268: „[Für Menschen im Bewusstsein ersten Ranges] bedrohen Werte das Ego, sodass sie unfähig sind, anderen Menschen auf einer anderen Entwicklungsstufe gegenüber tolerant zu sein." Spiral Dynamics besagt, dass Menschen etwa 50% ihrer Zeit von ihren zentralen Entwicklungsstufe aus handeln, 25% von der darunter liegenden Stufe und 25 % von der darüber liegenden Stufe.

414. Siehe Carol Gilligan *Die andere Stimme* Einleitung Seite xx, wo sie aufzeigt dass „Männer denken, dass wenn sie sich selbst kennen, sie Frauen verstehen werden, während Frauen denken, dass wenn sie andere kennen, sie sich selbst kennenlernen werden." Und Seite 16, wo sie Virginia Woolf zitiert: „Es ist offensichtlich, dass sich die Werte von Frauen sehr häufig von den Werten des anderen Geschlechtes unterscheiden. Das ist ganz natürlich. Und doch sind es die maskulinen Werte, die überwiegen" und fügt hinzu: „Als ein Resultat, hinterfragen Frauen die Normalität ihrer Gefühle und ändern ihre Urteile als Reaktion auf die Meinung der anderen."

415. Es gibt viele Witze und Bücher, die auf diese Tatsache hinweisen, zum Beispiel *Men are like Waffles, Women are like Spaghetti* von Bill und Pam Farrell.

416. Ken Wilber wird nicht müde, Carol Gilligans Arbeit zu interpretieren (siehe ihr Buch *Die andere Stimme*), nämlich das Frauen nicht hierarchisch denken, sich aber hierarchisch entwickeln. Alison Armstrong von PAX (www.understandmen.com) behauptet, dass Männer durch vier Entwicklungsstufen gehen: 1) Knappe 2) Ritter 3) Prinz und 4) König (was wohl eher eine vertikale Translation ist als eine vertikale Transformation), während sie vier Entwicklungsstufen für Frauen beobachtet. Siehe auch Alison Armstrong's Buch *The Amazing Development of Men: Everyman's Journey from Knight to Prince to King.*

417. Wie Abraham Maslow berühmterweise bemerkte: „Wenn das einzige Werkzeug, dass du hast, ein Hammer ist, dann neigst du dazu, jedes Problem als einen Nagel zu betrachten." (Er war nicht der Erste, der diese Beobachtung ausdrückte, doch es wird ihm weitestgehend zugerechnet).

418. Mit der Ausnahme des sich Verliebens, oder in Krisenzeiten wie etwa einer Trennung/ Scheidung, wenn – wie du sicherlich schon erfahren hast – temporäre Gipfelerfahrungen (Zustände genannt, da sie nicht dauerhaft sind) auf höhere Stufen oder eine Regression auf niedere Stufen des Bewusstseins auftreten können.

419. Siehe David Deida *Blue Truth* Seite 100 – 102, wo er feminine Männer beschreibt, die mit dem Flow gehen, anstatt von ihrem Sinn angetrieben zu werden, und die er ‚Flow-Boys' nennt.

420. Die Fluss-Metapher funktioniert auch, wenn wir unseren Lebenssinn als eine Rückkehr zum Ozean (dem stets gegenwärtigen Ursprung) in Form der gemeinsamen Erschaffung mit unserem Lebenspartner und Seelengefährten betrachten.

421. Neurosen sind eine Klasse von geistigen Störungen, die eine Form von Not involvieren (aber weder Wahnvorstellungen noch Halluzinationen), bei denen das Verhalten nicht außerhalb der sozial akzeptierten Norm liegt. Psychose bedeutet ‚abnormaler Zustand des Geistes' und ist ein allgemeiner psychiatrischer Begriff für einen mentalen Zustand, von dem gesagt wird, dass man in diesem Zustand ‚den Kontakt mit der Realität' verliert. Borderline Persönlichkeitsstörungen (PBS) sind zwischen diesen beiden Formen anzusiedeln und beschreiben eine längere Störung der Persönlichkeit und werden durch die Tiefe und Schwankungen von Stimmungen charakterisiert. PBS kennzeichnet sich durch unübliche Instabilität der Stimmungen, ‚Schwarz und Weiß'-Denken, chaotische und instabile Beziehungen, Selbstbilder, Identität und Verhalten, wie auch Störungen in dem individuellen Selbstgefühl. Diese Störungen können einen tief greifenden negativen Einfluss auf viele oder sogar alle der psycho-sozialen Facetten des Lebens haben. Dies schließt Schwierigkeiten in dem Erhalt von Beziehungen, der Arbeit, zu Hause und sozialen Umständen mit ein. Versuchter Selbstmord und gelungener Selbstmord sind mögliche Resultate, besonders ohne angemessene Hilfestellung und eine effektive Therapie.

422. Jenny Wade hebt hervor, dass es eine Ausnahme für das Wachstum von Stufe 4 (Bernstein) zu 6 (Grün) geben kann. Sowohl Männer als auch Frauen können Stufe 5 (orange) überspringen, wenn sie die ökonomische Basis dazu haben. Dies kann später eine Form der Pathologie durch Unsicherheit und durch die Erkenntnis erzeugen, dass sie niemals für sich selbst sorgen mussten – und es höchstwahrscheinlich nicht können. In diesem Fall können sie auf Orange oder in Krisenzeiten sogar auf Rot zurückfallen.

423. Ein klassisches Beispiel ist Adi Da, der von vielen als ein hochverwirklichtes menschlichen Wesen betrachtet wurde, doch der im späteren Leben in eine Form von Wahn abglitt und behauptete, eine Form der Göttlichkeit erlangt zu haben, die noch niemand zuvor erlangt hatte, und auch niemals erreichen könne, es sei denn durch ihn. Er starb am 27.11. 2008 im Alter von 69.

424. Wilber nennt die großen Meilensteine oder Stufen der psychologischen Entwicklung ‚Drehpunkte' und bespricht diese Prozesse in *Eine kurze Geschichte des Kosmos* Seite 131 – 135 und *Integrale Psychologie Seite* 102 – 108.

425. Für eine tiefer gehende Erklärung von Leiter, Kletterer und Ansicht siehe Ken Wilber *Eine kurze Geschichte des Kosmos* Seite 125 – 136. Bemerke, das Wilber nicht zwischen femininem und maskulinem Wachstum differenziert, außer sich wiederholt auf Carol Gilligans Arbeit in ihrem Buch *Die andere Stimme* zu beziehen, welche, folgt man Wilber, beschreibt, dass Frauen wachsen in Hinsicht auf Fürsorge, Beziehungen und Verantwortlichkeit, während sich Männer in Hinsicht auf Gerechtigkeit, Agenz und Rechte entwickeln. Die Metapher des Flusses passt zu Leiter, Kletterer und Ansicht und erweitert sie, indem es zwischen dem statischen maskulinen und dem fluiden Weiblichen differenziert.

426. Die griechische Wurzel des Wortes Pathologie ist ‚Pathos', was ‚Leid' bedeutet. Jede Form der Bindungs-Abhängigkeit, Verlangen oder Erwartung an eine andere Person, dass sie uns glücklich machen soll (oder sie zu hassen, wenn sie dies nicht tut,) oder ihre Macht, uns unglücklich zu machen, wird letztlich zu Leid führen. Es kann transzendiert werden, wenn Glück (oder Freude/Frieden) aus uns selbst kommt, wie Buddha schon vor 2500 Jahren bemerkte.

427. Eckhart Tolle, Gangaji, Michael Beckwith, Byron Katie, Steven Harrison, Deepak Chopra, Tony Robbins, Adyashanti, Leonard Jacobson, Bernie Prior, Saniel Bonder, Jack Kornfield, Roger Walsh, Stephen Covey … und die Liste geht weiter …

428. Ein unglaublich gutes Buch über die Erzeugung von Sinn ist Viktor Frankls Erzählung

seiner Erfahrung in den Konzentrationslagern Nazi-Deutschlands in *Man's Search For Meaning,* welche ihn später zu der Entwicklung der Logo-Therapie führte.

429. Siehe Ken Wilber *Integrale Spiritualität* Seite 126 – 129 und die Liste von verschiedenen Therapieformen in Endnote 376 in Kapitel 9 dieses Handbuches.

430. Siehe *Integrale Psychologie* von Ken Wilber Seite 91 – 114 für eine umfassende Beschreibung des Selbst und seiner Pathologien, sowie vorgeschlagene Formen der Therapie.

431. Siehe John Welwood *Vollkommene Liebe* and *Durch Liebe reifen*, Greg Baer *Real Love*, Marlena Lyons und Jett Psaris *Undefended Love*, oder Steven Stosny *Love Without Hurt*.

432. Siehe Ken Wilber *Integrale Spiritualität* Seite 69 und 249 – 266 wo er ursprünglich die kosmische Adresse als Höhe (Ebene des Bewusstseins) + Perspektive definiert und dann später noch andere Dimensionen hinzufügt wie Zustände und Typen.

433. Wie wir nun aus der Quantenphysik wissen, können wir nicht Teilchen beobachten/messen, ohne sie auf mysteriöse Weise zu beeinflussen, und müssen immer den Beobachter und den beobachtenden Apparat in unsere Überlegungen miteinschließen. Dies heißt nicht, dass der Beobachter oder das menschliche Bewusstsein notwendig oder dafür verantwortlich ist, die Dinge zu erschaffen (wie etwa die Schrödinger Wellengleichung zum Einsturz zu bringen), wie es in vielen New Age Büchern und Filmen behauptet wird wie *What the bleep do we know,* sondern dass es Teil eines größeren Quantenfeldes ist. Siehe www.en.wikipedia.org/wiki/Observer_effect_(physics).

434. Siehe Ken Wilber *Integrale Spiritualität* Seite 267 – 269.

435. Siehe Daniel Goleman *Soziale Intelligenz* Seite 105 – 116.

436. Einige Menschen (häufig Frauen) glauben, dass ihre Gedanken oder Bewusstsein tatsächlich die physikalischen Objekte/Realität beeinflusst oder erzeugt. Es gibt tatsächlich einige Beweise dafür in einem sehr kleinen Bereich. Zum Beispiel unternimmt das *Institute of Noetic Sciences* (www.ions.org) Experimente mit einem Generator, der zufällig Zahlen hervorbringt, doch der Effekt ist ziemlich klein (1 in 50.000). Siehe zum Beispiel www.noosphere.princeton.edu/ und den Film *Down The Rabbit Hole* DVD#3, Interview mit Dean Radin, dem Chef-Wissenschaftler des Institute of Noetic Sciences. Zum Zeitpunkt des Schreibens dieses Buches weiß keiner der Wissenschaftler, die diese Phänomene studieren, was dies wirklich bedeutet und was diesen Effekt verursacht.

437. Unter www.wilber.shambhala.com/html/watch/042301_i.cfm/ sagt Sean Esbjörn-Hargens, dass Ken Wilber den Begriff der Intersubjektivität nutzt, um mindestens fünf unterschiedliche Dimensionen der Intersubjektivität zu bezeichnen:

1. *Intersubjektivität-als-Geist*: Die transzendentale Qualität aller Beziehungen, die es allen Dimensionen der Intersubjektivität erlaubt, sich zu manifestieren. Der einzige Grund, dass sich zwei Subjekte simultan berühren können (Ko-Präsenz) liegt darin, dass sie letztlich nur ein Subjekt sind.

2. *Intersubjektivität-als-Kontext*: Der Kontext, der von verschiedenen intersubjektiven Strukturen (d.h. Netzwerken) erzeugt wird, die grundlegend für das Subjekt sind und dafür, den Raum zu erzeugen, in denen sowohl Subjekte als auch Objekte auftauchen können (d.h. physikalische Gesetze, morphische Felder, linguistische, moralische, kulturelle, biologische und ästhetische Strukturen). Diese kulturellen Kontexte, Hintergründe und Praxen sind nicht-diskursiv und unzugänglich durch direkte Erfahrung.

3. *Intersubjektivität-als-Resonanz*: Das Ereignis des ‚gegenseitigen Erkennens' und des ‚ge-

genseitigen Verstehens' zwischen zwei Holons ähnlicher Tiefe. Innerhalb dieser Dimension gibt es Welträume und Weltsichten.

*Welträume*: Ontologische Resonanz zwischen zwei Subjekten, die auftauchende Bereiche teilen (d.h. physisch, emotional, mental und spirituell). Hier ist gegenseitiges Erkennen einfach Ko-Präsenz vor der Reflexion (prä-kognitiv).

*Weltsichtens*: Epistemologische Resonanz zwischen zwei Subjekten, die die Ebene der psychologischen Entwicklung teilen (d.h. archaisch, magisch, mythisch, rational, Zentaur). Hier ist gegenseitiges Verständnis Ko-Präsenz durch Kognition, welche mit der Entwicklung an Komplexität zunimmt. Dies ist die kognitive Komponente einer geteilten Weltsicht.

4. *Intersubjektivität-als-Beziehung*: Die Weise, mit der wir uns mit Beziehungen identifizieren und mit anderen Subjekten und Objekten Beziehungen haben. Innerhalb dieser Dimension gibt es zumindest drei Typen von Beziehungen:

*Es-Es Beziehungen:* Ein objektives Subjekt in Beziehung mit einem objektiven Objekt.

*Ich-Es Beziehungen:* Ein Subjekt in Beziehung mit einem Objekt (oder ein Subjekt gesehen als ein Objekt).

*Ich-Ich Beziehungen:* Ein Subjekt in Beziehung mit einem Subjekt. Diese letzte Gruppe hat zwei allgemeine Formen, entweder Gemeinsamkeit oder Differenz.

*Beziehung-als-Gemeinschaft:* Sich auf ein anderes Subjekt beziehen, weil es die eigenen Werte, Ethnizität, Geschlecht und Nationalität etc. spiegelt.

*Beziehung-als-Differenz:* Sich auf ein anderes Subjekt beziehen trotz der Tatsache, dass es in bedeutenden Weisen sich von dir unterscheidet.

Es ist hilfreich, eine weitere auf die Intersubjektivität bezogene Qualität im Kopf zu behalten, nämlich:

5. *Intersubjektivität-als-Phänomenologie:* Die gefühlte Erfahrung der unterschiedlichen Dimensionen der Intersubjektivität, einschließlich: Geist, Resonanz und Beziehungen. Bemerke, dass Intersubjektivität-als-Kontext nicht als ‚gefühlte Erfahrung' zugänglich ist, da sie das Subjekt vor der Erfahrung erschafft.

438. Der berühmte österreichisch-jüdische Philosoph und Mystiker Martin Buber betonte das ‚Ich und Du'. Bubers irgendwie überholte Philosophie bestand darin, dass sich zwei Subjekte in ihrer authentischen Existenz treffen können, ohne sich einander zu Qualifizieren oder Objektivieren. Er sprach auch von ‚Ich und Es', der Subjekt/Objekt-Beziehung.

439. Siehe Ken Wilber *Integrale Spiritualität* Seite 157 - 162.

440. In *Integrale Spiritualität* Seite 33-49 dehnt Wilber dieses Konzept aus, indem er jedem der vier Quadranten eine Innen- und Außenperspektive gibt; zum Beispiel die singuläre innere ‚Ich'-Dimension kann aus der Perspektive einer individuellen Perspektive eines Forschers, der Bewusstseinsentwicklung studiert, beobachtet werden (oder einer Frau, die intuitiv fühlt, was in dir vorgeht.)

441. Siehe Stephen Covey *Die sieben Wege zur Effektivität* Seite 288: ‚Gewohnheit Nr 7: Die Säge schärfen.' Er schlägt vor, das du Gewohnheiten entwickelst für die Wiederherstellung deines OR-Körpers (Training, Ernährung, Stress-Management), OL-Geistes (Lesen, Visualisieren, Planen, Schreiben), UL soziale/emotionale Beziehungen (Dienst, Empathie, Synergie, innere Sicherheit) und UL die spirituelle Dimension (Klärung der Werte /Verbindlichkeit, Studium und Meditation). Siehe auch Ken Wilber *Integrale Spiritualität* Seite 23.

442. Siehe Ken Wilber *Integrale Spiritualität Seite* 175 – 178, 234, und 283, wo er den *Mythos des Gegebenen* beschreibt als „den (falschen) Glauben, dass die Wirklichkeit als solche gegeben ist; dass das Bewusstsein eines Individuums die Wahrheit erkennen kann; dass die Wahrheit, die ein Subjekt liefert, unabhängig von intersubjektiven kulturellen Netzwerken besteht und dass der Spiegel der Natur eine adäquate Methodologie ist". Dies befürwortet natürlich nicht eine idealistische Weltsicht, sondern eher das, was Wilber ‚kritischen Realismus' nennt.

443. Elisabeth Lesser, Mitbegründerin des Omega Institute und Autorin von mehreren Büchern (z.B. *Broken Open – How Difficult Times Can Help Us Grow*) in einem Interview mit Ken Wilber.

444. Aktives Zuhören ist eine Weise, anderen zuzuhören und zu reagieren, die die Aufmerksamkeit auf den Sprecher legt, ohne sich durch die Umgebung ablenken zu lassen, über andere Dinge nachzudenken oder sich auf eine Antwort vorzubereiten. Der Zuhörer paraphrasiert dann die Worte des Sprechers, einschließlich unterliegende Gefühle und Antworten, und/oder fragt dann tiefere Fragen, bis ein gegenseitiges Verständnis erreicht ist. Gegenseitiges Verständnis meint dabei nicht Einverständnis.

445. Siehe Eve Eschner-Hogan und Steven Hogan *1000 Fragen, die Liebe betreffend* für eine Vielfalt von Fragen, die man stellen kann.

446. Siehe Ken Wilber *Integrale Spiritualität* Seite 71 – 102.

447. Zur Zeit des Verfassens dieses Buches gibt es Beweise für eine Körper/Geist-Verbindung, die jedoch von Individuen auf der spirituellen Entwicklungsstufe 1 vollkommen übertrieben wird. Noetische Wissenschaft nutzt wissenschaftliche Methoden, um den ‚inneren Kosmos' des Geistes (Bewusstsein, Seele, Psyche) zu erforschen und in welchem Bezug dies zum ‚äußeren Kosmos' der physikalischen Welt steht. Mit anderen Worten: Sie studieren, wie Menschen Dinge durch Erfahrung oder Fähigkeiten (Intuitionen, Synchronizitäten, Psi, ‚Nach-Tod'-Kommunikation, Energie-Heilung) wissen können, die keine offensichtliche rationale Erklärung haben, und was dies über die Natur des menschlichen Bewusstseins aussagt. (www.noetic.org)

448. Das Grundthema solcher Bücher wie *Jetzt: Die Kraft der Gegenwart* von Eckhart Tolle, *Sei jetzt hier* von Ram Dass, oder *Facets of Unity* von A. H. Almaas, und vieler anderer spirituelle Lehrer, die Zugang zu dieser Ebene der spirituellen Bewusstheit haben.

449. Diese Stufe wird wunderschön ausgedrückt durch das folgende (gekürzte) Gedicht von Senghan:

*Der Höchste Weg ist unbeschwert,*
*weise nur alle Wahl zurück.*
*Nur ohne Abneigung und ohne Vorliebe*
*verstehst du wirklich die klare Leere.*
*Um Haaresbreite abgewichen*
*und Himmel und Erde klaffen auseinander.*
*Um es vor dir zu sehen*
*lass los Dafür und Dagegen.*
*Der Streit zwischen Dafür und Dagegen:*
*genau das ist das Übel im Mark.*
*Bleibt das Geheimnis unbekannt:*
*vergebliche Mühe um friedvolles Denken.*
*Vollendet (ist es) wie die große Leere,*
*ohne Mangel, ohne Überfluss.*

*Durch Annehmen und Ablehnen*
*wird die Fülle nicht erreicht.*
*Folge nicht der Bestimmung des Seins*
*noch wohne in der leeren Ablehnung.*
*Das Eine trage im Busen:*
*so erlischt sicher restlos das Selbst.*
*Nicht mehr bewegen ist Passivität,*
*Unveränderlichkeit Ziel der Bewegung.*
*Einziges Hindernis ist die Zweiheit:*
*besser den Samen des Einen zu pflanzen.*
*Das Eine nicht erlangt -*
*Beides verloren.*
*Das Sein verleugnend ertrinkst du im Sein,*
*der Leere folgend kehrst du ihr den Rücken.*
*Viel Reden und Denken*
*führt nicht zur Wirklichkeit.*
*Brich ab die Rede, verwirf das Denken:*
*niemals (bleibst du) ohne Erfolg.*
*Zum Ursprung kehrend erlangst du das Wesen,*
*den Erscheinungen folgend fehlst du die Quelle.*
*Ein Augenblick der Einsicht*
*verhindert das Verfehlen der Leere.*
*Im Angesicht der Leere*
*ist Wechsel nur Schein.*

450. Siehe zum Beispiel Eckhart Tolle *Stille Spricht* oder Coleman Barks *The Illuminated Rumi*.

451. Siehe Eve Eschner Hogan und Steven Hogan *1000 Fragen, die Liebe betreffend* Seite 246 – 256, und Susan Campbell *The Truth In Dating Card Game*.

452. Siehe www.rainn.org/statistics.

453. Siehe zum Beispiel Katherine Woodward Thomas *Calling In The One: 7 Weeks to Attract The Love Of Your Life*, oder Kathryn Alice *Love Will Find You: 9 Magnets To Bring You And Your Soulmate Together*.

454. Siehe Donna Sheehan *Redefining Seduction*. Dieses Buch lehrt post-feministische Frauen über Männer, Verführung und Darwins Theorie der sexuellen Selektion. Basierend auf Geoffrey Millers Buch *Die sexuelle Evolution* und Donnas persönlicher Liebesgeschichte, erklärt es, wie „Frauen die Führung im Liebeswerben übernehmen und ihren Partner wählen und führen, und so ihre biologische Rolle als die Antreiber der Zivilisation erfüllen. *Redefining Seduction* gibt den Frauen die Fähigkeiten und das Selbstvertrauen, jene Männer zu treffen, zu wählen und zu verführen, von denen sie wissen, dass sie die richtigen für sie sind. Indem es Wissenschaft, Intuition und eine persönliche Liebesgeschichte kombiniert, bietet dieses Buch eine Veränderung zu einer Partnerschaftsgesellschaft, in der Männer und Frauen ihren eigenen biologischen Stärken in Harmonie ergänzen können.

455. Siehe David Deida *Der Weg des wahren Mannes* Seite 58: „In der weiblichen Realität nehmen Worte und Fakten nur den zweiten Rang hinter Emotionen und sich verändernden Stimmungen in der Beziehung ein. Wenn sie sagt „Ich hasse Dich" oder „Ich werde niemals nach München ziehen" oder „ich will nicht ins Kino", so ist dies meistens eher die Reflexion einer vorübergehenden Gefühls-Welle als eine gut überlegte Haltung in Hinsicht auf Ereignisse und Erfahrungen. Auf der anderen Seite meint das Männliche eher, was es sagt. Sein Wort ist seine Ehre. Das Weibliche sagt, was es fühlt. Das weibliche Wort ist ihr wahrer

Ausdruck in dem jeweiligen Moment."

456. Siehe Marshall Rosenberg *Gewaltfreie Kommunikation* Seite 91 - 111 über Empathie-Mutmaßungen.

457. Ein sehr grundlegendes und doch tiefgreifendes spirituelles Buch ist *Die vier Versprechen* von Don Miguel Ruiz, der vier Qualitäten beschreibt, die uns dabei helfen, uns auf andere zu beziehen:

Gehe ordentlich mit deinen Wörtern um.

Nimm nichts persönlich.

Habe keine Vorannahmen.

Tue stets dein Bestes.

458. Stelle dir jemanden vor, der gerade aufgehört hat, zu rauchen. Er oder sie ist dann gewöhnlich recht intolerant Menschen gegenüber, die immer noch rauchen. Dasselbe gilt für Stufenentwicklung. Da es einen großen Aufwand erfordert, eine niedere Stufe zu transzendieren, ergibt es Sinn, die Werte der niederen Stufe abzulehnen, die eine Person gerade hinter sich gelassen hat. Ken Wilber sagte in einem Interview mit Roger Walsh, dass Individuen im Bewusstsein ersten Ranges bestimmte Interpretationen (von archaisch zu pluralistisch) von der Welt haben. Und weil sie nicht wissen, dass ihre begrenzten Sichten lediglich Interpretationen der Welt sind, denken sie, dass sie tatsächlich die Wirklichkeit an sich beobachten. Und daher denken sie, dass Menschen, die sich auf einer anderen Entwicklungsstufe befinden, absolut falsch liegen.

459. Die *Celebrating Men, Satisfying Women®* PAX Workshops (*www.understandmen.com/) von* Alison Armstrong versuchen, diese Probleme zu adressieren, indem sie auf Frauen ausgerichtet sind, die in einer Beziehung sein und dabei verständnisvoller und gefügiger Männer gegenüber sein wollen; diese Workshops können aber nicht das Problem lösen, dass erfolgreiche orangene Männer jüngere Frauen wollen (und haben können) und orangene Frauen gleichzeitig überdurchschnittlich erfolgreiche gleichaltrige oder jüngere Männer haben wollen, die schwer zu finden sind.

460. Ken Wilber hat einen ironischen Roman namens *Boomeritis* geschrieben, in dem er sich über den extremen Postmodernismus lustig machte.

461. Sri Aurobindo, Jean Gebser, Ken Wilber, Sean Esbjorn-Hargens, Allan Combs, Terry Patten, Craig Hamilton, Steve McIntosh, Erwin Laszlo, Don Beck, and Christian de Quincey, um nur ein paar zu nennen (siehe www.en.wikipedia.org/wiki/Integral_theory_(philosophy)

462. Siehe Ken Wilber *Integral Spiritualität* mit einer Tabelle des Bewusstseins dritten Ranges. Diese Stufen beziehen sich hauptsächlich auf die transzendentalen Stufen des Geistes und des höheren Geistes.

463. Bernie Prior schrieb auf www.bernieprior.org/man-and-woman.php: „Um es einfach zu sagen, muss der Mann zu seiner reinen Präsenz, seinem wahren zeitlosen Zustand, (seiner goldenen Essenz) zurückkehren, die das ferne Echo ist, dass er in sich selbst hört; welches ihn nach Hause ruft, um wieder das Weibliche (Frau und das ganze der Schöpfung) zu ehren, sie bedingungslos zu verehren ohne egoistische Projektion; ihr wahrlich in Wahrheit zu dienen und sie zurück in die Tiefe zu führen. Sie, Frau, soll die Liebe sein, die sie ist, um wieder zu ihrer strahlenden Essenz zurückzukommen. Sie weiß um die Intimität, von der ich spreche, in der Tiefe ihres Selbst, und der Attraktion zum Mann. Sie weiß, dass sie im

tiefsten Ort nicht gefunden wird von Männern und hört und fühlt ein tiefes Verlangen, das sie zurückruft. Und doch ist sie, wie auch die Mutter ihrer Mutter, verschlungen in viele Schichten der maskulinen Projektion. Wie ein Strom zu einem Fluss wird, um einen Ozean einzumünden, so müssen die Ablenkungen von Mann und Frau sterben, um sich im großen Ozean der Liebe aufzulösen."

464. *Sie sind zufrieden da, wo sie sind, sprechend oder nicht-sprechend*
*Ihr gemeinsamer Atem nährt jemanden, den sie nicht kennen*
*Der Mann sieht den Weg, den sein Finger beschreibt*
*Er sieht ihre Hand, die das Buch umfasst,*
*Sie gehorchen einem dritten Körper, den sie teilen*
*Sie haben versprochen, diesen Körper zu lieben*
*Während sie Atmen, nähren sie etwas, dass sie nicht kennen*
*Etwas was wir kennen, und was wir dennoch nie gesehen haben*
– Robert Bly

*Über die Vorstellungen von richtig und falsch hinaus*
*Gibt es ein Feld. Dort treffe ich dich*
*Wenn die Seele im Gras nieder liegt*
*Ist die Welt zu voll, um darüber zu sprechen*
*Ideen, Sprache, sogar der Ausdruck ‚jeder selbst'*
Ergibt keinen Sinn mehr
*– Rumi*

465. Siehe die Dissertation von Jenny Stitz *Intimacy and Differentiation in Couples at Post-Conventional Levels of Ego Development*, Institute of Transpersonal Psychology, Palo Alto, CA 9/13/2004 UMI Microform 3153925.

466. Ein Gedicht des Sufi-Poeten Hafiz beschreibt diese Reise von türkisenen Männern, die keine Partnerin finden und ihr Singlesdasein für ein tieferes Erwachen nutzen:

*Gib deine Einsamkeit nicht zu schnell auf*
*Lass sie noch tiefer in dir wirken*
*Lass es in dir gären und reifen*
*Wie es nur wenige menschliche*
*Oder göttliche Zutaten tun können*
*Etwas fehlt im meinem Herzen heut´ Nacht*
*Hat meine Augen so sanft gemacht*
*Meine Stimme so zart*
*Mein Verlangen nach Gott*
*Absolut klar.*

467. Siehe Marlena Lyons und Jett Psaris *Undefended Love* Seite 97 – 101 über die Grenzen von solchen Übereinkünften.

468. Siehe John Gottman und Nan Silver *Die 7 Geheimnisse der glücklichen Ehe* Seite 8: „Der möglicherweise größte Mythos von allen ist, dass Kommunikation und zu lernen, Konflikte zu lösen, der Königsweg für Liebe und eine lang anhaltende, glückliche Ehe ist." Patricia Love/Steven Stosny Schatz, *Wir müssen gar nicht reden*: „Forschung und unsere vielen Jahre klinischer Erfahrung haben wiederholt gezeigt, dass trotz bester Absichten, über die Beziehung zu sprechen, dies wahrscheinlich eher dazu führt, die Dinge eher zum Schlechteren als zum Besseren zu wenden. Und es hat nichts mit dem Mangel an Interesse des Partners oder schlechten Kommunikationsfähigkeiten zu tun." David Schnarch *Die Psychologie sexueller Leidenschaft*: „Wir mögen daran glauben, dass ‚Kommunikationsprobleme' den meisten Beziehungsproblemen zugrunde liegen … aber dies ist nicht der Fall."

469. Marshall Rosenberg, Susan Campbell, John Gray, Warren Farrell, Steven Covey, Roger Fisher und William Ury, etc.

470. Siehe James W. Pickens *The Art Of Closing Any Deal* über manipulative Verkäufertechniken.

471. Siehe Roger Fisher und William Ury *Getting To Yes Without Giving In.*

472. Siehe Marshall Rosenberg *Gewaltfreie Kommunikation.*

473. Siehe Frederic Luskin *Forgive for Love: The Missing Ingredient for a Healthy and Lasting Relationship*

474. Sein oder Nichtsein; das ist hier die Frage:
Obs edler im Gemüt, die Pfeil und Schleudern
Des wütenden Geschicks erdulden oder,
Sich waffnend gegen eine See von Plagen,
Durch Widerstand sie enden? Sterben - schlafen -
Nichts weiter! Und zu wissen, daß ein Schlaf
Das Herzweh und die tausend Stöße endet,
Die unsers Fleisches Erbteil's ist ein Ziel.

475.Der wundervolle Film *Nächstes Jahr selbe Zeit* folgt den Entwicklungsstufen von Rot bis Blaugrün eines Mannes und einer Frau – beide sind mit anderen Partnern verheiratet und treffen sich einmal im Jahr, um ihre Sexualität und Lebensgeschichte zu teilen.

476. Viele moderne spirituelle Lehrer befinden sich in einer Partnerschaft (Eckhart Tolle, Gangaji, Michael Beckwith, Byron Katie, Steven Harrison, Deepak Chopra, Tony Robbins, Adyashanti, Leonard Jacobson, Bernie Prior, Saniel Bonder, Jack Kornfield, Roger Walsh, Stephen Covey usw.) und bestätigen die Tatsache, dass Beziehungen der beste oder sogar der einzige Weg für die volle Verwirklichung ist. Dies ergibt durchaus Sinn, da man nicht Teile der menschlichen Erfahrung (einen Partner haben, gemeinsam zu wohnen, Sex und Kinder) haben kann und trotzdem volle Verwirklichung erreicht. Dies führt zu der Frage, ob solche Mönche und Heilige wie Dalai Lama, Ramana Maharshi, Buddha oder Jesus tatsächlich voll erleuchtet waren. Eine Antwort besteht darin, dass obwohl sie sicher in neue Tiefen von gewissen Aspekten unserer menschlichen Existenz vorgedrungen sind, wir doch nicht wollen, dass ihr Weg für die Mehrheit der Menschheit reproduziert wird.

477. Siehe AARP *The Divorce Experience: A Study of Divorce At Midlife and Beyond* http://assets.aarp.org/rgcenter/general/divorce_1.pdf Seite 40 – 41.

478. Siehe Charlotte Kasl *Zen oder die Kunst, sich zu verlieben* Seite 62 –68.

479. Siehe www.en.wikipedia.org/wiki/Dating_(activity)

480. Siehe www.merriam-webster.com/dictionary/flirt und www.en.wikipedia.org/wiki/Flirting

481. Siehe Kathryn Alice *Love Will Find You*, Wayne Dyer, *The Power Of Intention,* Kathlyn und Gay Hendricks *Attracting Genuine Love, The Secret, What the bleep do we know* (Buch und Film), *Science of Mind* und andere ‚Erfolgskirchen', und Abraham Hicks's *Ask and it is Given* (www.abraham-hicks.com). Es gibt Gruppen und Lehrer für *Das Gesetz der Anziehung* überall im Internet.

482. Siehe Geoffrey Miller *Die sexuelle Evolution* Seite 195 – 208.

483. Siehe Susan Campbell *Truth in Dating.*

484. Besuche die Seite www.singles2couples.org oder mache eine Google Suche für eine Liste und Kritiken von Dating Websites.

485. Siehe Geoffrey Miller *Die sexuelle Evolution* Seite 206 – 207.

486. Da Therapeuten im Wesentlichen mit Klienten arbeiten, die ihre primäre Fantasie befriedigt haben und deren Partnerschaft auf gemeinsamen Interessen und Werten (Bewusstseinsebene) sowie auch darin beruht, gemeinsam eine Therapie oder Workshop zu machen, so können diese Therapeuten häufig Konfliktlösungen für Kommunikations- und Verhaltensprobleme in den unteren Quadranten ermöglichen. Da fast 50% der amerikanischen erwachsenen Bevölkerung Singles sind, und die meisten Paare keine Therapie machen, erreichen Therapeuten aber weniger als 10% der Bevölkerung, und doch hören sich so an, als passen ihre Ratschläge auch für alle anderen außerhalb oder innerhalb einer Beziehung. Durch den selbst-selektiven Prozess ihrer Klienten beanspruchen einige Therapeuten eine Erfolgrate von 75% oder höher – wesentlich höher als die durchschnittliche Erfolgsrate von 25% von allgemeiner Paartherapie (was etwa so ist wie zu sagen „90% unserer Patienten starben, doch 75% der verbleibenden 10% geht es gut").

487. *Die Regeln für rote Frauen*:

1. Sei eine ‚Kreatur wie keine andere'
2. Spreche zu dem Mann nicht als Erstes (und fordere ihn nicht zum Tanz auf).
3. Schau nicht zu sehr auf Männer und rede nicht zu viel.
4. Komme ihm nicht entgegen und trennt die Rechnungen.
5. Rufe ihn nicht an und rufe ihn nur selten zurück.
6. Beende das Telefonat stets als Erste.
7. Akzeptiere keine Einladungen für Samstag-Abend nach Mittwoch.
8. Fülle deine Zeit vor einem Date.
9. Wie man sich auf Dates verhält 1,2, und 3.
10. Wie man sich auf Date 4 verhält.
11. Beende stets als Erstes das erste Date.
12. Höre auf, ihn zu Daten, wenn er dir kein Geschenk zum Geburtstag oder Valentinstag schenkt.
13. Treffe ihn nicht mehr als ein oder zweimal pro Woche.
14. Nicht mehr als kurzes Küssen beim ersten Date
15. Mache nicht zu schnell Sex, oder andere Regelen für Intimität.
16. Sag ihm nicht, was er tun soll.
17. Lass ihn führen.
18. Erwarte nicht, dass sich ein Mann ändert, und versuche nicht, ihn zu ändern.
19. Öffne Dich nicht zu schnell.
20. Sei ehrlich, aber mysteriös.
21. Akzentuiere das Positive und andere Regeln für Selbstdarstellung.
22. Lebe nicht mit einem Mann zusammen (oder lasse deine Sachen in seiner Wohnung).
23. Date keinen verheirateten Mann.
24. Involviere ihn langsam in deine Familie, und andere Regeln für Frauen mit Kindern.
25. Übe, übe, übe (oder, beherrsche die Regeln)
26. Selbst wenn du gebunden oder verheiratet bist, so brauchst du trotzdem die Regeln.
27. Folge den Regeln, auch wenn deine Freunde und Familie denken, dass es verrückt ist.
28. Sei klug, und andere Regeln auf dem Gymnasium.
29. Sorge dich um dich selbst und andere Regeln für Dating in der Uni.
30. Nächster! Und andere Regeln im Umgang mit Ablehnung.
31. Diskutiere diese Regeln nicht mit deinem Therapeuten.
32. Breche nicht die Regeln.

33. Folge den Regeln und du lebt glücklich bis ans Lebensende!
34. Liebe nur die, die dich lieben.
35. Sei umgänglich.

488. Diese Vorstellungen von Selbst-Liebe und Gottesliebe werden sehr schön von Meister Eckhart zusammengefasst, der schrieb: „Wenn du dich selbst liebst, so liebst du jeden, wie du dich selbst liebst. Solange du eine andere Person weniger liebst als dich selbst, so wirst du dich nicht wirklich selbst lieben. Aber wenn die Liebe gleich ist, dann wirst du sie als eine Person lieben und diese Person ist sowohl Gott und Mensch. Daher ist eine große und rechtmäßige Person die, die sich selbst liebend, alle anderen gleichermaßen liebt."

489. David Schnarch schreibt in *Die Psychologie sexueller Leidenschaft* auf Seite 107, dass er nie angenommen hat, dass dieser Ansatz wirklich funktioniert.

490. Siehe Endnote #369 in Kapitel 9 für die klassischen Formen der Liebe.

491. Die Liste schließt mit ein: Nähe, volle Verfügbarkeit, keine Abhängigkeiten, Übereinkunft in Bezug auf Kinder, sexuelle und finanzielle Passung, Freundschaft, geteilte Interessen und Intellekt, realistische Erwartungen, emotionale Gesundheit, ähnliche Werte und Wünsche, Bindung, und die Zustimmung von Kopf, Herz und Bauch.

492. Auf Seite 170 betrachtet Welwood Mitgefühl als maskulin und Weisheit als feminin, was dem integralen Beziehungsmodell entgegengesetzt ist.

# Tom Amarque

# Entwicklung als Passion

Was ist das Geheimnis unseres geistig-seelischen Wachstums? Wie können wir unsere innersten Motivationen nutzen, um uns ganzheitlich weiterzuentwickeln, ob nun in der Spiritualität, bei unseren Freizeitbeschäftigungen oder einfach in unserem Alltag? Diesen Fragen geht Tom Amarque in seinem neuen Buch *Entwicklung als Passion* nach. Er legt die psychischen und sozialen Kräfte offen, durch die wir im Alltag nicht nur unsere innere Bestimmung finden und ihr folgen können, sondern durch die wir uns auch effektiv weiterentwickeln und als Menschen reifen.

# Silvio Wirth

# Integrales Tantra

**Silvio Wirth präsentiert in diesem Buch eine Vision des Tantra, die die Weisheiten des traditionellen Tantras mit den jüngsten spirituellen und psychologischen Erkenntnissen verbindet. Das integrale Tantra wird so zu einer spirituellen Lebenspraxis, die die heilige Dimension der Polarität von Mann und Frau in den Vordergrund der menschlichen Entwicklung rückt. Der Autor integriert auch in aufgeklärter Weise lebensnahe Themen wie Sex, Macht und Beziehungen, die in der Spiritualität bislang häufig eine untergeordnete Rolle gespielt haben**

**„Integrales Tantra ist ein Versuch, die Methode und Weisheit der tantrischen Schulen für den westlichen Menschen von heute anzupassen. Tantra wird so zum ganzheitlichen Weg für unsere Zeit, der Liebe, Sexualität und Intimität einschließt."**

Silvio Wirth: Integrales Tantra; 250 Seiten; ISBN 978-3943194-142